Krüger · Excellence in Change

Wilfried Krüger (Hrsg.)

Excellence in Change

Wege zur strategischen Erneuerung

GABLER

Professor Dr. Wilfried Krüger ist Inhaber des Lehrstuhls für Organisation, Unternehmungsführung und Personalwirtschaft an der Justus-Liebig-Universität Gießen. Seine Hauptarbeitsgebiete sind, neben dem Management des Wandels, Strategisches Management, Kernkompetenzmanagement sowie Organisationsmanagement. Er ist der Praxis unterrichtend und beratend verbunden.

Weitere Informationen erhalten Sie unter
www.excellence-in-change.de

Die Deutsche Bibliothek – CIP-Einheitsaufnahme
Ein Titeldatensatz für diese Publikation ist bei der Deutschen Bibliothek erhältlich.

Umschlaggestaltung: Grafik-Design Peter Möhrle, Radolfszell
Druck und Bindung: Druckerei Hubert & Co., Göttingen
Printed in Germany

ISBN 3-409-11578-1

Geleitwort

Tiefgreifender Wandel in den wirtschaftlichen, soziokulturellen, politisch-rechtlichen und technischen Rahmenbedingungen von Unternehmungen und öffentlichen Institutionen führt zu einem erheblichen Veränderungsdruck. Die hohe Zahl von Fusionen, die immer kürzeren Reorganisationszyklen und die diskontinuierliche Entwicklung verdeutlichen, daß sich Unternehmungen entweder aus eigener Kraft und aus eigenem Antrieb verändern müssen oder zum Spielball von extern gesteuerten Veränderungen werden.

Mit der vorliegenden Publikation erscheint bereits das achte Werk in der Edition SGO im Gabler Verlag. Die erfreulichen Absatzzahlen dieser Reihe zeigen, daß die Grundidee von konzeptionell anspruchsvollen und gleichzeitig praxisorientierten Veröffentlichungen bei einer breiten Leserschaft Anklang gefunden hat. Es ist uns ein großes Anliegen, diese interessante Arbeit fortzuführen. Wir haben uns daher entschlossen, die Forschungsaktivitäten der Schweizerischen Gesellschaft für Organisation (SGO) per 1.1.2000 in die neu geschaffene SGO-Stiftung zu überführen. Auf diese Weise können wir uns noch besser auf die Entwicklung neuer Wissensbausteine und deren Verbreitung in Publikationen, Tagungen und Seminaren konzentrieren.

Die Forschung und Praxis zum organisatorischen Wandel sind durch eine große Vielfalt konzeptioneller Ideen und Vorgehensmodelle gekennzeichnet. Ganzheitliche Konzepte mit einem ausgeprägten Gestaltungsanspruch sind noch eher selten. Genau diese Lücke schließt die Publikation *Excellence in Change*. Es ist Wilfried Krüger und seinem Autorenteam gelungen, ein gleichzeitig theoretisch fundiertes, konzeptionell ausgereiftes und sehr praxisorientiertes Werk vorzulegen. Es fokussiert nicht nur auf einzelne Ansätze des organisationalen Wandels, sondern entwickelt eine Gesamtkonzeption, die aufzeigt, wie Unternehmungen den Pfad der kontinuierlichen strategischen Erneuerung beschreiten können. Neben Fragen der strategischen Planung und der Steuerung von Veränderungsprojekten werden u. a. auch der Stellenwert des Topmanagements im Unternehmungswandel, die Thematik der Verhaltensänderungen, Fragen der Kommunikation und des Wandlungscontrolling erörtert.

Die hervorragende Leistung von Wilfried Krüger und seinem Team verdient große Anerkennung in mehrfacher Hinsicht. Obwohl sieben Autoren und Autorinnen an der Erarbeitung der Publikation beteiligt waren, ist das Werk konzeptionell ausgewogen und in sich schlüssig. Die interessanten Ausführungen sind mit einer Vielzahl illustrativer Praxisbeispiele ergänzt. Aufgrund des in jedem Kapitel gegenwärtigen zugrundeliegenden Modells hebt sich die vorliegende Publikation wohltuend von der Vielzahl fragmenthafter und allzu stark vereinfachender Betrachtungen der Unternehmungsentwicklung ab. Führungskräfte erhalten mit diesem Werk ein äußerst nützliches Arbeitsinstrument, das ihnen dabei hilft, Prozesse des Wandels besser zu gestalten und in den übergeordneten Kontext der Unternehmungsentwicklung einzuordnen. Forschende finden viele Anregungen für eigene Projekte und fruchtbare Diskussionen. Ich wünsche diesem Buch die ihm gebührende, breite und engagierte Leserschaft.

Zürich, im April 2000

Dr. Markus Sulzberger
Präsident der SGO-Stiftung

Vorwort

Seit einigen Jahren befindet sich die deutsche Wirtschaft in einem Wandlungs- und Entwicklungsprozeß, der weithin den Charakter einer umbruchartigen Veränderung trägt. Die Entwicklung ist weiterreichend und tiefergehend als ‚Reorganisationen' oder ‚Restrukturierungen', wie sie auch in der Vergangenheit schon immer auftraten. Die Gesamtheit dieser Veränderungen bedeutet im Ergebnis eine Neubestimmung der Erfolgsposition der Unternehmung im Markt und Wettbewerb und eine grundlegende Umgestaltung der Potentiale, auf denen diese Position beruht. Genau dies sind Fragen, denen das Prädikat ‚strategisch' zukommt. Insofern geht es um nicht weniger als eine **strategische Erneuerung** der einzelnen Unternehmung, aber auch ganzer Branchen bzw. Sektoren der Volkswirtschaft. Prozesse tiefgreifenden und weitreichenden Wandels - auch als transformativer Wandel bezeichnet - sind der Weg zum Ziel dieser Erneuerung.

Ausgehend von diesem Verständnis hat sich dieses Buch die Aufgabe gestellt, die theoretische Erklärung und die praktische Bewältigung der erforderlichen Prozesse und Aktivitäten tiefgreifenden und weitreichenden Wandels voranzutreiben bzw. zu unterstützen und damit einen Beitrag zur strategischen Erneuerung der Wirtschaft zu leisten. Wandel in Unternehmungen wird auch in Zukunft von Risiken und Unwägbarkeiten, Überraschungen und Fehlschlägen begleitet sein. Es gibt keinen Königsweg und kein Patentrezept zum Erfolg, und die Machbarkeit des Wandels hält sich durchaus in Grenzen. Mittlerweile verfügen wir aber über vielfältige praktische Erfahrungen und theoretische Einsichten, um zumindest auf der Ebene einzelwirtschaftlichen Handelns hierfür Hilfestellung geben zu können. Es gibt genügend erprobte Methoden und Techniken, die den Beteiligten bei der Handhabung von Veränderungsprozessen die Arbeit erleichtern, die Energie, Geld und vor allem Zeit sparen helfen. Es wäre mehr als töricht, davon keinen Gebrauch zu machen. Exzellenz von Unternehmungen, ein hoher, aber oft bemühter Anspruch, verlangt auch die professionelle Handhabung tiefgreifender Veränderungen sowie die Umgestaltung von beharrungsmächtigen Unternehmungen zu flexiblen, entwicklungsfähigen Einheiten, verlangt also **„Excellence in Change"**.

Die vorliegende Schrift richtet sich an die wandlungsverantwortlichen Führungskräfte der Wirtschaft und ihre Stäbe sowie an fortgeschrittene Studenten der Organisations- und Führungslehre und ihre Dozenten. Sie ist das Resultat eines mehrjährigen Forschungsprojekts, das vom Team des Lehrstuhls für Organisation, Unternehmungsführung, Personalwirtschaft der Justus Liebig-Universität Gießen gemeinsam konzipiert und durchgeführt wurde. Die Ergebnisse beruhen auf theoretischen Analysen ebenso wie auf praktischen Erfahrungen und Beispielen, die u.a. über eine Reihe explorativer, halbstandardisierter Interviews erhoben wurden. Maßgebliche finanzielle, aber auch ideelle und fachliche Förderung erfuhr das Projekt durch die Schweizerische Gesellschaft für Organisation, vertreten durch Herrn Dr. Markus Sulzberger, bei dem wir uns für seine kameradschaftliche Kooperation besonders herzlich bedanken möchten. Ihm und uns standen Frau Gisela Kubli und Herr Dr. Robert Zaugg zur Seite, deren Unterstützung uns ebenfalls eine große Hilfe war.

Wir danken den zahlreichen Gesprächspartnern der Praxis für ihre Auskunftsbereitschaft und die Abdruckgenehmigungen. Wesentliche Fortschritte erfuhr unsere Arbeit in ihrem Endstadium durch den persönlichen Einsatz zweier Testleser aus der Unternehmungspraxis, deren Mühe wir besonders zu schätzen wissen. Herr Dr. Wolfgang Buchholz, seinerzeit Hoechst Procurement International, jetzt CSC Ploenzke, betonte in seinen Anmerkungen den Brückenschlag zwischen Theorie und Praxis. Herr Dr. Peter Diesch, Geschäftsführer der DaimlerChrysler Aerospace Airbus GmbH, Hamburg, brachte die Sichtweise und die Einschätzungen eines sanierungs- und erneuerungserfahrenen Topmanagers ein. Sich mit seinen kritischen Anmerkungen auseinander zu setzen, war für uns eine besonders fruchtbare Herausforderung.

Ich selbst möchte mich bei meinem Team für die Begeisterungs- und Kooperationsfähigkeit bedanken, mit der alle Beteiligten zu Werke gegangen sind. Es war eine zwar phasenweise strapaziöse, aber auch einzigartige und beglückende Erfahrung, gemeinsam den Werdegang des Buches von den ersten Ideen über zahlreiche Versionen bis zur Endfassung zu gestalten. Bei der ebenso wichtigen wie aufwendigen und mühsamen Projektkoordination hat sich Herr Dipl.-Kfm. Carsten Brehm bleibende Verdienste erworben. Auf seine Professionalität und Übersicht, aber auch sein Fingerspitzengefühl, konnten wir uns alle stets verlassen. Wirkungsvolle Hilfe in technischer und inhaltlicher Hinsicht bekamen wir von Dipl.-Kfm. Marc Danner.

Bei der Erstellung von Text und Abbildungen unterstützten uns Frau Renate Himmighoffen im Sekretariat sowie die studentischen Hilfskräfte. Hier sind im besonderen Sven Hackmann, aber auch Kerstin Wunderlich und Jörg Horstmann zu nennen. Für den Part des akribischen externen Korrekturlesers danken wir Frau Dipl.-Kffr. Nina Wittenstein.

Nun bleibt uns nur zu hoffen, daß sich auch in den Augen des Lesers die Mühe aller Beteiligten gelohnt hat. Unter www.excellence-in-change.de bietet sich der interessierten Leserschaft die Möglichkeit zu einem Feedback oder vertiefenden Austausch.

Gießen, im April 2000   *Wilfried Krüger*

Inhaltsverzeichnis

14

Erstes Kapitel

WILFRIED KRÜGER

Das 3W-Modell: Bezugsrahmen für das Wandlungsmanagement

Leitgedanken zu Kapitel 1

Strategische Erneuerung, welchen Typs und welchen Inhalts auch immer, braucht ein Gesamt-konzept, das wie eine Blaupause bzw. ein Architekturmodell die Problemfelder des Wandels strukturiert und zueinander in Beziehung setzt. Ein solches Gesamtkonzept wird hier mit dem sogenannten 3W-Modell vorgestellt. Diese Bezeichnung rührt von den Koordinaten des Wan-dels her, von deren Spannungsfeld jeder Wandlungsprozeß geprägt wird und die alle Kapitel des Buchs durchziehen: Wandlungsbedarf, Wandlungsbereitschaft, Wandlungsfähigkeit. Die acht Komponenten des 3W-Modells, die sich sozusagen im Fadenkreuz der genannten ‚3W' befinden, werden in den Kapiteln 2 - 9 behandelt. Das 3W-Modell ist beides: ein Beschreibungs- und Erklärungsmuster für die Theorie des Wandels und ein Bezugsrahmen für das Management des Wandels. Die Lektüre von Kapitel 1 hat damit eine doppelte Funktion: Sie gibt dem Leser ein Orientierungsmodell an die Hand und bietet ihm zugleich eine Zusammenfassung der mar-kantesten Punkte des Buches.

1. Wandel als Daueraufgabe für Führungskräfte und ihre Mitarbeiter

Dieses Buch behandelt die Probleme und Lösungsansätze tiefgreifenden und weitrei-chenden Unternehmungswandels, bei dem es um mehr geht als um Dinge wie ‚Re-strukturierung', ‚Lean Management' und ‚Kostensenkung', bei dem also eine umfas-sende **strategische Erneuerung**, eine **Transformation der Unternehmung**, ange-strebt wird. Sei es z.B., daß eine Unternehmung ihr Selbstverständnis ändert und neue Geschäfte und/oder Kernkompetenzen aufbaut (z.B. von der ‚Chemie' zu den ‚Life Sciences'; vom ‚Röhrengeschäft' zum ‚Mobilfunk'), sei es, daß sie vorhandene Ge-schäfte durch neue Geschäftssysteme und/oder Technologien revolutioniert (z.B. E-Business). Solche Vorhaben einer radikalen Veränderung berühren sämtliche Berei-che und Funktionen einer Unternehmung. Das macht es schwer, ein spezifisches Ma-nagement des Wandels bzw. der strategischen Erneuerung als Aufgabengebiet aus den allgemeinen Fragestellungen des ‚General Managements' herauszulösen. Daß dies so ist, wird sofort klar, wenn man nach einem sinnvollen logischen Gegensatz zum ‚Wandlungsmanagement' sucht. Was sollte das sein? Ein ‚Management des Stillstands' etwa? Daraus ergibt sich, daß Wandlungsmanagement nicht als ein neues Aufgaben-gebiet zu begreifen ist, das neben die altbekannten Aufgaben einer Führungskraft tritt.

17

Vielmehr handelt es sich um ein Querschnittsthema der Führungsverantwortlichen, das sich durch alle seitherigen Gebiete des Managements hindurchzieht. Jede Führungskraft muß sich darüber klar werden, daß sie neben ihrem Tagesgeschäft auch ein ‚**Wandlungsgeschäft**' zu bewältigen hat, und dies nicht nur hin und wieder, sondern als permanente Aufgabe. ‚**Wandel' ist eine Daueraufgabe**.

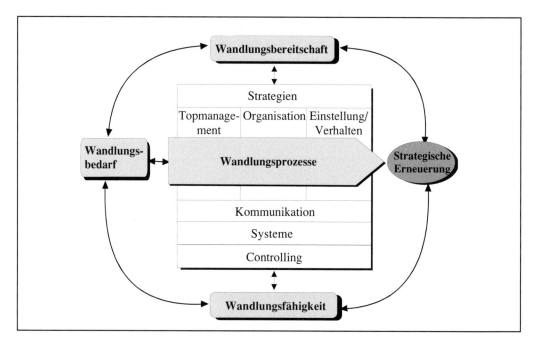

Abb. 1/1: Orientierungsmodell der strategischen Erneuerung (3W-Modell)

Nun ist allerdings die Handhabung von Wandel nicht nur eine Aufgabe für Führungskräfte oder gar nur für die Unternehmungsspitze. Vielmehr sind die einzelnen Mitarbeiter auf breiter Basis und in starkem Maße vom Unternehmungswandel betroffen bzw. aktiv an ihm beteiligt. Insofern gehört ‚Wandel' heute zu den Aufgaben jeder Stelle einer Unternehmung, und daher sollte jeder Mitarbeiter über Kenntnisse und Fähigkeiten auf dem Gebiet des Unternehmungswandels verfügen. Unternehmungen, die diese Forderung ernst nehmen, müssen Grundlagenwissen des Wandels konsequenterweise zum Gegenstand ihrer unternehmungsweiten Aus- und Weiterbildungsaktivitäten machen.

18

2. Wandlungsbedarf, Wandlungsbereitschaft und Wandlungsfähigkeit als Koordinaten des Wandels

2.1 Wandlungsbedarf

Das Konzept dieses Buches ist in einem Orientierungsmodell der strategischen Erneuerung zusammengefaßt, das jedem Kapitel vorangestellt ist und das zugleich einen Bezugsrahmen für das praktische Vorgehen darstellt. In diesem Modell wird davon ausgegangen, daß sich Unternehmungswandel immer in einem Spannungsfeld von ‚**Wandlungsbedarf, Wandlungsbereitschaft und Wandlungsfähigkeit**' bewegt. Demgemäß wird der Bezugsrahmen zur sprachlichen Vereinfachung im folgenden als ‚**3W-Modell**' bezeichnet. Diese drei Kategorien bilden sozusagen die gedanklichen Koordinaten, zwischen denen sich das Wandlungsmanagement bewegen muß.

Den Ausgangspunkt eines Wandlungsprozesses bildet der **Wandlungsbedarf**. Darunter ist das Ausmaß der sachlich notwendigen Veränderungen der Unternehmung, ihrer Teilbereiche und Mitglieder sowie ihrer externen Kopplungen mit marktlichen und außermarktlichen Anspruchsgruppen zu verstehen. Ergänzend zu der objektiven Notwendigkeit des Wandels muß allerdings auch seine subjektive Wahrnehmung treten.

Unternehmungen, die sich passiv oder zu zögerlich verhalten, fallen im Wettbewerb zurück und schwächen ihre Position. Daß Stillstand Rückschritt bedeutet, gilt mehr denn je. Insofern existiert, schon von außen betrachtet, immer ein mehr oder minder großer Wandlungsbedarf, der durch Wandlungsprozesse zu decken ist. Wandel wird aber nicht nur von außen erzwungen und findet dann als Reaktion statt. Er kann und muß auch von innen getrieben werden, sei es, daß neue Ziele gesetzt oder daß neue Möglichkeiten gesehen und genutzt werden. Der Pionier paßt sich nicht **reaktiv** an, sondern gestaltet **proaktiv**. Er ist nicht ‚Anpasser', sondern ‚Gestalter', und er definiert und bestimmt den Wandel auf der Grundlage eigener Ideen und Vorstellungen. Letztlich sollte jedes unternehmerische Handeln - nicht nur das eines Pioniers - durch das Merkmal des Proaktiven, des ‚Vorantreibens', statt des ‚Getriebenwerdens', gekennzeichnet sein.

In der Person eines Pioniers oder schöpferischen Unternehmers fallen Wandlungsbedarf, Wandlungsfähigkeit und Wandlungsbereitschaft zusammen. In arbeitsteiligen Einheiten liegen die Verhältnisse komplizierter. Dies beginnt bereits bei der Bedarfsbestimmung. Wie bei jeder Entscheidung unter Unsicherheit sind auch in diesem Fall der subjektive Kenntnisstand sowie die Interessenlagen und die gegenseitige Beeinflussung der Beteiligten prägend dafür, ob ein Wandlungsproblem als solches überhaupt gesehen und ob es als lösungsbedürftig eingestuft wird. Die Promotoren des Wandels haben hier die Aufgabe, Wandlungsbedarfe transparent zu machen sowie die erforderliche Wandlungsbereitschaft zu wecken und die notwendigen Wandlungsfähigkeiten sicherzustellen. Unverkennbar ist, daß dabei die Machtverhältnisse an der Unternehmungsspitze eine entscheidende Rolle spielen und insofern auch der Prozeß des Wandels selbstverständlich ganz unterschiedlichen Interessen und Zielen dienen kann. Besonders markant sind derzeit z.B. die Veränderungen, die sich mit einem exponierten Shareholder-Value-Ansatz verbinden. Der ‚Bedarf‘ entsteht hier dadurch, daß die Interessen der Eigenkapitalgeber und die Steigerung des Unternehmungswerts in den Vordergrund rücken.

2.2 Wandlungsbereitschaft

Eine objektiv notwendige Veränderung und die subjektive Bereitschaft zur Veränderung gehen keineswegs immer Hand in Hand.

> Ein Schlüssel zu erfolgreichem Wandel ist demgemäß die **Wandlungsbereitschaft**. Darunter sind die Einstellungen und das Verhalten der am Wandlungsprozeß beteiligten bzw. von ihm betroffenen Personen und Organisationseinheiten gegenüber den Zielen und Maßnahmen des Wandels zu verstehen.

Mangelnde Akzeptanz von notwendigen Änderungen als Ausdruck fehlender Wandlungsbereitschaft ist mit Sicherheit eine der häufigsten und schmerzlichsten Alltagserfahrungen, die Promotoren des Wandels immer wieder machen müssen. Akzeptanzbarrieren führen einerseits dazu, daß sich Wandlungsbedarfe aufbauen, denen nicht entsprochen wird (‚Nachholbedarf/Reformstau‘), und sie bewirken andererseits, daß ein erheblicher Problemdruck (‚Leidensdruck‘) nötig ist, um eine Kurskorrektur vorzunehmen. Zugespitzt formuliert, ergibt sich daraus eine Sentenz, der erfahrene Praktiker nicht ohne resignierenden Unterton zustimmen: **Ohne Krise kein Wandel**. Es zeichnet den erfolgreichen Wandlungsmanager aus, daß er es schafft, diese Formel zu durchbrechen und einen grundlegenden Wandel auch ohne Krise zu gestalten. Allerdings läßt sich die empirische Erfahrung des erforderlichen Leidensdrucks auch in der Form umsetzen, daß die Situation zugespitzt oder überspitzt kommuniziert wird, die Krise also als unmittelbar drohend oder bereits eingetreten dargestellt und empfunden wird. Auch diese Art von ‚Krisendialektik' kann Teil des erforderlichen **Managements von Bewußtseinslagen** sein. In jedem Fall gilt es, ein Gefühl für die Dringlichkeit und Unabweisbarkeit des Wandels zu erzeugen (‚**sense of urgency**').

Die Wandlungsbereitschaft bestimmt, wer sich als Befürworter (Promotor) oder Gegner (Opponent) des Wandels verhält bzw. wer unentschlossen ist (Indifferente). Die Beeinflussung der Wandlungsbereitschaft durchzieht mehrere Kapitel dieser Schrift, so insbesondere Kapitel 4 (Topmanagement), Kapitel 7 (Kommunikation) und Kapitel 6 (Einstellungen und Verhalten), aber auch Kapitel 8 (Systeme).

Es gilt der *Seneca* zugeschriebene Ausspruch:

Wir tun nicht deswegen nichts, weil die Lage so ernst ist, sondern die Lage ist so ernst, weil wir nichts tun.

2.3   Wandlungsfähigkeit

Die dritte Kategorie, von der ein erfolgter und erfolgreicher Wandel abhängt, ist die Wandlungsfähigkeit.

Die **Wandlungsfähigkeit** bezeichnet die auf geeignetem Wissen und Können beruhende Möglichkeit eines einzelnen bzw. einer Organisationseinheit oder der Unternehmung insgesamt, Wandlungsprozesse erfolgreich durchzuführen.

Es ist klar, daß die Fähigkeiten höherer Referenzebenen (z.B. Unternehmung) erst aus der Integration der Fähigkeiten niedrigerer Ebenen (z.B. Teilbereiche, Einzelpersonen) entstehen. Umgekehrt gilt, daß die Subsysteme bzw. die Unternehmung insgesamt durch eine entsprechende Infrastruktur und geeignete Einzelmaßnahmen erheblich zur Kultivierung individueller Fähigkeiten beitragen.

21

Der Unternehmungserfolg wird zukünftig in starkem Maße von der Wandlungsfähigkeit aller Ebenen geprägt werden. Die internen Voraussetzungen für die Entwicklung der Wandlungsfähigkeit sind durch individuelle und kollektive Veränderungsprozesse in den letzten Jahren in vielen Unternehmungen tiefgreifend verbessert worden. Die Restrukturierungsmaßnahmen, die z.B. unter Schlagworten wie ‚Lean Management‘, ‚Business Reengineering‘ und ‚Management Holding‘ durchgeführt wurden, haben nicht zuletzt die Beweglichkeit und Anpassungsfähigkeit gefördert und erhöht. Es gilt jetzt, dabei nicht stehenzubleiben, der Sehnsucht nach Ruhe nicht dauerhaft nachzugeben, sondern weitere Erneuerungsprozesse in Angriff zu nehmen (vgl. Kap. 5, S. 177ff.).

Die Wandlungsfähigkeit eines Systems wird von personenbezogenen und sachbezogenen Einflußgrößen bestimmt. Diese erstrecken sich auf alle Komponenten des Wandlungsmanagements. Vorhandenes Wissen und Können, Erfahrungen eingeschlossen, der Manager und ihrer Mitarbeiter prägen die personelle Wandlungsfähigkeit. Sie würde brachliegen ohne eine wandlungsfreundliche Organisationsumgebung. Dazu gehören zunächst eine innovations- und wandlungsorientierte Strategie und Kultur der Unternehmung. Die Primärorganisation (Strukturen und Prozesse) muß Flexibilität und Anpassungsfähigkeit aufweisen und die Einrichtung von Bausteinen der Sekundärorganisation (z.B. Teams, Workshops) zulassen. Nicht zuletzt ist an die flankierende Systemunterstützung (z.B. Anreizsysteme) zu denken, die einen nicht unerheblichen Beitrag zur Wandlungsfähigkeit leistet. Ausgeklammert bleibt bei dieser Betrachtung die Ausstattung einer Unternehmung mit materiellen und finanziellen Potentialen. Auf den ersten Blick scheint es so, daß eine Unternehmung um so wandlungsfähiger ist, je besser ihre finanzielle Situation und je anpassungsfähiger sich ihre materielle Infrastruktur (Maschinen, Einrichtung, Gebäude) darstellt. Bei näherer Betrachtung sieht man allerdings auch die damit verbundene Gefahr der Sattheit und Bequemlichkeit. Mangelsituationen (‚Leidensdruck‘) stimulieren eher den Wandel als Überflußphasen.

3. Komponenten des Wandlungsmanagements

Das Management tiefgreifender und weitreichender Veränderungen (synonym: Transformationsmanagement, Management der strategischen Erneuerung) ist als Gegenstand dieses Buches immer gemeint, wenn im weiteren Verlauf ohne weiteren Zusatz von Wandlungsmanagement gesprochen wird. Die Gliederung des Buches folgt den im Orientierungsmodell (**3W-Modell**) enthaltenen **acht Komponenten** des Wandlungsmanagements:

- ❑ Wandlungsprozesse (Kapitel 2),
- ❑ Strategien (Kapitel 3),
- ❑ Topmanagement (Kapitel 4),
- ❑ Organisation (Kapitel 5),
- ❑ Einstellungen und Verhalten (Kapitel 6),
- ❑ Kommunikation (Kapitel 7),
- ❑ Systeme (Kapitel 8),
- ❑ Controlling (Kapitel 9).

Die acht Komponenten sind logisch und empirisch auf vielfältige Weise ineinander verwoben. Die bildhafte Anordnung im 3W-Modell zeigt die Stellung der acht Komponenten zueinander, die sich durch den gesamten Text dieses Buches zieht.

3.1 Wandlungsprozesse: Aufgaben und Phasen des Wandels festlegen

Unternehmungswandel spielt sich auf drei unterschiedlichen Prozeßebenen ab, die im Zusammenhang gesehen und gestaltet werden müssen. Sie bilden das Rückgrat des Wandlungsmanagements und werden in Kapitel 2 erläutert.

Prozeß der Unternehmungsentwicklung (Makroprozeßebene)

- Die Unternehmungsentwicklung beschreibt unterschiedliche Stadien, die im ‚Leben‘ einer Unternehmung auftreten können, z.B. Pionierstadium, Markterschließung, idealtypisch als Wachstumsverlauf angeordnet, bis hin zur Globalisierung (vgl. Abschn. 4.3, S. 50f.).

- Essenz der Unternehmungsentwicklung sind die Übergänge von einem zum anderen Stadium. Sie sind mit spezifischen Krisenpotentialen behaftet, die Risiken und Chancen gleichermaßen enthalten.

- Diese Übergangsprozesse sind nichts anderes als ein tiefgreifender und weitreichender Wandel, es sind **Transformationsprozesse** (synonym: Prozesse der strategischen Erneuerung). Das Prozeßmodell der Unternehmungsentwicklung läßt charakteristische Konstellationen der Unternehmungstransformation erkennen.

Transformationsprozeß (Mesoprozeßebene)

■ Dieser Prozeß beschreibt die verschiedenen Aktivitäten eines tiefgreifenden und weitreichenden Unternehmungswandels, die erforderlich sind, um die Übergangsstadien der Unternehmungsentwicklung geordnet zu bewältigen (vgl. Abschn. 5.1, S. 53f.).

■ Transformationsprozesse umfassen sowohl sachbezogene Aufgaben des Wandlungsmanagements als auch personenbezogene.

■ Transformationsaufgaben sind regelmäßig nicht durch ein abgegrenztes Projekt allein zu erfüllen, sondern bedingen die Formulierung eines umfassenden **Programms**.

■ Die **Umsetzung** des Transformationsprogramms geschieht durch einzelne **Projekte**.

Projektprozeß (Mikroprozeßebene)

■ Projekte sind zeitlich abgegrenzte Vorhaben, die relativ neuartig und komplex sind und die Zusammenarbeit verschiedener Spezialisten erfordern.

■ Projekte können in jedem Stadium der Unternehmungsentwicklung sowie während der Übergangsstadien gestartet werden.

■ Innerhalb der Übergangsstadien werden Projekte für unterschiedliche Teilprobleme und Phasen des Transformationsprozesses eingerichtet.

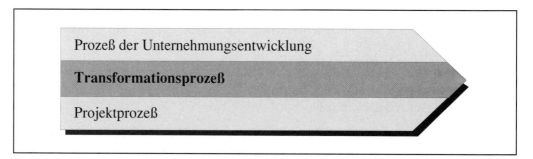

Abb. 1/2: Prozeßebenen des Wandels

Im Vordergrund der Analyse von Kapitel 2 steht der Prozeß der strategischen Erneuerung. Er bildet einen wesentlichen Ausgangspunkt für die weiteren Überlegungen. Dieser Prozeß zeigt die zu bewältigenden **Aufgaben** in ihrer sachlogischen Abfolge. Wie alle Erfahrungen zeigen, sind diese Aufgaben weitestgehend verallgemeinerungsfähig. Sie sind also von den Verantwortlichen durchzuführen, gleichgültig, um welche Branche oder um welche konkreten Unternehmungsstrategien es geht. Aus diesem Grund wird der Wandlungsprozeß als **unabhängige Variable** des 3W-Modells behandelt.

Er wirkt aber seinerseits stark auf die anderen Komponenten als **abhängigen Variablen** ein. Die Anforderungen an das Topmanagement (Kapitel 4) werden von ihm ebenso bestimmt wie die spezifischen Fragestellungen, die sich mit der Veränderung von Einstellungen und Verhaltensweisen und den geeigneten Implementierungsstrategien verbinden (Kapitel 6). Die Aufgabenbeschreibung der einzelnen Phasen bildet das Material für die Organisation des Wandels (Kapitel 5), und sie liefert die Systematik für die Einordnung der Systeme (Kapitel 8). Schließlich stellen die phasenspezifischen Wandlungsaufgaben auch die Anknüpfungspunkte für die Querschnittsaufgaben der Kommunikation (Kapitel 7) und des Controlling (Kapitel 9) dar.

3.2 Strategie: Fokus und Stoßrichtung des Wandels bestimmen

Den Hintergrund der Wandlungsprozesse beschreiben die weiteren sieben Komponenten. Eine herausgehobene Bedeutung kommt dabei zunächst der Unternehmungsstrategie zu. Sie liefert die inhaltliche Ausrichtung für das gesamte Wandlungsgeschehen und überspannt deswegen die anderen Komponenten. Sie muß die Verbindung herstellen zwischen dem als notwendig erkannten Wandlungsbedarf einerseits und den konkreten Wandlungsvorhaben andererseits. Wandel dient der Umsetzung und Realisierung von Strategien des **Abbaus**, **Umbaus** oder **Aufbaus** von Geschäften. Die Unternehmungsstrategie muß zu diesem Zweck für den jeweiligen Transformationsprozeß in Wandlungsziele heruntergebrochen werden. Die Wandlungsvorhaben sind also Ausdruck der Unternehmungsstrategie. Eine eigenständige ‚Wandlungsstrategie‘ kann es insofern gar nicht geben.

Im Mittelpunkt von Kapitel 3 (vgl. S. 99ff.) steht dementsprechend die Erörterung der möglichen strategischen Optionen, die, einzeln oder in Kombination, den Inhalt dessen bestimmen, was die strategische Erneuerung ausmacht. Vor dem Hintergrund eines **marktorientierten Kernkompetenz-Ansatzes** reicht die Bandbreite u.a. vom ‚Rückzug‘ über die ‚Konzentration‘ bis zum ‚Entwickeln‘ und ‚Transferieren‘ (aufbauend auf Krüger 1999a, S. 28f.).

25

3.3 Topmanagement: Rollenvielfalt im Wandlungsgeschehen beherrschen

Wandel vollzieht sich nicht von allein, sondern muß von handelnden Personen aktiv vorangetrieben werden. Diejenigen, die einen maßgeblichen Einfluß auf den Wandlungsprozeß ausüben, werden hier als **Wandlungsträger** bezeichnet. Es ist eine alte Erfahrung und eine entsprechende Forderung der Theorie, daß ein Wandlungsprozeß nur dann Erfolg hat, wenn eine nachhaltige hierarchische Unterstützung sichergestellt ist. Sonst versickern und versanden die anfänglichen Impulse. Ein grundlegender, tiefgreifender Wandel muß also in jedem Fall von der obersten Führungsebene getragen bzw. mitgetragen werden, wenn er erfolgreich sein soll. Dies schließt keineswegs aus, daß auch andere Führungskräfte oder Mitarbeiter bereits zu Beginn des Prozesses impulsgebend tätig sind und insofern an der Trägerrolle partizipieren. Kraftvolle und glaubwürdige Führung ist und bleibt aber ein Grundelement jedes Wandlungsprozesses. Topmanager sind aufgefordert, als **Promotoren des Wandels** zu wirken.

Kapitel 4 (S. 139ff.) leitet aus den Aufgaben des Wandlungsprozesses die entsprechenden Anforderungen an das Topmanagement ab. Diese ‚generischen‘ Anforderungen besitzen allerdings unterschiedliche Bedeutungen, z.B. in Situationen des ‚**Aufbaus**‘ (‚positiver Wandel‘) oder des ‚**Abbaus**‘ (‚negativer Wandel‘). Während die eine Situation den ‚begeisterten Visionär‘ verlangt, ist die andere nur durch den ‚harten Sanierer‘ durchzustehen. Damit verbunden sind verschiedenartige Formen der Führung, der Konflikthandhabung und des Machteinsatzes. Dabei wird rasch klar, daß eine Einzelperson bzw. eine homogene Gruppe mit der Fülle und Heterogenität der Aufgaben und Anforderungen überfordert sein kann. Ein Topmanagement Team (Executive Team) sich ergänzender Persönlichkeiten mit komplementären Fähigkeiten wäre eine mögliche Antwort. Kapitel 4 behandelt diesen Weg sowie andere Lösungsansätze, die vom Wechsel im Topmanagement bis zum Einsatz externer Berater reichen.

3.4 Organisation: Infrastrukturen für Wandel schaffen

Zur Organisation des Wandels gehört neben der bereits erwähnten Regelung der Wandlungsprozesse (‚Ablauforganisation‘) die Verteilung der Aufgaben und Kompetenzen auf vorhandene oder neu zu schaffende organisatorische Einheiten. Dies betrifft die Strukturen des Wandels (‚Aufbauorganisation‘), also die organisatorischen Plattformen, auf denen sich Wandlungsprozesse abspielen. Die zu wählende Struktur hängt sehr stark von der Situation und der Form der Implementierung ab. Strikt direktiver Wandel führt zwangsläufig zu anderen Organisationslösungen als eine partizipative Implementierung.

Kapitel 5 (S. 177ff.) behandelt die in Frage kommenden Strukturbausteine der Primär- und Sekundärorganisation und zeigt ihre Ausgestaltung sowie ihr Zusammenwirken. In vielen Fällen wird es sich empfehlen, der vorhandenen **Primärorganisation**, die das Tagesgeschäft trägt, eine **Sekundärorganisation** für den Transformationsprozeß zur Seite zu stellen. Bausteine dieser Struktur sind Planungs- und Steuerungsgremien einerseits (z.B. ein Lenkungsausschuß) und ausführende Einheiten andererseits (z.B. Projektteams). Für die verschiedenen Phasen eines Wandlungsprozesses erweisen sich allerdings unterschiedliche Strukturprofile als zweckmäßig.

Diese ‚Organisation des Wandels' sollte wegen der erwähnten Permanenz des Wandels u.a. zu einer Unternehmungsorganisation führen, die ihrerseits wandlungsfähig ist, also einen ‚Wandel der Organisation' auslösen. Im Idealfall entsteht eine Unternehmungsorganisation, in der die übliche Trennung zwischen Primär- und Sekundärorganisation aufgehoben ist. Welche besonderen Ansätze eine wandlungsfähige Organisation beschreiben, wird ebenfalls in Kapitel 5 behandelt.

3.5   Einstellungen und Verhalten: Mentale Modelle ändern

Daß Wandlungsmanagement zu einem nicht geringen Teil ‚Management der Humanressourcen' ist bzw. sein muß, ist eine Binsenwahrheit. Allerdings geht es um weit mehr als um die herkömmlichen Funktionen der Personalarbeit, wie insbesondere Fragen des Personaleinsatzes und des Personalabbaus, die im vorliegenden Buch weitgehend ausgeblendet werden. Die besondere und neue Herausforderung der strategischen Erneuerung liegt hinsichtlich der Humanressourcen darin, daß nicht nur, wie bisher, Wissen und Fähigkeiten zu verändern sind, sondern auch Einstellungen, Werte und Verhaltensmuster, also tieferliegende, bis ins Unterbewußtsein reichende Merkmale der Person. Es gilt, insbesondere die Sichtweise und Interpretation der Realität zu verändern, also das Bild, das sich der einzelne von der Unternehmung und ihrer Situation sowie von sich selbst als Teil des Ganzen macht. In den Köpfen der Unternehmungsmitglieder bildet sich ein ‚genetischer Code' der Unternehmung heraus. Strategische Erneuerung verlangt nicht weniger, als diesen Code transparent zu machen und ihn gezielt zu verändern.

Kapitel 6 (S. 221ff.) behandelt diese ebenso wichtigen wie schwierigen Fragen anhand der Theorie der **mentalen Modelle**. Es wird erklärt, wie mentale Modelle entstehen und wie sie wirken. Vor allem aber wird gezeigt, in welcher Weise durch Veränderungen mentaler Modelle Einstellungen und Verhaltensweisen geändert werden können. Diese Diskussion mündet in eine ausführliche Darstellung und Würdigung verschie-

dener **Strategien der Implementierung**, die zur Durchsetzung des Wandels eingesetzt werden können.

3.6 Kommunikation: Einheitliches Verständnis erzeugen

Wandel bedingt eine abgestimmte Interaktion aller Beteiligten. Das Medium der
wechselseitigen Abstimmung ist der Austausch von Ideen, Meinungen, Absichten,
Plänen und Entscheidungen, kurz: ist Kommunikation. Durch umfassenden Informationsaustausch muß in der Unternehmung ein möglichst einheitliches Verständnis des
Wandlungsvorhabens erzeugt werden. Die Gesamtheit der damit verbundenen Aufgaben und Instrumente bildet ein Querschnittsthema des Wandlungsmanagements, das
den gesamten Prozeß begleitet.

Kapitel 7 (S. 261ff.), das diesen Fragen gewidmet ist, greift ebenfalls auf die Theorie
der mentalen Modelle zurück. Davon ausgehend, werden die **konzeptionellen
Grundlagen** der Kommunikation geklärt. Den Schwerpunkt des Kapitels bildet sodann die **praktische Bewältigung** der Kommunikationsprobleme in den einzelnen
Phasen des Transformationsprozesses.

3.7 Systeme: Wandlungsinstrumente einbauen

Das beste strategische Konzept bleibt letztlich kraftlos, wenn es nicht durch geeignete
Instrumente in der Umsetzung unterstützt wird. Im Vordergrund dieser Schrift steht
nicht die Darstellung einzelner Instrumente, sondern ein Überblick über ganze Systeme, die der Bewältigung bestimmter Aufgaben des Wandlungsmanagements dienen
können.

Wie in Kapitel 8 (S. 291ff.) gezeigt wird, kommt es nicht darauf an, neue Systeme zu
entwickeln, sondern vorhandene wirkungsvoll zu nutzen und zu kombinieren. Als ein
Basissystem muß das **Informations- und Kommunikationssystem** gelten, das so-
wohl die Querschnittsaufgaben der Kommunikation wie des Controlling fundiert. Das
Informations- und Kommunikationssystem konzentriert sich auf die Sachebene des
Wandels. Das Geschehen auf der personalen Ebene muß ebenfalls instrumentell unter-
stützt werden. Hierzu dienen zum einen **Personalentwicklungssysteme**, zum anderen
Führungs- und Anreizsysteme. Alle Systeme werden auf ihren Beitrag zu Wand-
lungsbedarf, -bereitschaft und -fähigkeit untersucht, und ihre Einsatzmöglichkeiten zur
Unterstützung der einzelnen Wandlungsphasen werden erläutert.

3.8 Controlling: Prozeß- und Ergebnistransparenz sichern

Planen, Steuern und Kontrollieren sind generell erfolgskritische Aktivitäten. Zur Unterstützung dieser Aufgaben ist in der Praxis ein ausgebautes Controlling zum Standard geworden. Es gilt nun, Schritt für Schritt auch Wandlungsprozesse durch geeignete Controllinghilfen besser beherrschbar zu machen. Dabei müssen letztlich alle Unternehmungsprozesse im Zusammenhang gesehen werden: der langfristige Prozeß der Unternehmungsentwicklung, der Transformationsprozeß als ganzes und - in ihm enthalten - der Ablauf verschiedener Einzelprojekte.

Diese drei ineinander geschachtelten Prozeßkategorien bilden den Bezugsrahmen, auf den sich Kapitel 9 richtet (S. 325ff.). Mit Schnittstellen zum allgemeinen Controlling, das den Prozeß der Unternehmungsentwicklung abbildet, wird das Hauptaugenmerk auf das Controlling eines Wandlungsprogramms gelegt. Auch dabei ergeben sich einige Differenzierungen hinsichtlich der verschiedenen Phasen des Transformationsprozesses. Abgerundet wird dieses Bild durch Hinweise auf die Überwachung eines konkreten (Teil-)Projekts. Erst die genaue Kenntnis des Projektstatus und des Projektfortschritts, über alle Teilprojekte hinweg, läßt erkennen, wie weit das Wandlungsprogramm bereits realisiert ist und wo Eingriffe erforderlich sind.

Zweites Kapitel

WILFRIED KRÜGER

Strategische Erneuerung: Probleme, Programme und Prozesse

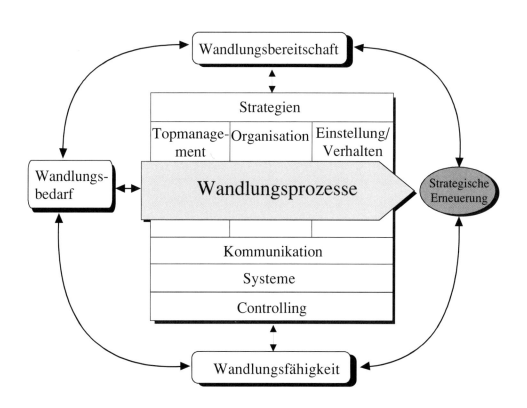

Leitgedanken zu Kapitel 2

Dieses Kapitel behandelt die Wandlungsprozesse als zentrale Komponente des 3W-Modells und diskutiert damit im Zusammenhang stehende Grundfragen der strategischen Erneuerung:

(1) Aufgrund welcher Entwicklungen und mit welchen Zielsetzungen sollen sich Unternehmungen erneuern? Diese Frage zielt auf eine Klärung des Wandlungsbedarfs als Ausgangspunkt des 3W-Modells ab (Abschnitte 1 und 2).

(2) Welche Wandlungsprogramme kommen in Betracht? Wandlungsprogramme sind Wege zum Ziel, sollen also den Bedarf decken. Diskutiert werden Programme des Abbaus, Umbaus und Aufbaus (Abschnitt 3).

(3) Wie laufen Wandlungsprozesse ab? Die verschiedenen Prozesse der Veränderung, die das Rückgrat des 3W-Modells bilden, werden im Zusammenhang dargestellt (Abschnitte 4, 5, 6). Im Mittelpunkt steht ein fünfphasiger Prozeß tiefgreifenden Wandels (Transformationsprozeß, Abschnitt 5).

(4) Welche Kernprobleme muß das Wandlungsmanagement für einen erfolgreichen Wandel bewältigen? Erfolgskritische Gesichtspunkte, die über das gesamte 3W-Modell hinweg zu beachten sind, werden herausgearbeitet (Abschnitt 7).

1. Herausforderungen

1.1 Marktliche Entwicklungen

▨ Globalisierung

Den Hintergrund für die vielfältigen Chancen und Risiken, die zur strategischen Erneuerung führen, bilden **marktliche** wie **außermarktliche** Entwicklungen (vgl. Abb. 2/1, S. 37). Die wohl markanteste und umfassendste Veränderung auf der Seite der Märkte ist die **Globalisierung** (vgl. zum folgenden Krüger 1999a, S. 5ff.).

Veränderungen sind vor allem auf der **Outputseite** der Unternehmung, also im Verhältnis zu Kunden und Konkurrenten, zu beobachten. Die weltumspannende Ausweitung der Märkte, verbunden mit einer Reduktion der Markteintrittsbarrieren, führt zu einer Intensivierung des Wettbewerbs. Daraus resultieren gleichermaßen Chancen wie Risiken. Chancen ergeben sich für Anbieter, die bisher nur schwer über nationale Zugangsbeschränkungen hinweg gelangen konnten. Im gleichen Maße entstehen Risiken für solche Anbieter, die sich bisher in einer nationalen oder regionalen Nische sicher fühlten.

Hinsichtlich der **Nachfrager** zeigt sich im Rahmen der Globalisierung weithin eine Konzentrationsbewegung auf der Seite der Handels- und Industriekunden (‚Global Sourcing‘). Im Bereich der Endverbraucher ist dann eine Veränderung spürbar, wenn sich die Bedürfnisse gleichen bzw. einander annähern, die Globalisierung also zu einer Homogenisierung der Bedürfnisse führt. Dies ist in einigen Branchen (z.B. Bekleidungsindustrie, Unterhaltungsindustrie, Pharmaindustrie) in starkem Maße der Fall. Trifft der Anbieter dagegen auf heterogene Bedürfnisse, so besteht seine Herausforderung darin, globale und regionale Aspekte des Geschäfts miteinander zu vereinen (‚Think global, act local‘).

Die **Inputseite** der Unternehmung (Lieferanten, Dienstleister, Kapitalgeber, potentielle Mitarbeiter) weist eine analoge Entwicklung auf. Die Zugangsmöglichkeiten zu allen Ressourcen, einschließlich qualifizierter und/oder billiger Arbeitskräfte, erweitern sich. Nicht ortsgebundene Leistungen lassen sich elektronisch erschließen. Die Faktorpreise, einschließlich der Löhne, nähern sich einander an. Dies erzeugt in den Industrieländern einen erheblichen Preis- und Lohndruck.

■ Wachsende Bedeutung der Wissensindustrien

Insgesamt werden Wissen und Fähigkeiten zu wettbewerbsentscheidenden Ressourcen der Industrienationen, im Gegensatz zu den herkömmlichen Faktoren ‚Arbeit, Boden und Kapital‘. Immer mehr Branchen sind ‚Brainpower-Industries‘ (vgl. zum folgenden Thurow 1996, S. 65ff.). Die Industriegesellschaft wandelt sich zu einer **Wissensgesellschaft**. Dies führt zu erhöhten Anforderungen an die einzelnen Arbeitnehmer, aber auch an das gesamte Bildungs- und Ausbildungssystem. Wer in einem solchen System nur über eine geringe oder gar keine Qualifikation verfügt (‚Drittweltfähigkeiten‘), der muß befürchten, in Zukunft auch entsprechend niedrig entlohnt zu werden (‚Drittweltlöhne‘).

Das Problem traditioneller Industriegesellschaften im ganzen besteht darin, neuen Industrien Raum zu geben und geeignete Rahmenbedingungen hierfür zu schaffen sowie reife Industrien in moderne Wachstumsindustrien umzuformen, die auf dem zukunftsträchtigen Rohstoff ‚Wissen‘ basieren bzw. ihn zur Dynamisierung und Modernisierung ihrer Geschäftssysteme nutzen.

■ Mediatisierung der Märkte

Unübersehbar ist, daß die elektronischen Medien, allen voran derzeit das Internet, die Marktbeziehungen und die Marktstrukturen verändern. Davon betroffen sind Unternehmungen aller Branchen und Größen. Die Märkte werden in unterschiedlich starkem Umfang **mediatisiert**. Teils drückt sich dies in einer ‚Elektronifizierung' vorhandener Marktbeziehungen aus (z.B. elektronische Bestellannahme und -abwicklung), teils entstehen Märkte und Unternehmungen neuen Typs als rein **virtuelle Märkte** oder **virtuelle Unternehmungen**, oder es entstehen **neue Geschäftssysteme** und **Wertschöpfungsketten**, bzw. ihr Entstehen wird durch Mediatisierung begünstigt.

■ Neue Branchenstrukturen

Auffällige Veränderungen sind weltweit auch bei der Zusammensetzung der **Wertschöpfungsketten** zu beobachten. Zum Teil aufgrund interner Strategieentscheidungen (z.B. Konzentration auf Kernkompetenzen und Outsourcing), oder auch aufgrund der bereits beschriebenen marktlichen Entwicklungen werden bestehende Wertketten verändert, typischerweise **verkürzt**. Es entstehen zugleich auf der Basis einzelner Kettenglieder oder einer neuen Kombination bisher getrennter Kettenglieder neue **Wertschichten** (‚layer'). Dies verändert die überkommenen Definitionen und Abgrenzungen einer Branche und läßt an manchen Stellen neue Branchen entstehen (vgl. Heuskel 1999). In der ‚Biotechnologie' z.B. wachsen Elemente der Agrarindustrie und der Pharmaindustrie zusammen, ‚Flottenmanagement' entsteht aus einer Kombination von Transportindustrie, Automobilindustrie und Finanzdienstleistern, ‚Catering' kann, ausgehend von den Airlines, in Hotels, Krankenhäusern und Industriebetrieben Anwendung finden. Internetfirmen (z.B. AOL) wachsen mit Medienkonzernen zusammen (z.B. TIME WARNER) und bilden ihrerseits eine völlig neue Kombination. Wettbewerb ist auch ein Wettbewerb um diese neuen bzw. neu abgegrenzten Märkte und ihre Spielregeln (sogenannte ‚layer competition').

Innerhalb einer Branche oder sogar über Branchengrenzen hinweg bilden sich Netzwerke als eine intermediäre Organisationsform zwischen ‚Markt' und ‚Hierarchie' (vgl. Sydow 1992), denn das Verhältnis zu Konkurrenten wird gerade im Rahmen der Globalisierung nicht nur durch Wettbewerb, sondern auch durch Kooperationsmöglichkeiten bestimmt. Dies resultiert daraus, daß nicht alle Anbieter auf allen Märkten präsent sind. Dadurch entstehen vielfältige Möglichkeiten komplementären Vorgehens, insbesondere in Form von **strategischen Allianzen**, also horizontalen Netzwerken. Um sie gestalten und nutzen zu können, müssen allerdings entsprechende Fähigkeiten in der Führung, Steuerung und Organisation kooperativer Prozesse vorhanden sein. Das gleiche gilt in vertikaler Richtung. **Vertikale Netzwerke**, in denen Abnehmer-/Zuliefererbeziehungen organisiert werden, sind hier wichtige Kooperationsformen. Sie reichen teilweise über mehrere Produktionsstufen hinweg und erstrecken sich nicht nur auf das Tagesgeschäft, sondern auch auf Entwicklungsprozesse.

1.2 Außermarktliche Entwicklungen

▨ Politisch-rechtliche Entwicklung

Bedeutsam sind gleichermaßen die neuen Bedingungen im **außermarktlichen Umfeld**. Hinsichtlich der **regulativen Sphäre**, also des politisch-rechtlichen Umfelds, hat der Siegeszug der Marktwirtschaft einen weitgehenden Abbau der Handelshemmnisse sowie eine Deregulierung und Privatisierung nationaler Teilmärkte zur Folge. Dies schafft wesentliche Voraussetzungen für die beschriebene Globalisierung. Allerdings existieren keine klaren globalen Koordinations- und Organisationsstrukturen. Staatliche und überstaatliche Institutionen und Gruppierungen der verschiedensten Art (z.B. UN, G7, Weltbank, IWF, Welthandelsorganisation) versuchen sich zwar an globalen Problemlösungen, aber mit sehr begrenztem Erfolg. Zudem wird der Einfluß nichtstaatlicher Institutionen, der NGOs (non-governmental organizations), wie z.B. Greenpeace, WWF, immer stärker. Im Hinblick auf die politisch-rechtliche Sphäre herrscht daher eine „neue Unübersichtlichkeit" (nach Beck 1997).

▨ Gesellschaftliche Entwicklung

Die gesellschaftliche Sphäre einzelner Länder wie des gesamten Globus wird unausweichlich zunächst von der **demographischen** Entwicklung geprägt. Der drastische Anstieg der Weltbevölkerung sowie der wachsende Altenanteil in den Industrieländern sind an erster Stelle zu nennen. Daraus resultieren erhebliche Veränderungen für viele Bereiche, z.B. die Pharmaindustrie und das Gesundheitswesen. In den Industrieländern, besonders auch in Deutschland, bedingt der wachsende Altenanteil einen gesellschaftlichen Verteilungskonflikt: **„Sozialbudget contra Zukunftsinvestitionen".** Die Gesundheits- und die Rentenreform als Ausdruck dieses Konflikts sind seit Jahren politische Dauerthemen.

Das marktliche und das gesellschaftliche Geschehen stehen in Beziehung zueinander. Die **gesellschaftlichen Kräfteverhältnisse** verschieben sich allmählich. So können Unternehmungen versuchen, sich den inländischen Zwängen, z.B. auf dem Gebiet der Tarifpolitik, durch Auslandsaktivitäten zu entziehen. Mit einer Betriebsverlagerung ins Ausland zu drohen, kann die Verhandlungsposition des Arbeitgebers gegenüber der Arbeitnehmerseite und den Gewerkschaften deutlich verbessern. Relativ zu der starken Position deutscher Gewerkschaften kann die Globalisierung insofern zu ‚Machtchancen' inländischer Unternehmungen führen. Andererseits ist nicht von vornherein absehbar, welche anderen und neuen Einflußmuster sich auf neuen Märkten bemerkbar machen werden und ob sich der eigene ‚Machtsaldo' insgesamt verbessert.

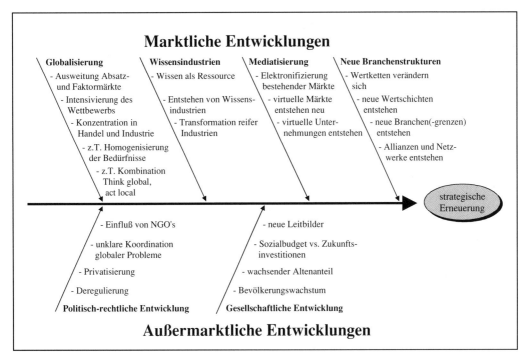

Marktliche Entwicklungen

Globalisierung
- Ausweitung Absatz- und Faktormärkte
- Intensivierung des Wettbewerbs
- Konzentration in Handel und Industrie
- z.T. Homogenisierung der Bedürfnisse
- z.T. Kombination Think global, act local

Wissensindustrien
- Wissen als Ressource
- Entstehen von Wissensindustrien
- Transformation reifer Industrien

Mediatisierung
- Elektronifizierung bestehender Märkte
- virtuelle Märkte entstehen neu
- virtuelle Unternehmungen entstehen

Neue Branchenstrukturen
- Wertketten verändern sich
- neue Wertschichten entstehen
- neue Branchen(-grenzen) entstehen
- Allianzen und Netzwerke entstehen

strategische Erneuerung

- Einfluß von NGO's
- unklare Koordination globaler Probleme
- Privatisierung
- Deregulierung

Politisch-rechtliche Entwicklung

- neue Leitbilder
- Sozialbudget vs. Zukunftsinvestitionen
- wachsender Altenanteil
- Bevölkerungswachstum

Gesellschaftliche Entwicklung

Außermarktliche Entwicklungen

Abb. 2/1: Marktliche und außermarktliche Entwicklungen

Menschenbilder, Grundannahmen und -werte, Normen und Verhaltensmuster unterscheiden sich weltweit in ganz erheblichem Maße. Mit heterogenen gesellschaftlichen, ideologischen und religiösen Interessen und ihren Vertretern konfrontiert zu werden, stellt eine besondere Schwierigkeit dar.

Im Inland sind auch Veränderungen der Wertvorstellungen zu beobachten. Sie betreffen sowohl die Arbeitswelt als auch die Freizeit. In der Summe derartiger Veränderungen, auf die hier nicht im einzelnen einzugehen ist, stellt sich die Frage nach dem gesellschaftlichen Leitbild. Das herkömmliche Ideal ist das einer ‚**arbeitnehmerorientierten Industriegesellschaft‘**. Wesentliche Merkmale sind staatliche Vorsorge und Fürsorge, Schutz der sozial Schwachen, Belastung der Besserverdienenden, Solidaritäts- und Gleichheitsgedanken. Dieses Leitbild ist nicht mehr zeitgemäß, und es ist im Wandel begriffen. Die Richtung, in der es sich bewegt bzw. bewegen soll, ist - zwangsläufig - nicht unumstritten. Es bleibt abzuwarten, ob sich Deutschland, wie mehr und mehr gefordert, zu einer ‚**unternehmerischen Wissensgesellschaft‘** entwickeln wird, ob also der Transformation von einzelnen Unternehmungen, ganzen Branchen und letztlich der gesamten Wirtschaft eine gesellschaftliche Transformation folgen wird.

1.3 Interne Impulse

Die bisher beschriebenen Entwicklungen sind unternehmungsexterne Herausforderungen. Davon ausgelöster Wandel ist mehr oder minder reaktiv, stellt also eine **Anpassung** dar. Dieser Einstieg in die Diskussion der Wandlungsproblematik entspricht zwar dem üblichen Vorgehen, zeigt aber nur eine Seite des Wandlungsbedarfs. Wandel kann und muß auch dadurch entstehen, daß sich kreative und mutige Köpfe neue Ziele setzen, neue Chancen sehen und nutzen. Dies zeichnet unternehmerisches Tun aus. In dem Maße, wie in einer Unternehmung ein solcher Geist herrscht und unterstützt wird, erfolgt ein Übergang von der **Anpassung an den Markt** zur **Gestaltung des Marktes**. Dabei ist nicht nur an die Person des **Unternehmers** selbst zu denken, sondern auch an die **Intrapreneure** in den Teilbereichen. ‚Bedarf' als selbst gesetzte Herausforderung und im Erfolgsfall als Auslöser für andere, die sich anpassen müssen. Nicht wenige groß gewordene Unternehmungen bemühen sich derzeit, den Schwung zurückzugewinnen, der sie in der Startphase groß gemacht hat und der in der Person der Gründer zur Legende geworden ist (z.B. HP mit Mr. *Hewlett* und Mr. *Packard*). Eine neue **Unternehmungskultur** soll die Impulse liefern.

Teils damit verbunden, teils unabhängig davon sind strategiegetriebene Erneuerungsprozesse zu beobachten. Seit einigen Jahren dominiert dabei eine **kernkompetenzorientierte** Vorgehensweise (vgl. Krüger/Homp 1997). Kernkompetenzen sind, vereinfacht ausgedrückt, Ressourcen und Fähigkeiten, die so entwickelt und integriert sind, daß daraus Wettbewerbsvorteile entstehen. Das Management von Kernkompetenzen löst vielfältige Veränderungen aus, bis hin zu einem völligen Konzernumbau. Die Rückbesinnung auf angestammte Geschäfte und Kompetenzen (Beispiel: DAIMLER BENZ/DAIMLERCHRYSLER) kann ebenso Ausdruck einer kompetenzbasierten Strategie sein wie die Übertragung vorhandener Kompetenzen auf neue Produkte, Regionen und Kundengruppen (Beispiel: 3M). Besonders dramatisch ist eine Aufgabe seitheriger und der Aufbau neuer Kompetenzen (Beispiel: HOECHST/AVENTIS). Kompetenzaufbau und Kompetenztransfer sind tendenziell gestaltungsorientiert und eher proaktiv, wogegen die Konzentration und der Rückzug überwiegend anpassungsorientierten, reaktiven Charakter tragen.

Nicht zuletzt ist auf die Vielzahl von **Gründungen** und **Ausgründungen** zu verweisen, die sich breiter Förderung erfreuen und die auch verstärkt auf Risikokapital treffen, wie die erfolgreichen Börsengänge immer wieder zeigen. Mancher Jungunternehmer mit einer gut präsentierten Story findet mehr Aufmerksamkeit (und Kapital) als alteingeführte Traditionshäuser.

1.4 Diversität, Volatilität und Permanenz des Wandels

Wandel als solcher ist nichts weniger als neu. Neu sind jedoch zum einen die beschriebenen marktlichen und außermarktlichen Inhalte des Wandels, zum anderen auch einige formale Eigenarten, die mit diesen Entwicklungen einhergehen, nämlich die Reichweite, die Intensität und die Nachhaltigkeit der Wandlungsbedarfe, die zu bewältigen sind. Daraus ergeben sich vor allem **drei Besonderheiten des Wandels**.

Diversität: Die Unternehmung sieht sich national wie international **unterschiedlichen** marktlichen und außermarktlichen Umfeldern und Anspruchsgruppen gegenüber, die gleichzeitig eine Vielzahl **verschiedenartiger**, teilweise auch gegenläufiger Einflüsse ausüben. Das daraus resultierende, neuartige Merkmal des Wandels ist seine **Diversität**.

Volatilität: Damit einher geht oft eine Verkürzung der Geltungsdauer bzw. Lebensdauer von Regelungen, Technologien, Produktzyklen, Angebots- und Nachfragestrukturen. Stabile Verhältnisse oder verläßliche langfristige Trends werden immer seltener. Ähnlich wie die Börsenteilnehmer hat auch das Wandlungsmanagement daher ein hohes Maß an **Volatilität** zu verkraften.

Permanenz: Nicht zuletzt ist neu am Wandel seine Dauerhaftigkeit. Vor allem aufgrund der Globalisierung werden immer wieder neue Impulse aus verschiedenen Weltgegenden zu erwarten sein. Wir müssen Abschied nehmen von der Vorstellung, daß nach einem grundlegenden Wandel die Probleme gelöst seien und dann wieder ‚Ruhe einkehrt'. Wandlungsmanagement wird zu einem permanenten Prozeß und zu einer Daueraufgabe für alle Beteiligten, auch wenn nicht jeder Wandlungsimpuls strategischen Charakter trägt. Das entsprechende Merkmal des Wandels ist seine **Permanenz**.

2. Zielsetzungen

2.1 Entwicklung zu größeren Einheiten: Economies of scale

Die Frage ist, welche Konsequenzen sich für die Unternehmungen aus den beschriebenen Entwicklungen ergeben. Welche Ziele sind anzustreben und wie sind sie zu erreichen? Hinsichtlich der Zielsetzungen lassen sich die Probleme anhand der sogenannten ‚Economies‘, d.h. der Economies of scale, scope, speed und innovation, analysieren (vgl. zum folgenden Krüger 1999a, S. 5ff.).

Economies of scale bedeuten das Streben nach Größen- und damit Kostenvorteilen. Bei wachsendem Marktvolumen bzw. einer Erweiterung der Märkte erfordert schon ein Halten des Marktanteils und damit der relativen Kosten- und Renditeposition, daß die Mindestgröße bzw. die optimale Betriebsgröße einer Unternehmung erhöht wird. Davon betroffen ist der Nischenanbieter wie der Marktführer. Erst recht verlangt eine globale Nischenpolitik oder gar eine globale Marktführerschaft das Vordringen in andere Größenklassen. Dies erklärt die teilweise spektakulären länderübergreifenden Unternehmungszusammenschlüsse. Im übrigen hängen die Konsequenzen im Einzelfall von der Renditestruktur innerhalb der Branche ab, also von dem funktionalen Zusammenhang zwischen Größe bzw. Marktanteil und Kapitalrendite. Ist die entsprechende Kurve durch einen U-förmigen Verlauf charakterisiert (vgl. Porter 1984, S. 73), dann bedeutet dies, daß sowohl der Nischenanbieter wie der Marktführer über hohe Renditen verfügen kann. Unternehmungen mittlerer Größe dagegen sind in derartigen Branchen in einer ungünstigen Renditeposition (‚stuck in the middle‘). Globalisierung führt tendenziell zu einer Rechtsverschiebung dieser Renditekurve und erzeugt damit einen Wachstums- und Entwicklungsdruck für alle Beteiligten. Dieser Druck wird zwangsläufig für Unternehmungen mit einer mittleren Größe und schwachen Rendite am stärksten sein. Solche Anbieter dürften zukünftig einem besonders harten Wettbewerb ausgesetzt sein. Sie sind zu groß, um sich ohne weiteres auf eine Nische zurückziehen zu können, zugleich aber zu klein, um im Spiel der ‚Global Player‘ eine Chance zu besitzen.

Aber auch in nationalen und sogar regionalen Teilmärkten macht sich Änderungsdruck bemerkbar. Man denke z.B. an das Gastronomiegeschäft. Die ‚Imbißbude‘, die ‚Eckkneipe‘ oder ‚der Italiener‘ sind typische Beispiele für regional bzw. lokal eng begrenzte Nischenanbieter. Sie werden zunehmend verdrängt von global operierender Systemgastronomie, z.B. MC DONALD'S oder PIZZA HUT. Ein wirklicher ‚Global Player‘, kann über Kosten- oder Differenzierungsvorteile verfügen, insbesondere wenn er eine globale Nischenposition besetzt. Durch diese Vorteile ist er den lokalen oder regionalen Anbieter überlegen. MC DONALD'S ist in wenigen Jahren mit weitem Abstand zum Marktführer in Deutschland aufgestiegen. Es kann also sehr wohl geschehen, daß die Globalisierung auch zu einer Besetzung oder zumindest Verkleinerung regionaler bzw. nationaler Nischen führt. Daher dürfte es kaum eine traditionelle Nische geben, in die der ‚Wind der Globalisierung' grundsätzlich nicht hineinwehen kann.

2.2 Schärfung des Unternehmungsprofils: Economies of scope

Economies of scope betreffen die Frage nach dem optimalen Aufgabenumfang einer Unternehmung und damit im Zusammenhang die Möglichkeit, Verbundeffekte in Kooperationen zu nutzen. Der aktuelle Trend zum Outsourcing von Randaktivitäten ist als ein Teil dieser Problematik zu interpretieren. Eine differenzierte Betrachtung zeigt, daß Outsourcing unterschiedliche Formen annehmen kann und Teil einer mehrstufigen Skala ist, die auch verschiedene Ausprägungen des Insourcings umfaßt.

Der globale Wandel führt hier zu einer Situation, die Chancen und Risiken gleichermaßen schärfer betont. Chancen eröffnen sich ganz allgemein insofern, als alle denkbaren Formen der Aufgabenintegration und -desintegration leichter möglich sind. Man denke im Verhältnis zu den Lieferanten an die Tendenz zum ‚Global Sourcing', im Verhältnis zur Konkurrenz an die zahlreichen internationalen Allianzen. Gerade diese Vielfalt der Optionen bei gleichzeitig zunehmendem Wettbewerbsdruck verlangt aber, daß die einzelne Unternehmung ihr Aufgabenprofil genauer und schärfer bestimmt und organisiert als je zuvor. Nur eine klare Profilierung im Vergleich zum Wettbewerb macht gegenüber den Kunden Unterschiede und Wettbewerbsvorteile deutlich und schafft nach innen die Voraussetzung für eine optimale Bündelung bzw. Verteilung der Kräfte, bis hin zur Entwicklung von Kernkompetenzen. Dieser spezielle Profilierungsdruck wird durch den erläuterten Trend zu größeren Einheiten noch verstärkt. Um eine Zersplitterung der Kräfte und Fehlinvestitionen zu vermeiden, ist genau zu klären, mit welchen Produkten und Leistungen in welchen Regionen der Welt für welche Kunden operiert werden soll. Der Abbau von Randgeschäften und der Umbau und Aufbau von Kerngeschäften sind weithin zu beobachtende Wandlungsprogramme, die diesen Zielsetzungen entsprechen.

2.3 Verbesserung des Zeitverhaltens: Economies of speed

Economies of speed stellen den Wettbewerbsfaktor ‚Zeit' in Rechnung. Dazu zählen **Zeitpunkt**aspekte, wie z.B. Pünktlichkeit, Zuverlässigkeit, Timing, und **Zeitraum-**

aspekte, wie die Verkürzung der Durchlaufzeiten oder Reaktionszeiten (vgl. im einzelnen Buchholz 1996, S. 127ff.). Eine Unternehmung muß also zum richtigen Zeitpunkt das Richtige tun können, und sie muß es schnell tun können. Time Management als Ausdruck der Economies of speed ist also weit mehr als eine allgemeine Prozeßbeschleunigung. Zu einem globalen Timing könnte z.B. die Fähigkeit gehören, ein neues Produkt weltweit zum gleichen Zeitpunkt einzuführen - auch dies eine bisher kaum realisierte Leistung.

2.4   Erneuerung der Unternehmung: Economies of innovation

Daß Unternehmungen schneller, billiger und besser werden müssen, um im globalen Wettbewerb zu bestehen, sollte unstrittig sein. Darauf abzielende Veränderungsprogramme allein lösen das Wettbewerbsproblem allerdings nicht. Sie setzen vorwiegend an der Aufwandseite der Rendite an und lassen den Ertrag weitgehend unverändert. Es ist daran zu erinnern, daß Wettbewerb nicht zuletzt ein **Entdeckungsverfahren** darstellt (v. Hayek) und daß es demgemäß gilt, durch Innovationen am Markt Erfolg zu suchen. Unternehmungen müssen nicht nur schneller, billiger und besser werden, sondern sie müssen **anders** werden. Neue Geschäftssysteme, neue Produkte und Leistungen, neue Prozesse und Strukturen, neue Einstellungen und Verhaltensweisen sind zu entwickeln. Mit einem Wort: **Economies of innovation**, Neuerungen, sind das Gebot der Stunde. So bekommen alte Märkte neue Spielregeln, und neue Märkte werden geschaffen. Wandel wird nicht als ‚Anpassung an externe Entwicklungen‘, sondern als aktive, **ideengetriebene Gestaltung** verstanden. Nur so ist letztlich eine nachhaltige Steigerung des Unternehmungswerts möglich.

Natürlich gibt es Wechselwirkungen mit den anderen drei ‚Economies‘, die in gewisser Weise quer zur Innovationsproblematik liegen. Eine drastische Verkürzung der Prozesse (Economies of speed) z.B. verlangt neuartige Organisationsformen und den Einsatz neuer Informationstechnologien. Umgekehrt kann z.B. eine technologische Innovation neue Qualitäts- und Kostenvorteile eröffnen, wenn sie konsequent eingesetzt wird.

Die vier ‚Economies‘ markieren die anzustrebenden Zielsetzungen, die nur durch Wandel zu erreichen sind. Die im folgenden dargestellten Wandlungsprogramme sind die Wege zum Ziel.

3. Wandlungsprogramme als Wege zur strategischen Erneuerung

3.1 Begriff der strategischen Erneuerung

Die verschiedenen Formen des Unternehmungswandels lassen sich nach den Merkmalen ‚Tiefe' und ‚Reichweite' klassifizieren (vgl. Abb. 2/2). Im Hinblick auf die **Tiefe** des Wandels besteht ein eher ‚oberflächlicher' Wandel darin, daß Strukturen, Prozesse und Systeme der Unternehmung geändert werden (reproduktiver Wandel). Als ‚tiefgehend' ist ein Wandel zu bezeichnen, der die strategische Ausrichtung und die grundlegenden Einstellungen und Verhaltensweisen der Unternehmungsmitglieder berührt (transformativer Wandel). Die **Reichweite** läßt sich danach abstufen, ob nur einzelne Elemente oder Subsysteme der Unternehmung, die Unternehmung im ganzen oder unternehmungsübergreifende Strukturen und Prozesse gewandelt werden (begrenzter bzw. umfassender Wandel).

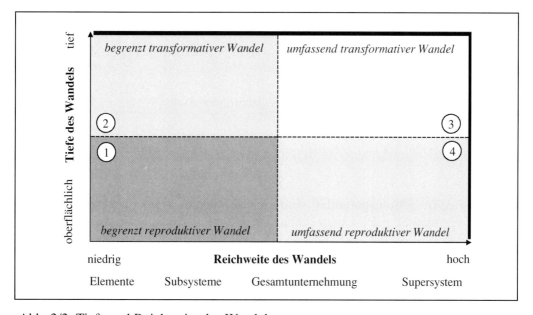

Abb. 2/2: Tiefe und Reichweite des Wandels

Nur tiefgehender (transformativer) Wandel erreicht alle vier ‚Economies‘. Er besitzt einen Charakter, der hier mit dem Begriff der ‚Erneuerung‘ belegt wird. Es ist keine Frage, daß solche Veränderungen regelmäßig ‚strategische Bedeutung‘ besitzen. Dieser begriffliche Zusammenhang ist nun näher zu untersuchen. Wenige Begriffe sind so schillernd wie ‚Strategie‘ und ‚strategisch‘. Für die Zwecke dieser Schrift sind diese Kategorien jedoch außerordentlich wichtig und müssen geklärt werden.

Als Arbeitsdefinition für das Prädikat ‚**strategisch**‘ gilt folgendes: Als strategisch werden alle Fragen angesehen, die nachhaltig die **Erfolgspositionen** und die **Erfolgspotentiale** der Unternehmung berühren. ‚Strategisch‘ bedeutet ‚nachhaltig erfolgskritisch‘ und ist insofern auch für die Existenzsicherung und Überlebensfähigkeit der Unternehmung bedeutsam.

Die wichtigsten Fragestellungen zur ‚**Erfolgsposition**‘ lauten:

(1) Wer sind wir/wollen wir sein?

– Bestimmung des Aktionsfeldes (z.B. Produkt-/Marktkombinationen)

– angestrebte Stellung auf dem Aktionsfeld (z.B. Nischenanbieter oder Marktführer)

(2) Wofür stehen wir?

– angestrebte Wettbewerbsvorteile (z.B. Kostenführerschaft)

(3) Was wollen wir erreichen?

– angestrebte Ziele/Ergebnisse (z.B. Renditeziele oder Marktanteile)

Mit dem Begriff ‚**Erfolgspotential**‘ wird die Gesamtheit erfolgsbestimmender Faktoren (‚Erfolgsfaktoren‘) der Unternehmung bezeichnet. Die entsprechende Fragestellung lautet:

(4) Wovon hängt unser Erfolg ab?

– erfolgsbestimmende Faktoren (z.B. Technologie, Mitarbeiterstamm, Management, Prozesse und Strukturen)

Eine Strategie wäre demgemäß ein Maßnahmenprogramm zum **Halten** oder **Verändern** von **Erfolgspositionen** und/oder **Erfolgspotentialen**. Daraus läßt sich zur ersten

Übersicht eine einfache Strategiematrix entwickeln, die auch die Felder der strategischen Erneuerung sichtbar macht (vgl. Abb. 2/3).

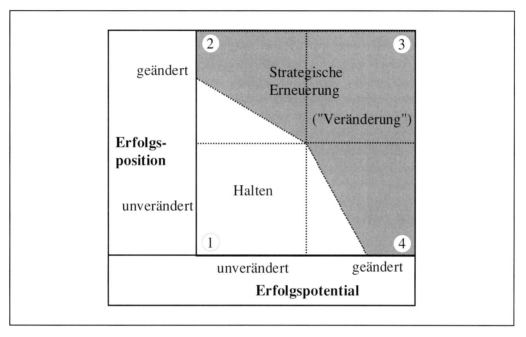

Abb. 2/3: Felder der strategischen Erneuerung

Strategische Erneuerung bezeichnet solche Maßnahmenprogramme, die der nachhaltigen Veränderung von Erfolgspositionen und/oder Erfolgspotentialen dienen.

Während Feld 1 das unveränderte Halten von Position und Potential symbolisiert, ebenfalls eine strategische Entscheidung, sind die Felder 2 - 4 durch verschiedene Formen der Veränderung charakterisiert, umschließen also die Fälle der strategischen Erneuerung.

- ❏ **Feld 2**: Geänderte Position mit unveränderten Potentialen
  z.B. regionale Marktausweitung, Internationalisierung mit vorhandenem Sortiment, dsgl. Kompetenztransfer auf neue Geschäfte, aber auch Rückzug aus (Teil-)Märkten.

- ❏ **Feld 3**: Geänderte Position mit geänderten Potentialen
  z.B. Produktinnovationen zum Aufbau neuer Märkte, Konzentration auf Kerngeschäfte und Aufgabe von Randbereichen, M & A, Entwicklung integrierter Problemlösungen.

- ❏ **Feld 4**: Unveränderte Position mit veränderten Potentialen
  z.B. Zusammenlegung von Standorten, neue Prozeß- oder Produkttechnologien, neue Strukturen und Prozesse zum Halten der Marktstellung.

Das Anspruchsniveau der Erneuerung dürfte tendenziell von Feld 2 über Feld 4 zu Feld 3 wachsen, dem Feld, auf dem gleichzeitig Potentiale und Positionen zu verändern sind. Dahinter verbirgt sich im Grenzfall ein kompletter Konzernumbau (z.B. DAIMLERCHRYSLER, HOECHST, MANNESMANN, PREUSSAG, DEUTSCHE BANK). Für die meisten Fälle und zumindest für anspruchsvolle Vorhaben gilt, daß der notwendige Wandel nicht durch Einzelprojekte oder -maßnahmen zu bewältigen ist. Vielmehr ist ein ganzes Bündel technischer, organisatorischer, personeller und finanzieller Projekte bzw. Maßnahmen erforderlich, die aufeinander abzustimmen sind. Eine solche Gesamtheit abgestimmter Wandlungsprojekte wird hier als **Wandlungsprogramm** bezeichnet. Die Fülle in der Praxis zu beobachtender Wandlungsvorhaben läßt sich recht klar in Programme des **Abbaus**, **Umbaus** und **Aufbaus** einteilen, eine Einteilung, auf die im Verlauf dieser Schrift mehrfach zurückgegriffen wird.

3.2   Abbau, Umbau und Aufbau als Wandlungsprogramme

Abbau: Mit diesem Begriff ist die Zurückführung oder Aufgabe von Positionen oder Potentialen gemeint, gleichgültig, ob dies freiwillig oder gezwungenermaßen geschieht. Ein strategisch relevanter Abbau liegt z.B. dann vor, wenn die Unternehmung sich zu einer Konzentrationsstrategie entschließt. Randgeschäfte werden aufgegeben, die Wertschöpfungstiefe wird um solche Bereiche verringert, die nicht zur Kernkompetenz gehören. Derartige Maßnahmen verändern nachhaltig die Erfolgspositionen und die Erfolgspotentiale. Nicht jeder Abbau (Umbau/Aufbau) ist strategisch, aber jede Strategieänderung - ausgenommen die Strategie des Haltens - führt zu Abbau oder Umbau bzw. Aufbau.

Umbau: Wenn vorhandene Potentiale und Positionen umgruppiert und erneuert werden, ohne daß sie grundsätzlich in Frage gestellt werden, wird von Umbau gesprochen. ‚Umbau‘ als strategische Maßnahme betrifft den als erfolgskritisch angesehenen Kern der Unternehmung, der gestärkt und verbessert werden soll (Kerngeschäfte, Kernprozesse, Kernfunktionen). Umbauprogramme sind für den betroffenen Bereich typischerweise eine Kombination aus Elementen des Abbaus und des Aufbaus. Als Beispiel kann die Einführung einer wichtigen neuen Verfahrenstechnologie dienen, z.B. der Ersatz der Schweißtechnik im Automobilbau durch Klebetechnik. Vorhandene Fähigkeiten und Einrichtungen werden dabei zumindest teilweise entbehrlich, neue müssen aufgebaut werden.

Aufbau: Ein Aufbau liegt vor, wenn eine Unternehmung für sie neue Potentiale oder Positionen schafft bzw. erwirbt. Entweder werden im Rahmen vorhandener Kompetenzen neue Produkte angeboten, neue Regionen erschlossen oder neue Kundengruppen gewonnen. Oder es entstehen neue Kompetenzen, die in vorhandenen oder neuen Geschäften zu Wettbewerbsvorteilen führen. Unternehmungen in einer Wachstumssituation bzw. erfolgreiche Pioniere können sich eines strategischen Aufbaus erfreuen. Dabei treten auch Friktionen und Engpässe auf, z.B. im Bereich der Produktion, der Finanzen oder auch qualifizierter Mitarbeiter. Alles dies sind aber Probleme mit vergleichsweise positivem Vorzeichen. Ansonsten sind Aufbauprogramme regelmäßig Teil eines Turnaroundprozesses, der mit Abbau und Umbau begonnen hat.

Die drei Wandlungsprogramme korrespondieren im übrigen mit dem Management eines Geschäftsfeld-Portfolios, z.B. auf Basis der BCG-Matrix (Marktwachstums-/Marktanteilsmatrix) und den dort üblichen Normstrategien. Nachwuchsgeschäfte (‚Fragezeichen‘) verlangen einen Aufbau oder Umbau, ‚Stars‘ wachsen noch (Aufbau). Felder, die als ‚Cash Cows‘ eingestuft werden, sind normalerweise der Strategie des Haltens unterworfen, evtl. kommt auch ein Umbau in Betracht. Die ‚armen Hunde‘ schließlich erleiden Umbau und Abbau. Es ist also eine Frage der Unternehmungssituation und der Unternehmungsstrategie, welcher Programmschwerpunkt im Einzelfall zu wählen ist (vgl. Abschn. 4, S. 48 sowie Kap. 3, S. 99). Die Besonderheiten des jeweiligen Programms (z.B. ‚Abbau‘ durch Zusammenlegung von Standorten oder ‚Aufbau‘ durch Einführung einer neuen Technologie) und die spezifischen Situations- und Strategieerfordernisse führen zu gänzlich unterschiedlichen Anforderungen an das Wandlungsmanagement (vgl. Kap. 4, S. 139) und bedingen z.B. andere Formen der Implementierung des Wandels (vgl. Kap. 6, S. 221). Strategische Erneuerung in dem hier vorgetragenen Verständnis umfaßt daher weit mehr als das übliche ‚**Change Management**‘, das weitgehend gleichbedeutend ist mit den Einführungsaktivitäten herkömmlicher Projekte.

4. Tiefgreifender Wandel im Prozeß der Unternehmungsentwicklung

4.1 SWOT-Analyse als Ausgangspunkt

Was ‚strategische Erneuerung' konkret bedeutet bzw. verlangt, hängt von den situativen Gegebenheiten des Einzelfalls ab. Die Wandlungssituation prägt maßgeblich den Inhalt des notwendigen bzw. beabsichtigten Wandels und bestimmt die Art des Vorgehens. Im Hinblick auf die zu lösenden Sachprobleme läßt sich eine Wandlungssituation mit Hilfe der weithin bekannten und bewährten SWOT-Analyse aufrastern. In dieser schematisch als 4-Felder-Matrix darstellbaren Betrachtung wird die gegenwärtige Lage mit ihren Stärken und Schwächen (**S**trengths und **W**eaknesses) der zukünftigen Entwicklung und den daraus resultierenden Chancen und Risiken (**O**pportunities und **T**hreats) gegenübergestellt. Bereits dieses denkbar einfache Schema besitzt einen hohen heuristischen Wert und eine hohe Anschaulichkeit. Wie die Eintragungen im Tableau von Abbildung 2/4 deutlich machen, lassen sich die zuvor erläuterten Typen von Wandlungsprogrammen (z.B. ‚Abbau' und ‚Aufbau') den einzelnen Situationen klar zuordnen.

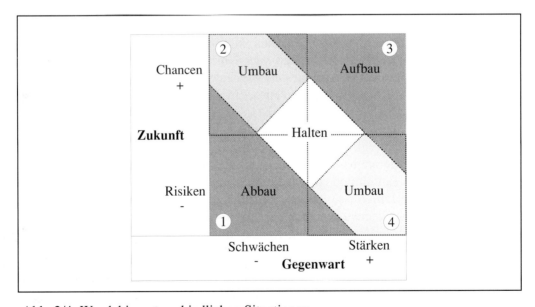

Abb. 2/4: Wandel in unterschiedlichen Situationen

Die Felder 1 und 3, bei denen sich die Vorzeichen von Gegenwart und Zukunft jeweils decken, deuten klar auf eine **grundlegende Veränderung** hin. Die Signale stehen auf **Abbau**, wenn zu Schwächen in der Gegenwart auch zukünftige Risiken (Doppelminus, Feld 1) hinzutreten. Ein ‚strategischer Rückzug‘ könnte angezeigt sein, sei es, daß man z.B. die Kapazität verringert, Standorte stillegt oder ganze Geschäftsgebiete aufgibt. Dieser Wandlungssituation mit negativen Vorzeichen steht Feld 3 gegenüber. Eine Unternehmung besitzt dort bereits Stärken und sieht Chancen vor sich (Doppelplus). Eine positive Entwicklung mit vielfältigem ‚**Aufbau**‘ von Potentialen und Positionen dominiert. In diesen beiden Feldern spiegeln sich Wachstums- und Schrumpfungsphasen einer Unternehmung, ggf. auch der gesamten Branche, wider.

Anders sind die Felder 2 und 4 einzuschätzen. Auf Feld 2 befindet sich eine Unternehmung in einer Schwächephase, sieht aber gute Chancen vor sich. Diese Situation kennzeichnet z.B. einen **Turnaroundprozeß**. Restrukturierungs- und Entwicklungsvorhaben gehen Hand in Hand. Benötigt wird nicht ein ‚Ausstiegsprogramm‘, sondern ein ‚Wiederaufstiegskonzept‘. Potentiale und Positionen werden dabei nicht grundsätzlich verändert oder aufgegeben, sondern verbessert, gestärkt und für den Wettbewerb fit gemacht. Diese hinsichtlich der Vorzeichen ‚gemischte‘ Situation (Minus/Plus) ist auch bezogen auf das angemessene Wandlungsprogramm typischerweise durch eine Kombination unterschiedlicher Maßnahmen gekennzeichnet. Nicht selten werden in personeller Hinsicht z.B. noch Arbeitsplätze in unrentablen Bereichen abgebaut, um wieder wettbewerbsfähig zu werden, während andere Bereiche bereits Spezialisten einstellen. Alle derartigen Konstellationen werden hier mit dem Begriff ‚**Umbau**‘ belegt.

Umbau dominiert auch auf Feld 4, das Stärken in der Gegenwart mit Risiken in der Zukunft verbindet (Plus/Minus-Situation). Analytisch ist klar, daß hier antizipierende Maßnahmen der ‚Vorsorge‘ oder der ‚Vorbeugung‘ angezeigt wären, um eine drohende Krise gar nicht entstehen zu lassen.

Für Feld 2 und Feld 4 gilt gleichermaßen, daß die Stoßrichtung des Vorgehens sowohl offensiv wie defensiv ausgelegt sein kann. Es hängt von dem jeweiligen Saldo der SWOT-Analyse und auch vom Mut und der Risikobereitschaft der Unternehmungsspitze ab, wozu man sich entschließt.

Bleibt abschließend der Hinweis auf neutrale Situationen, die sich im mittleren Bereich der Matrix befinden. Aus der Situation heraus lassen sich dort keine eindeutigen Veränderungsbedarfe ableiten. Es herrscht ‚**relative Ruhe**‘, und daher besteht die Möglichkeit einer Strategie des ‚**Haltens**‘. Auch wenn insofern keine strategische Erneuerung auf dem Plan steht, bedeutet das nicht völligen Stillstand. Selbstverständlich sind operative Maßnahmen und Veränderungen aller Art möglich und erforderlich. Eine wandlungsfähige Unternehmung wird z.B. in einer Situation des ‚Haltens‘ kleine, evolutionäre Schritte der Weiterentwicklung gehen, um ihre Position zu stärken. Im Gegensatz zum tiefgreifenden und weitreichenden Wandel einer strategischen Erneuerung ist dieser Wandel begrenzt und weniger einschneidend (sogenannter **reproduktiver Wandel**). Innerhalb der Situationsmatrix würde er zu einer Bewegung nach rechts führen.

4.2 Stadien der Unternehmungsentwicklung als Hintergrund

Welcher Situation eine Unternehmung gegenübersteht, hängt neben den übergreifenden Entwicklungen ihrer Branche, Region oder gesamten Volkswirtschaft auch davon ab, in welchem Stadium ihrer eigenen Entwicklung sie sich befindet. ‚Junge Pionierunternehmungen' weisen z.B. andere Charakteristika auf als ‚reife Konzerne'. In eine differenzierte Analyse ist daher auch das jeweilige Lebensstadium der Unternehmung als Teil ihres Lebenszyklus einzubeziehen.

Die Gesamtentwicklung einer Unternehmung wird hier als ein Prozeß gesehen, der idealtypisch aus **fünf** unterschiedlichen **Entwicklungsstadien** besteht (vgl. Krüger 1994a, S. 344ff.).

❑ **Pionierphase**: Markteintritt in einen regionalen (Teil-)Markt;

❑ **Markterschließung**: Marktausweitung auf nationaler Ebene;

❑ **Programmerweiterung**: Wachstumsimpulse durch Produktvariationen oder neue Produkte;

❑ **Internationalisierung**: Marktausweitung über die nationalen Grenzen hinaus;

❑ **Globalisierung**: Etablierung weltweiter Aktivitäten, ggf. auch globaler Marken.

Diese Stadien sind nicht als naturgesetzlicher Ablauf zu verstehen. Es gibt keine (strenge) Abfolge bestimmter Phasen. Stadien können übersprungen oder verkürzt werden, auch eine Rückkehr in ‚alte' Phasen ist möglich. Die Stadien sind also **mögliche Entwicklungssequenzen**, die nahezu beliebig zu Prozessen kombiniert werden können. Firmen können erfolgreich in der ‚Pionierphase' verharren (z.B. Handwerker), andere müssen dieses Stadium weitgehend überspringen, um überhaupt den Markteintritt zu schaffen (z.B. Mobilfunk). Mittelständische Industrieunternehmungen bieten vielfach ein hochspezialisiertes, schmales Sortiment an, das sie weltweit vermarkten, ohne eine richtige Programmerweiterung durchlaufen zu haben. Nicht selten befinden sich Weltmarktführer darunter, sogenannte ‚**Hidden Champions**' (vgl. Simon 1996).

Der Lebenszyklus einer Unternehmung ist, im ganzen betrachtet, nichts anderes als die Beschreibung eines Wandlungs- und Veränderungsprozesses. Im Leben einer Unternehmung wechseln also nicht ‚Wandlungsphasen‘ und ‚Ruhephasen‘ einander ab, sondern letztlich immer verschiedene Formen der Veränderung. Inhalt und Ausmaß der erforderlichen Programme variieren allerdings stark. **Innerhalb** der einzelnen Entwicklungsstadien reichen kleinere Vorhaben und Veränderungen i.S. reproduktiven Wandels weitgehend aus. Strategische Fragen betreffen vorwiegend die Potentiale (z.B. neue Technologien), die angestrebte Position bleibt im Grundsatz aber unverändert. Brennpunkte der Entwicklung sind in jedem Fall die **Übergangsstadien** zwischen zwei Lebensabschnitten einer Unternehmung. Sie bilden ungeachtet der Wandlungsprozesse innerhalb der einzelnen Entwicklungsstadien die Essenz der Unternehmungsentwicklung und verlangen nach tiefgreifendem und weitreichendem Wandel, bieten also Anlaß zur strategischen Erneuerung. Davon betroffen sind Potentiale und Positionen gleichermaßen.

Unternehmungen, die ihre Wandlungssituation und den daraus resultierenden Wandlungsbedarf diagnostizieren wollen, sollten dies daher auch in der Form tun, daß sie - soweit möglich - das für sie typische Entwicklungsstadium feststellen und prüfen, welcher Übergang anzustreben ist.

Die folgende Kurzcharakteristik der Übergänge anhand der bereits erläuterten Alternativen des Abbaus, Umbaus und Aufbaus kann dabei eine erste Orientierung bieten. Eine detailliertere Diskussion der Strategieoptionen erfolgt in Kapitel 3 (S. 99ff.).

4.3 Abbau, Umbau und Aufbau in Übergangsstadien

(1) Von der Pionierphase zur Markterschließung: In der Pionierphase dominieren Kreativität und Tatkraft des Unternehmers an der Spitze. Ausgebaute Prozesse und Strukturen sowie differenzierte Systeme fehlen weitgehend. Für eine regionale Ausweitung des Geschäfts ist vor allem ein Mindestmaß an Organisation und Systemunterstützung erforderlich, also ein (verstärkter) Einbezug neuer Erfolgsfaktoren. Die regionale Ausweitung bis hin zur nationalen Distribution stellt aber auch eine deutliche Erweiterung der angestrebten Erfolgsposition dar, z.B. über Niederlassungen oder Handelskanäle. Das Wandlungsprogramm, das ein Pionier für die Markterschließung zu durchlaufen hat, umfaßt also einen **Aufbau** von Potentialen und Positionen.

(2) Von der Markterschließung zur Programmerweiterung: In bereits bearbeiteten Märkten soll weiteres Wachstum durch Produkt- und Sortimentsvariation bzw. -ergänzung erfolgen. Hiervon sind alle Funktionen betroffen, von der Beschaffung über die Produktion bis zum Vertrieb. Insofern sind **Umbauprogramme** erforderlich. Ob auch der Aufbau neuer Positionen angestrebt wird oder eine Festigung der vorhandenen, hängt in erster Linie vom Grad der Produktverwandtschaft ab. Insbesondere die Bemühungen der Diversifikation verlangen das Erobern neuer Erfolgspositionen, sind also mit Aufbauprogrammen verbunden. Gerade die Diversifikation hat in vielen Fällen aber auch zu ernsten Schwierigkeiten geführt. Heterogene Geschäfte sind nur schwer zu beherrschen, und vor allem die konglomerate Diversifikation wird heute eher als ein Mißerfolgsmodell eingestuft. Man denke an den Rückzug von RWE aus der Mobilkommunikation oder die Rekonzentration von DAIMLER-BENZ bzw. DAIMLERCHRYSLER auf das Automobilgeschäft. Hier kommen deutliche **Abbaumaßnahmen** als eine Krisenreaktion ins Spiel, also eine Rücknahme der Programmerweiterung mit anschließender Internationalisierung bzw. Globalisierung.

(3) Von der Programmerweiterung zur Internationalisierung: Die Internationalisierung stellt eine besondere Form der Markterschließung dar und betrifft sowohl Potentiale wie Positionen der Unternehmungen, die teils umgebaut und teils neu aufgebaut werden müssen. Die Bedürfnisse ausländischer Kunden sowie die rechtlichen und kulturellen Besonderheiten verschiedener Märkte sind zu berücksichtigen. Hierzu sind vorhandene Strukturen, Prozesse und Fähigkeiten zu ergänzen und zu erweitern.

Die entsprechenden Aktivitäten des **Aufbaus** und **Umbaus** werden um so schwieriger sein, je vielfältiger das vorhandene Produktprogramm ist. Aus diesem Grund beschränken sich die erwähnten ‚Hidden Champions‘ oft auf ein enges, spezialisiertes Angebot. Die Bedürfnisunterschiede sind auch international offenbar geringer als bei einem Angebot unterschiedlicher Produkte. Denkbar ist, daß im Zuge der Internationalisierung eine Programmbereinigung erfolgt, um die Sortenvielfaltskosten zu reduzieren und höhere Losgrößen mit entsprechenden Kostenvorteilen zu ermöglichen (Economies of scale). Dies wären Maßnahmen des **Abbaus**.

(4) Von der Internationalisierung zur Globalisierung: Im Rahmen der Unternehmungsentwicklung stellt ‚Globalisierung‘ ein mögliches Entwicklungsstadium dar, auch unabhängig vom derzeitigen Trend. Im Hinblick auf die einzelnen Funktionsbereiche einer Unternehmung beginnt die Globalisierung mit einem weltweiten Vertrieb und endet mit einer globalen Optimierung und Dislozierung aller Funktionen wie Beschaffung (‚Global Sourcing‘), Produktion, Forschung, Entwicklung, Verwaltung. Im Zuge dieser Transformation kommt es zu **Abbau**programmen (z.B. Zusammenlegung von Produktionsstätten, Abbau von Randaktivitäten) ebenso wie zu **Umbau-** und **Aufbau**vorhaben (z.B. bei Akquisitionen und Fusionen). Insofern bedeutet Globalisierung entschieden mehr als eine erweiterte Form der Internationalisierung, nämlich eine weltweite Optimierung der gesamten Erfolgsfaktoren einer Unternehmung.

(5) Jenseits der Globalisierung? Die spekulative Frage lautet, was nach der Globalisierung kommt. Führt die derzeitige Entwicklung, die durch Großfusionen gekennzeichnet ist, zu Größtunternehmungen, die allein in der Lage sind, den globalen Wettbewerb zu bestehen? Oder entstehen Giganten, die unter ihrem eigenen Gewicht zusammenbrechen? Ist das Kultivieren netzwerkartiger Strukturen, auch in virtueller Form, ein Alternativmodell der Zukunft (vgl. zu virtuellen Unternehmungen Wüthrich et al. 1997)? Gibt es dabei ein Zurück zur Beweglichkeit kleiner Einheiten und damit zu den Tugenden der Pioniere und des Mittelstands? Gibt es eine Polarisierung zwischen Klein- und Kleinstanbietern auf der einen, Großunternehmungen auf der anderen Seite? Auch wenn die Antworten unsicher sind, in jedem Fall werden auch in Zukunft Transformationen nicht ausbleiben. Es gibt kein ,Ende der Geschichte', sondern eine immerwährende Abfolge von ,Abbau, Umbau, Aufbau'.

5. Ablauf tiefgreifenden Wandels (Transformationsprozeß)

5.1 Vorgehensprinzipien und Vorgehensmodell

▨ Fragestellung

Die Übergangsstadien und damit die für das Wandlungsmanagement wichtigste Prozeßebene (die ,Mesoebene') sind nun näher zu analysieren, um eine Vorstellung davon zu gewinnen, wie der Prozeß tiefgreifenden Unternehmungswandels ausgestaltet sein kann. Versucht man zu diesem Zweck, den Wandlungsprozeß auf seinen Kern zu reduzieren, so erhält man **zwei Ausgangsfragen**:

(1) ,Welche Probleme sind im Prozeß tiefgreifenden Wandels zu beachten?'

Diese Frage betrifft die sogenannten **Aktivitätsdimensionen** des Wandels. Hier lautet die Forderung, daß Sachaspekte und personale Aspekte des Wandels im Vorgehen gleichgewichtig zu berücksichtigen sind. Hinter dieser schlicht klingenden Aussage, die das erste **allgemeine Vorgehensprinzip** ausmacht, verbergen sich Probleme wie die Änderung von Einstellungen und Werthaltungen, die zu den schwierigsten Wandlungsproblemen überhaupt zählen.

(2) ‚Wie wird zur Problembewältigung vorgegangen?'

Das Wandlungsmanagement hat hinsichtlich des Vorgehens die Wahl zwischen ‚Umbruch' und ‚Evolution'. Diese Optionen betreffen die **Schrittlänge** des Wandels. Hierzu wird als weiteres Vorgehensprinzip empfohlen, ‚große Sprünge' mit ‚kleinen Trippelschritten' zu kombinieren. Auch dies ist nicht leicht zu erfüllen, denn es erfordert unterschiedliche Fähigkeiten des Wandlungsmanagements.

■ **Gleichgewichtige Berücksichtigung von Sachaspekten und personalen Aspekten**

Reproduktiven Wandel zu beherrschen, verlangt keine neuen Strategien und Fähigkeiten, bedingt keine hochriskanten und hochumstrittenen Grundsatzentscheidungen über das Selbstverständnis und den Kurs der Unternehmung. Die **Sachfragen** stehen hierbei im Vordergrund der Betrachtung. Das praktische Vorgehen ist insbesondere durch die vielfältigen organisatorischen und methodischen Instrumente des Projektmanagements geprägt, die eine recht weitreichende Standardisierung erlauben. Wandlungsmanagement ist weitgehend ein **Management von Sachfragen**.

Ganz anders im Falle **transformativen Wandels**. Er stellt die Beteiligten in aller Regel vor völlig neuartige, oft einmalige Probleme, die sie so noch nie erlebt haben und vermutlich in gleicher Form auch nie wieder erleben werden. Als besondere Schwierigkeit für das Wandlungsmanagement resultiert daraus, daß Transformationsziele und dic Wege zu ihrer Erreichung mangels Erfahrung nur schwer bestimmbar sind. Wenn alle Beteiligten fest von der Unabweisbarkeit und Richtigkeit überzeugt sind, wenn alle alles tun, um in der eingeschlagenen Richtung voranzukommen, dann steigt die Wahrscheinlichkeit, daß die angestrebten Ergebnisse auch tatsächlich eintreten. Umgekehrt gilt, daß schon so mancher ‚geniale Plan' gescheitert ist, weil niemand so recht an ihn glaubte oder weil er nur halbherzig verfolgt wurde. Die Richtigkeit der Entscheidung entsteht also dadurch, daß man sie energisch verwirklicht. Die Zukunft ‚tritt nicht ein', so wie ein überraschender Besucher, sondern die Zukunft einer Unternehmung ist die Summe der nachdrücklichen und nachhaltigen Unternehmungsaktivitäten. ‚Zukunft' wird nicht nur erlebt und erlitten, sondern muß und kann aktiv gestaltet werden. Genau dazu sind Transformationsprozesse erforderlich.

Für die Wandlungsverantwortlichen bedeutet dies, daß der personalen Dimension des Geschehens besondere Aufmerksamkeit zu widmen ist. Zum einen muß ein Bewußtsein für die Notwendigkeit und Dringlichkeit des Wandels geschaffen werden, und im weiteren Verlauf des Prozesses müssen ggf. neue Einstellungen und Überzeugungen der Beteiligten entstehen. Wandlungsmanagement ist insofern ein **Management von Bewußtseinslagen**. Zum anderen ist es erforderlich, die notwendige Unterstützung und Prozeßenergie zu aktivieren und über den gesamten Prozeß hinweg aufrechtzuerhalten, damit ein Wandlungsprozeß erfolgreich zum Abschluß kommt und nicht versickert und versandet. Die Opponenten und Bedenkenträger, aber auch die große Zahl der Abwartenden, Indifferenten und Passiven sind zu überwinden. Wandlungsmanagement ist **Einflußmanagement**.

▨ Kombination von ‚Umbruch‘ und ‚Evolution‘

Ein zentrales Problem des praktischen Vorgehens liegt in der Bestimmung der ‚**Schrittlänge**‘ des Wandels. Die Frage ist, ob die Veränderung möglichst in einem großen Sprung oder eher in vielen kleinen Schritten erfolgen soll, ob der Wandel also revolutionär (Umbruchsmodell) oder evolutionär (Evolutionsmodell) auszugestalten ist. ‚Umbruch‘ und ‚Evolution‘ werden hier also als ein Problem der Schrittlänge interpretiert. Davon gedanklich zu trennen ist die Frage, ob der Wandel ‚Top down‘ oder ‚Bottom up‘ erfolgt und ob eher direktiv oder partizipativ vorgegangen wird (vgl. grundlegend Miller/Friesen 1984, S. 201ff.). ‚Umbruch‘ erfolgt nicht zwingend ‚von oben‘ und schließt Partizipation nicht aus, genausowenig, wie ‚Evolution‘ ‚von unten‘ erfolgen muß bzw. zwangsläufig die Mitwirkung breiter Kreise bedeutet. Es bedarf der gezielten Bestimmung einer geeigneten Implementierungsform, um die wirkungsvollste Vorgehensweise zu realisieren (vgl. Kap. 6.4, S. 244).

Das **Umbruchsmodell** spiegelt sich exemplarisch im Business Reengineering wider, **Evolutionsdenken** ist charakteristisch für kontinuierliche Verbesserungsprozesse, so insbesondere für den Kaizen-Ansatz (vgl. dazu ausführlich Thom 1995).

Business Reengineering (nach Hammer/Champy 1994, Osterloh/Frost 1998):

❑ **Charakteristik**: grundlegende Neugestaltung der Geschäftsprozesse/Kernprozesse.

❑ **Ziele**: Kosten, Zeit, Qualität und Kundennähe gleichzeitig erreichen; der traditionelle Zielkonflikt soll durch Prozeßinnovation überwunden werden.

❑ **Vorgehensweise**: Top down-Vorgehen; Durchsetzung mit Druck; Lösen vom Ist-Zustand; ggf. Neudefinition der Geschäfte (‚doing right things‘); Standardgeschäfte revolutionieren, auch durch Automatisierung; idealen Soll-Zustand erreichen, Quantensprünge bewirken.

Kaizen (nach Imai 1998):

- ❑ **Charakteristik**: kontinuierliche Verbesserung der Prozesse in vielen kleinen Schritten (‚doing things right').

- ❑ **Ziele**: angestrebt werden Einstellungs- und Verhaltensänderungen bei allen Mitarbeitern; Mitdenken, Mitunternehmertum stimulieren; Wandel als Dauerzustand etablieren.

- ❑ **Vorgehensweise**: Bottom up-Vorgehen; Arbeitsgruppen/Workshops an der Basis; Unterscheidung von Standardisierungszyklus und Verbesserungszyklus; starke methodisch-technische Unterstützung.

Für das **Umbruchsmodell** sprechen insbesondere die Schnelligkeit des Vorgehens und die Möglichkeit, gesamthafte Ergebnisse ‚wie aus einem Guß' zu erzielen. Vor allem in Krisensituationen wird daher regelmäßig auf das Umbruchsmodell gesetzt. Manche Probleme enthalten auch Sachzwänge, die insbesondere in der Einführung ein schrittweises Vorgehen verbieten. Das ‚Umlegen des Schalters' oder das ‚Durchtrennen des Bandes' z.B. symbolisieren den schlagartigen Übergang von einem Systemzustand zum nächsten.

Bedenken gegen den Umbruch resultieren aus Akzeptanz- und Widerstandsüberlegungen (‚Man muß die Leute da abholen, wo sie sind') sowie aus der mangelnden Vorhersehbarkeit und Planbarkeit sämtlicher Details in einem ‚Generalplan'.

Für das **Evolutionsmodell** spricht die Beherrschbarkeit und Risikoarmut kleiner Schritte ebenso wie die hohe Akzeptanz kleiner Veränderungen. Dagegen ist einzuwenden, daß Evolutionsprozesse mehr Zeit verbrauchen, als heutzutage i.a. zur Verfügung steht und daß eine Vielzahl kleiner Schritte nicht ausreicht, um grundsätzlich veränderte Verhältnisse zu schaffen.

Wandlungstheoretische Analysen (vgl. Krüger 1998, S. 227ff.) und Praxiserfahrungen der letzten Jahre zeigen nun, daß beide Konzepte miteinander kombiniert werden können, um so ihre Vorteile zu bündeln, die Nachteile aber auszugleichen. Es käme mithin darauf an, in einem Transformationsprozeß Umbruch und Evolution wirkungsvoll zu integrieren.

▪ Vorgehensmodell im Überblick

Ein Prozeßschema (Vorgehensmodell) tiefgreifenden Wandels, das den beiden Vorgehensprinzipien recht nahe kommt, ist das achtstufige Modell von *Kotter* (1996). Aus einer kritischen Auseinandersetzung mit *Kotters* Argumentation und aufbauend auf eigenen Erfahrungen und Erhebungen entstand die im weiteren Verlauf verwendete Ablaufdarstellung. Sie beschreibt den Prozeß tiefgreifenden und weitreichenden Wandels anhand von **fünf Phasen**, die in ihrer sachlogischen Reihenfolge bereits eine Grobvorstellung der Prozeßgestaltung liefern: **Initialisierung, Konzipierung, Mobilisierung, Umsetzung, Verstetigung.** In Abhängigkeit von der Wandlungssituation kann dieses Phasenmodell eher ‚revolutionär‘ oder eher ‚evolutionär‘ ausgestaltet werden. Eine direktive Implementierung in Top down-Richtung ist ebenso möglich wie ein Bottom up-Verlauf.

Die fünf Phasen bilden den Rahmen für eine Analyse der Aufgaben des Wandlungsmanagements. Dabei werden jeweils die beiden wichtigsten Aufgaben einer Phase bestimmt. Dies ist mit hoher Trennschärfe möglich und liefert deutliche Unterschiede in den Aufgabeninhalten. Damit ergeben sich **zehn Aufgaben**, die von der **Bestimmung des Wandlungsbedarfs** in der Konzipierungsphase bis zur **Sicherung der Wandlungsbereitschaft** und der **Wandlungsfähigkeit** in der Verstetigungsphase reichen (vgl. Abb. 2/5, S. 58). In dem Schaubild sind außerdem exemplarisch die typischen Projekte enthalten, die ein Wandlungsprogramm ausmachen. Auf die Wandlungsorganisation, die ausführlich in Kapitel 5 behandelt wird, verweist die Darstellung ebenfalls.

Die Erfüllung der ‚Phasenaufgaben‘ wird entlang des gesamten Wandlungsprozesses durch zwei Querschnittsaufgaben flankiert, die Unterstützungsfunktion haben: die **Kommunikation** und das **Wandlungscontrolling**. Die Kommunikationsaufgaben besitzen einerseits zwar einen Schwerpunkt in der Phase ‚Mobilisierung‘, sind andererseits aber ein phasenübergreifendes Thema von so hoher Bedeutung, daß eine gesonderte Erfassung und Bündelung erforderlich ist. Dieser Thematik widmet sich Kapitel 7. Daß Wandlungsprozesse nicht anders als Geschäftsprozesse zu behandeln und damit auch zu planen, zu steuern und zu kontrollieren sind, sollte mittlerweile eine Selbstverständlichkeit sein. Ein ausgebautes Wandlungscontrolling, das auch Schnittstellen zum vorhandenen Controlling des Tagesgeschäfts besitzt, ist allerdings erst in der Entwicklung begriffen. Kapitel 9 greift die Controllingproblematik auf und zeigt im Überblick, wie Wandlungsvorhaben überwacht werden können.

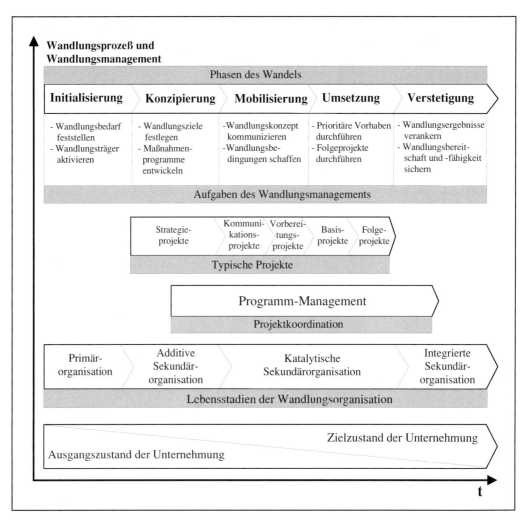

Abb. 2/5: Wandlungsprozeß und Wandlungsmanagement

5.2 Initialisierung

Charakteristik: Die Identifikation und verbindliche Feststellung eines sachlich notwendigen Wandels (Aufgabe 1: **Wandlungsbedarf feststellen**) und die **Aktivierung der Wandlungsträger** (Aufgabe 2) sind Aktivitäten der Prozeßauslösung. Aufgabe 1 muß die sachliche Notwendigkeit des Wandels klären, Aufgabe 2 die Kräftekonstellation erkunden und die notwendige Überzeugungsarbeit im Management leisten, um den weiteren Prozeß in Gang zu bringen.

Aufgabe 1: Wandlungsbedarf feststellen. Ein transformativer Wandlungsprozeß beginnt in sachlicher Hinsicht nicht anders als jeder planvoll durchgeführte Entscheidungsprozeß. Die interne wie externe Situation der Unternehmung ist zu beobachten, Signale für Änderungsbedarfe sind aufzufangen und zu bewerten. Hierzu gehören auch Informationen über Verbesserungsbedarfe bzw. -möglichkeiten der Unternehmungsstrukturen und -prozesse, einschließlich der Informations- und Kommunikationssysteme. Aus der Gesamtheit dieser Fakten ist der Wandlungs**bedarf** zu bestimmen. Für das Auslösen eines Transformationsprozesses ist die Unternehmungsspitze zuständig. Informationen, Anregungen und Impulse hierzu kommen in der Regel aus der ersten Führungsebene unterhalb des Vorstands.

Aufgabe 2: Wandlungsträger aktivieren. Die zweite Aufgabe dient dazu, wandlungsfördernde Kräfte zu identifizieren und zu mobilisieren, ohne die keine tiefgreifende Veränderung zum Erfolg zu bringen ist. Wandel wird an dieser Stelle als ein Kraftfeld interpretiert, bestehend aus Promotoren, Opponenten und Unentschiedenen. Es kommt darauf an, die möglichen Promotoren zu identifizieren und für den Wandel zu gewinnen. Sie bilden die **Träger des Wandels**, womit diejenigen Personen bzw. Gruppen bezeichnet werden, die einen maßgeblichen Einfluß auf den Verlauf und das Ergebnis des Wandlungsprozesses ausüben. Zu dieser Einflußausübung gehört vor allem auch die Beeinflussung der Opponenten und der Unentschiedenen.

Regelmäßig finden sich mehrere Promotoren zusammen, die - wenn auch teilweise aus verschiedenen Gründen - an einer Veränderung der Verhältnisse interessiert sind. Wenn sich daraus eine Interessenschnittmenge und gemeinsame Absichten bilden lassen, entsteht eine sogenannte **Wandlungskoalition**. Es ist eine Schlüsselaufgabe des Topmanagements, eine solche Koalition zu schmieden. Dazu zählt je nach Problem auch in diesem frühen Stadium bereits die Einbindung von Aufsichts- und Mitbestimmungsorganen. Ihre Interessenlage zu erkunden und sich ihrer grundsätzlichen Zustimmung zu versichern, ist Teil der ‚Kraftfeldgestaltung‘. Derartige Aktivitäten erfolgen lange bevor konkrete Pläne auf die offizielle Tagesordnung gelangen.

In jedem Fall gilt: Mikropolitische Aushandlungs- und Konsensbildungsprozesse zwischen Befürwortern und Gegnern des Wandels sind ein wesentlicher Teil der Initialisierung. Ohne nachhaltige Unterstützung der Unternehmungsspitze (‚Promotoren‘) kann kein Transformationsprozeß Erfolg haben. Dies ist einer der gesichertsten Befunde der Wandlungstheorie überhaupt (vgl. Hauschildt 1997; Gemünden/Walter 1995; Witte 1973).

Aufgabe 1: Wandlungsbedarf feststellen

▓ Welches sind die kritischen Erfolgsfaktoren der Unternehmung/der Geschäftsfelder?

▓ Von welchen marktlichen und außermarktlichen Einflußgrößen ist die Unternehmung/sind die Geschäfte abhängig?

▓ Welche internen und externen Veränderungen/Impulse/Anregungen sind zu beobachten/zu erwarten?

▓ Welche Vorstellungen/Ideen/Visionen hinsichtlich der eigenen Zukunft liegen dem Vorgehen der Unternehmung/der Geschäftsfelder zugrunde?

▓ Gibt es aufgrund eigener Absichten oder/und externer Entwicklungen erkennbaren Bedarf an grundsätzlichen Änderungen?

▓ Worin genau besteht dieser Änderungsbedarf in sach-technischer, finanzieller, zeitlicher und personeller Hinsicht?

Aufgabe 2: Wandlungsträger aktivieren

▓ Wer ist von den erforderlichen Veränderungen voraussichtlich betroffen?

▓ Welche Bedürfnisse und Interessen haben die Betroffenen?

▓ Welche Vor- und Nachteile/Chancen und Risiken ergeben sich aufgrund des Wandels für sie?

▓ Wer/welche Gruppe resp. Einheit ist als Gegner bzw. Befürworter des Wandels einzustufen?

▓ Wer/welche Gruppe wird sich abwartend verhalten?

▓ Wie können die möglichen Befürworter für das Vorhaben gewonnen werden?

▓ Wie ist mit Opponenten und Indifferenten umzugehen?

▓ Wie stellen sich die Kräfteverhältnisse insgesamt dar?

▓ Ist das Unterstützungs- und Durchsetzungspotential groß genug, um den Wandel in Gang zu bringen und zum Erfolg zu führen?

▓ Wer entwickelt mit wem bis wann ein Wandlungskonzept? Welche Unterstützung ist hierfür erforderlich?

5.3 Konzipierung

Charakteristik: Auf den Anstoß zum Wandel folgt die Konzipierung des Wandlungsvorhabens. Hierzu zählt die Festlegung der Stoßrichtungen des Wandels (Aufgabe 3: **Wandlungsziele festlegen**) sowie der Entwurf und die Bewertung geeigneter Lösungsalternativen zur Deckung des Wandlungsbedarfs (Aufgabe 4: **Maßnahmenpro-**

gramme entwickeln). Abgeleitet aus bzw. angeleitet von der Unternehmungsstrategie ist eine den Wandlungsbedarf deckende Wandlungsstrategie zu entwickeln, in der die externen Entwicklungen sowie die internen Stärken und Schwächen berücksichtigt und durch geeignete Maßnahmenprogramme einer gezielten Veränderung zugeführt werden. Auch die Realisierung dieser Vorhaben in sachlicher, zeitlicher, institutioneller und personeller Hinsicht ist zu durchdenken. Dies bedeutet nichts anderes, als die Organisation des Wandels zu planen. Als Ergebnis dieser Phase muß feststehen, wo und in welcher Form ‚Abbau, Umbau, Aufbau' stattfinden sollen.

Aufgabe 3: Wandlungsziele festlegen. Bei aller notwendigen Betonung der Wandlungsbedarfe - und bei aller durchaus vorhandenen Freude am Verändern - ist zunächst darauf hinzuweisen, daß ‚Wandel' keinen Selbstzweck darstellt. Wandel sollte vielmehr immer als Mittel zum Zweck begriffen und gestaltet werden. Hier gilt der Satz: ‚**Wandel ohne Zielsetzung ist sinnlos**'. Kehrt man den Satz um, so wird im übrigen ein weiteres Mal der Stellenwert des Wandels deutlich: ‚**Zielsetzungen sind ohne Wandel unerreichbar**'. Gültigkeit kann diese Aussage zumindest beim Verfolgen anspruchsvoller Ziele beanspruchen, und nur um solche geht es in der vorliegenden Arbeit. Für das Wandlungsmanagement ergibt sich damit als eine erste Aufgabe das Formulieren einer möglichst klaren und eindeutigen Wandlungszielsetzung.

Die Wandlungsziele sind Ausdruck der Unternehmungsziele, entstehen also aus dem Herunterbrechen übergeordneter Zielvorstellungen, die durch den Wandel erreicht werden sollen. Je präziser die Wandlungsziele formuliert sind, desto genauer ist die Richtung für die Maßnahmen der Zielerreichung vorgegeben und desto besser lassen sich die Aufgaben des späteren Programm-Managements erfüllen. Die Vielfalt möglicher Ziele kann z.B. im Ansatz der **Balanced Scorecard** geordnet werden (vgl. Horváth/Kaufmann 1998, S. 39ff., siehe auch Kap. 8.2, S. 295 und Kap. 9.1, S. 331ff.). Den finanziellen Zielen wie der Steigerung des Unternehmungswerts oder Geschäftswerts werden dort kundenbezogene, prozeßbezogene und mitarbeiterbezogene Ziele zur Seite gestellt. Je nach Wandlungsbedarf werden derartige Ziele mit unterschiedlicher Priorität zu verfolgen sein.

Zielsetzungen werden durch Rahmenbedingungen begrenzt, die es ebenfalls festzustellen bzw. festzulegen gilt. Die **Rahmenbedingungen des Wandels** beschreiben interne wie externe Faktoren, die im konkreten Fall als Begrenzungen des Wandlungsspielraums zu gelten haben und insofern Planungsprämissen darstellen. Externe Rahmenbedingungen sind diejenigen Parameter und Entwicklungen der marktlichen und außermarktlichen Sphäre, die eine Unternehmung für sich als bedeutsam erkannt hat, z.B. Technologiesprünge oder Gesetzesänderungen. Sie prägen maßgeblich bereits den Wandlungsbedarf. Interne Rahmenbedingungen können im Prinzip allen Gegenstandsbereichen des Wandels entstammen. Sie entstehen allerdings mehr durch Setzungen, als daß sie - wie die externen Faktoren - den Charakter von Sachzwängen tragen. Tiefgreifender Wandel ist ja gerade dadurch charakterisiert, daß er Bisheriges in Frage stellt, Restriktionen überwindet und dadurch neue Spielräume eröffnet.

Die Zielklarheit, zu der die kleine Zahl der Wandlungsträger vordringen muß, kann in einem krassen Gegensatz zu den offen geäußerten Vorstellungen stehen. Ein zu frühes Bekanntwerden von Details kann das gesamte Projekt gefährden. Insbesondere bei zu erwartendem Widerstand (‚Opponenten‘) werden die Promotoren des Wandels am Anfang des Prozesses eher auf Geheimhaltung oder sogar gezielte Desinformation setzen als auf umfassende Aufklärung.

Aufgabe 4: Maßnahmenprogramme entwickeln. An die Zielbestimmung schließt sich der Entwurf und die Bewertung zielerreichender Wandlungsmaßnahmen an. Im Falle tiefgreifenden und weitreichenden Wandels ist in aller Regel ein ganzes Bündel aufeinander abgestimmter Maßnahmen erforderlich, also ein Maßnahmenprogramm. Im Extremfall werden sogar mehrere unterschiedliche Programme geplant, die zeitgleich oder zeitlich überlappend einzuleiten sind. Erinnert sei an die Unterscheidung von Abbau, Umbau und Aufbau, die auch in der Aufgabe 4 zum Tragen kommt.

So entsteht in der Kombination der Ziele und Maßnahmen ein Wandlungskonzept als Rahmen für das weitere Vorgehen. Die Konzepterarbeitung geschieht neben der Tagesarbeit und hat ihrerseits Projektcharakter (sogenannte **Strategieprojekte**). Sie erfordert die Zusammenarbeit von Spezialisten unterschiedlicher Fachrichtungen.

Bei komplexen Vorhaben sind die verschiedenen Objektbereiche des Wandels zum Gegenstand abgegrenzter Projekte zu machen. Daraus folgt die Aufgabe, die Arbeitsteilung und Koordination zwischen diesen einzelnen Vorhaben zu planen. Es sind z.B. Programmbeauftragte, Lenkungsausschüsse und Projektleiter zu bestimmen und miteinander zu verzahnen. Nicht zuletzt ist die sachliche, zeitliche und auch räumliche Reihenfolge des Vorgehens festzulegen. Im abgestimmten Vorgehen, also einer ‚Orchestrierung‘ der verschiedenen Ansatzpunkte der Veränderung (vgl. Abschn. 7.3, S. 88), liegt eine wesentliche Erfolgsbedingung für den Wandel. Insbesondere die Veränderungen von Strukturen und Prozessen sind mit der Instrumentierung der Informations- und Kommunikationssysteme sowie der Weiterentwicklung der Humanressourcen abzustimmen.

62

5.4   Mobilisierung

Charakteristik: Das Wandlungsmanagement muß im Anschluß an die Konzipierung den Kreis der Beteiligten und Betroffenen auf die beabsichtigten Änderungen einstellen bzw. sie mit der Änderung konfrontieren. Wie dies geschieht, ist wiederum eine Frage der Wandlungssituation und der Kräftekonstellation. Die Skala reicht vom ‚Schaffen vollendeter Tatsachen‘ bis zu einer weitreichenden Partizipation und Delegation. Dies ist ein Aufgabenkomplex, der mit dem Begriff ‚Mobilisierung‘ angemessen charakterisiert erscheint - ein Begriff, der wesentlich andere Akzente setzt als Begriffe wie ‚Einführung‘, ‚Durchsetzung‘ oder auch ‚Implementierung‘. Zwei Aufgaben lassen sich dabei deutlich unterscheiden: Aufgabe 5 (**Wandlungskonzept kommunizieren**) zielt vorrangig auf die Wandlungs**bereitschaft** und damit auf die Überwindung von Willensbarrieren, Aufgabe 6 (**Wandlungsbedingungen schaffen**) richtet sich tendenziell auf die Wandlungs**fähigkeiten**, dient also dem Abbau von Fähigkeitsbarrieren.

Das Wandlungskonzept ist als Orientierungshilfe und Richtlinie für den angestrebten Wandel zu kommunizieren und möglichst zur Akzeptanz zu bringen. Die Betroffenen und Beteiligten sind für die nächsten Schritte zu ermutigen und zu ertüchtigen. Am schwersten wird es sein, den Bewußtseinswandel herbeizuführen, der erforderlich ist, um ‚Wandel‘ als eine permanente Herausforderung und Daueraufgabe zu begreifen. Dieser Teil der Veränderung findet wohl eher schrittweise und in langfristigen Prozessen statt und ist als Begleiterscheinung des gesamten Wandlungsprozesses anzustreben. Es wäre allerdings illusorisch anzunehmen, daß am Ende des Prozesses alle Skeptiker und Opponenten zu überzeugten Befürwortern sozusagen konvertiert sein werden. Alle Erfahrung zeigt vielmehr, daß tiefgreifender Wandel mit einem teils freiwilligen, teils unfreiwilligen Personenwechsel einhergeht bzw. einhergehen muß, um die gewünschten Ergebnisse zu erreichen.

Aufgabe 5: Wandlungskonzept kommunizieren. Das Gesamtkonzept eines tiefgreifenden Wandels in die Fläche zu tragen und dort zur Akzeptanz zu bringen, ist das Ziel der **fünften Aufgabe**. Die spätestens im Rahmen dieser Aufgabe durchzuführende Einbindung der Aufsichts- und Mitbestimmungsorgane ist Sache des Topmanagements. Das gleiche gilt für ein evtl. notwendiges externes Anspruchsgruppenmanagement. Zeitlich und sachlich damit abzustimmen ist die interne Information der Mitarbeiter. Die Organisation der hierfür erforderlichen Maßnahmen, z.B. Konferenzen und Informationsmärkte, verlangt Kommunikations-Know-how, das dem Programmleiter zur Seite zu stellen ist. In dem Maße, wie die hierfür eingesetzten Mitarbeiter Programm- und Projektverantwortung tragen, sind sie neben dem Topmanagement auch aktiv in der Kommunikation tätig. Es werden ‚Town Meetings‘, Projektmessen und Workshops veranstaltet, Videos gedreht und Theaterstücke aufgeführt, um Wandlungsbewußtsein zu erzeugen (**Kommunikationsprojekte**). Die Erfolgsbedeutung einer umfassenden, aber auch sehr differenzierten und glaubwürdigen Kommunikation kann kaum überschätzt werden (vgl. Kieser et al. 1998).

Aufgabe 6: Wandlungsbedingungen schaffen. Um die strategische Erneuerung zum Erfolg führen zu können, ist neben der Wandlungsbereitschaft auch Wandlungs**fähigkeit** erforderlich. Hierfür sind in der sechsten Aufgabe personelle, technische und organisatorische Maßnahmen zu ergreifen. Sie sind ggf. so anzulegen, daß in den vom Wandel betroffenen Bereichen die notwendigen Voraussetzungen für die anschließende Projektarbeit geschaffen werden, sei es z.B., daß Schulungen von Projektleitern, Teammitgliedern und Moderatoren durchgeführt werden oder daß eine Delegation von Aufgaben und Kompetenzen auf Projektteams stattfindet mit dem Ziel, eine Projektmatrixorganisation einzurichten. Vorkehrungen für eine Projektdokumentation und ein Projektcontrolling sind ebenso zu treffen wie für die Schaffung geeigneter Anreizsysteme und Personalpläne, die den Projektbeteiligten eine möglichst klare Orientierung für den Einsatz im Projekt und ihre anschließende Verwendung bieten. Derartige Aktivitäten können ihrerseits schon so vielfältig und funktionsübergreifend sein, daß sie den Charakter von unterstützenden Projekten tragen (**Vorbereitungsprojekte**).

Aufgabe 5: Wandlungskonzept kommunizieren

- Wer bzw. welche interne/externe Anspruchsgruppe/Einheit ist in den Mobilisierungsprozeß einzubeziehen?
- Worüber und in welcher Form soll jeweils informiert werden?
- Wer übernimmt die Informationsaufgaben?
- Zu welchen Zeitpunkten und in welcher Reihenfolge soll die Information stattfinden?

Aufgabe 6: Wandlungsbedingungen schaffen

- Welche Qualifikation ist zur Durchführung der geplanten Projekte erforderlich?
- Wer/welche Einheit verfügt über die entsprechenden Fähigkeiten?
- Welche Schulungs- und Trainingsmaßnahmen sind zur Vorbereitung der Projektarbeit erforderlich?
- Welche Einheiten der Projektorganisation sind zu bilden (z.B. Teams, Lenkungsausschuß), welche Aufgaben und Kompetenzen sind ihnen zu übertragen und wie sind sie personell zu besetzen?
- Ist die nachhaltige Einbindung des Topmanagements sichergestellt?
- Wer ist für die Projektarbeit ganz oder teilweise freizustellen, und wie sind die späteren Verwendungen geregelt?
- Welche Anreize für die Projektbeteiligten gibt es?
- Wie sind die Kommunikation und die Koordination der Projektarbeit geregelt?
- Wie werden die Projektergebnisse dokumentiert?

5.5   Umsetzung

Charakteristik: Die **Durchführung** von **prioritären Vorhaben** (Aufgabe 7) sowie vor allem die sich anschließenden **Folgeprojekte** (Aufgabe 8) machen zusammen den Prozeßabschnitt der Umsetzung aus. Im Rahmen der Konzipierungsphase ist regelmäßig nur ein kleiner Kreis tätig, von der Umsetzung des Konzepts sind im Grenzfall sämtliche Mitarbeiter betroffen. Demgemäß kommt dieser Phase eine entscheidende Bedeutung für den Projekterfolg zu.

Das genaue Vorgehen während der Umsetzung ist sorgfältig zu erwägen. Dies vor allem deswegen, weil bei komplexen Vorhaben nicht alle Probleme gleichzeitig gelöst bzw. angepackt werden können. Also sind Prioritäten unter den verschiedenen (Teil-) Projekten zu bilden. Dies führt zu der hier getroffenen Unterscheidung von **prioritären Vorhaben (Basisprojekten)** und **Folgeprojekten**. Mit der Realisierung dieser Projekte werden Schritt für Schritt (evolutionär) die Wandlungs**bedarfe** gedeckt und die Wandlungsziele erreicht.

Aufgabe 7: Prioritäre Aufgaben durchführen. Wie die Umsetzungsphase im einzelnen verläuft, hängt von den jeweiligen Prioritäten ab. Typische Kriterien zur Priorisierung sind:

- ❏ **Sachliche Abhängigkeiten.** Projektaufträge, die voneinander unabhängig sind, können parallel oder zeitlich überlappend bearbeitet werden, was die Gesamtdauer des Programms verkürzt. In dem Maße, wie Projektergebnisse aufeinander aufbauen, ergibt sich dagegen ein sequentieller Ablauf mit hohem Zeitbedarf.

- ❏ **Dringlichkeit.** Zeitkritische Probleme werden zuerst bearbeitet. In der Praxis zeigt sich diese Priorität u.a. darin, daß der Schwächenabbau (z.B. in Form von Kostensenkungsmaßnahmen) vor dem Stärkenaufbau (z.B. Entwicklung von Kompetenzen und Wettbewerbsvorteilen) rangiert.

- ❏ **Einführungsrisiko.** Um ein hohes Einführungsrisiko abzufangen, ist die Durchführung von Pilotprojekten üblich, die in einem begrenzten Bereich die Funktionsfähigkeit der Lösung testen. Erst anschließend erfolgt die Anwendung in der Breite.

- ❏ **Know-how-Transfer.** Der Aufbau von erfolgskritischen Kenntnissen und Fähigkeiten erfolgt in Basisprojekten, wovon die Anschlußprojekte profitieren.

- ❏ **Ressourcenverfügbarkeit.** Knappe Ressourcen in finanzieller, personeller und sachlicher Hinsicht prägen zwangsläufig auch die Projektarbeit.

- ❏ **Kurzfristige Erfolge.** Um Vertrauen in das Programm zu erzeugen und die Wandlungsbereitschaft zu erhöhen, sollen frühzeitig Projekte durchgeführt werden, die risikoarm kurzfristig einen Erfolgsnachweis erbringen (‚Quick Hits‘). Auf diese Weise lassen sich Skeptiker überzeugen, und die Promotoren erhalten eine Bestätigung ihrer Arbeit. Die Legitimation der Wandlungsabsichten wird drastisch erhöht und die Beweislage verändert sich zugunsten der Promotoren.

Aufgabe 8: Folgeprojekte durchführen. Folgeprojekte bauen auf den Basisprojekten auf. Sie bewirken bzw. komplettieren den Wandel und realisieren die gesteckten Ziele. Die genaue Definition der Projektaufträge und -ziele, die Bestimmung der Reihenfolge des Vorgehens, die Auswahl und ggf. das Training der Beteiligten sowie die Koordination der sich überlappenden bzw. parallel arbeitenden Projekte (Simultaneous

Engineering) markieren Aufgabenschwerpunkte des Wandlungsmanagements. Zu diesen Aufgaben kommen die Dokumentation und Auswertung der Projektergebnisse sowie deren Aufbereitung und Weitergabe hinzu, dies sowohl für die Zwecke der Planung, Steuerung und Kontrolle des Programms wie für die Schulung und das Training der Manager und Mitarbeiter.

Checkliste zur Phase 4: Umsetzung

Aufgabe 7: Prioritäre Aufgaben durchführen

- Welche Teilprobleme besitzen höchste Priorität und in welchen Bereichen lassen sich kurzfristig Verbesserungen erreichen?
- Welche Projektaufträge sind durch wen bis wann mit Vorrang zu bearbeiten?
- Welche Ergebnisse sind erzielt und welche Erfahrungen sind gemacht worden bei der Durchführung dieser ‚Quick Hits'?
- Welche Konsequenzen ergeben sich daraus für die Folgeprojekte (inhaltlich, organisatorisch, personell)?

Aufgabe 8: Folgeprojekte durchführen

- Welche Projekte sind in welcher zeitlichen Abfolge durch wen durchzuführen?
- Welche Ergebnisse sind erzielt und welche Erfahrungen sind gemacht worden bei der Durchführung dieser Projekte?
- Sind die Ziele des Wandels erreicht worden, welche Korrekturen und Ergänzungen sind ggf. erforderlich?
- Welche Konsequenzen für die Zukunft ergeben sich aus dem Wandlungsvorhaben?
- Wie läuft die Beendigung des gesamten Vorhabens ab?
- Welche personellen Maßnahmen sind zu ergreifen?

5.6 Verstetigung

Charakteristik: Am Ende der Umsetzungsphase steht das Ausklingen des Wandlungsprogramms, keinesfalls jedoch das Ende der Unternehmungsentwicklung. Aus diesem Grund wird für das erreichte Ergebnis der Ausdruck ‚Zielzustand' (im Gegensatz zu ‚Endzustand') i.S. eines definierten Abschnitts der Unternehmungsentwicklung benutzt. Innerhalb der Phase 5 müssen weitere, neue Zielzustände formuliert und Wandel muß zu einem Dauerthema gemacht werden.

Gelingt dies, so ist zwar auch für die Zukunft nicht ausgeschlossen, daß wieder Transformationsprozesse erforderlich werden. Die dabei zu verkraftenden Ausschläge und Pendelbewegungen sollten allerdings deutlich geringer geworden sein. Im Idealfall besitzt die Unternehmung die Fähigkeit, Wandlungsbedarfen mit proaktiver Gestaltung statt mit reaktiver Anpassung zu begegnen. Damit lassen sich konjunkturelle und strukturelle Marktveränderungen abfangen bzw. ausgleichen. Zumindest für ambitionierte Unternehmungen, die eine führende Position im Markt einnehmen wollen, gilt die Aussage: Wer Marktführer sein will, muß Wandlungsführer sein. Wandlungs- und Innovationsfähigkeit entscheiden mehr denn je über den Erfolg im Wettbewerb.

In der Verstetigung drückt sich das evolutionäre Prinzip aus. Die Transformation selbst - und damit auch alle Formen des Umbruchs - ist beendet, und es geht nun darum, eine kontinuierliche Verbesserung und Weiterentwicklung und damit einen gesteuerten Evolutionsprozeß einzuleiten.

Erste Voraussetzung für eine Überleitung in die gesteuerte Evolution ist, daß die erreichten Wandlungsergebnisse beibehalten werden und kein Rückfall in alte Zustände und schlechte Gewohnheiten zu verzeichnen ist. Alle Aktivitäten, die dazu beitragen, werden hier in Aufgabe 9 zusammengefaßt (**Wandlungsergebnisse verankern**).

Die zweite Voraussetzung liegt darin, die erworbene Wandlungsbereitschaft und Wandlungsfähigkeit nicht erlahmen bzw. veralten zu lassen. Kontinuierliche, aktive Weiterentwicklung eines Systems verlangt zwangsläufig auch ein Aufrechterhalten der Wandlungsbereitschaft und eine Pflege der Wandlungsfähigkeit der Beteiligten. Beides kommt in Aufgabe 10 zum Tragen (**Wandlungsbereitschaft und -fähigkeit sichern**).

Aufgabe 9: Wandlungsergebnisse verankern. Der Übergang von der **Umsetzung** zur **Verstetigung** bedeutet auch einen Verantwortungsübergang. Das Programm-Management hat seine Aufgabe erfüllt, das Linienmanagement ist nun maßgeblich für die Verstetigung zuständig. Es ist also Sache der Bereichsverantwortlichen, zunächst dafür zu sorgen, daß ‚das Neue' beibehalten wird. Dies verlangt ein gehöriges Maß an Selbstdisziplin. Vor allem aber müssen die Aufgaben und Ziele für den eigenen Verantwortungsbereich und jeden Mitarbeiter so umgestellt werden, daß die Nachhaltigkeit der Ergebnisse erreicht wird. Im wesentlichen dürfte es auf die Ausübung der einzelnen Führungsaufgaben ankommen, um diesem Anspruch gerecht zu werden. Erhöhter Kontakt und verstärkte Eingriffe in der Anfangsphase, klare Zielabsprachen in der Folge.

Aufgabe 10: Wandlungsbereitschaft und -fähigkeit sichern. Gelingt die Verankerung, dann muß versucht werden, die erworbenen Wandlungs- und Lernfähigkeiten in die täglichen Geschäftsprozesse zu integrieren. Im Idealfall gelangt man so zu Unternehmungsbereichen, die sich im Sinne einer Selbstentwicklung verhalten und nach dem großen Umbruch der gesamten Unternehmung aktiv einen permanenten, bereichsbezogenen Wandel vollziehen können. Die Abwicklung des Tagesgeschäfts und seine Verbesserung müssen Hand in Hand gehen. Auch hierfür ist der Linienverantwortliche gefordert. Ein wesentlicher Ansatzpunkt dürfte sein, die konkreten Verbesserungsmöglichkeiten bzw. Einzelvorhaben durch eine Aufnahme in den Zielkatalog zum Teil des jährlichen Zyklus der Führung durch Ziele (**Management by Objectives**, vgl. Kap. 8.2, S. 294ff.) werden zu lassen. Damit gekoppelt ist, über adäquate **Anreize** nachzudenken. Nicht zuletzt sind unterjährig in den betroffenen Bereichen **Wandlungsplattformen** zu schaffen, also z.B. Workshops, Quality Circles oder Erfahrungsaustauschgruppen zu organisieren.

Checkliste zur Phase 5: Verstetigung

Aufgabe 9: Wandlungsergebnisse verankern

- Welche Konsequenzen ergeben sich aus dem Wandlungsvorhaben für das Tagesgeschäft der Teilbereiche?
- Ist sichergestellt (organisatorisch, personell, führungstechnisch), daß die Teilbereichsleiter die angestrebten Ergebnisse beibehalten?

Aufgabe 10: Wandlungsbereitschaft und -fähigkeit sichern

- Sind seitens der Unternehmungsspitze Wandlungsziele für das laufende Geschäft formuliert und auf die Teilbereiche heruntergebrochen worden?
- Ist die Zielerreichung in den Teilbereichen personell und organisatorisch geregelt?
- Wird die Erreichung dieser Ziele überwacht und gratifiziert?
- Gibt es bereichsübergreifende Vorkehrungen für den Erfahrungsaustausch und die Dokumentation und Verbreitung der Ergebnisse?
- Welche Konsequenzen ergeben sich aus den Ergebnissen und Erfahrungen für die weiteren Absichten und Ziele der Unternehmung und ihrer Bereiche?

Das Thema: Transformationsprozeß

Das Beispiel: OPTISCHE WERKE G. RODENSTOCK

Die RODENSTOCK Gruppe mit Sitz in München ist ein führender Hersteller von Brillengläsern, Brillenfassungen, optischen Instrumenten und Maschinen sowie Computer-Dienstleistungen rund um die Augenoptik. Traditionell herrscht in dieser Branche zwischen den Herstellern von Brillengläsern und Brillenfassungen eine weitgehende Arbeitsteilung. Auch RODENSTOCK hatte sich bereits im Jahre 1989 divisional mit den Sparten Brillengläser, Brillenfassungen und Investitionsgüter organisiert. Aufgrund einer strategischen Neuausrichtung im Jahr 1998 beschloß man, ein Wandlungsprogramm unter dem Motto ‚Think Spectacles‘ bis zum Anfang 2000 durchzuführen. Dabei stand die Fokussierung auf die Kernkompetenz Brille in ihrer Gesamtheit im Mittelpunkt.

Ziel ist, sich stärker am Endkunden zu orientieren und vermehrt integrierte Gesamtlösungen unter Einschluß optischer und ästhetischer Gesichtspunkte anzubieten. Die Marke RODENSTOCK spielt dabei eine ganz wesentliche Rolle. Nach Jahren eher defensiver Maßnahmen wie ‚cost cutting‘ sollte nun ein konsistentes Konzept der strategischen Erneuerung erdacht und umgesetzt werden. Das Vorgehen wurde von dem verantwortlichen Mitglied der Programmleitung, Jörg v. Pappenheim, als „Reengineering durch Antizipation“ bezeichnet. RODENSTOCK machte dabei den Versuch, Restrukturierung und Erneuerung - d.h. Standortschließung und Verkauf von Unternehmungsteilen einerseits sowie Neuorganisation und mentale Erneuerung andererseits - gleichzeitig anzugehen.

Auf den Fokus ‚Brille‘ ist bei RODENSTOCK auch die Neuorganisation ausgerichtet. Strukturänderungen wird eine hohe Bedeutung zugemessen. „Strukturen verändern Identitäten und werden daher in ihrer Bedeutung in Veränderungsprozessen völlig unterschätzt“, so Jörg v. Pappenheim. Damit meint er, daß man elementare Bestandteile des organisatorischen Umfelds der Mitarbeiter verändern muß, wie die Aufgaben- und Kompetenzverteilung, die Unterstellungsverhältnisse, aber auch die Raumorganisation. Hierfür sind selbst traditionelle Dokumentationstechniken wie Stellenbeschreibungen, Ablaufpläne und Organigramme wichtig. Sie stellen notwendige Veränderungswerkzeuge dar. Auf diese Weise werden bewußt alte Identitäten und „Sicherheitszonen“ beseitigt, und es wird eine Neuorientierung erreicht, jedoch nie, ohne neue Chancen anzubieten.

Das Vorgehen im Wandlungsprozeß bei RODENSTOCK entsprach weitgehend dem hier dargestellten Ablauf eines Transformationsprozesses.

Initialisierungsphase
Vor dem Hintergrund sich schnell verändernder Vermarktungsbedingungen entstand Mitte 1998 die ‚Vision 20/20‘, die die Aspekte Marke, Kernkompetenz Brille, Internationalität und ‚kompetente, emanzipierte Mitarbeiter‘ herausstellte. Die damalige Wandlungskoalition bestand aus der Konzernleitung um den Unternehmer, Randolf Rodenstock, und einem externen Berater. Hier wurden die Eckpfeiler einer neuen Aufbauorganisation erarbeitet. Die von der Konzernleitung Mitte 1998 kommunizierte Vision löste die Diskussion des strategischen Rahmens zur Erreichung der Vision aus, die dann in einem Workshop mit 50 Top-Führungskräften zur Definition von strategischen Leitzielen führte.

Konzipierungsphase

Nachdem die Konzernleitung das Grobkonzept einer funktionalen Aufbauorganisation für den Unternehmungsbereich Brille festgelegt hatte, beauftragte sie im Februar 1999 ein Kernteam von drei Führungskräften und 18 Teilprojektleitern mit der Detaillierung des Grobkonzepts, der Ausarbeitung der Strukturen, Prozesse und der Kommunikationswege. Dieses Projekt wurde ‚Think Spectacles‘ genannt, um neben der strukturellen Veränderung auch die Bedeutung der mentalen Veränderung zu unterstreichen.

Mobilisierungsphase

Die Mobilisierungsphase bei RODENSTOCK war durch eine Vielzahl von Kommunikationsaktivitäten gekennzeichnet. Den Auftakt bildete ein Führungskräfte-Kommunikationsforum im Februar 1999. Dort wurde mit hohem persönlichem Engagement von Randolf Rodenstock das Wandlungskonzept den ca. 150 Führungskräften des neuen Unternehmungsbereiches Brille vorgestellt. Außerdem wurden Medien wie Fragemauer, Projekt-Mitteilungen, Mitarbeiterzeitung, Info-Messen für Mitarbeiter, Intranet und persönliche Gespräche mit Betroffenen zur Mobilisierung eingesetzt.

Das Logo des ‚Think Spectacles‘ Projekts fand sich schnell an vielen Stellen in der Unternehmung wieder und wurde zum Symbol für die Erneuerung.

Die Mobilisierungsphase wurde am 30. Juni 1999 mit einem weiteren Führungskräfte-Kommunikationsforum abgeschlossen, auf dem der Abschluß der Design-Phase und der Start des neuen Unternehmungsbereichs Brille zum 1. Juli 1999 gefeiert wurde.

Umsetzungsphase

Mobilisierung und Umsetzung waren überlappend organisiert. In der Projektorganisation waren ca. 65 der Führungskräfte in den 18 Teams mit der Umsetzung beschäftigt. Die Koordination wurde zum einen durch Mehrfachmitgliedschaften gewährleistet, zum anderen dadurch, daß die jeweiligen Teamleiter zugleich Mitglieder des Kernteams waren. Im Kernteam waren des weiteren vier Berater eingebunden, die den einzelnen Teamsitzungen beiwohnten und den Abstimmungs- und Unterstützungsbedarf zwischen den Projekten mit abdecken konnten. Auf einer Info-Messe am 10. Juni 1999 stellten die einzelnen Projektleiter und -teams ihren Arbeitsfortschritt den Mitarbeitern vor. Die Messe hatte neben der reinen Informationsfunktion auch die Aufgabe der Stellenvermittlung. Die Mitarbeiter (außer den ‚gesetzten‘ Führungskräften) konnten sich an diesem Tag über die noch freien Stellen in der neuen Organisation informieren, um sich dann eigenverantwortlich um eine neue Stelle zu bewerben. Ab 1. Juli 1999 wurden die einzelnen

Projekte in die Primärorganisation überführt, d.h., sie bildeten das Gerippe der neuen Organisation. Anders ausgedrückt: Die Projektorganisation wurde ‚vertikalisiert'. Diesem Vorgehen lagen drei Schritte zugrunde: a) Teamfestlegung mit Leitungsfunktionen, b) Stellenbesetzung durch Bewerbungsverfahren, c) Bewährung auf den neuen Stellen. Die vollständige Umsetzung aller vereinbarten Aktivitätenpläne, Einarbeitungs- und Teamentwicklungs-Maßnahmen erfolgte bis Anfang des Jahres 2000.

Verstetigung

Aber mit dem Aufstellen der Organisation und Optimieren von Abläufen in einem recht kurzen Zeitraum war bei RODENSTOCK der Wandlungsprozeß nicht abgeschlossen. Das Team der 18 Teilprojektleiter, die zwischenzeitlich zu Leitern der Funktionen ernannt wurden, trifft sich in regelmäßigen Abständen und diskutiert den ‚Reifegrad' der Veränderung. Der Kulturwandel soll weiter vorangetrieben werden. Fahnenträger der Verstetigung sind jedoch die sogenannten Business Manager, eine prozeßorientierte Querschnittsfunktion des Unternehmungsbereichs Brille, die die Veränderungen in Prozessen und Strukturen nachhalten. Daneben kommt dem Zentralbereich Personal ein wichtige Rolle zu, der seine Schwerpunkte in der Unterstützung von ‚Integration, Internationalisierung und Identität Brille' sieht. In der Beratung von Führungskräften und Mitarbeitern, aber auch mit den ‚kulturellen Botschaften' der Personalmanagement-Systeme, werden Akzente in Richtung selbstverantwortlicher Mitarbeiter gesetzt.

6. Ablauf einzelner Projekte (Projektprozesse)

6.1 Fragestellungen

Wandlungsprogramme bestehen aus mehreren Projekten, die arbeitsteilig durchzuführen sind. Innerhalb eines Transformationsprozesses laufen also mehrere Projektprozesse ab.

Sie bilden die dritte, die untere Kategorie der im 3W-Modell enthaltenen Wandlungsprozesse (Mikroprozeßebene).

Die **Initialisierungsphase** trägt noch nicht Projektcharakter, sondern liefert Projektan-stöße und mündet in einen Projektauftrag für ein **Strategieprojekt**, das in der **Konzi-pierung** durchzuführen ist. Dieses ‚Projektteam' muß das Wandlungskonzept erarbei-ten und damit den Rahmen für das weitere Vorgehen bestimmen. Die **Mobilisierung** enthält Kommunikations- und Vorbereitungsaufgaben, die bei komplexen Vorhaben Gegenstand getrennter Projekte sind. **Kommunikationsprojekte** dienen der breiten Akzeptanzsicherung, **Vorbereitungsprojekte** der Schulung und dem Training, also den Wandlungsfähigkeiten. In dieser Phase tritt erstmals das Problem auf, mehrere Projekte innerhalb des Programms koordinieren zu müssen (Multiprojektmanagement, Projektportfoliomanagement). Das gleiche gilt verstärkt für die **Umsetzungsphase**, innerhalb derer ggf. **Basisprojekte** prioritäre Aufgaben bewältigen und **Folgeprojekte** die Hauptlast der Realisation tragen. Die institutionellen (aufbauorganisatorischen) Aspekte dieser Thematik werden im Kapitel 5 (Organisation des Wandels) behandelt. Im folgenden geht es um einen Überblick über die funktionellen (ablauforganisatori-schen) Fragen, die sich im wesentlichen auf drei Problemkreise konzentrieren:

❑ Wie ist die Arbeitsteilung zwischen den (Teil-)Projekten geregelt?

❑ Wie sollen die einzelnen (Teil-)Projekte ablaufen?

❑ Wie ist die sach-zeitliche Verzahnung der (Teil-)Projekte geregelt?

6.2 Objektorientierte Arbeitsteilung organisieren

Arbeitsteilung **innerhalb** eines Projekts wird regelmäßig durch ‚Phasen' geregelt, so auch zu sehen auf der Ebene des Transformationsprozesses (z.B. Initialisierung, Kon-zipierung). ‚Phasen' sind in aufgabenanalytischer Sicht als eine Form **verrichtungs-orientierter** (funktionaler) Spezialisierung aufzufassen. Das logische Gegenstück hierzu stellt die **objektorientierte** Spezialisierung dar, z.B. Konzipierung von Struk-turänderungen, Systemverbesserungen und personellen Maßnahmen. Wenn, wie hier dargestellt, die Programmebene funktional gegliedert ist, liegt es nahe, die Projekt-ebene objektorientiert zu unterteilen. Zu diesem Zweck muß der Gegenstand des Pro-gramms gedanklich in trennbare Objektbereiche (‚Module') zerlegt werden, deren Be-arbeitung dann jeweils auf separate Teams übertragen wird. Wichtig ist dabei, daß die entstehenden Aufgabengebiete möglichst schnittstellenarm sind, also eine getrennte, arbeitsteilige Bewältigung erlauben.

Diesem Prinzip folgt z.B. der Produktentwicklungsprozeß bei BMW, an dem mehrere tausend Mitarbeiter beteiligt sind. Der Prozeß besteht aus Phasen wie Produktplanung, Serienentwicklung und Fertigplanung. Die einzelnen Baureihen (3er, 5er, 7er, Sondermodelle) werden von sogenannte Modulteams entwickelt (z.B. Motor, Elektrik, Tür), in denen jeweils die benötigten Funktionsspezialisten zusammenarbeiten.

Die Aufgliederung von (Teil-)Projekten nach dem Objektmerkmal dürfte in der Mobilisierungsphase typischerweise zu einer **mengenmäßigen** Arbeitsteilung führen, indem verschiedene Teams die gleichen Informations- und Trainingsaktivitäten in den unterschiedlichen Unternehmungseinheiten durchführen. In der Umsetzung wird eher eine **artmäßige** Arbeitsteilung erfolgen. Im Falle eines größeren Strukturwandels z.B. sind dann die Strukturen der Geschäftseinheiten bzw. Funktionsbereiche Gegenstand von getrennten Projekten.

6.3 Phasenablauf festlegen und einhalten

Für die einzelnen objektorientierten (Teil-)Projekte ist nun wiederum ein Ablaufschema zu konzipieren. Es dient bereits der Transparenz innerhalb eines Projekts und fördert vor allem die Abstimmung und Koordination zwischen den Projekten, wenn es gelingt, einen einheitlichen Standardablauf zu finden. Dies wird um so einfacher sein, je ähnlicher sich die jeweiligen Aufgabenstellungen sind.

Das Thema: Objektorientierung und Phasenablauf auf Projektebene

Das Beispiel: OPTISCHE WERKE G. RODENSTOCK

Im beschriebenen ‚Think Spectacles'-Programm von RODENSTOCK wurden 18 Teams gebildet, die den Auftrag hatten, die Struktur solcher Einheiten wie Logistik, Einkauf, Verkauf, Controlling usw. zu überarbeiten und so den strategischen Rahmenplan umzusetzen.

Die 18 Einzelprojekte zur Strukturänderung wurden nach einem einheitlichen zehnphasigen Schema organisiert. Die zehn Phasen lauteten sinngemäß:

1. Team formen
2. Ist-Situation dokumentieren
3. Prozeßkunden identifizieren
4. Sollmodell für Prozeß entwerfen
5. Organigramme erstellen
6. Rollen und Verantwortlichkeiten nach Prozeßschritten beschreiben
7. Pflichtenheft für Systeme und Instrumente erstellen
8. Finanzielle Auswirkungen der Neustruktur berechnen

9. Vorgehensplan zur Aktivierung der Neustruktur erstellen
10. Aktivierung oder Pilotierung

Nicht nur die Effizienz, sondern auch die Art der Problemlösung wird von der Festlegung des Ablaufs zwangsläufig stark beeinflußt. So fällt an den 10 Phasen besonders auf, daß die Prozesse den Ausgangspunkt einer Strukturveränderung bilden. Aufgaben, Kompetenzen und Verantwortungen der Beteiligten werden also in den 18 Unternehmungsbereichen auf der Grundlage eines neu konzipierten Prozeßmodells festgelegt. Dies entspricht der in der Theorie seit einigen Jahren erhobenen Forderung ‚structure follows process' (vgl. Krüger 1994a, S. 120).

6.4 Sequenzen, Überlappungen und Parallelläufe bestimmen

Arbeitsteilung im Zeitablauf bedingt, daß die sach-zeitlichen Abhängigkeiten zwischen den (Teil-)Projekten bestimmt und vor allem im Hinblick auf die Projektgesamtdauer optimiert werden. Dies ist bereits innerhalb eines Projekts zu beachten, erst recht aber bei einer Mehrzahl von Projekten. Hierzu ist zu unterscheiden zwischen Projektabschnitten, die streng nacheinander (sequentiell) abzuwickeln sind, und solchen, die zeitlich überlappend bzw. sogar parallel gefahren werden können. Bezogen auf die für transformativen Wandel typischen Projektkategorien, lassen sich in der Tendenz hierzu folgende Feststellungen treffen:

Strategieprojekte und Kommunikationsprojekte können überlappend gestaltet werden. Wenn im Strategieprojekt absehbar ist, daß es zu einer grundsätzlichen Änderung kommen wird, können bereits die notwendigen Informationsveranstaltungen geplant werden. Mit ihrer Durchführung kann dann im direkten Anschluß an das Strategieprojekt begonnen werden.

Die Kommunikationsprojekte selbst könnten grundsätzlich parallel ablaufen, da es sich um mengenmäßige Arbeitsteilung handelt, die schnittstellenarm ist. Dem steht evtl. entgegen, daß ein spezifisches Wissen erforderlich ist, über das nur die unmittelbar Beteiligten, z.B. Kernteammitglieder, verfügen. Im direkten Anschluß beginnt die Realisation der Vorbereitungsprojekte, die parallel zu den Kommunikationsprojekten geplant worden sind. Während der Vorbereitungsprojekte kann bereits die Planung von prioritären Vorhaben erfolgen.

Prioritäre Vorhaben (Basisprojekte) sollen zeitlich überlappend mit Folgeprojekten ablaufen. Ausnahmen von dieser Regel bilden vor allem Pilotprojekte, deren Ergebnisse abzuwarten sind, ehe mit den Folgeprojekten angefangen wird. Folgeprojekte können weitgehend parallel organisiert werden, sofern sie unabhängig voneinander sind. Ansonsten ist zumindest ein überlappendes Vorgehen anzustreben.

Legt man dieses Verlaufsmuster zugrunde, so ergibt sich schematisch der in Abbildung 2/6 dargestellte Gesamtablauf eines Transformationsprozesses. Er macht deutlich, daß auch tiefgreifender Wandel, dem Prinzip des ‚Simultaneous Engineering‘ folgend, zeitlich komprimiert werden kann. Insbesondere ist die lange Zeit, die üblicherweise zwischen der Konzipierung und der Umsetzung liegt, deutlich zu verkürzen.

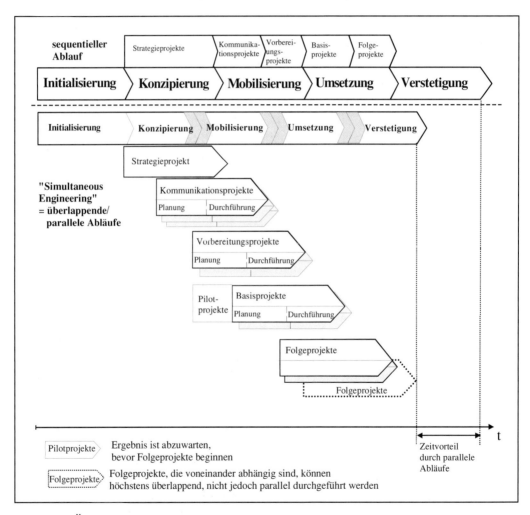

Abb. 2/6: Überlappende Projektabläufe

76

7. Kernprobleme des Wandlungsmanagements

7.1 Timing: Wandlungszeitpunkt festlegen

Eine Grundsatzfrage, die letztlich das gesamte Unternehmungsverhalten tangiert und deswegen hier den Anfang macht, verbirgt sich hinter dem ‚Timing‘ des Wandels. Es geht dabei um die Einstellung der Unternehmung und ihrer Mitglieder gegenüber Umfeldveränderungen und Anpassungserfordernissen. Die Skala reicht hier von traditionsbetonten Firmen, die stolz darauf sind, über viele Jahrzehnte oder sogar Jahrhunderte hinweg ihr Geschäftsverständnis beibehalten zu haben (z.B. Brauereien, Winzer, Glockengießer, Orgelbauer) bis hin zu innovationsgetriebenen Unternehmungen, die fast keine wichtigere Kennzahl kennen, als den Anteil neuer Produkte und Geschäfte am Umsatz der letzten Jahre (z.B. 3M). Analytisch betrachtet, stehen hinter derartigen Verhaltensweisen unterschiedliche Timingstrategien, denen im folgenden nachgegangen wird. ‚Timing‘ betrifft vor allem den Beginn des Wandels, aber auch seine Zeitdauer und damit den angestrebten Endzeitpunkt (vgl. allg. zum Timing Buchholz 1996, S. 22ff.).

■ Passives Verhalten

Daß sich Unternehmungen wandeln sollen und auch wollen, ist zwar die Voraussetzung dafür, daß dieses Buch überhaupt geschrieben werden kann. Nur aktives, zielorientiertes Handeln im Wandel ist Wandlungsmanagement. Aber, um alle Optionen der strategischen Erneuerung verstehen und gegeneinander abwägen zu können, ist auch ein Blick auf den ‚Nichtwandel‘, also das passive Verhalten, notwendig.

Passives Verhalten gegenüber Wandlungsbedarfen kann nicht nur auf mangelnder Wahrnehmung, d.h. auf einem Irrtum oder Fehler beruhen, sondern sehr wohl auch auf einer bewußten Entscheidung. Zwei positive Fälle erscheinen erwähnenswert: Im ersten Fall geht eine Unternehmung davon aus, daß die beobachtete Veränderung einen zyklischen Charakter trägt und entscheidet sich dafür, die entsprechende Schwankung abzupuffern. Nimmt man das Beispiel von Nachfrageschwankungen, so würde dies bedeuten, daß Nachfragespitzen nicht zu Kapazitätserweiterungen führen, sondern zum Aufbau von Lieferzeiten. Der Nachfragegipfel würde sozusagen ‚untertunnelt‘. Im umgekehrten Fall würde trotz sinkender Nachfrage weiter produziert, nun aber auf Lager. Man versucht, das Nachfragetal zu ‚überbrücken‘. Dabei wird eine langfristige Stabilität der Nachfrage und eine vergleichsweise hohe Kundenbindung vorausgesetzt. Im zweiten Fall emanzipiert sich eine Unternehmung noch weiter von den externen Entwicklungen, indem sie versucht, auf langfristig gültige Kompetenzen und überdauernde Kundenbedürfnisse zu setzen. Dies bedeutet die Formulierung und dauerhafte Besetzung einer ‚Traditionsnische'. Auch hierfür lassen sich bei aller vordergründigen Dynamik bei näherem Hinsehen genügend Beispiele finden. Man denke an Schweizer Luxusuhren mit Handaufzug (z.B. IWC), Pfeifenhersteller (z.B. Dunhill) oder Glokkengießereien und Orgelbauer.

◼ Zeitpunkte reaktiven und proaktiven Verhaltens

Eine aktive Auseinandersetzung mit dem Wandlungsgeschehen setzt die Beobachtung und die Analyse des jeweiligen Systems und seiner Umsysteme voraus. Am wichtigsten im Hinblick auf die Typisierung aktiven Verhaltens ist die Unterscheidung von proaktivem und reaktivem Verhaltens.

Nichts ist theoretisch so einleuchtend, aber offenkundig praktisch so schwer zu verwirklichen, wie die Forderung nach proaktivem Vorgehen. Typischerweise wird argumentiert, daß Proaktivität eine enorme Weitsicht erfordere, ja geradezu seherische Fähigkeiten verlange, die nun einmal nur wenige besäßen. Die Mehrheit jedenfalls müsse in Kauf nehmen, immer wieder von tiefgreifendem Wandel quasi überrascht oder gar überrollt zu werden. Dieses Argument beruht in den meisten Fällen auf einer Art ‚optischen Täuschung'. Die wenigsten ‚Umbrüche' geschehen tatsächlich unvorhersehbar, wie etwa der Fall der Berliner Mauer im Jahre 1989. In den meisten Fällen vergehen einige Jahre der Entwicklung, in denen sich Veränderungen erst durch schwache Signale, dann durch ein allmähliches Aufbauen und erst gegen Ende durch einen breiten Strom des Wandels bemerkbar machen. Strukturwandel der Wirtschaft ist in manchen Branchen ein jahrzehntealtes Thema. Man denke an die Kohle- und Stahlindustrie, die Textilindustrie, die Bauwirtschaft, von der Landwirtschaft gar nicht zu reden. Es bestünden also nicht nur genügend gute Gründe für Proaktivität, sondern man hätte in aller Regel sogar eine ausreichend hohe Aktionszeit. Die Lippenbekenntnisse, wie wichtig proaktives Handeln sei, sind auch durchaus zahlreich. Dennoch ist Proaktivität weit eher die Ausnahme als die Regel.

Diskutiert man mit Managern die Gründe hierfür, so wird ziemlich übereinstimmend argumentiert, daß die Wandlungsbereitschaft der Mitarbeiter zu gering sei und daß Wandel erst dann als notwendig akzeptiert werde, wenn seine Notwendigkeit unabweisbar sei. Das Ergebnis ist die bereits erwähnte These: **Ohne Krise kein Wandel**. Die Frage ist natürlich, ob diese Erklärung tatsächlich zutrifft oder ob es nicht auch die Risikoscheu und Initiativarmut mancher Manager ist, die sich hinter dieser als unüberwindbar dargestellten Barriere verbirgt. Fehlendes Vertrauen in die eigene Kraft und Verantwortungsscheu können hinzukommen. Es entsteht ein **Kompetenz-/Angst-Syndrom** (vgl. Krüger/Ebeling 1991). Letztlich unterscheidet sich das Entstehungsmuster von Wandlungsbereitschaft für Manager in nichts von demjenigen der Mitarbeiter. Und von manchem Wandlungsvorhaben, z.B. Mergers & Acquisitions, sind Managementpositionen genauso oder sogar stärker betroffen als die Ausführungsebene. Dementsprechend findet Widerstand auch auf den Managementetagen statt.

Will eine Unternehmung **proaktiv** handeln, so sind die rechtzeitige **Wahrnehmung** und richtige **Interpretation** von Chancen und Risiken notwendige Bedingungen hierfür. Dies gilt für die visionsgetriebene (,innengeleitete') Umgestaltung aufgrund eigener Ideen wie für die extern induzierte Entwicklung. Nur so läßt sich auf Dauer Marktführerschaft erlangen und erhalten. Wer Marktführer sein will, muß ,Wandlungsführer' werden. Aber auch für ein anpassendes, **reaktives** Verhalten, wie es etwa ein ,früher Folger' praktiziert, gelten diese Anforderungen. Denn nur so hat man die Gewähr, daß genug Anpassungszeit verbleibt. Selbstverständlich ist ,Frühzeitigkeit' allein noch keine Erfolgsgarantie, genauso wie ein ,verspäteter Start' nicht zwangsläufig Mißerfolg bedeutet. Aber gleiche Qualität der Maßnahmen vorausgesetzt, gilt der berühmte Satz, daß die Geschichte denjenigen bestraft, der zu spät kommt (Gorbatschow).

Der Hintergrund der Problematik läßt sich aufhellen, wenn man Proaktivität und Reaktivität als Entscheidungen aufgrund unterschiedlichen Informationsstandes untersucht. Proaktiv handeln bedeutet nämlich in jedem Fall, ein erhebliches Maß an Unsicherheit und Risiko in Kauf zu nehmen. Im folgenden werden entlang der Zeitachse **vier** verschiedene **Aktionszeitpunkte** und die zugehörigen Fälle aktiven Verhaltens untersucht (vgl. Abb. 2/7). Ausgangspunkt ist der Gegenwartszeitpunkt (t_0), in dem ein bestimmtes Ereignis eintritt, das zu einem Wandlungsbedarf führt.

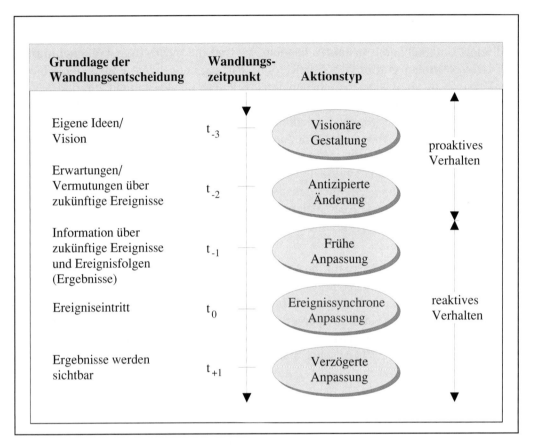

Grundlage der Wandlungsentscheidung	Wandlungs- zeitpunkt	Aktionstyp	
Eigene Ideen/ Vision	t_{-3}	Visionäre Gestaltung	proaktives Verhalten
Erwartungen/ Vermutungen über zukünftige Ereignisse	t_{-2}	Antizipierte Änderung	
Information über zukünftige Ereignisse und Ereignisfolgen (Ergebnisse)	t_{-1}	Frühe Anpassung	
Ereigniseintritt	t_0	Ereignissynchrone Anpassung	reaktives Verhalten
Ergebnisse werden sichtbar	t_{+1}	Verzögerte Anpassung	

Abb. 2/7: Wandlungszeitpunkte

Visionäre Gestaltung (t_{-3}): Der Prototyp des risikofreudigen, kreativen Unternehmers Schumpeterscher Prägung zeichnet sich dadurch aus, daß er nicht (nur) aufgrund erkennbarer und zu erwartender Zukunftsentwicklungen handelt, sondern davon unabhängig. Er hat eine Geschäftsidee, deren Besonderheit gerade darin besteht, daß sie bisher unbekannte Gefilde betritt und eröffnet. Im Grenzfall besitzt ein solcher Unternehmer einen Traum und setzt seine gesamte Energie ein, ihn zu verwirklichen. Steve *Jobs* und Stephen *Wotzniak*, zwei junge Collegeabsolventen, hatten in den 60er Jahren die Vorstellung, daß es Computer geben müßte, die geeignet sind, von jedermann zu Hause benutzt zu werden - eine Vorstellung, die den etablierten Herstellern seinerzeit absurd vorkam. Es war die Geburtsstunde des Personal Computers und der Firma APPLE.

Antizipierte Änderung (t$_{-2}$): Eine immer noch in hohem Maße proaktive Aktion liegt vor, wenn zu einem Zeitpunkt gehandelt wird, zu dem Zukunftsentwicklungen zwar bereits in Erwartungen oder Vermutungen vorhanden sind, aber noch keine Informationen darüber, wie wahrscheinlich der Eintritt der Ereignisse ist, wann sie genau eintreten werden und welche Konsequenzen (Ereignisfolgen) daraus resultieren. In der Entscheidungstheorie wird dieser Fall als **Entscheidung unter Risiko** bezeichnet. Die Wandlungsträger handeln wie im Falle der visionären Gestaltung unter hohem Risiko, nur gestützt auf ihre persönlichen, subjektiven Erwartungen. Sie versuchen, möglichst früh oder als erste die sich bietenden Chancen zu nutzen. Wer Ende 1989 nach dem Fall der Berliner Mauer erste Schritte im Hinblick auf eine erwartete Wiedervereinigung oder die Wahl Berlins zur Hauptstadt Deutschlands unternahm, war noch sehr risikofreudig.

Frühe Anpassung (t$_{-1}$): Wenn über den Eintritt der Ereignisse sowie deren Folgen bereits objektive Informationen existieren, aber darin noch Unsicherheiten enthalten sind, dann wird von **Entscheidungen unter Unsicherheit** gesprochen. Die Unsicherheit wird sich häufig auf die genaue Kenntnis der Ereignisfolgen beziehen. Sie bleibt bestehen bis zum Eintritt selbst und für einen unterschiedlich langen Wirkungszeitraum danach. Ende 1998 war klar, daß der Euro kommt, aber es war weithin unsicher, welche Folgen daraus resultieren würden, insbesondere hinsichtlich seiner Kursentwicklung gegenüber dem Dollar. Wer zu diesem Zeitpunkt sein Handeln darauf einstellte, z.B. indem er Dollar verkaufte, nahm nichts vorweg, geschweige denn, daß er gestaltete, sondern er paßte sich bereits an, wenngleich in einem relativ frühen Stadium. Insofern erscheint es angemessen, diesen Verhaltenstyp bereits als reaktives Verhalten zu bezeichnen, wohl wissend, daß damit ein durchaus hohes Aktivitätsniveau und auch die Übernahme begrenzter Risiken einhergeht.

Ereignissynchrone Anpassung (t$_0$): Wer sich zeitgleich mit den Umfeldveränderungen anpaßt, bewegt sich sozusagen ‚auf der Höhe der Zeit‘. Er muß noch einen Rest von Unsicherheit tragen, denn das jeweilige Ereignis ist zwar eingetreten, nicht jedoch alle seine Folgen. Unternehmungen dieses Typs sind zwar keine Pioniere, aber wohl so etwas wie **frühe Folger**, und sie bewegen sich damit in vielen Fällen im ‚Mainstream‘. Die Risiken des Pioniers meidend, haben sie sich auch der mit einer früheren Aktion verbundenen Chancen begeben. Sie bewegen sich im Gleichschritt mit dem Durchschnitt, eilen nicht vorneweg, vermeiden aber auch ein Zurückfallen. Dieses vergleichsweise defensiv wirkende Verhaltensmuster kann, in einem dynamischen Umfeld praktiziert, durchaus ein hohes Aktivitätsniveau bedingen.

Verzögerte Anpassung (t_{+1}): Wer auch noch wartet, bis die Ereignisfolgen eingetreten sind, hat schließlich **völlige Sicherheit** erlangt. Ein solches Verhalten kann Ausdruck von besonderer Risikoaversion oder mangelnder Bereitschaft bzw. Fähigkeit zum Wandel sein. Es muß allerdings keinesfalls ein Zeichen von Schwäche sein. Dies zeigen die nicht seltenen Beispiele von Marktführern, die das Agieren junger Pionierunternehmungen abwartend beobachten und erst eingreifen, wenn der Markterfolg erwiesen ist. Aus der zweiten Reihe startend, setzen sie dann mit überlegenem Potential zum Überholen oder Verdrängen an. In der Vergangenheit hat z.B. IBM nicht selten so reagiert, z.B. auf dem PC-Sektor.

▧ Vergleich proaktiven und reaktiven Verhaltens

Proaktive Verhaltensweisen werden üblicherweise mit ‚Pionier' oder ‚Leader' assoziert. Das logische Gegenstück hierzu bilden die ‚Follower'. Die Vorteile des Leaders sind die Nachteile des Followers und umgekehrt. Für die Wahl **proaktiven Verhaltens** sprechen vor allem folgende Vorteile:

- ❑ starke Marktposition gewinnen,
- ❑ Wettbewerbsvorteile gewinnen,
- ❑ Kundenbindung erzeugen,
- ❑ Kosten- und Erlösvorteile ausnutzen (Abschöpfungsstrategie),
- ❑ Spielregeln und Marktstandards beeinflussen bzw. bestimmen,
- ❑ Markteintrittsbarrieren gegenüber Nachahmern errichten,
- ❑ Handlungsspielraum aufbauen und behalten.

Wer nicht proaktiv handelt, sondern reaktiv, also abwartend und zögernd, verhält sich als Follower. Die Chancen des Pioniers sind die Risiken des Followers. Umgekehrt gilt, daß der Follower seinerseits Chancen besitzt, die der Pionier als Risiken kalkulieren muß. Für **reaktives Verhalten** spricht vor allem:

- ❑ Erfahrungen des Pioniers nutzen,
- ❑ geringere Entwicklungs- und Wandlungskosten,
- ❑ Fehler und Umwege der Erstentwicklung vermeiden,
- ❑ hohe Akzeptanz am Markt wie innerhalb der Unternehmung,
- ❑ geringe Kosten für den Marktaufbau.

■ Kostenlogik und ‚Psychologik‘ des Wandels

Die betriebswirtschaftlichen Konsequenzen des Wandels werden deutlich, wenn man ein Wandlungsvorhaben wie eine Investition betrachtet. Auf der Erlösseite herrscht ein erhebliches Maß an Unsicherheit und Risiko, das viele Entscheider eher abschreckt als reizt. Letztlich dürfte es dieser Faktor sein, der als Teil der betriebswirtschaftlichen Logik des Wandels zu einem zögerlichen Verhalten führt, denn die Kostenseite ist deutlicher sichtbar und einschätzbar und wirkt abschreckend. Sie wird durch die beträchtlichen Anstrengungen bestimmt, die nötig sind, um die vielfältigen Wandlungsbarrieren zu überwinden. Die eigentlich dagegenzuhaltenden ‚Kosten des Nichtwandels‘ (Opportunitätskosten) werden kaum beachtet (vgl. Kap. 9.2, S. 338f.).

Neben dieser Kostenlogik spielt zwangsläufig die ‚Psychologik‘ eine wesentliche Rolle. Insbesondere die Chancen- und Risikoneigung der Beteiligten, vor allem natürlich der Wandlungsträger, dürfte ein wesentlicher Faktor sein, von dem die Timingstrategie geprägt wird. Wer vorrangig die Risiken des Vorgehens kalkuliert und kommuniziert, wird sich anders verhalten und anders auf andere wirken als derjenige, der auch oder sogar in erster Linie die Chancen sieht und betont. Hinzu kommen bestimmte verfestigte Einstellungen und Verhaltensweisen, die den Charakter von Wandlungsbarrieren tragen und in Abschnitt 7.2 (S. 84ff.) als Teil der allgemeinen Barrierenproblematik näher untersucht werden (z.B. das sogenannte ‚Kenner-Macher-Syndrom‘).

■ Event-Pacing vs. Time-Pacing

Unternehmungen, die bestimmte Ereignisse zum Anlaß von Wandel nehmen, verfolgen eine Strategie des sogenannten Event-Pacing (vgl. zu den Pacing-Varianten Eisenhardt/Brown 1998). Typisch für ein solches Vorgehen ist ein Wandel, der mit dem Ausscheiden des Vorstandsvorsitzenden bzw. einem Generationenwechsel im Vorstand einhergeht. Von außen betrachtet, ist dabei oft nicht klar, was Ursache und was Wirkung ist. Event-Pacing entspricht im günstigsten Fall einer ereignissynchronen Anpassung. Im ungünstigsten Fall symbolisieren ereignisgetriebene Wandlungsprozesse das Vorhandensein eines Reformstaus, der sich erst durch das Ereignis entladen konnte. Das ‚Ereignis‘ stellt dann nichts anderes dar als eine längst überfällige Beseitigung einer Wandlungsbarriere.

Das Gegenstück dazu ist die Organisation von bestimmten Rhythmen des Wandels, in einigen Branchen durch saisonale Besonderheiten oder Modellzyklen angestoßen. Um positive Grundeinstellungen gegenüber Wandel zu erzeugen, ist Time-Pacing sicherlich gut geeignet, denn auf diese Weise wird Wandel erwartet, und er wird zu einer Gewohnheit, die selbstverständlich wirkt. Wenn es gelingt, eine Verstetigung des

Wandels zu erreichen - Phase 5 des Wandlungsprozesses -, dann ist damit eine Time-Pacing-Strategie realisiert.

■ Dauer von Wandlungsprozessen

Die Frage nach der angemessenen Dauer von Wandlungsprozessen ist ebenso wichtig wie ihre Beantwortung schwierig. Klar ist nur, daß die Dauer des Wandels mit der Tiefe des Wandels tendenziell zunimmt, Restrukturierungen also schneller zu bewältigen sind als Revitalisierung und Remodellierung. Die Entwicklung einer grundlegend veränderten Kultur - sofern sie überhaupt für möglich gehalten wird -, erfordert nach allgemeiner Ansicht mit Abstand die meiste Zeit. Diese unbestimmte Antwort kann konkreter ausfallen, wenn man sich klar macht, daß transformativer Wandel in verschiedenen Projekten bzw. Programmen abläuft. Es ist dann nicht nur und vielleicht nicht einmal in erster Linie ein sachlogisches Problem, die Prozeßdauer festzulegen. Vielmehr sollte die psychologische Situation beachtet werden. Zum einen ist ein weiteres Mal die Kräftekonstellation zu beachten. Opponenten werden ‚überrumpelt' oder ‚entwaffnet', wenn rasch gehandelt wird. Es fehlt dann u.a. die Zeit, um den Widerstand aufzubauen. Promotoren und Zögernde werden bestärkt und mitgerissen. Zum anderen ist darauf hinzuweisen, daß Wandel für alle Beteiligten eine Ausnahmesituation mit mehr oder weniger großen Zusatzbelastungen bedeutet. Sie sind um so leichter zu ertragen, je klarer und rechtzeitiger das Ende absehbar ist. Zu lange Planungsdurststrecken sollten also vermieden werden. Solche Überlegungen sind es u.a., die zumindest implizit den Ratschlag von Praktikern bestimmen, daß ein Wandlungsprozeß nicht länger als ca. 18 - 24 Monate in Anspruch nehmen sollte. Für das Definieren und Abgrenzen von Projektaufträgen bzw. ganzen Wandlungsprogrammen kann diese Zeitangabe wenigstens als Hinweis dienen. Sie wird um so plausibler, je rascher sich die Unternehmungsumwelt ändert.

7.2 Implementierung: Wandlungsbarrieren beseitigen

7.2.1 Erweitertes Implementierungsverständnis

Trotz aller Bemühungen geraten in der Praxis nicht wenige Versuche grundlegender Veränderungen ins Stocken oder scheitern sogar. Einer der Gründe hierfür ist eine systematische Unterschätzung des Implementierungsproblems und der sich dahinter verbergenden Wandlungsbarrieren (vgl. zum folgenden Krüger 1999b, S. 872). Üblicherweise wird die Implementierung (Einführung) als eine abgrenzbare Sequenz, d.h. als Phase eines Veränderungsprozesses gesehen und gestaltet. An Phasen der Planung und Entscheidung schließen sich **Umsetzung** und **Durchsetzung** als Einführungsaktivitäten an. Mit Umsetzung sind alle sachbezogenen, mit Durchsetzung alle personenbezogenen Aktivitäten gemeint. Im einfachsten Fall reduziert sich das Implementierungsproblem auf eine Anweisung bzw. Anordnung, der seitens der Betroffen Folge zu leisten ist. Ansonsten konzentrieren sich Implementierungsaktivitäten auf Information und Schulung. Ein solches Prozeßmodell läßt sich bei risikoarmen und interessenneutralen Vorhaben noch vertreten und ist einem überschaubaren Projekt, das sich in einem standardisierten Phasenablauf bearbeiten läßt, unter Umständen angemessen.

Umsetzung und Durchsetzung sind und bleiben die zentralen Kategorien der Implementierung, aber zumindest bei weitreichenden und tiefgreifenden Änderungen, also bei Transformationsprozessen, stößt ihre auf eine Phase bezogene Zuordnung rasch an Grenzen. Nicht selten scheitern Wandlungsversuche bereits in der Konzeptphase, oder sie versickern und versanden nach der Einführung. Konsequenterweise müssen auch die Implementierungsaktivitäten bei Projektbeginn oder sogar schon im Vorfeld einsetzen und sie dürfen nach der Einführungsphase nicht ohne weiteres enden.

> Der Begriff ‚**Implementierung**‘ sollte daher losgelöst von einer Phaseneinteilung definiert werden. So interpretiert, umschließt die Implementierung alle Aufgaben, Methoden und Techniken, die sicherstellen sollen, daß die angestrebten Ziele durch Anwendung und Nutzung der jeweiligen Maßnahmen erreicht oder übertroffen werden, gleichgültig zu welchem Zeitpunkt oder in welcher Phase des Prozesses entsprechende Aktivitäten erfolgen.

7.2.2 Barrieren zu ‚Enablern‘ machen

> **Barrieren** sind Ausprägungen von Erfolgsfaktoren, die Bewegungen und damit Wandel hemmen oder verhindern. Wer Wandel bewirken will, muß die gegebene Konfiguration der Erfolgsfaktoren ändern, also z.B. Strategien, Prozesse, Strukturen, Systeme und Kulturen.

Dabei sind vielfältige sachliche und personelle Hemmnisse zu überwinden, die den Gegenstand der Implementierungsaktivitäten bilden. Je prägnanter einzelne Faktoren profiliert sind (z.B. eine starke, traditionsbewußte Unternehmungskultur oder auch ein gut funktionierendes Informationssystem), desto schwerer sind sie zu verändern.

Starke Erfolgsfaktoren führen zu sichtbarem Erfolg, bilden aber gleichzeitig Barrieren der Veränderung aus. Dieser Kausalzusammenhang steckt hinter der Aussage: ‚Nothing fails like success'. Dies ist ein Dilemma für das Management. Besondere Erfolge (und ‚Erfolgsrezepte') der Vergangenheit können eine Last für die Zukunft werden.

Die Doppelgesichtigkeit, die den Erfolgsfaktoren zu eigen ist, läßt sich auch bei den Barrieren feststellen. Gelingt es dem Wandlungsmanagement, eine Barriere abzubauen oder ‚umzubiegen', z.B. indem ein Opponent durch Überzeugungsarbeit zum Promotor gemacht wird, dann entsteht ‚Rückenwind', wo vorher ‚Gegenwind' wehte. Eine Barriere ist zu ihrem Gegenteil geworden, wofür die deutsche Sprache interessanterweise keinen Begriff hat. Es handelt sich um den im Englischen als ‚**Enabler**' bezeichneten Sachverhalt. Wandlungsmanagement und insbesondere Implementierung bedeutet im Idealfall also, **Barrieren zu ‚Enablern'** zu machen.

7.2.3 Sachbezogene und personelle Barrieren

Die Barrieren lassen sich in **externe und interne Barrieren** einerseits, in **sachbezogene und personelle Barrieren** andererseits einteilen. Externe Barrieren, wie z.B. Gesetze und Verordnungen, werden hier ausgeblendet. Auf der Seite der internen Barrieren sind in sachbezogener Sicht vor allem die Erfolgssegmente Strategie, Struktur und Systeme zu bedenken (vgl. Krüger 1994a, S. 361ff.). Die personellen Barrieren sind prägend für die **Wandlungsbereitschaft** sowie den personenabhängigen Teil der **Wandlungsfähigkeit** des Systems Unternehmung. Die sachbezogenen Barrieren bestimmen den sachabhängigen Teil der **Wandlungsfähigkeit**. Zugleich besteht ein Zusammenhang aller Barrieren zum **Wandlungsbedarf**, denn jedes Einreißen oder Abbauen einer Barriere bedeutet seinerseits einen Wandel, im Gegensatz etwa zu einem Umgehen oder Überspringen.

In der vorliegenden Arbeit wird besonderes Gewicht auf die personellen Barrieren gelegt. Tiefgreifender Wandel erstreckt sich typischerweise auch auf die Einstellungen, Werte und Verhaltensweisen der Unternehmungsmitglieder. Diese **mentalen Modelle** entstehen im Verlauf längerer Lern- und Entwicklungsprozesse.

Tiefsitzende Gewohnheiten stehen dem erforderlichen Wandel als schwer und oft nur allmählich zu verändernde Hemmnisse im Wege. Sie treten personifiziert im Verhalten von ‚Opponenten' bzw. ‚Unentschiedenen' in Erscheinung und bilden die Grundlage für zahlreiche Konflikte. Dabei ist zwischen Sachargument und mentaler Barriere oft nicht zu unterscheiden.

7.2.4 Wandlungsprozesse als Kraftfelder von Promotoren und Opponenten

Die personellen Barrieren machen den Wandlungsprozeß zu einem Kraftfeld, auf dem die verschiedenen Aktoren des Wandels interagieren. Die **Promotoren** des Wandels repräsentieren die treibenden, befürwortenden Kräfte. Ihnen gegenüber steht die Gruppe der Wandlungs**opponenten**, die bremsenden, verhindernden Gegenkräfte, und der große Kreis der ‚Unentschiedenen‘, die noch keine eindeutige Einstellung zum Wandel haben und insofern zunächst ebenfalls hemmend wirken. Für das Wandlungsmanagement kommt es darauf an, potentielle Promotoren unter den Beteiligten zu identifizieren und zu aktivieren. Sie werden vorrangig unter den unternehmerisch denkenden Mitarbeitern bzw. den Intrapreneuren zu finden sein. Außerdem gilt es, die Ursachen für das Entstehen der Barrieren bei den Indifferenten und den Opponenten herauszufinden, um darauf aufbauend geeignete Maßnahmen für die Umsetzung und Durchsetzung, also die Überwindung der Barrieren, ergreifen zu können.

Die Kraftfelder werden sich je nach Wandlungssituation unterschiedlich darstellen. In Abbausituationen sind eher Konflikte zu erwarten als in Aufbauphasen, da sich viele Unternehmungsmitglieder in einer Verliererposition wiederfinden. Das Wandlungsmanagement kann in dieser Gruppe auf eine erzwungene oder duldende Akzeptanz des Wandels als Ausprägungen der Wandlungsbereitschaft hinarbeiten. Der Einsatz von Drohungen und Druckmitteln (‚Bestrafungsmacht‘) oder von kompensatorischen Leistungen (‚Belohnungsmacht‘), z.B. durch Sozialpläne, Umschulungen oder Outplacement, stehen im Vordergrund. Die unternehmerisch Aktiven, die Intrapreneure, sind zu ermutigen und zu unterstützen. Insbesondere, wenn sie in der Vergangenheit einen aufgestauten Wandlungsbedarf empfunden haben, kann Wandel bei ihnen zu einer Freisetzung von Kräften führen.

Ganz anders ist die Lage in reinen Aufbausituationen. Hier gibt es zahlreiche ‚Wandlungsgewinner‘. Der Wandel führt für sie z.B. zu neuen oder erweiterten Aufgaben, eröffnet persönliche Entwicklungsmöglichkeiten und Karrierechancen. Die Wandlungsakzeptanz kann positiv gestimmt sein, bis hin zur Begeisterung. Auch dabei kann es selbstverständlich Konflikte geben, z.B., wenn der Wandel mit einem Ortswechsel verbunden ist. Diese sind aber normalerweise weit weniger einschneidend als die Abbauprobleme und werden durch die Pluspunkte überkompensiert.

Ein Vorstellungsmodell, mit dessen Hilfe die verschiedenen Kräftekonstellationen analysiert werden können, liefert die **Anreiz-Beitrags-Theorie** (vgl. Barnard 1938). Demnach muß die Unternehmung geeignete Anreize (monetäre wie nicht-monetäre, intrinsische wie extrinsische) einsetzen, um von den jeweiligen Anspruchsgruppen die erforderlichen Beiträge (z.B. aktives Mitmachen, Zustimmung, Duldung) zu erhalten (vgl. Kap. S. 236ff.). Die in sachbezogener Hinsicht bereits mehrfach diskutierten Wandlungssituationen des Abbaus/Umbaus/Aufbaus lassen sich mit Hilfe des Anreiz-

Beitrags-Denkens auch in personeller Hinsicht analytisch durchdringen und gestalten. Es gilt, den Anreiz-Beitrags-Saldo durch Gewährung oder Entzug von Anreizen im Sinne der Wandlungserfordernisse zu beeinflussen. Glaubwürdige, klare und kraftvolle Führung (vgl. Kapitel 4) ist hierfür besonders wichtig, instrumentiert und flankiert von Kommunikation (Kapitel 7) sowie situativ angepaßter Implementierung (Kapitel 6). Dabei kommen die verschiedenen Systeme der Unternehmung unterstützend zum Einsatz (z.B. Führungs- und Anreizsysteme, vgl. Kapitel 8), und ein Wandlungscontrolling kann den Prozeß begleiten (Kapitel 9).

7.3 Orchestrierung: Koordinaten und Komponenten des Wandels stimmig gestalten

Zu den Kernaufgaben jeder Führungskraft gehört die Koordination. Dies gilt auch für Wandlungsvorhaben. Bezogen auf das 3W-Modell bedeutet die Koordinationsaufgabe, daß die darin enthaltenen Komponenten aufeinander abzustimmen sind. Leitidee ist es, ein ausgewogenes Verhältnis (Stimmigkeit, Kongruenz) unter diesen Bausteinen herbeizuführen. Diese Aufgabe ist aus der Sicht eines gesamtverantwortlichen Managers der eines Dirigenten ähnlich. Erst die gelungene Orchestrierung führt zum Erfolg, der im Falle der strategischen Erneuerung durch den Zusammenklang der Komponenten des 3W-Modells bestimmt wird.

Die Fülle der möglichen Orchestrierungsprobleme, die man sich anhand des 3W-Modells vorstellen kann, wird im folgenden auf zwei Fragenkomplexe reduziert. Zum einen soll die Stimmigkeit von Wandlungsbedarf, -bereitschaft und -fähigkeit diskutiert werden. Jedes Ungleichgewicht im Verhältnis dieser Koordinaten des Wandels zueinander bedeutet eine markante Schieflage im gesamten Wandlungsgeschehen. Zum anderen wird anhand ausgewählter ‚Misfits‘ zwischen den acht Komponenten auf mögliche und bedeutsame Lücken im praktischen Vorgehen aufmerksam gemacht. Der gesamte Inhalt dieses Buches läßt sich als Versuch begreifen, alle derartigen Abweichungen möglichst gering zu halten.

7.3.1 Stimmigkeit von Wandlungsbedarf, -bereitschaft und -fähigkeit

Abbildung 2/8 illustriert die Probleme mangelnder Stimmigkeit unter den Wandlungskoordinaten. Das Ziel des Wandlungsmanagements besteht - bildlich gesprochen - darin, die drei Kreise Wandlungsbedarf, Wandlungsbereitschaft und Wandlungsfähigkeit möglichst zur Deckung zu bringen (Feld 7). Von diesem Ideal gibt es analytisch verschiedene Abweichungen, die auf Mißverhältnisse bei der Problembewältigung verweisen.

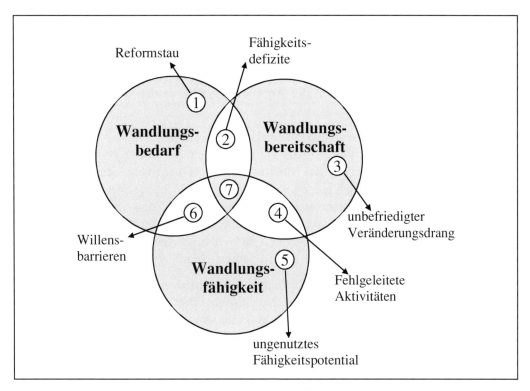

Reformstau

Fähigkeits-
defizite

①

**Wandlungs-
bedarf**

②

**Wandlungs-
bereitschaft**

③

⑦

⑥

④

Willens-
barrieren

unbefriedigter
Veränderungsdrang

**Wandlungs-
fähigkeit**

⑤

Fehlgeleitete
Aktivitäten

ungenutztes
Fähigkeitspotential

Abb. 2/8: Mögliche Mißverhältnisse in den Koordinaten des Wandels

(1) Reformstau: Im ungünstigsten Fall fehlen sowohl der Wille wie die Fähigkeiten, einem Wandlungsbedarf gerecht zu werden. Oder aber ein objektiv vorhandener Wandlungsbedarf entzieht sich der subjektiven Wahrnehmung. Wandlungsdruck baut sich auf, es kommt zu einer Situation, die als Reformstau bekannt ist. Den Promotoren des Wandels stellt sich ein Maximum an Barrieren entgegen, der Wandlungsprozeß wird zum Hürdenlauf. Maßnahmen der Anreizgestaltung (Schub- und/oder Zugmotivation, positive und/oder negative Sanktionen) können dem Erzielen von Bereitschaft, Maßnahmen der Information und des Trainings der Verbesserung der Fähigkeiten dienen.

(2) Fähigkeitsdefizite: Schon einfacher sind Situationen zu bewältigen, in denen sich wenigstens Bedarf und Bereitschaft decken. Die Fähigkeiten können intern verbessert oder durch externe Berater ergänzt werden.

(3) Unbefriedigter Veränderungsdrang: Schwierig zu diagnostizieren ist eine Situation, in der eine latente Wandlungsbereitschaft existiert, der keine Fähigkeiten entsprechen und die vor allem auch am Bedarf vorbeigeht. Sind es die schiere Abenteuerlust oder ein ungebändigtes Machtstreben? Handelt es sich um Mitarbeiter, deren Bereitschaft nur die richtige Orientierung fehlt, um eine umgeleitete Unzufriedenheit, hinter der tiefere Ursachen stecken oder schlicht um unqualifiziertes und unberechtigtes ‚Gemecker‘? Je nachdem, wie die Antwort ausfällt, werden die Führungskräfte unterschiedlich reagieren.

(4) Fehlgeleitete Aktivitäten: Unangenehm dürften auch die Fälle sein, in denen sich Fähigkeiten und Bereitschaft am Thema vorbeibewegen. Wenn der Wandlungsbedarf eindeutig festgestellt wurde, hat das verantwortliche Management eine klare Handhabe zum Vorgehen. Wenn sich jedoch verschiedene Denkschulen oder Lager in einer Unternehmung gegenüberstehen, deren Auffassungen über den ‚richtigen‘ Wandlungsbedarf auseinandergehen, dann kann es im Grenzfall zu einer vollständigen Blockade kommen. In diesem Fall stünden sich nicht Gegner und Befürworter des Wandels gegenüber, sondern es ginge um ‚Richtungskämpfe‘ innerhalb des Wandels.

(5) Ungenutztes Fähigkeitspotential: Feld 5 symbolisiert ein ungenutztes und auch nicht benötigtes Fähigkeitspotential, das aber insofern ‚ruht‘, als auch die Wandlungsbereitschaft fehlt. Man wird unwillkürlich an Fälle wie den der ‚inneren Kündigung‘ erinnert.

(6) Willensbarrieren: Wenn sich Bedarf und Fähigkeiten decken, aber die Bereitschaft zum Handeln fehlt, liegen Willensbarrieren vor. Sie zu überwinden oder zu brechen, verlangt eine geeignete Gestaltung der Anreizsituation. Feld 6 repräsentiert ein weiteres Gebiet der Opponenten.

7.3.2 Stimmigkeit der Komponenten des Wandels

Die drei Koordinaten des Wandels stellen gedankliche Bezugspunkte für das Wandlungsmanagement dar. Der Wandel selbst wird dann Erfolg haben, wenn es gelingt, einen Wirkungsverbund zwischen den acht Komponenten des 3W-Modells herbeizuführen, der Wandlungsbedarf, -bereitschaft und -fähigkeit zur Deckung bringt. Diesen Wirkungsverbund - den Zusammenklang - herzustellen, ist das Anliegen der Orchestrierung. Die Fülle der dabei auftretenden Wechselwirkungen wird hier anhand von drei Betrachtungsperspektiven behandelt, die jede für sich verschiedene Facetten des 3W-Modells beleuchten: **zeitliche**, **sachbezogene** und **personelle** Stimmigkeit.

■ Zeitliche Stimmigkeit des Wandels

Geht man vom Groben zum Detail vor, so wird zunächst entlang der Zeitachse der kritische Pfad des Projekts zu bestimmen und zu gestalten sein. Beginn und Ende des Gesamtprogramms und seiner Teile sind aufeinander abzustimmen. Dabei kommen zunächst die bereits diskutierten Timing-Aspekte des Wandels zum Zuge. Der Veränderungsprozeß ist mit den Gegebenheiten der Unternehmungssituation in Einklang zu bringen. Dies kann gleichermaßen das rasche Ausnutzen von Chancen oder erhöhter Wandlungsbereitschaft in Krisensituationen bedeuten (,window of opportunity') wie das besonnene Warten oder auch gezielte Hinarbeiten auf eine günstige Situation. Erinnert sei auch an den Lebenszyklus der Unternehmung. Im Idealfall gelingt es, die Übergangsstadien und ihre Erfordernisse rechtzeitig zu erkennen und gezielt durch Wandlungsprogramme zu bewältigen.

Die zeitbezogene Gestaltung **innerhalb** des Transformationsprozesses umfaßt die Bildung von Sequenzen des Wandels und die Organisation von Überlappungen und Parallelläufen (vgl. Abschn. 6.4, S. 75ff.). Die Abfolge der einzelnen Aktivitäten und die Abstimmung der verschiedenen Projekte untereinander sind zu klären. Dieser ,Fahrplan des Wandels' stellt das Rückgrat der strategischen Erneuerung dar. Besondere Beachtung verdient dabei - auch in zeitlicher Hinsicht - das Verhältnis von ,**Konzipierung**' und ,**Umsetzung**'. In der Praxis gibt es nicht selten ein Mißverhältnis zwischen diesen beiden Phasen, was sich in der bissigen Bemerkung von den ,**Konzeptionsriesen**' ausdrückt, die gleichzeitig ,**Umsetzungszwerge**' seien. Gerade kühne Konzeptionen sind geeignet, hohe Erwartungen zu wecken. Die Enttäuschung ist dann entsprechend groß, wenn den Worten keine zeitnahen Taten folgen.

■ Sachbezogene Stimmigkeit des Wandels

Um die sachbezogene Stimmigkeit des Wandels zu gewährleisten, sind organisatorische Regelungen besonders bedeutsam. Die zu erfüllenden Wandlungsaufgaben sind präzise zu beschreiben, und die Aufgaben- und Kompetenzverteilung ist vollzugsverbindlich zu regeln (,Wer macht was bis wann?'). Nur wenn die Wandlungsbeteiligten ihre Verantwortung kennen und ihr gerecht werden, kann der Prozeß gelingen. Prozeßregelung und Aufgaben- und Kompetenzverteilung sind auch hierbei zwei Seiten einer Organisationsmedaille. Die Organisation bildet im übrigen auch die Klammer zwischen den verschiedenen Phasen des Wandels, so z.B. zwischen Konzipierung und Umsetzung. Insbesondere geht es darum, die Absichten des Wandels, die in der Konzipierung festgelegt werden, mit der Art der Implementierung abzustimmen. Ein direktiv durchgesetzter Wandel z.B. hat einen deutlich anderen Prozeßablauf zur Folge als eine partizipative Implementierung.

Die inhaltliche Stimmigkeit betrifft neben den Komponenten ‚Wandlungsprozeß‘ und ‚Struktur‘ vor allem die ‚Kommunikation‘ und die ‚Systeme‘ sowie das ‚Controlling‘. Aus Sicht der Wandlungsverantwortlichen besitzen diese drei Komponenten unterstützende Funktionen und sind als Wandlungsinstrumente zu begreifen. Auswahl, Ausgestaltung und Einsatz der Wandlungsinstrumente machen zusammen die ‚instrumentelle Stimmigkeit‘ aus. Die besten Pläne bleiben kraftlos, wenn sie nicht richtig kommuniziert werden. Die Übertragung von Aufgaben, Kompetenzen und Verantwortung z.B. auf Teams oder Programmbeauftragte sollte durch die Integration in ein geeignetes Führungs- und Anreizsystem abgesichert sein. Vor allem, wenn Wandlungsaufgaben neben dem Tagesgeschäft als Zusatzaufgaben zu erfüllen sind, muß ihnen auch eine geeignete Gratifizierung folgen. Nicht zuletzt liefern steuernde, überwachende und kontrollierende Aktivitäten des Controlling einen Beitrag zur nachdrücklichen Abarbeitung der Wandlungsaufgaben und zur angestrebten Verstetigung des Wandels.

▨ Personelle Stimmigkeit des Wandels

Eine dritte Perspektive wird eröffnet, wenn die Komponenten des 3W-Modells vom Blickpunkt der personellen Stimmigkeit aus betrachtet werden. Im Brennpunkt befinden sich dann das Topmanagement und die Humanressourcen, sowohl in ihren Wechselwirkungen untereinander als auch mit den anderen Komponenten. Die damit angesprochenen Fragen sind überragend wichtig, aber zugleich außerordentlich diffizil. Dies beginnt bereits damit, daß ‚Topmanagement‘ und ‚Mitarbeiter‘ im konkreten Fall keineswegs eine in sich geschlossene Gruppe mit einheitlicher Einstellung gegenüber dem Wandel bilden. Innerhalb und zwischen den beiden Personenkreisen gibt es Gruppierungen und ‚Fraktionen‘, ‚Netzwerke‘ und ‚Seilschaften‘. Eine Einstimmung auf den Wandel zu erreichen, ist schon schwer genug, ‚Einstimmigkeit‘ kann als unrealistisch praktisch ausgeschlossen werden. Die gesamten sachbezogenen Maßnahmen der Orchestrierung, also vor allem verbindliche Organisationsregelungen, straffes Prozeßmanagement und eine wirkungsvolle instrumentelle Abstützung des Wandels, sollten positiv auf die personelle Stimmigkeit ausstrahlen.

Herausgehobene Bedeutung kommt ex definitionem denjenigen Topmanagern zu, die als Wandlungspromotoren fungieren. An sie richtet sich die elementare Forderung, Worte und Taten in Einklang zu bringen und zu halten. In dem Zusammenhang werden wenige Merkmale so oft erwähnt wie **Glaubwürdigkeit** und **Verantwortlichkeit**. Ein in sich schlüssiges, stimmiges und kraftvolles Auftreten und Argumentieren des Topmanagements ist in Wandlungssituationen, wenn sich alle Augen auf die Spitze richten, wichtiger denn je. Wandlungsimpulse, Wandlungsprozesse und alle Wandlungsbeteiligten benötigen Schubkraft, um voranzukommen. Diese läßt sich nur durch eine nachhaltige Unterstützung seitens des Topmanagements sichern. Der organisatorischen und personellen Verflechtung von Topmanagern mit den Aufgaben und Phasen des Wandlungsprozesses ist daher größtes Gewicht beizulegen. Auch für diese Gruppe gilt, daß die Aufmerksamkeit und der Nachdruck, mit dem Wandlungsaktivitäten verfolgt werden, unter den Belastungen des Tagesgeschäfts leiden und schwächer werden. Dann ist es wichtig, die Managementaufmerksamkeit durch klar definierte Verantwortlichkeiten in der Struktur sowie im Fahrplan des Wandels immer wieder neu zu wecken.

Nicht zuletzt ist die personelle Stimmigkeit ein Problem der Mitarbeiter, sei es in ihrer Rolle als eher passiv Betroffenen oder aktiv Beteiligten. Die mentalen Modelle bilden den Dreh- und Angelpunkt in diesem Bereich. Sie durch eine geeignete Implementierungsstrategie, gezielte Kommunikation und differenzierte Systemgestaltung (z.B. Anreizsysteme) zu beeinflussen, bildet einen Schlüssel für den Wandlungserfolg. Wenn ‚perfekte‘ Pläne scheitern, dann liegt es im Hinblick auf die personelle Seite des Geschehens meistens an Defiziten in diesem Bereich.

7.4 Nachhaltigkeit: Wandlungsprozesse verankern

Eine Forderung, die an verschiedenen Stellen dieses Texts erhoben wurde, lautet: Wandel ist eine Daueraufgabe. Demgemäß müssen Wandlungsprozesse mit den Geschäftsprozessen verbunden werden. Dies gilt für Transformationsprozesse in den Übergangsstadien ebenso wie für die kleineren Vorhaben und Veränderungen des reproduktiven Wandels in den Entwicklungsstadien der Unternehmung. Zur Umsetzung dieser Absicht sind verschiedene Ansätze und Instrumente, die teils in Unternehmungen bereits vorhanden sind, teils neu einzuführen sind, miteinander zu verbinden. Sie übernehmen in sachbezogener Sicht die Funktion von ‚**Enablern**‘ und bilden zusammen eine Architektur der Unternehmung, die ‚Tagesgeschäft‘ und ‚Wandlungsgeschäft‘ gleichermaßen unterstützt.

Das gedankliche Orientierungsmodell hierfür ist die Vorstellung vom Unternehmungsprozeß als einem vertikal und horizontal verlaufenden **Gegenstrom** der Informationen, des Wissens und der Wandlungsimpulse (Abb. 2/9; vgl. Krüger/Homp 1997, S. 88; Krüger/Bach 1999).

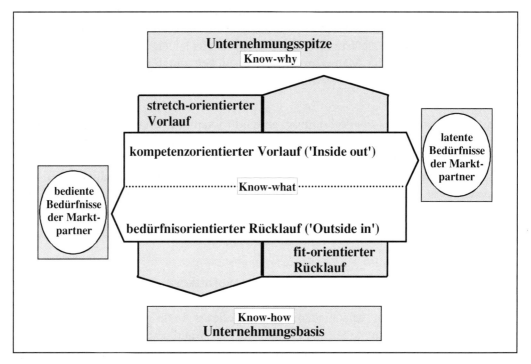

Abb. 2/9: Institutionalisierung des Wandels im Gegenstromverfahren

■ **Horizontaler Gegenstrom: Kombination von ,Inside out'- und ,Outside in'-Perspektive**

In **horizontaler Richtung** geht es entlang der Wertschöpfungskette um einen Wissens- und Informationsstrom von und zu den Marktpartnern. Beginnt man die Betrachtung bei den eigenen Ideen, Ressourcen und Fähigkeiten, so ist zunächst eine Verlaufsrichtung ,**Inside out'** gewählt. Die Unternehmung bemüht sich aufgrund eigener Impulse und Potentiale um eine **proaktive Gestaltung** von Märkten. Dies bedeutet, daß die Unternehmungsspitze Visionen, Konzepte und Ziele formulieren muß. Das gedankliche Vorwegnehmen latenter, zukünftiger Bedürfnisse und Marktentwicklungen und das Abschätzen der zu ihrer Befriedigung erforderlichen **Kernkompetenzen** stehen im Mittelpunkt. Das erforderliche Wissen wird als **Know-why** bezeichnet. Erfahrungsgemäß fällt auch und gerade Topmanagern das erforderliche Umdenken und Neuorientieren nicht leicht. Es sollte unterstützt werden durch eine regelmäßige Aktualisierung des Managementwissens. Gezielte Managementseminare bis hin zum Aufbau einer ‚Corporate University' sind hier zu erwähnen. Manager, die erklären, hierfür keine Zeit zu haben, verhalten sich wie der sprichwörtliche Holzfäller, der angibt, keine Zeit zum Schärfen der Axt zu besitzen, da er doch, wie jeder sehen kann, Bäume fällen muß!

Die **Outside in-Perspektive** ergänzt und durchdringt den horizontalen Gegenstrom in der anderen Richtung. Hier geht es darum, bereits bediente Bedürfnisse besser abzudecken und mögliche Veränderungen zu erkennen, um sich daran **anzupassen**. Schriftliche Kundenbefragungen oder, besser noch, eine persönliche Kommunikation und Begegnung mit Kunden, z.B. regelmäßige Treffen mit Schlüsselkunden, sollen dabei helfen, einen **Marktvorausblick** zu gewinnen. Auf der Grundlage dieser Einblicke und Einschätzungen erfolgt das rückkopplungsgesteuerte Auslösen von Wandlungsprozessen und Wandlungsvorhaben. Rein interne Entwicklungsprozesse sind dabei ebenso möglich wie Projekte, die in externen Netzwerken gemeinsam mit Lieferanten oder auch Konkurrenten durchgeführt werden und zur **Koevolution** führen.

■ **Vertikaler Gegenstrom: Kombination von ‚Top down'- und ‚Bottom up'-Impulsen**

Der vertikale Gegenstrom dient dazu, die **strategische Lücke** zu schließen, die sich zwischen den **angestrebten** Positionen und Potentialen als den **Sollgrößen** und den tatsächlich **vorhandenen** Ressourcen und Fähigkeiten als der **Istgröße** auftut. Dieser Prozeß ist analog zum Führungsprozeß des Managements by Objectives (abwärts gerichtete Zielplanung, aufwärts gerichtete Maßnahmenplanung) zu sehen und auch in ein solches Konzept integrierbar. Auch der Ansatz der Balanced Scorecard läßt sich damit verbinden. Klare Vorstellungen der Spitze vorausgesetzt, kann ein **abwärts gerichteter Verlauf** (‚Top down') den Anfang machen. Der eingeleitete Wandlungsprozeß ist dann als **deduktiv-visionsgeleitet** zu bezeichnen. Unter anderen Voraussetzungen kann auch an der Unternehmungsbasis begonnen werden, um zunächst herauszufinden, welche Ressourcen und Fähigkeiten überhaupt existieren, und um anschließend zu überlegen, ob und ggf. in welcher Weise darauf aufbauend Kompetenzentwicklung stattfinden kann. Ein solches **induktiv-fähigkeitsgeleitetes** Vorgehen wird begünstigt und oftmals erst möglich durch den Ausbau der vorhandenen IT-Ausstattung zu einem auf Wettbewerbsvorteile ausgerichteten **Knowledge-Management-System**. Ein solches Führungs- und Entscheidungsunterstützungssystem hätte u.a. eine Landkarte des vorhandenen Wissens und seiner Träger zu liefern.

Durch das Herunterbrechen der strategischen Absichten auf die Teilbereiche und das Formulieren neuer resp. anspruchsvoller Ziele entsteht nun eine produktive Spannung (‚stretch'). Die Zielerreichung der Beteiligten ist durch geeignete Anreizsysteme zu unterstützen. Der nächste Schritt im **stretch-orientierten Vorlauf** verlangt vom mittleren Management eine Umsetzung der Rahmenvorgaben in bereichsbezogene Ziele, Projekte und Maßnahmen. Das entsprechende Wissen, das z.B. zur Umformulierung oder Anpassung der verschiedenen Aufgaben benötigt wird, wird **Know-what** genannt. Als Konsequenz daraus entsteht auch ein veränderter Know-how-Bedarf an der Unternehmungsbasis, für dessen Entwicklung, Bereitstellung und Aneignung zu sorgen ist. Das Management der Teilbereiche muß diesen Prozeß steuern bzw. moderieren und wird, unterstützt von Personalspezialisten, auch die Rolle des Coachs übernehmen müssen. Dies kann bedeuten, daß auch die Managementfähigkeiten im Bereich der sozialen Kompetenz zu entwickeln sind, ein weiterer Lernprozeß.

Im aufwärtsgerichteten **Rücklauf** (‚Bottom up') werden Maßnahmen geplant und ergriffen, die den angestrebten Wandel umsetzen. Es kann dabei um eine Weiterentwicklung oder einen Transfer vorhandener Kompetenzen ebenso gehen wie um einen Neuaufbau. Wenn sich im Verlauf von Wandlungsprozessen auch die Einstellungen und Werthaltungen der Unternehmungsmitglieder ändern (z.B. vom ‚Chemiebeamten' zum ‚Internen Life Science-Unternehmer'), dann, aber auch erst dann, kann von einem Wandel der Unternehmungskultur gesprochen werden. Die vielfältigen Wandlungs- und Lernprozesse hätten bewirkt, daß der Wandlungsbedarf gedeckt, die Wissenslücke geschlossen, die vorhandenen Fähigkeiten zu den **angestrebten Kernkompetenzen** geworden wären.

■ Verstetigung des Wandels in der lernenden Unternehmung

Die bisherige Darstellung des Gegenstromverfahrens orientierte sich vorwiegend am Prozeß eines einmaligen, tiefgreifenden Wandels. Mit der erfolgreichen Bewältigung derartiger Transformationen ist die Arbeit nicht getan. Vielmehr muß ein permanenter Wandel im Sinne einer **lernenden Unternehmung** angestrebt werden (vgl. Probst/Büchel 1994). Es gilt, mit dem alten Sinnspruch ernst zu machen, nach dem das einzig Beständige der Wandel ist. Hierfür eignet sich der Gegenstrom gleichermaßen. Zu den jährlichen Standardzielen für die verschiedenen Unternehmungseinheiten müssen einzelne Entwicklungs- und Innovationsziele hinzutreten, die auch mit einem entsprechenden Budget auszustatten sind und deren Erreichung zu gratifizieren ist. Geeignete Wandlungsplattformen sind ein- und auszubauen. Einrichtungen wie Erfahrungsgruppen, Managementseminare, Kontinuierliche Verbesserungsprozesse usw. dürfen keine einmaligen Veranstaltungen bleiben. Daneben ist über eine ‚Infrastruktur des Wissens' nachzudenken. Dies beginnt z.B. mit dem Aufbau eines Intranets und der Benennung Verantwortlicher für Schlüsselwissen (‚Topic Leader'), also solcher Personen oder Einheiten, die bestimmte Wissensgebiete betreuen, kultivieren und als Experten zur Verfügung stehen. Auf der Ebene der Stellenmehrheiten wird die Infrastruktur des Wissens vervollständigt durch die Bündelung von Schlüsselfähigkeiten in ‚Centers of Competence'.

96

8. Zusammenfassung

- Wandel ist vorwiegend durch externe marktliche wie außermarktliche Entwicklungen getrieben. Diese bilden permanente Herausforderungen der Anpassung. Wandel sollte daneben verstärkt Ausdruck eigener Ideen und Impulse sein, also proaktiv und gestaltend und nicht nur reaktiv und anpassend erfolgen. In jedem Fall müssen Unternehmungen eine ständige Verbesserung ihrer ,Economies' anstreben. Sie müssen schneller, besser, kostengünstiger, vor allem aber: Sie müssen anders werden.

- Dies bedingt grundlegende Veränderungen, also eine strategische Erneuerung der Unternehmung. Wandlungsprogramme des Abbaus, Umbaus und Aufbaus sind in Angriff zu nehmen.

- Worin der Wandel inhaltlich konkret besteht, hängt von der Situation der Unternehmung ab. Situative Unterschiede lassen sich anhand der verschiedenen Lebensstadien von Unternehmungen erschließen.

- Die Übergänge zwischen zwei Lebensstadien (z.B. vom ,Pionier' zur ,Markterschließung') sind kritische Punkte der Unternehmungsentwicklung, die ihrerseits einen Bedarf an grundlegendem Wandel auslösen. Er tritt zu den externen Herausforderungen hinzu.

- Tiefgreifender und weitreichender Wandel (transformativer Wandel) verlangt die Organisation eines Wandlungsprozesses, der aus fünf Phasen besteht: Initialisierung, Konzipierung, Mobilisierung, Umsetzung, Verstetigung.

- Dieser Transformationsprozeß bildet einen Prozeßrahmen, innerhalb dessen einzelne Projekte die verschiedenen Teilprobleme in Angriff nehmen.

- Vom Management des Wandels sind einige Kernprobleme zu beachten und zu bewältigen, um den Wandlungsprozeß zum Erfolg zu führen. Es beginnt mit dem richtigen ,Timing' des Prozesses. Ein zu früher wie zu später Prozeßbeginn ist zu vermeiden.

- Wandlungsprozesse leben von der ,Prozeßenergie', die von den Promotoren des Wandels aufgebracht werden muß. Sie wird benötigt, um die vielfältigen Barrieren zu beseitigen, die sich dem Prozeß in den Weg stellen. Der Grundgedanke ist, den gesamten Prozeß als ein Kraftfeld zu sehen und zu gestalten. Dieses Prozeßverständnis sollte an die Stelle herkömmlichen Implementierungsdenkens treten.

■ Wie das 3W-Modell veranschaulicht, sind für einen erfolgreichen Wandel die Koordinaten des Wandels (Bedarf, Bereitschaft, Fähigkeit) und seine Komponenten (z.B. Organisation, Einstellungen und Verhalten) aufeinander abzustimmen. Das ‚Einstimmen und Abstimmen‘ der verschiedenen Koordinaten und Komponenten ist eine Aufgabe, die den gesamten Wandlungsprozeß durchzieht. Die Wandlungsverantwortlichen gleichen dabei einem Dirigenten: Für den Erfolg kommt es auf die Orchestrierung an.

■ Mit einer noch so großen, einmaligen Anstrengung der Erneuerung ist es nicht getan. Wandel ist eine Daueraufgabe. Es gilt daher, parallel zum Tagesgeschäft ein ‚Wandlungsgeschäft‘ aufzubauen und aufrechtzuerhalten. Kontinuierliche Veränderung muß im jährlichen Zyklus der Planung, Steuerung und Kontrolle verankert werden.

Drittes Kapitel

CHRISTIAN HOMP

Strategische Optionen im erfolgreichen Unternehmungswandel

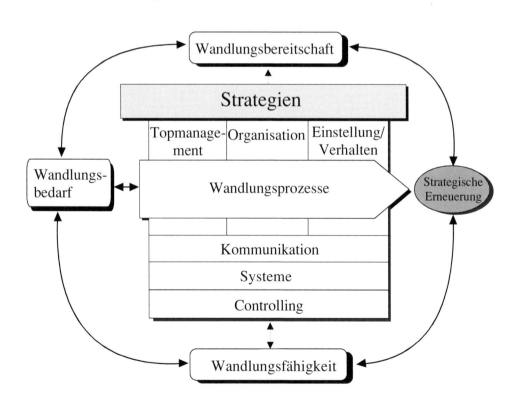

Für den Praktiker ist die Frage besonders wichtig, welche strategischen Alternativen sich zur Deckung des Wandlungsbedarfs bieten. Sie sind eine eigene Komponente des 3W-Modells (‚Strategie') und bilden den Gegenstand von Kapitel 3. Die Bandbreite der dargestellten Möglichkeiten umfaßt sechs Optionen der strategischen Erneuerung: Rückzug, Konzentration, Präferenzpolitik, Ergänzung, Entwicklung und Transfer. Mit ihrer Hilfe läßt sich eine differenzierte Ausarbeitung der Wandlungsprogramme des Abbaus, Umbaus oder Aufbaus vornehmen.

1. Vom Wandlungsprozeß zum Strategieprozeß

Eine der zentralen Aufgaben der Unternehmungsleitung besteht darin, die erfolgreiche Weiterentwicklung der Unternehmung und damit ihre Überlebensfähigkeit zu sichern. Dazu sind in einem dynamischen Umfeld, in dem sich Märkte, Kunden, Konkurrenten sowie die Rahmenbedingungen kontinuierlich verändern, überlebenssichernde Maßnahmenprogramme zu planen und zu ergreifen. Dies wird um so wichtiger, je mehr die Internationalisierungs- und Globalisierungstendenzen eine Rolle spielen. Sie wirken in diesem Zusammenhang wie ein ‚Komplexitätsverstärker'.

Maßnahmenprogramme zur Komplexitätsbewältigung enthalten die strategischen Absichten und Ziele der Unternehmung. Im Vordergrund der Überlegungen stehen dabei proaktive, gestaltende strategische Programme, wie sie im Prozeß eines transformativen Unternehmungswandels notwendig werden. Die Unternehmungsstrategie ist somit Mittel der Zielerreichung, d.h., Wandlungs- und Strategieprozesse stehen in einer Abhängigkeitsbeziehung. Zum einen lösen die Wandlungsprozesse Veränderungen in der Unternehmungsstrategie aus, zum anderen determinieren strategische Neuausrichtungen einen Wandlungsbedarf der Unternehmung.

Bezogen auf die Aufgaben und Phasen des hier zugrunde gelegten Transformationsprozesses, wird der Wandlungsbedarf in der **Initialisierung**sphase durch die Sondierung der In- und Umfeldveränderungen bestimmt.

In der anschließenden **Konzipierung**sphase kommt es zur Aufstellung von Wandlungszielen und Wandlungsprogrammen, die zur Deckung des erkannten Wandlungsbedarfs führen sollen. Hier entsteht als Teil der Maßnahmenprogramme die Unternehmungsstrategie, die als Programm zur Erreichung des festgelegten Wandlungsziels anzusehen ist.

Als zentral ist somit die Aufstellung eines **Wandlungsprogramms** anzusehen, da es die Gesamtheit der aufeinander abgestimmten Wandlungsvorhaben umfaßt. Das Programm beinhaltet beispielsweise auch die strategische Stoßrichtung sowie die damit verbundenen Veränderungen der Strukturen und Systeme (vgl. Kap. 5, S. 177ff. und Kap. 8, S. 291ff.). Die Verdichtung der im einzelnen notwendigen strategischen Vorhaben führt zu den in Kapitel 2 beschriebenen Kategorien des **Abbaus**, **Umbaus** und **Aufbaus**, die eine typische, aber nicht zwingende Entwicklungssequenz bilden (vgl. Kap. 2.4, S. 51f.).

Dieser Sequenz folgend, lassen sich sechs **Optionen der strategischen Erneuerung** aufstellen (vgl. Krüger 1999a, S. 29), die innerhalb des Wandlungsprogramms die Möglichkeiten transformativer Strategieveränderungen aufzeigen und in ihrer Gesamtheit einen Strategieprozeß beschreiben, der beim Rückzug auf Kernaktivitäten beginnt und mit dem Eintritt in neue Geschäftsfelder endet.

Den Zusammenhang zwischen dem Transformationsprozeß, dem Wandlungsprogramm und den Optionen der strategischen Erneuerung zeigt die folgende Abbildung 3/1.

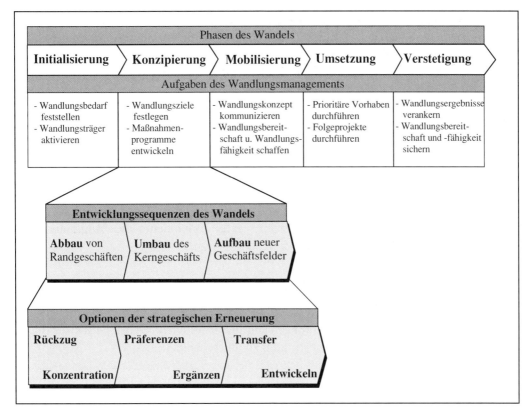

Abb. 3/1: Strategische Optionen im Wandlungsprozeß

2. Determinanten der strategischen Erneuerung

Den Anstoß zur Ergreifung einzelner Optionen der strategischen Erneuerung bildet das Erkennen eines **Wandlungsbedarfs**. Die Feststellung der Veränderungen in der In- und Umwelt der Unternehmung ist Teil der Initialisierungsphase. Die Vielzahl der möglichen Veränderungen im Gefüge aus Markt, Kunden, Konkurrenten und Rahmenbedingungen ist auf drei **Determinanten** zurückzuführen, die sowohl im internationalen wie im globalen Umfeld der Unternehmung einen Wandlungsbedarf auslösen können. Diese **Determinanten** sind Änderungen der Wettbewerbsträger, der Wettbewerbsvorteile und/oder des Wettbewerbsfelds der Unternehmung.

Das Ausmaß und die Anzahl dieser Änderungen determinieren die Länge der notwendigen Entwicklungssequenz. Grundsätzlich steht es dem Wandlungsmanagement offen, die gesamte Abfolge aus Abbau, Umbau und anschließendem Aufbau zu durchlaufen oder nur einzelne Kategorien zur Deckung des Wandlungsbedarfs zu wählen.

Im folgenden werden die drei auslösenden Determinanten und deren Veränderungen, die einen Strategiewandel notwendig werden lassen, beschrieben. Sie sind als proaktiv zu antizipierende oder als reaktiv zu bewältigende Ursachen für die zu setzenden Wandlungsziele zu sehen.

▧ Änderung der Wettbewerbsträger

Als **interne Wettbewerbsträger** einer umfassenden, transformativen Wandlungsstrategie sind die **Unternehmungsleitung** oder - falls vorhanden - die Mitglieder des Wandlungsmanagements anzusehen.

Wettbewerbsträger sind alle Personen und Organisationseinheiten, die maßgebend die Strategie der Unternehmung beeinflussen können. Dabei ist zwischen internen und externen Wettbewerbsträgern zu unterscheiden.

Interne Wettbewerbsträger legen in Form von Rahmenbedingungen die strategischen Grenzen des Wandlungsspielraums fest sowie die damit einhergehenden Veränderungen auf **Geschäftsbereichs-** und **Funktionsbereichsebene**. Zu denken ist an die Auswirkungen von Stillegungs- und Outsourcingentscheidungen auf die nachgelagerten Ebenen sowie an Veränderungen, die sich durch Zentralisationsbestrebungen und Prozeßinnovationen für den Aufgaben- und Kompetenzbereich von Bereichs- und **Prozeßverantwortlichen** ergeben.

Ebenso wie die internen Träger den Strategiewandel beeinflussen und von ihm beeinflußt werden, gibt es auch vielfältige **externe Wettbewerbsträger**. Zu nennen sind **Kunden, Konkurrenten** und **Lieferanten** sowie Verflechtungen in strategischen **Allianzen** und **Netzwerk-** oder **Entwicklungspartnerschaften**, die durch geänderte Kundenbedürfnisse, Produktdifferenzierung und Markentransfer die Unternehmung zu einem Strategiewandel veranlassen. Zu der Kategorie der externen Wettbewerbsträger sind auch die **außermarktlichen Anspruchsgruppen** zu zählen. So beeinflussen Bürgerinitiativen, Gewerkschaften oder politische Gruppierungen maßgeblich die Wettbewerbssituation ganzer Branchen. Man denke nur an die derzeitige Diskussion zum Atomstrom oder zur Benzinpreiserhöhung.

■ Änderung des Wettbewerbsvorteils einer Unternehmung

Der Aufbau oder die Veränderung eines Wettbewerbsvorteils ist zentrales Ergebnis der strategischen Erneuerung. Dies kennzeichnet den transformativen Unternehmungswandel, da mit der Änderung des Wettbewerbsvorteils auch eine Änderung der Wettbewerbsstrategie verbunden ist. Im hier betrachteten Kontext geht es nicht um den Abbau von Wettbewerbsnachteilen, sondern es geht um einen proaktiven Wandel zur Erlangung von dauerhaften und transferierbaren Wettbewerbsvorteilen auf der Grundlage der unternehmungseigenen Kernkompetenzen.

Wettbewerbsvorteile sind Positionsvorteile eines Anbieters im Vergleich zur Konkurrenz. Sie entstehen erst durch den Vergleich mit Konkurrenten und sind damit keine absoluten Vorteile (vgl. Corsten 1998, S. 11).
Ein strategischer Wettbewerbsvorteil sollte nach *Simon* ein für den Kunden wichtiges, dauerhaftes und wahrgenommenes Leistungsmerkmal darstellen (vgl. Simon 1988, S. 464f.).

Wettbewerbsvorteile finden ihre wettbewerbspolitische Ausprägung in **Kosten-** oder **Differenzierungsvorteilen** (vgl. Porter 1996, S. 32). So versucht beispielsweise SCHIESSER seit Anfang 1998 durch einen tiefgreifend angelegten Relaunch, das Image des spießigen Wäscheherstellers abzuwerfen. Grundlage der Neupositionierung bleibt die angestammte Kompetenz der Wäscheherstellung, die derzeit zum Aufbau eines Differenzierungsvorteils der angestaubten Traditionsmarke genutzt wird (vgl. Hirn 1998, S. 90ff.).

Ein weiterer Schritt der Unternehmungstransformation wäre, die Vorteile der Differenzierung mit denen der Kostenführerschaft durch ein sogenanntes **Outpacing** zu verbinden (vgl. Gilbert/Strebel 1985, S. 98; Krüger/Homp 1997, S. 75ff.). Durch die geschickte Ausdehnung und Übertragung der Unternehmungskompetenz ergibt sich für den Differenzierer die Möglichkeit, seine Kostenposition nachhaltig durch die Realisierung von Economies of scale zu verbessern. Im Ergebnis besitzt die Unternehmung nach erfolgreichem Outpacing einen Differenzierungs- und einen Kostenvorteil.

Der tiefgreifendste Transformationsprozeß ist in der Erneuerung der wettbewerbspolitischen Basis der Unternehmung zu sehen. Im Zuge der strategischen Erneuerung kommt es zu einer Veränderung der **Kernkompetenzen** und letztlich auch der Ressourcen- und Fähigkeitenbasis der Unternehmung.

> Unter den **Kernkompetenzen** einer Unternehmung sind die dauerhaften und transferierbaren Ursachen ihrer Wettbewerbsvorteile, die auf Ressourcen und Fähigkeiten basieren, zu verstehen (vgl. Krüger/Homp 1997, S. 27).

Die Kernkompetenzen einer Unternehmung bilden die Grundlage für einen kaum zu imitierenden Wettbewerbsvorteil. Gleichzeitig verleihen sie dem Produkt einen deutlich wahrnehmbaren Kundennutzen, der schwer zu substituieren ist. Kurz, sie bieten einerseits einen wirksamen Schutz gegen die Angriffe der Konkurrenten, andererseits steigern sie die Kundenzufriedenheit und erhöhen damit die Kundenbindung.

▦ Änderung des Wettbewerbsfelds

Mit der Festlegung des Wettbewerbsfelds wird die Frage beantwortet, auf welchem Markt die aufgebauten Wettbewerbsvorteile zum Einsatz gebracht werden sollen.

Porter vertritt die Auffassung, daß es grundsätzlich zwei Möglichkeiten der räumlichen Begrenzung gibt: den **Gesamtmarkt** (weites Feld) und die **Nische** (enges Feld) (vgl. Porter 1996, S. 32ff.). Die Beschränkung des Wettbewerbsfelds kann von Kriterien wie internationales oder lokales, ortsgebundenes Angebot abhängen oder sich auf einzelne Branchen beziehen.

> Das **Wettbewerbsfeld** stellt den gedanklichen Raum dar, in dem die Unternehmung mit ihrem Produkt in Kontakt mit dem Kunden und in Konkurrenz mit anderen Anbietern tritt. Über die ‚Produkte' und die ‚räumliche Abgrenzung' hinaus sollten noch die ‚potentielle Abnehmergruppen' und die im Produkt ‚verwendete Technologie' berücksichtigt werden.

Veränderungen des Wettbewerbsfelds sind von innen wie von außen zu erwarten. Wächst beispielsweise der Gesamtmarkt, dehnt sich auch das Wettbewerbsfeld bei gleichbleibendem Marktanteil des jeweiligen Anbieters aus.

Eine aus der Unternehmungstransformation bedingte Veränderung des Wettbewerbsfelds stellen Produktinnovationen dar, die z.B. neue Technologien enthalten und auf neuen Märkten eingesetzt werden. An dieser Stelle sind vor allem proaktive Innovationen hervorzuheben, da diese vielfach auf latente Kundenbedürfnisse abzielen und mit fundamentalen Veränderungen des Wettbewerbsfelds einhergehen. Man denke nur an das Geschäftsfeld der Autoatlanten und Straßenkarten. Durch das Aufkommen der elektronischen Navigationssysteme hat sich auf diesem Wettbewerbsfeld nicht nur die eingesetzte Technologie verändert (vom ‚offset' bedruckten Papier zur CD-ROM), sondern es sind auch neue Anbieter in den Markt eingetreten, wie z.B. BLAUPUNKT oder BMW.

In der Summe beeinflussen die Änderungen im Wettbewerbsfeld die **Marktattraktivität**. Von ihr und den Wettbewerbsträgern hängt ab, ob der Markt von der Unternehmung als uninteressant oder als attraktiv eingestuft wird. Entsprechend der Einstufung kommt es zur Wahl einer Wettbewerbsstrategie, die sich bei unattraktiven Märkten in einem Rückzug oder bei attraktiven Märkten in einem Transfer äußern kann.

Checkliste zur Wettbewerbssituation

- Welche Veränderungen im Gefüge der internen und externen Wettbewerbsträger gibt es?
- Haben die internen Wettbewerbsträger den Wandlungsbedarf erkannt?
- Über welchen Wettbewerbsvorteil verfügt die Unternehmung?
- Basiert der Wettbewerbsvorteil auf einem Kosten- oder einem Differenzierungsvorteil?
- Welches sind die Kernkompetenzen der Unternehmung?
- Welches sind die dauerhaften Stärken der Unternehmung, die einen wirksamen Schutz vor Angriffen der Konkurrenz bieten und gleichzeitig einen wahrgenommenen Kundennutzen stiften?
- Auf welchem Wettbewerbsfeld agiert die Unternehmung? Ist sie international oder nur national tätig, wird der Gesamtmarkt oder nur eine Nische bedient?
- Welche Veränderungen treten im Wettbewerbsfeld auf? Sind neue Technologien oder Konkurrenten in den Markt eingetreten?
- Welche Veränderungen in den Kundenwünschen sind festzustellen? Mit welchen Maßnahmen wird auf Veränderungen reagiert?

3. Optionen der strategischen Erneuerung

Der Wandlungsbedarf, also die Veränderung der Wettbewerbsträger, des Wettbewerbsvorteils sowie des Wettbewerbsfelds, beeinflußt die Marktattraktivität wie die Kompetenzstärke in einzelnen Geschäftsfeldern oder der Gesamtunternehmung. Für das Wandlungsmanagement ergibt sich daraus die Notwendigkeit einer aktiven oder passiven Verhaltensweise, denn ein eigener Stillstand bei Veränderung des Umfeldes bedeutet Rückschritt und damit die Gefahr des Verlustes der eigenen Wettbewerbsposition. Das heißt, die Höhe der Wandlungsbereitschaft ist ebenso zu überprüfen wie die Wandlungsfähigkeiten.

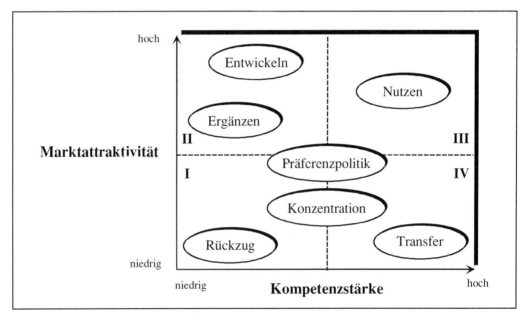

Abb. 3/2: Strategische Optionen der Erneuerung im Markt-/Kompetenz-Portfolio

Als Aktionsmöglichkeiten auf die Veränderungen und Teil eines Wandlungsprogramms stehen der Unternehmungsleitung neben dem ‚Nutzen‘ sechs **strategische Optionen** zur Verfügung. Diese lassen sich anhand der Dimensionen ‚Marktattraktivität‘ und ‚Kompetenzstärke‘ in ein Portfolio eingruppieren, wodurch die Auswahl einzelner Optionen vor dem Hintergrund einer vorliegenden oder angestrebten

108

Markt-/Kompetenzstärke ermöglicht wird (vgl. Abb. 3/2, S. 108, nach Krüger 1999a, S. 28).

Die Optionen können anhand ihrer Vorgehensmerkmale in einem Kontinuum von reaktiv bis proaktiv angeordnet werden (vgl. Kap. 2.7, S. 78ff.) und sind damit auch den drei grundlegenden Wandlungsprogrammen zuzuordnen. So ist tendenziell mit einem Rückzug und der Konzentration aufs Kerngeschäft der **Abbau** von Geschäftseinheiten und damit auch der Abbau der Erfolgspotentiale verbunden. Dagegen sind die Präferenzierung und Ergänzung als Optionen des **Umbaus** anzusehen. Geht die Entwicklung in die Richtung eines Neuaufbaus von Erfolgspotentialen, so ist ein derartiges Wandlungsprogramm ebenso wie der Transfer als **Aufbau** zu werten.

Die Anzahl der gewählten Optionen ist dabei Ausdruck der **Wandlungsbereitschaft** einer Unternehmung. Wählt die Unternehmung nur einzelne Optionen, ist ihre Wandlungsbereitschaft als gering einzustufen. Wandlungsbereite Unternehmungen dagegen starten ihren Transformationsprozeß mit einer Option, haben aber das Ziel vor Augen, die gesamte Entwicklungssequenz von Abbau über Umbau bis hin zum Aufbau zu durchlaufen.

In der Praxis ist vielfach zu beobachten, daß zunächst Schrumpfungsprozesse eingeleitet werden. Das Wandlungsmanagement konzentriert sich zu Beginn auf den wertschöpfenden Kern der Unternehmung, um diesen im zweiten Schritt zu vergrößern. Einem derartigen Vorgehen folgend, führt dies zu einer Abfolge der strategischen Optionen, die mit dem Rückzug beginnt und mit einem Transfer oder der Entwicklung neuer Erfolgspotentiale, bis hin zur Kernkompetenz, endet.

Das sequentielle Durchlaufen der sechs strategischen Optionen stellt kein zwingendes Erfolgskriterium dar. Im Einzelfall sind auch simultane Verfolgungen der Optionen denkbar. Die Auswahl und Durchführung einzelner Optionen sollte dabei Teil eines strategischen Programms sein, dessen Ziel beispielsweise der Aufbau von unternehmungsweiten Kernkompetenzen sein könnte. Das Mindestziel ist jedoch immer, den **Unternehmungswert** nachhaltig zu steigern (vgl. Kap. 9.2, S. 335ff.).

Im einzelnen stehen dem Wandlungsmanagement folgende Optionen zur Verfügung:

❑ der **Rückzug** aus angestammten Geschäftsfeldern als die reaktivste Form der Unternehmungstransformation,

❑ die **Konzentration** auf einige wichtige Kerngeschäftsfelder,

❑ das Setzen von **Präferenzen** als erster Schritt eines Unternehmungsumbaus nach gesundschrumpfenden Konzentrationstendenzen,

- die **Ergänzung** des Erfolgspotentials, womit bereits erste proaktive Tendenzen verbunden sind,

- der **Transfer** angestammter Produkte, Marken oder Kompetenzen auf neue Anwendungsfelder

- und schließlich die vorausschauende **Entwicklung** neuer Erfolgspotentiale als proaktivste Form der Unternehmungstransformation.

Die **Nutzung** nimmt eine Sonderstellung ein. Sie repräsentiert die Option des ‚Haltens'. Diese neutrale Situation tritt in Zeiten relativer **Wandlungsruhe** ein und ruft in der Regel keine strategische Erneuerung auf den Plan. Denkbar sind in einer solchen Situation Bemühungen der Unternehmung, um ihre Position zu stärken. D.h., es liegt reproduktiver Wandel vor, der allenfalls Züge der Konzentration, Präferenzierung oder Ergänzung trägt. Marginale Umbaumaßnahmen reichen aus, um den Unternehmungswert zu erhalten. Da mit der Option der Nutzung also kaum ein Wandlungsbedarf verbunden ist, wird sie im weiteren Verlauf nicht näher untersucht.

Checkliste zur Aufstellung des Markt-/Kompetenz-Portfolios

- Welche Marktattraktivität weisen die derzeitigen oder zukünftigen Geschäftsfelder auf?
- Wie hoch ist die Kompetenzstärke der Unternehmung?
- In welcher Entwicklungssequenz befindet sich die Unternehmung (Abbau/Umbau/Aufbau)?
- Wie hoch ist die Wandlungsbereitschaft der Unternehmung?
- Reichen zur Deckung des Wandlungsbedarfs Einzeloptionen des Markt-/Kompetenz-Portfolios aus oder ist die gesamte Entwicklungssequenz aus Abbau, Umbau und Aufbau notwendig?

3.1 Rückzug: Wandel durch Unternehmungsschrumpfung

Der Rückzug aus Geschäftsfeldern stellt wohl die schmerzlichste Alternative des Unternehmungswandels dar. Er wird dann erforderlich, wenn der Wettbewerbsdruck oder die Bedrohungen aus dem Umfeld der Unternehmung größer sind als die Abwehrpotentiale in Form von Kapital- und Humanressourcen sowie Unternehmungskompetenzen und Produktstärken. Innerhalb der Matrix aus Abb. 3/2 (S. 108) wird der Rückzug durch eine **geringe Marktattraktivität** und vor allem eine **niedrige Kompetenzstärke** der Unternehmung gekennzeichnet. Die Unternehmung wählt das Zurückweichen als Form der Konfliktlösung, wobei es ihr im besten Fall gelingt, einen maximalen Ressourcentransfer von der aufgegebenen Position in die fortbestehenden Geschäftsfelder vorzunehmen. Die Gründe für einen Rückzug können vielfältig sein, in der Summe führen sie aber alle zur Degeneration des zum Zeitpunkt des Markteintritts vorhandenen Wettbewerbsvorteils. Im Ergebnis kommt es entweder zu Produktprogrammbereinigungen oder zur Aufgabe des gesamten Produkts sowie zur Stillegung von Geschäftsfeldern oder -regionen und zur Aufgabe von Kundengruppen. Der Wettbewerbsvorteil sinkt unter den Branchendurchschnitt und wird letztlich zum Wettbewerbsnachteil. Als mögliche Reaktionen ergeben sich nun **Stillegung**, **Verkauf** und **Outsourcing** des entsprechenden Geschäftsfeldes.

■ Stillegung

Die Stillegung als einschneidendste Form der Unternehmungsschrumpfung bedeutet die dauerhafte Trennung von Tochterunternehmungen, Standorten, Geschäftsbereichen oder Produktlinien.

Diese Form des Unternehmungswandels mußten in den letzten Jahren viele Unternehmungen, ob Mittelständler oder Großkonzerne, durchlaufen. Entscheidend für einen derartigen Transformationsprozeß ist, daß das Unternehmungs-Know-how nicht verloren geht. Im Zuge der Personalfreisetzung kann es zum unkontrollierten Wissensabfluß kommen, insbesondere personengebundenes, implizites Wissen verschwindet für die Unternehmungen oftmals unmerklich. Hier ist eine geistige Trennung zwischen der Stillegung der operativen Geschäftstätigkeit und der Suche nach Reintegrationsmöglichkeiten der Wissensträger zur Fortführung der angestammten Unternehmungskompetenzen angebracht.

■ Verkauf

Der Verkauf von einzelnen Geschäftsbereichen bis hin zu ganzen Unternehmungen kann, ebenso wie die Stillegung, auf Veränderungen des Wettbewerbsfelds oder -vorteils der Unternehmung zurückzuführen sein. Die sich zurückziehende Unternehmung besitzt keinen Wettbewerbsvorteil mehr zur Weiterführung des Geschäftsfelds. Eine interne Ursache kann der mangelnde Beitrag des Geschäftsfelds zur angestrebten Kernkompetenz der Unternehmung sein. So trennte sich beispielsweise die ehemalige HOECHST AG von 1998 bis 1999 sukzessive von vormals elementaren Geschäftsfeldern eines Chemiekonzerns. Durch die Unternehmungstransformation und die Restrukturierung des Geschäftsfeldportfolios sowie das neue Ziel, eine Kernkompetenz im Bereich Life Sciences aufzubauen, wurden viele dieser Bereiche obsolet (vgl. Neukirchen/Wilhelm 1999, S. 64ff.; Salz 1997, S. 50ff.). Aus Sicht der ehemaligen HOECHST AG handelt es sich beim Verkauf um einen ‚Ballastabwurf‘, um den nötigen ‚Auftrieb‘ für die Unternehmungstransformation zur Life Science-Unternehmung AVENTIS zu erhalten.

■ Outsourcing

Die Variante des Outsourcing führt zur Frage der externen Systemabgrenzung und ist mit Änderungen des Wettbewerbsfelds sowie der Wettbewerbsträger verbunden. Die Unternehmung zieht sich aus Funktionsbereichen zurück und vergibt die Leistungserstellung fremd. Im Idealfall entsteht eine Form von Netzwerk, in dem der Outsourcingnehmer die ausgegliederte Leistungserstellung für den Outsourcinggeber übernimmt. Somit werden Teile der Wertschöpfungskette mitsamt ihren Kompetenzen an Dritte vergeben, bei denen es sich jedoch für die schrumpfende Unternehmung um Rand- oder Nebenkompetenzen handeln sollte, die keinen Beitrag zur eigenen Kernkompetenz leisten. Die Abgabe der Funktionsbereiche sollte zu einer Ressourcenfreisetzung führen, die zur Stärkung der eigenen Kompetenzen genutzt werden kann.

Im Ergebnis kann Outsourcing zu einer Kernkompetenzergänzung führen, wie es z.B. in der Automobilbranche zu beobachten ist. Eine hohe Wandlungsbereitschaft vorausgesetzt, folgt der Entwicklungssequenz des Abbaus dann ein Umbau mit anschließendem Aufbau. Die einzelnen Hersteller lassen in ihre Endprodukte nicht nur ihre eigenen Kernkompetenzen einfließen, sondern verwenden ergänzend auch die Komplementärkompetenzen von BOSCH und RECARO in ihren Autos in Form von intelligenten Bremssystemen und Sitzen.

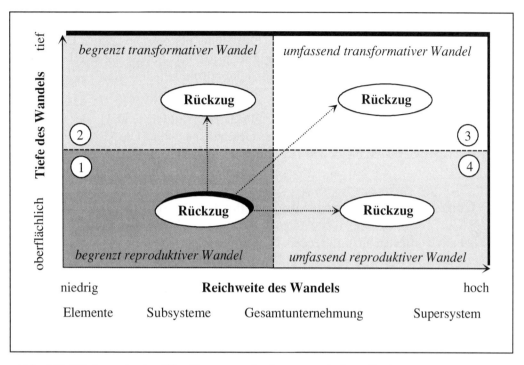

Abb. 3/3: Rückzug in der Wandlungsmatrix der strategischen Optionen

Nach Ausgestaltung der strategischen Option des Rückzugs bleibt die Frage zu klären, inwieweit hierbei transformativer oder reproduktiver Wandel zu beobachten ist. Unter Rückgriff auf die in Kapitel 2 vorgestellten Formen des Wandels (vgl. Kap. 2.3, S. 43f.) läßt sich eine Vier-Felder-Matrix aufspannen, deren Dimensionen die Reichweite und die Tiefe des Wandels bilden (vgl. Abb. 3/3). Die Eingruppierung des Rückzugs in die Matrix zeigt, daß es sich sowohl um einen reproduktiven wie einen transformativen Wandel handelt. Im negativsten Fall ist von einem **umfassend reproduktiven Wandel** zu sprechen (Feld 4 der Matrix). Die Unternehmung zieht sich bei unveränderter Wettbewerbsstrategie aus sämtlichen Geschäftsfeldern zurück. Letztlich führt dieser Abbau zur unfreiwilligen Aufgabe der Geschäftstätigkeit. Im entgegengesetzten Fall, daß eine bewußte Rückzugsstrategie gewählt wird, handelt es sich um einen **umfassend transformativen Wandel** (Feld 3). Die Unternehmungsstrategie wird vollständig auf den Abbau und den totalen Rückzug der Unternehmung ausgelegt, was letztlich zur geplanten Geschäftsaufgabe führt.

Im Feld 2 kommt es zu einem **begrenzt transformativen Wandel**. Der Rückzug ist der Beginn von Umbaumaßnahmen, die von bereichsbezogenen strategischen Veränderungen begleitet werden. So beispielsweise bei Geschäftsfeldbereinigungen, die mit der Aufgabe von Geschäftsfeldern und der Einstellung der entsprechenden Geschäftsfeldstrategie verbunden sind. Gleichzeitig kommt es zur Anpassung der Unternehmungsstrategie aufgrund des neuen Geschäftsfeldportfolios.

Vielfach reichen die Rückzugsentscheidungen jedoch nicht so weit. In den meisten Fällen geht es lediglich um **begrenzt reproduktiven Wandel** (Feld 1). Der Rückzug betrifft isolierte Subsysteme oder einzelne Geschäftsbereiche. Die Gesamtunternehmung und deren Strategie bleiben davon unberührt.

3.2   Konzentration: Beschränkung auf das Kerngeschäft

Eines der am häufigsten anzutreffenden Transformationsziele ist die Konzentration auf das Kerngeschäft. In der Regel ist damit die Rückkehr zu den angestammten Unternehmungskompetenzen - also die Entwicklungssequenz des Abbaus - gemeint. Die Konzentration auf das Kerngeschäft erfordert zunächst eine Fokussierung auf die kompetenz- und marktstarken Geschäftsfelder, um anschließend überprüfen zu können, ob die als Randgeschäfte eingestuften Betätigungsfelder weitergeführt werden sollen.

Als **Kerngeschäfte** sind solche Produkt-/Marktkombinationen einzustufen, in denen eine Unternehmung sowohl Kompetenzstärke wie Marktstärke besitzt (vgl. Krüger/Homp 1997, S. 70).

Eine derartige Geschäftsfeldbereinigung ist mit der Erlangung des Wettkampfgewichts eines Sportlers zu vergleichen, der, um Erfolge im Wettbewerb erringen zu können, anschließend an einem gezielten Muskelaufbau arbeitet. Denn eine ‚Abmagerungskur' in Form einer Unternehmungsschrumpfung ist keinesfalls mit einem Aufbautraining und damit verbundenem Wachstum zu vergleichen. Der Abbau sollte die Vorbereitung für einen anschließenden Aufbau sein.

Das Thema: Konzentration auf das Kerngeschäft

Das Beispiel: DANONE

DANONE als drittgrößter Nahrungsmittelhersteller Europas mit einem Umsatz von 26 Milliarden DM versucht derzeit, seine Stellung gegenüber NESTLÉ und UNILEVER zu verbessern. Der Franzose beherbergt Joghurts, Mineralwasser (Evian, Volvic), Knusperbrot (Leicht&Cross), Fertigsuppen (Sonnen-Bassermann), Kekse (Lu, De Beukelaer, Tuc) sowie Teigwaren (Birkel-Nudeln) unter seinem Dach. Zukünftig soll sich nur noch auf drei marktstarke Pfeiler konzentriert werden: die Geschäftsfelder Milchprodukte (Joghurt, Käse), Snacks (Kekse) und Getränke (Mineralwasser, Biere). Aus diesen drei Bereichen schöpfte DANONE bereits im Jahr 1997 85% seines Umsatzes. Der Patron Riboud erhofft sich mit der Konzentration auf diese drei Kernaktivitäten den Vorstoß zur Weltspitze, zumindest im Kerngeschäft der Milchprodukte (vgl. Ruess/Salz 1998, S. 56).

■ Fokussierung

Die Fokussierung auf die aus Sicht der Unternehmungsleitung wichtigen Geschäftsfelder stellt den ersten Schritt zur Konzentration auf das Kerngeschäft dar. Als zentrales Transformationsziel ist die Befriedigung der Basisanforderungen anzusehen (vgl. Hinterhuber et al. 1997, S. 17). Bei den Basisanforderungen handelt es sich um alle Leistungskomponenten, die der Kunde stillschweigend voraussetzt und die im erwarteten Ausmaß erfüllt sein müssen. Das Fehlen solcher Leistungskomponenten führt zu starker Unzufriedenheit, ein Übertreffen der Erwartungen wird vom Kunden dagegen nur selten honoriert. Die Befriedigung der Basisanforderungen durch die Fokussierung führt zur Festigung der Wettbewerbsfähigkeit und eventuell auch zum Aufbau von Wettbewerbsvorteilen.

So versucht derzeit neben DANONE und der HOECHST AG beispielsweise auch PEPSI-COLA, sich wieder auf seine Wurzeln zu besinnen. Um die Unternehmung neu zu fokussieren, lud der CEO Roger *Enrico* den golfkriegerprobten General Norman *Schwarzkopf* als Gastredner ein. „The challenge was clear: Do whatever it takes to beat the enemy!" war die Botschaft. Tags darauf verkündete Enrico die Trennung von PIZZA HUT, TACO BELL und den KFC-Restaurants als Folge seiner Fokussierungsbestrebungen (vgl. Sellers 1997, S. 18).

Oftmals treffen die Unternehmungen solche Bereinigungsentscheidungen lediglich aufgrund der **Marktperspektive**. Als Analyseinstrument wird beispielsweise die Marktwachstums-/Marktanteilsmatrix der BOSTON CONSULTING GROUP zugrunde gelegt (vgl. Henderson 1993, S. 287), ohne eine interne Bewertung der gegenwärtigen und prospektiven **Kompetenzstärke** vorzunehmen. So werden häufig unter der Marktbetrachtung ‚Poor dog'-Positionen, die Elemente von oder sogar gesamte Kernkompetenzen in sich tragen, aufgegeben. Die Fokussierungsbemühungen sollten in Richtung ‚Stärkung des Kerngeschäfts' gehen. D.h., die Kräfte der Unternehmung sind zu identifizieren und zu bündeln, um den Erhalt der als strategisch schwach eingestuften Unternehmungsbereiche zu überdenken.

▨ Rationalisierung

Nach der Fokussierung sollte sich das Wandlungsmanagement über die entsprechenden Rationalisierungspotentiale Gedanken machen. Es gilt, Unternehmungskräfte freizusetzen, die für den Umbau und Aufbau sowie zur Umsetzung späterer Optionen benötigt werden. Das Ziel der Rationalisierung ist, den Prozeß der Ressourcenakkumulation zu aktivieren, um eine wettbewerbspolitisch kritische Produktionsmenge zu erreichen. Die möglichen **Objekte der Rationalisierung** (vgl. Pfeiffer 1993, Sp. 3645) können aufgrund der vielfältigen Vernetzungen weit über die eigene Wertschöpfungskette hinausgehen. Im einzelnen sind **funktionale** Rationalisierungen wie Typisierung, Normung oder Standardisierung von Fertigung und Montage zu nennen.

Die Automobilindustrie beispielsweise setzt zunehmend auf sogenannte **Plattformstrategien** zur Effizienzsteigerung in der Fertigung. Der VW-KONZERN baut z.B. auf einer gemeinsamen Plattform verschiedene Autos für vier eigenständige Marken. So stehen der VW Golf, der AUDI TT, der AUDI A3, der SEAT Toledo, der SKODA Octavia, der VW Bora und der New Beetle auf einer gemeinsamen A-Plattform (vgl. Ippen/Rehmann 1999, S. 44). Mit dieser Standardisierung sind Rationalisierungen in der Forschung & Entwicklung, der Beschaffung sowie der Fertigung und Montage verbunden.

Überdies kommen strukturelle Maßnahmen der modernen Bürokommunikation oder der Lean Production sowie die in der letzten Zeit am häufigsten gewählte Variante der prozessualen Rationalisierung in Betracht. Insbesondere die rationellere Gestaltung von Produktinnovationsprozessen ist zunehmend Gegenstand von Wandlungsprogrammen (vgl. Buchholz 1996).

▨ Fähigkeitenkultivierung

Die Fähigkeitenkultivierung ist der erste Schritt in Richtung ‚Muskelaufbau'. Es gilt, die identifizierten Kerngeschäfte zu reaktivieren und durch gezielte Ressourcen- und Fähigkeitenzuweisung zu stärken. Insbesondere das Wissensmanagement spielt hier eine entscheidende Rolle. So ist eine kreativitäts- und kooperationsfördernde Unternehmungskultur zu schaffen und die Implementierung geeigneter Wissensstrukturen,

116

die über die bloße Dokumentation von Know-how in Wissensdatenbanken hinausgeht voranzutreiben. Dabei können sich einzelne Personen als Wissens- oder Fähigkeitenträger herauskristallisieren sowie ganze Bereiche als Wissenszentren benannt werden. Welche Rolle die Personalentwicklung sowie Karrierechancen bei der Wissensakquisition spielen, zeigt Kapitel 8.5 (S. 313ff.).

Entscheidend ist die Wissensdiffusion, d.h. die Fähigkeit der Unternehmung, das Wissen sowie die Fähigkeiten über die gesamte Unternehmung hinweg zu verteilen und sie allen beteiligten Personen und Organisationseinheiten zugänglich zu machen. Hierdurch können die verteilten Fähigkeiten wiederum mit dem Wissen Dritter angereichert werden und sich weiterentwickeln. Ähnliches gilt für personengebundene Fähigkeiten. Durch ihren Einsatz in unterschiedlichen Projekten wird eine Weiterentwicklung sichergestellt. Gleichzeitig kann damit das personengebundene, implizite Wissen an einen größeren Kreis weitergegeben werden. Welche Rolle dabei die Projektorganisation als Wandlungsplattform einnimmt, zeigt Kapitel 5 (S. 184ff.).

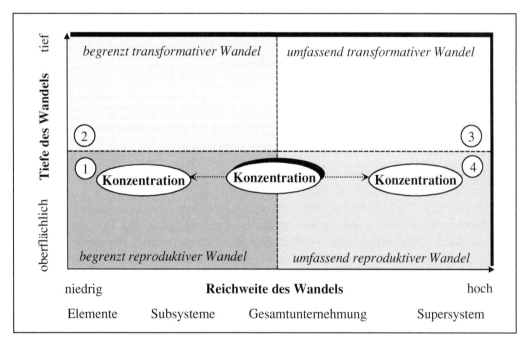

Abb. 3/4: Konzentration in der Wandlungsmatrix der strategischen Optionen

Insgesamt ist die **Konzentration** auf das Kerngeschäft als **reproduktive Wandlungs-form** zu bezeichnen (vgl. Abb. 3/4). Die Unternehmung ändert nicht ihre strategische Ausrichtung, sondern konzentriert lediglich ihre Kräfte auf einen bereits bestehenden Geschäftsbereich oder baut diese mit Hilfe der Fähigkeitenkultivierung aus. Die mit der Konzentration verbundenen Fokussierungs- und Rationalisierungsmaßnahmen können dabei sowohl einzelne Subsysteme (Feld 1) als auch die gesamte Unternehmung betreffen (Feld 4).

3.3 Präferenzen schaffen: Stärkung des Kerngeschäfts

Die strategische Option der Präferenzierung ist der erste Schritt in Richtung Unternehmungswachstum auf dem Weg zum Aufbau einer Kernkompetenz. Mit diesem dritten Schritt nach den strategischen Optionen des Rückzugs und der Konzentration wird eine hohe Wandlungsbereitschaft zum Ausdruck gebracht. Die Unternehmung stärkt mit dem Umbau ihr Kerngeschäft durch eine gezielte Pointierung der Marke und/oder des Produkts.

Das Thema: **Stärkung des Kerngeschäfts**

Das Beispiel: FABER-CASTELL

Die Familienunternehmung FABER-CASTELL produziert seit 1761 im Städtchen Stein bei Nürnberg Bleistifte und wird seit zwanzig Jahren von dem sogenannten ‚Edelmann des Bleistifts‘, Anton Wolfgang Graf *von Faber-Castell*, geleitet.

Vor wenigen Jahren stand FABER-CASTELL vor der zweiten einschneidenden Unternehmungstransformation nach dem Zusammenbruch des Rechenschiebergeschäfts: Der Bleistift wurde Inbegriff einer puritanischen Schreibkultur, dessen Marktwachstum und -attraktivität im Computerzeitalter als rückläufig anzusehen war. Nach Überprüfung des Wettbewerbsfelds wurde schnell deutlich, daß eine Ausdehnung des Kerngeschäfts ‚Schreibgeräte‘ auf den Füllhalter- und Kugelschreibermarkt nicht erstrebenswert erschien, da hier bereits die besten Plätze vergeben waren.

Zur Verwunderung seiner Marketingexperten entschied sich Graf *von Faber-Castell* zur Stärkung seines Kerngeschäfts ‚Bleistift‘. Durch gezielten Markenaufbau und Produktdifferenzierung schaffte FABER-CASTELL eine Luxusbleistiftlinie mit Silberbeiwerk, die, in einer edlen Kassette verpackt, Ästhetik und handwerkliche Perfektion ausstrahlt. Dieser Präferenzstrategie hat es FABER-CASTELL zu

118

verdanken, daß plötzlich der Bleistift in den Schaufenstern der Fachgeschäfte neben den Luxusfüllern und Edelkugelschreibern lag - ein Platz, der einem gewöhnlichen Bleistift niemals eingeräumt worden wäre (weiterentwickelt nach Ahrens/Pittner 1998, S. 294ff.).

Produktdifferenzierung

Die Produktdifferenzierung bildet die Voraussetzung für die Stärkung des Kerngeschäfts. Es gilt, die nach der Konzentration verbleibenden Geschäftsfelder und Produktlinien gegen die Angriffe der Wettbewerber, insbesondere bezüglich Produktqualität, -design und -preis, zu schützen. Vielfach ist damit eine Individualisierung der Produkte hinsichtlich der Kundenbedürfnisse verbunden (Customizing).

Mit einer **Produktdifferenzierung** wird versucht, ein Produkt durch zeitlich parallele Angebote mehrerer Produktvarianten gezielt auf die Bedürfnisse unterschiedlicher Kundengruppen abzustimmen (vgl. Meffert 1998, S. 425). Aus Sicht der Kundengruppen muß das differenzierte Produkt einen wahrnehmbaren Differenzierungswert (Mehrwert) aufweisen.

Hierzu wird ein im Markt befindliches Produkt durch die Veränderung einzelner Produktelemente variiert und zusätzlich zum bestehenden Programm angeboten.

Spätestens hier ergibt sich die Möglichkeit, den in der Fokussierung angestoßenen Veränderungsprozeß fortzuführen. Die dort dem Produkt oder der Dienstleistung verliehenen Basisanforderungen lassen sich im Zuge der Produktdifferenzierung zu **Leistungsanforderungen** (vgl. Hinterhuber et al. 1997, S. 17) ausbauen. Aus Sicht des Kunden handelt es sich dabei um Leistungskomponenten, die er deutlich wahrnimmt und deren Nichterfüllung zu Unzufriedenheit führt. Gelingt es, durch die Produktdifferenzierung die Erwartungen des Kunden zu treffen, setzt Zufriedenheit ein, die einen Wettbewerbsvorteil gegenüber der Konkurrenz bedeutet.

Mit der Produktdifferenzierung kann auch eine Abkehr von der Konkurrenz auf Basis des Produktpreises erfolgen. Hierzu ist der Schwerpunkt der Unternehmungsveränderung auf die Kostenreduktion zu legen. Die vom Kunden gesetzten Leistungsanforderungen äußern sich dann im entsprechend niedrigen Produktpreis. Diese Form der Differenzierung wählt z.B. ALDI. Obwohl ALDI als Kostenführer unter den Lebensmittelmärkten gilt, differenziert er sich gegenüber den anderen Branchenmitgliedern wie LIDL, PENNY oder PLUS. Die Lebensmittelkette überrascht ihre Kunden immer wieder mit Produkten, deren Preis unter dem Branchendurchschnitt liegt. Dies nicht nur im Kerngeschäft Lebensmittel, sondern auch bei Elektrogeräten oder PCs.

■ Markenaufbau

Ein einheitlicher Markenname bildet als zentrales Element einer internationalen Markenidentität den Kern der markenpolitischen Standardisierung (vgl. Meffert 1994, S. 280; Esch/Wicke 1999).

Als **Marke** wird dabei zweckmäßigerweise ein in der Psyche des Konsumenten verankertes, unverwechselbares Vorstellungsbild von einem Produkt oder einer Dienstleistung beschrieben (vgl. Meffert 1998, S. 785).

Üblicherweise sind Marketingkampagnen darauf ausgelegt, ein Branding von Fertigprodukten oder Dienstleistungsmarken zu erreichen (vgl. Esch/Langner 1999, S. 407ff.). Weitaus langlebiger ist die Markierung der unternehmungsweiten Kernkompetenz sowie einer produktumspannenden Kerneigenschaft. So werben beispielsweise Unternehmungen wie BMW mit dem Slogan ‚Freude am Fahren‘ oder HAILO mit der Standfestigkeit seiner Leitern, Bügeltische und Regalsysteme. Der Vorteil eines produktübergreifenden Markenaufbaus liegt dabei auf der Hand: Der Kunde wird an die Marke und darüber hinaus auch an die Unternehmung gebunden und nicht an ein dem Lebenszyklus unterliegendes Einzelprodukt. Er verbindet mit der Marke über einen Produktwechsel hinaus Qualität, Kompetenz und garantierte Gebrauchssicherheit.

Trägt man die strategische Option der Präferenzierung in die Matrix der Wandlungsformen ein, wird deutlich, daß sie eine Mittelstellung einnimmt. Sie ist der Schritt aus dem **reproduktiven Wandel** in die **transformativen** Felder 2 und 3 der Matrix (vgl. Abb. 3/5).

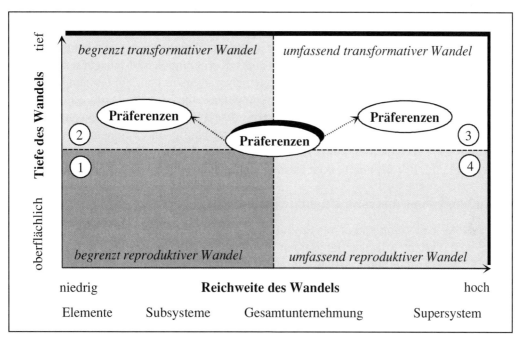

Abb. 3/5: Präferenzierung in der Wandlungsmatrix der strategischen Optionen

D.h., die Präferenzierung kann sowohl von reproduktivem wie transformativem Wandel begleitet werden. In ihrer umfassendsten Form ist sie mit einer neuen Geschäftsfeldstrategie (**begrenzt transformativer Wandel**) oder gar mit einer neuen Unternehmungsstrategie (**umfassend transformativer Wandel**) verbunden. Zu denken ist an einen begrenzten Markenaufbau (Feld 2) oder eine unternehmungsweite Differenzierungsstrategie (Feld 3).

3.4 Ergänzen: Ausweitung des Kerngeschäfts

Mit der strategischen Option der Ergänzung geht eine kontinuierliche Ausweitung des Kerngeschäfts einher. Die Unternehmung geht, getrieben durch eine hohe Marktattraktivität, mit dem Angebot komplementärer Produkte oder Dienste sowie integrierter Problemlösungen über die angestammten Geschäftsfelder hinaus. Dabei wird sich auf bereits bekannte Bedürfnisse der Kunden konzentriert. Zukünftige, latente Kernbedürfnisse bleiben in diesem Stadium der Unternehmungstransformation noch unberührt.

Die zugrundeliegende Kompetenzstärke ist jedoch weiterhin dicht ans Kerngeschäft gekoppelt. Spätestens zu diesem Zeitpunkt sollte das Wandlungsmanagement über die langfristige Option der Implementierung eines Kernkompetenz-Managements nachdenken. Auch im Sinne des Synergiemanagements ist anzuraten, ein einigendes Band in Form einer unternehmungsweiten Kernkompetenz über die Produktfamilien, Kundengruppen und Regionen zu legen. Erste Hinweise auf grundlegende Ressourcen und Fähigkeiten einer zukünftigen Kernkompetenz sind häufig im dokumentierten, expliziten Wissen der Unternehmung zu finden. Hierfür können Dokumente über Forschungsabläufe, Pflichtenhefte oder Projektdokumentationen zu Rate gezogen werden.

▨ Aufbau komplementärer Produkte und Dienste

Mit dem Aufbau komplementärer Produkte und Dienstleistungen wählt die Unternehmung eine Variante, die zur langsamen und stetigen Ausweitung des Kerngeschäfts führt. Es werden die bereits angestammten Unternehmungskompetenzen genutzt, um im Sinne eines **Systemgeschäfts** ergänzende Produkte und Dienstleistungen anzubieten. Ziel dieser Bestrebungen ist es, den Kunden zu kontinuierlichen Nachkäufen anzuregen, bis er schließlich die gesamte, zueinander passende Produktfamilie erworben hat. Ein Trend, der besonders in der Körperpflegeindustrie zu beobachten ist. So konzentrierte sich BEIERSDORF in den 80er Jahren zunächst auf den globalen Markenaufbau der altbekannten Nivea-Creme. Im nächsten Schritt erfolgte die Ausweitung des Kerngeschäfts zum gesamthaften Pflegesystem. Der Kunde hat die Wahl zwischen aufeinander abgestimmten Produkten, wie Handseife, Aftershave, Duschgel, Haarwaschmittel, Körperlotion, Gesichtscreme, Sonnencreme, After-Sun Lotion bis hin zum Lippenstift.

▨ Angebot integrierter Problemlösungen

Das Angebot einer integrierten Problemlösung geht noch einen Schritt weiter als der Aufbau einer komplementären Produktpalette. Während letzteres durch die Nutzung bestehender Kompetenzen vorwiegend ‚Inside out' getrieben ist, steht bei der Schaffung integrierter Problemlösungen die ‚Outside in'-Blickrichtung im Vordergrund. Die Unternehmung versucht, ein Kundenproblem gesamthaft zu lösen, was mitunter zum Aufbau neuer Kompetenzen führt.

An diesem Punkt ist erneut erhöhte Wandlungsbereitschaft der gesamten Unternehmung gefordert, denn das Vordringen zum Kernproblem des Kunden kann zu fundamentalen Geschäftsfeldveränderungen führen. So könnte ein Weg aus der Krise der deutschen Brauereien die Neudefinition des Kundenproblems sein. Die meisten Brauereien sind der Meinung, ihr Geschäftsfeld ist der Getränkemarkt und das zu lösende Kundenproblem heißt ,Durst'. Im Sinne des Angebots einer integrierten Problemlösung stellt der Biergenuß aber nur einen Teil der Freizeitgestaltung des Kunden dar. Ebenso wie die Zigarettenindustrie, man denke an das breite Produktsortiment von CAMEL oder MARLBORO, sollten sich die Brauereien als Teil der Freizeitindustrie verstehen, denn das eigentliche Kernproblem des Konsumenten ist die Freizeitgestaltung.

Das Thema: **Aufbau komplementärer Produkte und Dienste sowie integrierter Problemlösungen**

Das Beispiel: MAQUET AG

Die zum RWE-Konzern gehörende MAQUET-Gruppe mit Sitz in Rastatt ist weltweit führender Hersteller von OP-Tischen. Der mit 1100 Mitarbeitern erreichte Gruppenumsatz betrug im Geschäftsjahr 1998/99 annähernd 158 Millionen Euro (+ 15% im Vergleich zum Vorjahr).

Mit der klaren Vision vom ,weltweit führenden **Systemanbieter** integrierter Chirurgiearbeitsplätze' schaffte MAQUET den Turnaround vom ,Industriemuseum zur **Innovationsschmiede**'. Mit einem Auge für den Markt und die Kundenbedürfnisse sowie einem Auge für die eigenen Kompetenzen begann die Neuausrichtung zunächst mit einer Restrukturierung. Die Firma wurde in die vier Teilbereiche OP-Tische, Handel, Bau und Service gegliedert. Dem Umbau folgte ein **Aufbau** mit dem Ziel, **integrierte Problemlösungen** für die Chirurgie anbieten zu können. Zu diesem Zweck wurde im Juli 1997 als selbständiger fünfter Teilbereich die 100%-Tochter ORTO MAQUET GMBH & CO KG gegründet. Diese entdeckte den Orthopädiemarkt und hier insbesondere die Robotik als zukünftiges Wachstumsfeld der Unternehmung. Er zeichnet sich zum einen durch kontinuierliches Wachstum aus, zum anderen eignet er sich ideal zur **Ergänzung** des bisherigen Produktsortiments der OP-Tische.

Innerhalb von nur 14 Monaten entwickelte ORTO den ersten europäischen Chirurgieroboter namens CASPAR, der bereits bei Hüftgelenksoperationen erfolgreich zum Einsatz kommt. Auch Knie- und Wirbelsäuleneinsätze werden in Kürze möglich sein. Weltweit gibt es nur einen Konkurrenten, den ,Robodoc' aus den USA.

Das High-Tech-System, das für ,Computer Assisted Surgical Planning and Robotics' (CASPAR) steht, stellt die Integration der computergestützten Operationsplanung mit der Höchstpräzision der Robotik dar. Die Funktionsweise ist etwa wie folgt: Zuerst wird eine Aufnahme des Gelenks mittels eines Computertomographen erstellt. Dreidimensional wird das Gelenk auf dem Bildschirm von CASPAR sichtbar. Damit kann der Chirurg die Informationsfülle moderner Diagnostiksysteme jetzt in vollem Umfang nutzen. Bei handwerklicher OP-Technik waren bislang bestenfalls 40 Prozent dieser Informationen umsetzbar. Die Zusammenführung der Datenströme erlaubt dem Chirurgen eine exakte Planung der Operation - beispielsweise den optimalen Sitz eines künstlichen Hüftgelenks am Computer zu ermitteln und so als Operationsziel zu bestimmen. Die Operation selbst übernimmt CASPAR unter Anleitung des Chirurgen. Die neue Methode mit CASPAR erlaubt dem Patienten, meist schon einen Tag nach einer Hüftgelenksoperation die ersten Schritte zu unternehmen. 50 dieser beim Kauf ca. eine Million DM teuren Systeme sind im Geschäftsjahr 1999 installiert worden.

Mit Hilfe von CASPAR möchte die MAQUET-Gruppe neben dem erfolgreichen Absatz von Investitionsgütern auch in den lukrativen Markt für Operations-Verbrauchsmaterialien eintreten. Dadurch kann die Marktposition im Sinne **umfassender Problemlösungen** nachhaltig gefestigt und in weiteren Teilmärkten ausgebaut werden.

Die vierte strategische Option, die Ergänzung, ist vorwiegend dem **transformativen Wandel** zuzuordnen (vgl. Abb. 3/6). Mit der Ausweitung des Kerngeschäfts geht die Unternehmung über ihre angestammten Geschäftsfelder hinaus. Ausschlaggebend für diesen Transformationsprozeß ist die von der Unternehmungsleitung identifizierte hohe Marktattraktivität. Von der Ausweitung der Geschäftsaktivitäten ist in der Regel die gesamte Unternehmungsstrategie betroffen. So haben beispielsweise viele Banken im Zuge einer integrierten Problemlösung Kompetenzen im Bereich des Home- und Internetbanking aufgebaut. Gleichzeitig wurden auch die Unternehmungsstrategien überdacht, was letztlich Veränderungen wie die Umbenennung des Filialgeschäftes der DEUTSCHEN BANK in DEUTSCHE BANK 24 mit sich brachte. In letzter Konsequenz kann die Option der Ergänzung auch Veränderungen der Netzwerkstrategie (Supersystem) bedeuten. Der Aufbau komplementärer Produkte oder das Angebot integrierter Problemlösungen führt zu Veränderungen im Zulieferer-/Abnehmergefüge der Unternehmung (Feld 3). Zum Beispiel, wenn die Unternehmung im Rahmen des Systemgeschäfts Produkte oder Dienste anbietet, die zuvor Partner übernommen haben.

Darüber hinaus ist aber auch eine isolierte Ergänzung des Fertigungsbereichs einer Unternehmung denkbar. Dieser im Feld 1 der Matrix vorliegende Fall dient dazu, die Produktionskapazitäten der Unternehmung zu vergrößern. Die strategische Ausrichtung bleibt von derartigen Ergänzungen jedoch unberührt, es handelt sich also um einen begrenzt reproduktiven Wandel.

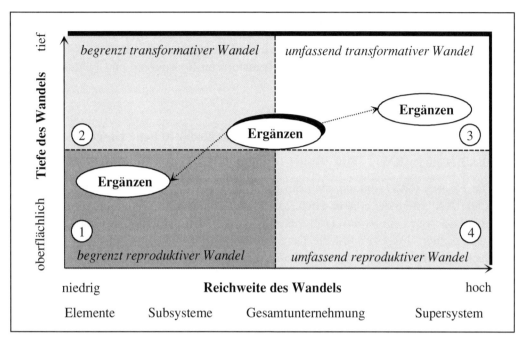

Abb. 3/6: Ergänzung in der Wandlungsmatrix der strategischen Optionen

3.5 Transfer: Erlangung von Kernkompetenzen

Die strategische Option des Transfers von Unternehmungskompetenzen in neue Anwendungsfelder stellt höchste Ansprüche an die Wandlungsbereitschaft und -fähigkeit der Unternehmung. Es müssen nicht nur mentale Barrieren überwunden werden, die vor dem Betreten eines neuen Geschäftsfeldes aufkommen und die Veränderung individueller sowie kollektiver mentaler Modelle notwendig machen (vgl. Kap. 6.3, S. 236ff.), sondern auch entsprechende Fähigkeiten entwickelt werden, die das Bedienen eines neuen Markts ermöglichen.

Der Transfer bietet sich, wie das Markt-/Kompetenz-Portfolio (vgl. Abb. 3/2, S. 108) gezeigt hat, vor allem für die Kompetenzen an, deren Stärke als hoch anzusehen ist, die Marktattraktivität der bedienten Geschäftsfelder als gering eingestuft wird.

Mögliche Objekte des Transfers sind Kernprodukte, Endprodukte, aber auch Marken sowie Ressourcen und Fähigkeiten. Als Zielfelder lassen sich fünf Bereiche identifizieren, die vom vorhandenen Sortiment bis zum völlig neuen Geschäftsfeld reichen (Punkte A bis E in Abb. 3/7 auf S. 127; nach Krüger/Homp 1997, S. 126).

Nicht selten beginnt der Kompetenztransfer zunächst mit der Übertragung von Endprodukten auf neue Kunden oder Regionen im Stammgeschäft. Erhöhte Anforderungen an die Wandlungsfähigkeit stellt der Transfer von Ressourcen und Fähigkeiten in neue Geschäftsfelder (graues Feld in Abb. 3/7).

Das Thema: **Ressourcen- und Fähigkeitentransfer in neue Geschäftsfelder**

Das Beispiel: **RWE - Powerline Communication**

Die Essener RWE versucht sich mit der Schweizer Telekommunikationsunternehmung ASCOM an der sogenannten Powerline Communication. Unter diesem Kommunikationssystem ist das Telefonat sowie der Internetanschluß aus der Steckdose zu verstehen. Insgesamt ist die Datenübertragung über das Stromnetz keine neue Sache. Die RWE besitzt bereits seit 70 Jahren die Fähigkeit, ihre Leitungen zur Signalübertragung zu nutzen. Sie überträgt dabei Daten, die zur Betreibung des Netzes gebraucht werden sowie Steuerungsbefehle für Umspannungswerke. Technisch derzeit noch schwierig und damit auch eine neue Fähigkeit ist es, individuelle Daten über das Stromnetz zu übertragen. RWE will mit dieser neu entwickelten Kompetenz in völlig neue Geschäftsfelder vordringen. Denn bereits heute räumt das ausgedehnte Stromnetz RWE eine besondere Marktstellung ein.

Geplant ist dies in den Bereichen Energieversorgung, Gebäudetechnik und Telekommunikation. Sobald Powerline Communication marktreif ist, wird es möglich sein, mit dem Stromnetz Daten 20mal schneller zu übertragen und im Internet zu surfen als derzeit mit einem ISDN-Anschluß. Ebenso können Geräte und Anlagen über eine Servicezentrale überwacht und gesteuert werden. Beispielsweise ließen sich eine Kühlanlage oder Heizungen über das Internet regeln (in Anlehnung an: Knop 1999, S. 24).

Im März 2000 startete RWE einen Feldversuch mit 200 Privat- und Geschäftskunden. Im Jahre 2001 soll die Technik einem breiten Nutzerkreis zur Verfügung stehen (FAZ vom 18.3.2000, S. 24).

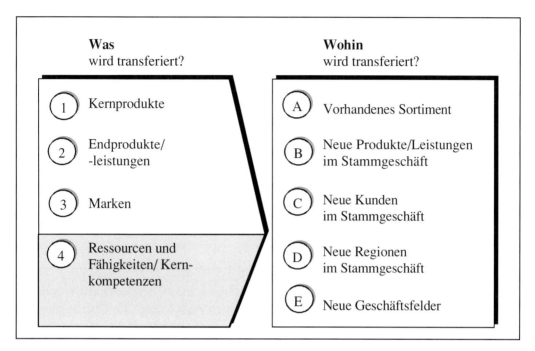

Was
wird transferiert?

1 Kernprodukte

2 Endprodukte/
-leistungen

3 Marken

4 Ressourcen und
Fähigkeiten/ Kern-
kompetenzen

Wohin
wird transferiert?

A Vorhandenes Sortiment

B Neue Produkte/Leistungen
im Stammgeschäft

C Neue Kunden
im Stammgeschäft

D Neue Regionen
im Stammgeschäft

E Neue Geschäftsfelder

Abb. 3/7: Transfermöglichkeiten

Die Beweggründe für einen angestrebten Kompetenztransfer können einen internen wie externen Anstoß haben. So können einerseits noch nicht von der Unternehmung befriedigte Kundenbedürfnisse erkannt worden sein, die eine solche Attraktivität aufweisen, daß sich die Erschließung eines neuen Geschäftsfelds lohnt. Dies zeigt der Eintritt von Energieversorgern wie RWE in den Telekommunikationsmarkt. Andererseits kann die Unternehmungstransformation auch externe Auslöser haben. Änderungen des Wettbewerbsfelds oder der Wettbewerbsträger sind denkbare Gründe einer niedrigen Marktattraktivität und der damit verbundenen Überlegungen eines Kompetenztransfers.

Aus welcher Richtung der Wandlungsprozeß auch ausgelöst wurde, der Unternehmung stehen die Möglichkeiten eines Produkttransfers, eines Markentransfers und eines Ressourcen- und Fähigkeitentransfers offen. Letzterer ist sicherlich als die herausforderndste Alternative anzusehen, da die transferierten Ressourcen in eine neue Marktleistung einfließen müssen und damit die Schwierigkeit und das Ausmaß der

Modifikationen am größten sind. Allerdings ist zu bedenken, daß der zu erzielende Wettbewerbsvorteil auch der dauerhafteste ist.

▓ Produkttransfer

Im Falle des Produkttransfers scheint es zunächst eine Einschränkung auf lediglich ein Transferobjekt zu geben. Die Unternehmung überträgt ihre Endprodukte auf neue Kunden oder Regionen.

Agiert die Unternehmung jedoch auf der Grundlage von Kernkompetenzen, zeigt sich, daß sich in den unterschiedlichen Endprodukten gemeinsame Kernprodukte verbergen. Unter einem **Kernprodukt** wird dabei die reale Verkörperung einer oder mehrerer Kernkompetenzen verstanden. Das Kernprodukt ist in der Regel zentraler Bestandteil des Endprodukts, und kann ebenfalls als eigenständiges Transferobjekt im Stammgeschäft oder auf vollkommen neuen Geschäftsfeldern verkauft werden.

> Unter einem **Produkttransfer** ist die Übertragung eines bereits vorhandenen Produkts auf neue Märkte oder, in einer erweiterten Auffassung, die Übertragung auf einen neuen Kontext zu verstehen.

Bezogen auf Abbildung 3/7 (S. 127) besitzt die Unternehmung damit zwei Transferobjekte: die Endprodukte und die Kernprodukte, welche jeweils auf alle Transferfelder (von A bis E) übertragen werden können. So liefert z.B. BMW Motoren (Kernprodukt) an andere Automobilhersteller.

Hier ergibt sich neben der Möglichkeit, neue Geschäftsfelder zu betreten, die Option, den eigenen Wettbewerbsvorteil im Zuge einer Outpacing-Strategie (vgl. Abschn. 2, S. 105) zu ändern. Da das Kernprodukt nicht nur für den Eigenbedarf produziert wird, können Synergiepotentiale in Form von Mengendegressions- und Kostensenkungseffekten realisiert werden. Diese lassen sich nutzen, um neben dem Differenzierungsvorteil einen Kostenvorteil auf dem Endproduktmarkt aufzubauen. Oftmals muß hierzu nicht einmal das Kernprodukt an Dritte verkauft werden. Bei vorausschauender Integration eines Kernprodukts in unterschiedliche Endprodukte einer Unternehmung ergeben sich ungeahnte Möglichkeiten.

Das Thema: Transfer von Kernprodukten im Stammgeschäft

Das Beispiel: FERRERO

Der italienische Süßwarenproduzent FERRERO mit Sitz in Alba entwickelte sich in aller Stille zum Weltkonzern. Ein entscheidender Erfolgspfeiler ist dabei die Kernkompetenz, die hinter dem Kernprodukt Nuß-Nougat-Creme steht.

Das Rezept der dunklen Creme erfand 1946 Pietro *Ferrero*, der Vater des heutigen Konzernpräsidenten. Da ihm der importierte Kakao zu teuer war, mischte er Haselnüsse aus der Region Piemont in die dunkle Creme. Die Creme ist heute tragendes Element einer ganzen Produktfamilie, die bei Nutella anfängt und bei Schokoriegeln aufhört. So findet sie der süssigkeitsliebende Kunde nicht nur im Glas als morgendlichen Brotaufstrich wieder, sondern auch als Füllung in den goldenen Ferrero Rocher, zwischen den Keksen von Duplo und auch im Hanuta (1/B-Transfer, vgl. Abb. 3/7, S. 127).

Damit aber nicht genug: FERRERO verwendet auch die kleinen Haselnußtückchen mehrfach. Sie begegnen dem Verbraucher entweder als Füllung in Ferrero Küßchen, Rocher, Hanuta oder als Umhüllung der Giotto-Kugeln. Und letztendlich verbindet auch die Familie der Rocher-, Raffaello- und Giotto-Kugeln die tragende runde Teigkugel, die mit unterschiedlichen Füllungen und Überzügen verwendet wird.

FERRERO erschließt durch den internen Kompetenztransfer Synergiepotentiale in Form von Kostenvorteilen im Einkauf, in der Produktion und im Vertrieb, die sich Konkurrenten durch einschneidende Kostensenkungsprogramme erarbeiten müssen (weiterentwickelt nach Namuth 1996, S. 36f.).

■ **Markentransfer**

Der Transfergedanke ist nicht auf physische End- oder Kernprodukte beschränkt. Es ist ebenso möglich, ganze Marken auf neue Regionen oder Anwendungsfelder zu übertragen. Die Übergänge zwischen dem Produkt- und dem Markentransfer sind dabei fließend.

Vielfach wird zunächst ein einzelnes Produkt transferiert. Im Erfolgsfall wird anschließend versucht, die gesamte Marke im neuen Geschäftsfeld zu positionieren (3/E-Transfer). Die Beispiele für einen Markentransfer sind dabei vielfältig. CAMEL transferierte sein angestammtes Image vom Tabakmarkt in den der Freizeitbekleidung (3/E-

Transfer), die Spülmittelmarke ‚Fairy-Ultra' wird auf neue Produkte im Stammgeschäft, wie Spülmaschinen-Tabs, transferiert (3/B-Transfer, lt. Abbildung 3/7, S. 127).

Der Markentransfer spielt im Zuge der Europäisierungs- und Globalisierungsbestrebungen eine zunehmende Rolle, insbesondere im Dienstleistungsbereich. Hier muß versucht werden, den Kunden an die Marke zu binden, da Identifikationsprozesse und Markenbewußtsein, wie sie bei realen Produkten, z.B. der Automobil- und Bekleidungsbranche, zu beobachten sind, vielfach ausbleiben.

▨ Transfer von Ressourcen und Fähigkeiten

Die bisher beschriebenen Transferobjekte repräsentieren Ergebnisvorteile. D.h., es handelt sich um Objekte, die am Ende der Wertschöpfungskette stehen. Ihr Transfer ist mit einer Übertragung von Wettbewerbsvorteilen verbunden, nicht jedoch mit einem Transfer von Ressourcen und Fähigkeiten als den Ursachen dieser Vorteile. **Kompetenztransfer** ist strenggenommen nur dort gegeben, wo eine Unternehmung ihre spezifischen, vorteilsgenerierenden Fähigkeiten nutzt, um neues Wachstum zu erreichen. Dies trifft auf die Fälle 4/A-E der Transfermöglichkeiten aus Abbildung 3/7 zu.

Um auf Dauer standhafte Wettbewerbsvorteile aufzubauen zu können, ist es unerläßlich, die grundlegenden Ressourcen und Fähigkeiten in den Transferprozeß mit einzubeziehen, denn diese stellen letztlich die Wurzeln der unternehmungsweiten Kernkompetenzen dar. Sie sollten über den Produkt- und Markentransfer hinaus in neu betretene Geschäftsfelder verpflanzt werden, um auch dort wieder dauerhaftes Unternehmungswachstum zu sichern.

Das Thema: Ressourcen- und Fähigkeitentransfer

Das Beispiel: OLYMPUS und 3M

Der Kamerahersteller OLYMPUS transferiert beispielsweise seine im Kamerabau gewonnenen Fähigkeiten in den Bereichen Optik, Feinmechanik und Elektronik in das Geschäftsfeld der Medizintechnik. OLYMPUS ist mittlerweile einer der Weltmarktführer in der Herstellung von Endoskopen. Diese Kleinstkameras werden mittels Sonden zur Diagnose in Mägen, Gelenke oder andere innere Organe eingeführt.

Auch die sich auf die Kernkompetenz der Mikroreplikation konzentrierende Unternehmung 3M transferiert ihre Fähigkeiten der Oberflächenveränderung (microreplication) sukzessive weiter.

Nachdem bereits vielfältige Geschäftsfelder wie die der Lichtbrechung (Folien, Linsen), der Schleifmittel (Anti-Rutsch-Beläge, Schleifpapier) und der Befestigungssysteme (Post-it) besetzt wurden, tritt 3M jetzt in die Textilsparte ein. Mit Hilfe der Oberflächenveränderung gelingt es, Stoffe mit paraffingefüllten Mikrokapseln zu besetzen. Diese speichern, je nach Bedarf, Wärme oder Kälte. Die von 3M produzierten Kapseln bewirken beispielsweise beim Skifahren, daß die während der Abfahrt freigesetzte Körperwärme gespeichert wird. Im Lift geben sie ihre Wärme wieder ab und verhindern ein Auskühlen des Sportlers. Sollte die Körpertemperatur zu hoch werden, kehrt sich der Prozeß um. Die Kapseln geben Kälte ab und sorgen so für ein optimales Klima (vgl. Röhrlich 1998, S. 88ff.)

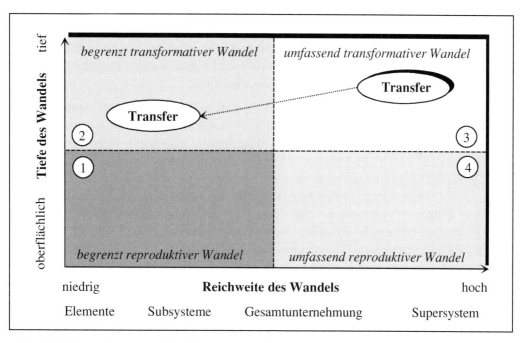

Abb. 3/8: Transfer in der Wandlungsmatrix der strategischen Optionen

Wie im Fall der Ergänzung ist auch die strategische Option des Transfers dem **transformativen Wandel** zuzurechnen (vgl. Abb. 3/8). Jedoch nimmt im Vergleich zur Ergänzung die Tiefe des Wandels zu. D.h., die Auswirkungen auf die Unternehmungsstrategie werden größer (Feld 3).

131

Handelt es sich z.B. um einen **begrenzt transformativen Wandel** (Feld 2), der durch den Transfer von Kern- oder Endprodukten auf neue Geschäftsfelder entsteht, so wurde parallel auch eine neue Geschäftsfeldstrategie erarbeitet. Es geht also weniger um die Veränderung bestehender strategischer Pläne, als vielmehr um den Neuaufbau von Ziel- und Maßnahmenprogrammen. Dies wird um so umfassender, je mehr es an den Transfer von Ressourcen und Fähigkeiten geht. Zur Verpflanzung der wettbewerbspolitischen Basis der Unternehmung sind weitreichende und tiefgreifende strategische Konzepte notwendig.

3.6 Entwickeln: Unternehmungswachstum durch Kompetenzaufbau

Ebenso wie Produkte und Geschäftsfelder unterliegen auch Kernkompetenzen einem Lebenszyklus, allerdings leben sie vom Grundsatz her länger. Gerade in dieser Dauerhaftigkeit liegt ein entscheidender Vorteil, aber auch Nachteil begründet. Einerseits können sie langfristig den erfolgreichen **Entwicklungspfad** der Unternehmung festlegen, andererseits ist damit eine bestimmte Entwicklungsrichtung vorgegeben, von der nicht ohne größere Umbrüche abgewichen werden kann.

Die Entwicklung neuer Kernkompetenzen kann als **grundlegendste strategische Erneuerung** angesehen werden. Sie ist sichtbarer Ausdruck der Wandlungsbereitschaft und stellt höchste Anforderungen an das Wandlungsmanagement. Neben die Wandlungsfähigkeiten sind Fähigkeiten des Kernkompetenzaufbaus zu stellen, die ebenso wie die des Wandels erst erworben und kultiviert werden müssen. Insbesondere dann, wenn es zu einer proaktiven Kompetenzentwicklung kommen soll, benötigt die Unternehmung frühzeitig Prozesse, die die Gesamtheit der kompetenzorientierten Aufbau- und Umbaumaßnahmen der Ressourcen und Fähigkeiten lenken und unterstützen (vgl. Homp 2000). Konkret sind Maßnahmen des Wissensmanagements zu fördern sowie Lernprozesse zu initiieren. Hierzu zählt neben der Schaffung von unternehmerischen Freiräumen auch die Verbindung von Marktnähe und Entwicklungskompetenz. Insbesondere letzteres stellt einen dauerhaften Kundennutzen sicher und schützt vor Fehlentwicklungen.

Obwohl das Ziel der Unternehmung die Kompetenzentwicklung ist und damit die Ursachen späterer Wettbewerbsvorteile aufgebaut werden müssen, führt der Weg dorthin über Produkte und Prozesse. Diese bilden den Kristallisationspunkt der neuen Kompetenzen. Somit sind **Produkt-** und **Prozeßinnovationen** auch immer mit einer Kompetenzentwicklung verbunden. Den schwierigsten, aber gleichzeitig auch proaktivsten Fall stellt die **Kompetenzinnovation** dar, die deduktiv-visionengestützt oder induktiv-ressourcengestützt ablaufen kann.

132

■ Produktinnovationen

Produktinnovationen sind die am häufigsten vorkommende und nach außen sichtbarste Form der Kompetenzentwicklung. Sie stehen - ebenso wie Prozeß- und reine Kompetenzinnovationen - immer dann zur Wahl, wenn die Unternehmung einem Geschäftsfeld eine hohe Marktattraktivität zugesprochen hat, jedoch die derzeitige Kompetenzstärke in diesem Feld als eher gering eingestuft wird.

Vielfach wird die Form der Produktinnovation zum Aufbau oder zur Wiedererlangung eines Differenzierungsvorteils angestrebt. Die Unternehmung versucht dabei, ein neues Produkt zu schaffen, das nicht nur die Leistungsanforderungen des Kunden erfüllt, sondern auch gleichzeitig den latent vorhandenen Bedürfnissen vorgreift und die Begeisterungsanforderungen des Kunden befriedigt. Ein derart proaktives Vorgehen birgt alle Chancen, aber auch Risiken des Pioniers in sich. Als Produktinnovator kann zwar die Pionierrente abgeschöpft werden, diese steht aber den Innovationsaufwendungen und den Kosten der Marktbereitung gegenüber.

■ Prozeßinnovationen

Prozeßinnovationen haben zunehmend an Bedeutung gewonnen, vor allem in Hinsicht auf die Verbesserung von Kosten, Zeit und Qualität der Wertschöpfung. Die hier angesprochenen Innovationen beziehen sich dabei weniger auf Kostensenkungsprogramme zur Erzielung eines Kostenvorteils. Vielmehr geht es um die Restrukturierung der Prozeßarchitektur mit dem Ziel, die Blindleistungen zu eliminieren und eine maximale Wertschöpfung zu erreichen, die sich letztlich in einem gesteigerten Kundennutzen, oder allgemeiner dem Nutzen der Anspruchsgruppen, niederschlägt. Als elementar ist somit bei der Neugestaltung der Leistungskette die exakte Kenntnis der Kundenwünsche anzusehen. Die Prozeßinnovation muß weniger kostengesteuert als vielmehr ‚market- bzw. customer-driven‘ sein (vgl. Rohm 1998, S. 52) und der Verbesserung der Größen Zeit und Qualität dienen. Es geht nicht nur darum, den Unternehmungswert zu erhöhen, sondern auch den Kundennutzen zu steigern.

Als ein Ansatz oder Leitstrahl der Innovierung können die Kernkompetenzen und die mit ihr verbundenen **Kernprozesse** der Unternehmung angesehen werden. Als Kernprozesse sind dabei die Prozesse anzusehen, die eine unternehmungsspezifische, wettbewerbsrelevante Stärke in sich tragen und einen maßgeblichen Beitrag zur Kernkompetenz der Unternehmung leisten. Ihre Innovierung ist mit Hilfe einer Makro- und einer Mikroanalyse möglich (vgl. Krüger/Homp 1997, S. 165ff.). Bei der **Makroanalyse** werden die unternehmungsübergreifenden Prozesse, ihre externe Prozeßvernetzung sowie die Schnittstellen und ihr Beitrag zu den Kernprozessen der Unternehmung geklärt. In einem zweiten Schritt, der **Mikroanalyse**, sind dann die einzelnen

Prozeßglieder hinsichtlich einer Funktionsverbesserung, einer Funktionsaus- oder -eingliederung sowie einer Funktionsaufgabe zu untersuchen.

▨ Kompetenzinnovationen

Den komplexesten Schritt innerhalb der strategischen Option der Entwicklung bildet die Kompetenzinnovation. Die Unternehmung strebt hier die Erneuerung und Weiterentwicklung ihrer wettbewerbspolitischen Basis, d.h. der unternehmungseigenen Kernkompetenzen, an. Entscheidend dabei ist, daß die gesamten Managementaufgaben im Verbund zu sehen sind. Eine isolierte Betrachtung einzelner Aspekte des Wandlungs-, Kernkompetenz- oder Wissensmanagements greift zu kurz.

Der Prozeß der Kompetenzinnovation ist, ebenso wie der Wandlungsprozeß insgesamt, als Gegenstrom zu organisieren (vgl. Kap. 2.7, S. 93ff.). Setzt man voraus, daß die Unternehmungsspitze klare Vorstellungen vom Wandlungsbedarf hat, beginnt der Prozeß mit einem abwärtsgerichteten Vorlauf. In diesem **deduktiv-visionengeleiteten** Vorgehen gibt die Unternehmungsleitung die angestrebten Kompetenzen als Ziel vor. Anders dagegen, wenn mit einer Bestandsaufnahme der vorhandenen Ressourcen und Fähigkeiten an der Unternehmungsbasis begonnen wird. Hier ist auf der bestehenden Ressourcenbasis aufbauend über zukünftige Kompetenzinnovationen zu entscheiden. Dieses Vorgehen würde eine **induktiv-fähigkeitengeleitete** Definition des Wandlungsbedarfs bedeuten (vgl. Krüger 1999a, S. 19).

So erstrebenswert eine proaktive Kompetenzinnovation auch ist, sie muß kundenrelevant und marktfähig sein. Hierzu ist der oben beschriebene, vertikale Prozeß der Kompetenzinnovation durch einen horizontalen zu ergänzen. In einem bedürfnisorientierten Vorlauf sind die latenten Kundenwünsche einzufangen. Diese sind dann mit Hilfe eines kompetenzorientierten Rücklaufs dahingehend zu überprüfen, ob die Unternehmung in der Lage ist, die Bedürfnisse mittels Kompetenzinnovation zu befriedigen. Dieses Vorgehen stellt besondere Anforderungen an alle drei Wandlungskategorien. Das Wahrnehmen neuer Bedürfnisse betrifft die Erkennung eines Wandlungsbedarfs. Mit dem Willen, die neuen Bedürfnisse zu befriedigen, ist eine hohe Wandlungsbereitschaft verbunden, und nicht zuletzt sind entsprechende Wandlungsfähigkeiten gefordert.

Das Thema: Kompetenzinnovationen

Das Beispiel: Die Tesa-ROM

Am Lehrstuhl für Informatik der Universität Mannheim wird ein Material gesucht, das mehr Speicherplatz bietet und schnelleren Datenzugriff erlaubt als herkömmliche Speichermedien. Holographie, die räumliche Datenabbildung, ist eine dafür mögliche Speichertechnik, jedoch fehlt es derzeit noch an einem geeigneten Speichermedium. In der Diskussion sind Kunststoffe, die mit Laserlicht beschrieben werden können.

Durch Zufall und eher aus Spaß spannen die Mitarbeiter des Informatiklehrstuhls eine 19 Millimeter Tesa-Kristallklar Rolle in den Versuchsaufbau und heraus kommt die Tesa-ROM. Die Tesa-Rolle ist in der Lage, zehn Gigabyte Daten zu speichern (das entspricht ca. 7000 PC-Disketten).

Aus Sicht von BEIERSDORF als Markeninhaber von Tesa stellt sich die Frage der induktiv fähigkeitsgeleiteten Kompetenzinnovation. Derzeit besitzt man zwar die Kompetenzen der Tesaherstellung, aber es steht jetzt die Möglichkeit eines tiefgreifenden Wandels bevor, denn BEIERSDORF könnte mit der Tesa-ROM das Geschäftsfeld der Speichermedien revolutionieren. Hierzu müßte nicht nur die entsprechende Wandlungsbereitschaft aufgebracht werden, sondern auch die entsprechenden Kompetenzen. Vor allem ist in einem deduktiv visionengeleiteten Prozeß über die Herstellung eines Tesa-Laufwerks nachzudenken (nach Knauer/Lugger 1998, S. 162).

Ebenso wie die Präferenzierung, die Ergänzung und der Transfer zählt auch die strategische Option der Entwicklung zu den Formen des **transformativen Unternehmungswandels** (vgl. folgende Abb. 3/9). Im Vergleich zur Präferenzierung und zur Ergänzung hebt sie sich allerdings durch ihre größere Wandlungstiefe ab. Die hier zu treffenden strategischen Entscheidungen sind weitreichender und tiefgreifender. Insbesondere, wenn die Entwicklungsform der Kompetenzinnovation gewählt wird, ist die gesamte Ressourcen- und Fähigkeitenbasis in den Entwicklungsprozeß mit einzubeziehen. Zu diesem Zweck ist ein unternehmungsweiter Vorgehensplan zu erstellen, der im Einklang mit der Wettbewerbs- und Wandlungsstrategie der Unternehmung steht (Feld 3).

Parallel dazu sind aber auch begrenzte Entwicklungsvorhaben denkbar. So z.B. bereichsbezogene Prozeß- oder Produktinnovationen, die sich innerhalb der Grenzen einzelner Geschäftseinheiten abspielen (Feld 2).

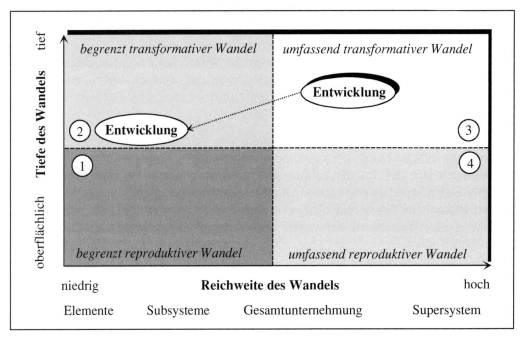

Abb. 3/9: Entwicklung in der Wandlungsmatrix der strategischen Optionen

Ein Vergleich zwischen der Entwicklung und dem Transfer hinsichtlich der Wandlungstiefe ist nur im Einzelfall zu führen. Beide strategischen Optionen können **weitreichende** und **tiefgreifende Veränderungen** in der Unternehmungsstrategie auslösen. Ist die Rede beispielsweise von Neuentwicklungen, sind für diese auch neue Wettbewerbs- und Geschäftsfeldstrategien zu entwerfen. Dies trifft aber auch auf die Option des Transfers zu. Werden neue Märkte beschritten oder gar generiert, ist auch hier eine neue wettbewerbspolitische Basis notwendig. D.h., beide Optionen sind von transformativen Wandlungsprozessen begleitet.

136

- Welches sind die Kerngeschäftsfelder der Unternehmung?
- Gibt es Geschäftsfelder, aus denen sich die Unternehmung zurückziehen sollte, um die Kerngeschäfte zu stärken?
- Auf welche Marken oder Produkte sind die zukünftigen Präferenzen der Unternehmung zu setzen?
- Gibt es Geschäftsfelder, die mit Hilfe der strategischen Option der Ergänzung umfassender bedient werden könnten?
- Welche Kern- oder Endprodukte lassen sich auf neue Geschäftsfelder übertragen?
- Ist ein Transfer von Marken oder Ressourcen und Fähigkeiten möglich?
- Besitzt die Unternehmung aufgrund einer hohen Marktattraktivität die Möglichkeit, Produkt-, Prozeß- oder Kompetenzinnovationen durchzuführen?

4. Zusammenfassung

■ **Unternehmungswandel impliziert Strategiewandel**

Der vom Wandlungsmanagement angestoßene Transformationsprozeß beginnt mit dem Feststellen des notwendigen **Wandlungsbedarfs**. In der anschließenden Konzipierungsphase werden Wandlungsprogramme zur Deckung des Bedarfs aufgestellt, zu denen auch die Wahl einer entsprechenden Strategie gehört. D.h., ein transformativer Unternehmungswandel bedeutet auch Veränderung der Unternehmungsstrategie.

■ **Veränderungen in den Determinanten der strategischen Erneuerung können Transformationsprozesse auslösen**

Ein **Wandlungsbedarf** ergibt sich aus den **Änderungen** der **Wettbewerbsträger**, des **Wettbewerbsvorteils** oder des **Wettbewerbsfelds**. Dem Wandlungsmanagement stehen - bei entsprechender Wandlungsbereitschaft - sechs Optionen der strategischen Erneuerung als proaktive oder reaktive Handlungsprogramme zur Verfügung.

Markt- wie Kompetenzsicht sind bei der Strategiewahl zu berücksichtigen

Bei der Auswahl einer neuen Unternehmungsstrategie greift die reine Marktsicht zu kurz. Ebenso entscheidend wie das Verhalten von Kunden und Konkurrenten sind die **unternehmungseigenen Kompetenzen** bei der Auswahl einer der sechs strategischen Optionen. Die vier Felder des Markt-/Kompetenz-Portfolios erlauben die Eingruppierung der Geschäftsfelder nach ihrer Marktattraktivität und ihrer Kompetenzstärke und liefern damit eine Entscheidungshilfe für das Wandlungsmanagement.

Sechs Optionen zur Unternehmungstransformation

Dem Wandlungsmanagement stehen sechs Optionen der strategischen Erneuerung zur Verfügung, die der grundlegenden **Entwicklungssequenz** aus **Abbau, Umbau** und **Aufbau** folgen. Der Prozeß beginnt mit dem **Rückzug** aus Randgeschäften, um sich auf den wertschöpfenden Kern der Unternehmung zu **konzentrieren**. Auf dieser soliden Basis beginnt durch **Präferenzierung** die Stärkung des Kerngeschäfts, um dieses im weiteren Verlauf des Transformationsprozesses auszuweiten und zu **ergänzen**. Das Ziel der Erlangung dauerhafter und transferierbarer Kernkompetenzen kann durch den anschließenden **Transfer** von Kern- und Endprodukten erreicht werden. Wenn die Marktattraktivität der derzeit bedienten Geschäftsfelder gering ist, dann ist über eine **Entwicklung** der Unternehmungskompetenzen nachzudenken, um neue Betätigungsfelder zu erschließen.

Reichweite und Tiefe der Optionen beachten

Die Optionen der strategischen Erneuerung lassen sich in Abhängigkeit von ihrer notwendigen Wandlungstiefe und -reichweite in einer **Transformationsmatrix** anordnen. Hier zeigt sich, inwieweit die Optionen begrenzt reproduktiven Wandel mit sich bringen oder umfassend transformative Wandlungsprozesse auslösen. So kann der Rückzug aus einem Geschäftsfeld sowohl als begrenzt reproduktiv eingestuft werden als auch umfassend transformative Züge annehmen. Der Transfer und die Entwicklung sind dagegen eindeutig den transformativen Wandlungsformen zuzurechnen.

138

Viertes Kapitel

ANDREAS JANZ / WILFRIED KRÜGER

Topmanager als Promotoren des Wandels

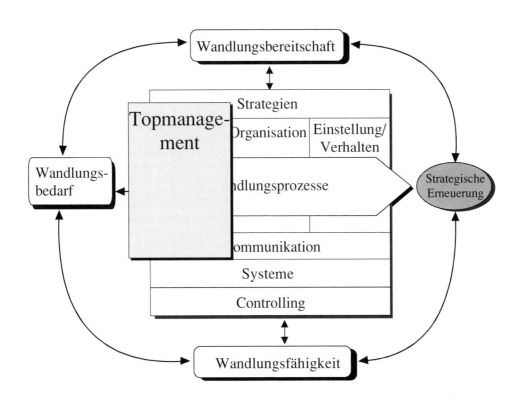

Leitgedanken zu Kapitel 4

Dem Topmanagement kommt im Prozeß der strategischen Erneuerung eine Schlüsselstellung zu, unbeschadet der Tatsache, daß auch Mitarbeiter und Anteilseigner zu Wandlungsträgern werden können. Die Zusammensetzung und das Eignungsprofil des Topmanagements besitzen den Charakter eines kritischen Erfolgsfaktors. Kapitel 4 greift auf die in Kapitel 2 beschriebenen Aufgaben im Wandlungsprozeß zurück, untersucht die daraus entstehenden Anforderungen an Topmanager und diskutiert, wie in der Praxis der Breite und Heterogenität dieser Anforderungen entsprochen werden kann.

Behandelt werden demgemäß vier Kernfragen:

Welche Anforderungen an Topmanager ergeben sich aus den verschiedenen Aufgaben des Wandlungsprozesses? (Abschnitt 1)

Was läßt sich daraus für die psychographischen und demographischen Charakteristika des Topmanagements ableiten? (Abschnitt 2)

Inwiefern ist Führung situativ zu differenzieren hinsichtlich Aufbau, Umbau und Abbau von Unternehmungen? (Abschnitt 3)

Wie können eventuelle Führungsdefizite überbrückt werden? (Abschnitt 4)

1. Anforderungen an das Topmanagement: Visionäre Führung und effizientes Management

Es ist keine Übertreibung, daß eine strategische Erneuerung die schwierigste Führungsaufgabe überhaupt darstellt und sich demgemäß die gesamte Palette möglicher Anforderungen an Führungskräfte in diesem Aufgabenkomplex widerspiegelt. Eine nähere Betrachtung der fünf Phasen des Transformationsprozesses (vgl. Kap. 2.5, S. 58ff.) macht schlaglichtartig die Bandbreite sichtbar und zeigt zugleich, daß darin auch gegenläufige und schwer vereinbare Anforderungen an das Topmanagement enthalten sind.

In der ersten Phase der **Initialisierung** wird zunächst der **Wandlungsbedarf** festgestellt. Hierfür sind sachbezogene Fähigkeiten erforderlich. Zum einen die Offenheit und ein Gespür für externe Impulse und Entwicklungen, zum anderen auch eine möglichst (selbst)kritische Diagnosefähigkeit hinsichtlich der internen Situation. Um etwas völlig Neues zu beginnen, sind aber auch solche unternehmerischen Tugenden wie Wagemut, Flexibilität und Spontaneität gefragt.

Sodann sind **Wandlungsträger** zu aktivieren. Dies verlangt von dem Betreffenden, daß er politische und soziale Fähigkeiten besitzt. Gilt es doch, Interessenlagen auszuloten, Beziehungsnetze zu nutzen und neu zu knüpfen, Koalitionen zu schmieden und gegen Opponenten vorzugehen. Nicht zuletzt sind Einstellungsbarrieren zu überwinden, um die Notwendigkeit und die Dringlichkeit des Wandels ins Bewußtsein zu rücken, also den ‚sense of urgency' zu erzeugen.

In der **Konzipierungsphase** werden die Ziele und die Programme des Wandels entwickelt und festgelegt. Hierfür sind vor allem der Mut und die Kreativität für einen visionären, gesamthaften Entwurf gefordert, aber auch ein nüchterner Blick für die Realistik der Pläne und die Bereitschaft, sich mit Details auseinanderzusetzen. Als Ergebnis der Konzipierung muß nicht nur eine erstrebenswerte Zukunftsvision formuliert sein, sondern die Wege dorthin - die Maßnahmenprogramme - müssen das Ziel erreichbar und greifbar werden lassen.

Die **Mobilisierungsphase** verlangt allen voran Kommunikationsfähigkeiten. Der ‚sense of urgency' ist nun von der Wandlungskoalition auf alle Beteiligten und Betroffenen zu übertragen. Persönliches Engagement und glaubwürdiges Auftreten sind wesentliche Gesichtspunkte. Zur Glaubwürdigkeit gehört neben der kommunikativen Seite auch ein klar erkennbares, Zeichen setzendes Handeln. Den Worten müssen unbedingt Taten folgen. Hierfür dient zunächst die Aufgabe ‚Wandlungsbedingungen schaffen'. Zeichen setzend wirkt insbesondere die personelle Besetzung und organisatorische Verankerung des Wandlungsprojekts. Wenn es gilt, personifizierte Mißerfolge der Vergangenheit zu bewältigen, so kann auch das ‚Ziehen personeller Konsequenzen' eine deutliche Signalwirkung entfalten. Der Ernst der Lage und die Ernsthaftigkeit der bekundeten Änderungsabsichten werden auf die Weise zweifelsfrei demonstriert. Entschlossenheit sowie kraftvolles und effizientes Vorgehen werden von den Führungskräften erwartet. Je nach der gewählten Implementierungsstrategie (vgl. Kap. 6.4, S. 244ff.) müssen auch Anregungen und Impulse ‚von unten' gesucht, ermutigt und verarbeitet werden. Das Gegenstück zu der kraftvollen, starken - auch harten - Führung ist dann die mitarbeiterorientierte, auf Kooperation und Einbindung, Ermutigung und Ertüchtigung abzielende Rolle des ‚Teamcoachs' oder ‚Mentors'.

In der **Umsetzungsphase** stehen die nachgelagerten Ebenen im Mittelpunkt des Geschehens. Vom Topmanagement werden vorrangig steuernde und überwachende Eingriffe verlangt, um die prioritären Vorhaben sowie die Folgeprojekte zu begleiten und abzusichern. Konsequentes und beharrliches Nachhalten der konzipierten Ziele und

Absichten im Rahmen des Projekt- und Programm-Managements sind für den Wandlungserfolg unverzichtbar.

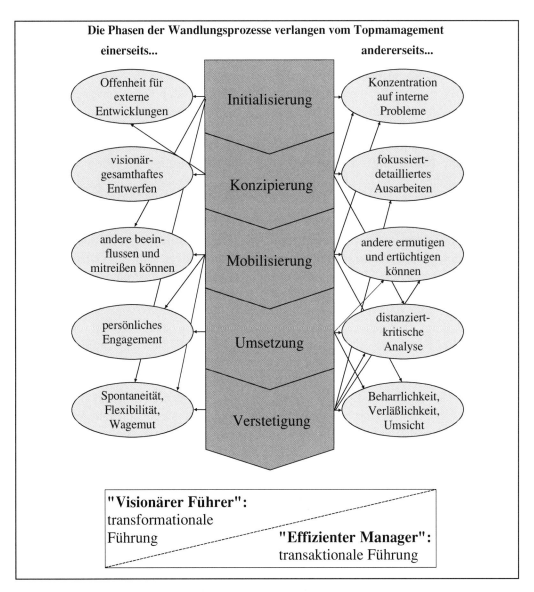

Abb. 4/1: Anforderungsprofil des Topmanagements

Der Trend zur Nachhaltigkeit setzt sich in der **Verstetigung** fort. Wandlungsbereitschaft und -fähigkeit sind in das Tagesgeschäft zu integrieren. Wandel in kleineren Schritten ist als permanente Aufgabe in den jährlichen Managementzyklus einzupassen, methodisch unterstützt und standardisiert. Das Arbeiten am Detail, die hartnäckige und nachhaltige Suche nach Verbesserungsmöglichkeiten müssen im Idealfall zu einer - guten - Gewohnheit werden.

Abbildung 4/1 (S. 143) bündelt die verschiedenen Anforderungen zu einem Anforderungsprofil des Topmanagements, das aus **Gegensatzpaaren** besteht. ‚Gegensatz' heißt, daß es sich um Skalenendpunkte handelt, die logisch einander entgegengesetzt sind. Ob und inwieweit diese Gegensätze in einer Person vereint sein können, ist eine offene, empirische Frage. Klar ist in jedem Fall, daß die gesamte Bandbreite der Anforderungen kaum je von einem einzelnen abgedeckt werden kann. Allein daraus ergibt sich die Notwendigkeit einer arbeitsteiligen Organisation des Programm- und Projektmanagements. In welchem Ausmaß diesen Anforderungen seitens der handelnden Personen entsprochen wird, prägt im Einzelfall die Güte des ‚Erfolgsfaktors Topmanagement' (vgl. Janz 1999).

Verdichtet man jeweils die linke und rechte Seite des Profils, so erhält man eine besondere Form eines **Führungsduals**: dem **visionären Führer** steht der **effiziente Manager** gegenüber. Diese (idealtypischen) Figuren bzw. Führungsrollen korrespondieren mit den Führungsstilen der sogenannten transformationalen bzw. transaktionalen Führung (vgl. zum folgenden Krüger 1995b, S. 157ff.). Der effiziente Manager konzentriert sich auf die Sachaufgaben der Führung, und er gestaltet die Führungsbeziehung als eine Form von Austauschbeziehung zwischen Führer und Geführten: Leistung der Mitarbeiter gegen Gewährung von Anreizen (Belohnungen). Anpassung an die gegebene Situation bestimmt das Verhalten. Führungskräfte, die transformational führen, üben dagegen einen besonders starken, verändernden Einfluß auf ihre Umgebung aus. Sie zielen auf eine Umformung der Werte, Einstellungen und Verhaltensweisen, betonen also die wertmäßig-kulturelle Dimension der Führung. Dabei spielt auch das symbolische Management eine große Rolle, z.B. der gezielte Einsatz von Symbolen und Ritualen. Hierher gehört auch der Begriff des **Charismas** und der **charismatischen Führung**.

Im Englischen wird das Gegensatzpaar mit ‚Leadership' und ‚Management' sprachlich erfaßt, und bereits in den 80er Jahren ist geäußert worden, daß viele Firmen ‚**overmanaged**' und ‚**underled**' seien. Nun wäre es allerdings naiv und einseitig, auf den ‚Charismatiker' zu setzen. Charismatische Führungspersönlichkeiten sind eher selten. Ein ‚Charismatiker' kann nur Erfolg haben, wenn er über genügend ‚Gefolgsleute' verfügt, die seine Visionen in operatives Handeln umsetzen und so zur Realisierung beitragen. Sehr fraglich erscheint es auch, Charisma lehren und lernen zu wollen, wie dies in den USA versucht wird. Charisma wird einer Person von ihrer Umgebung zugesprochen - und auch wieder abgesprochen. Diese Prozesse hat bereits Max *Weber* eindringlich beschrieben (vgl. 1964).

Aus Sicht der strategischen Erneuerung macht Abbildung 4/1 (S. 143) deutlich, daß alle Facetten der Führung im Wandlungsprozeß benötigt werden. Die Verlaufsrichtung der Pfeile, die von den Prozeßphasen ausgehen, verweist auf unterschiedliche Schwerpunkte. Am Beginn des Prozesses werden Anforderungen gestellt, die eher auf den **visionären Führer** deuten. Im weiteren Verlauf kommt mehr und mehr der **effiziente Manager** zum Tragen.

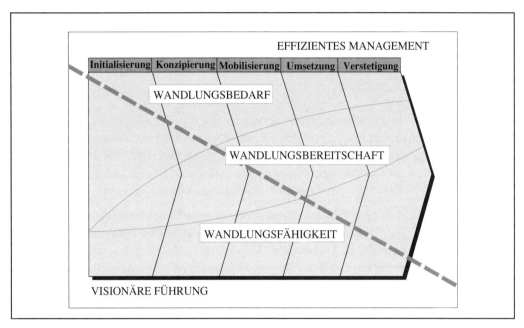

Abb. 4/2: Anforderungsprofile im Wandlungsprozeß

Abbildung 4/2 illustriert diesen Zusammenhang und schlägt die Brücke zu den ‚3W'. Eine wesentliche Aufgabe der visionären Führung liegt anfangs darin, den Wandlungs**bedarf** zu erkennen. Anschließend gilt es, ihn zur Akzeptanz zu bringen, also Wandlungs**bereitschaft** zu erzeugen. Für die Wandlungsbereitschaft, vor allem aber für die Wandlungs**fähigkeit**, wird - zunächst ergänzend und dann dominierend - die Rolle bzw. Person des **effizienten Managers** erforderlich. Die in der Abbildung eingetragenen Verläufe von Wandlungsbedarf, -bereitschaft und -fähigkeit sind nicht a priori vorhanden, sondern sie sind das Ergebnis von ‚Führung und Management‘. Ob der Wandlungsbedarf überhaupt abgearbeitet wird, hängt z.B. von erfolgreichem Programm- und Projektmanagement ab. Kritisch ist auch der Verlauf der Wandlungsbereitschaft. Das offenbar natürliche Bedürfnis nach Ruhe führt regelmäßig zu einer nachlassenden Wandlungsbereitschaft bzw. zu wachsenden Widerständen. Nur wenn es gelingt, ein Mindestmaß an Offenheit für Veränderungen bis zum Prozeßende aufrechtzuerhalten, wird eine Verstetigung des Wandels möglich. Ansonsten droht eine erneute Verkrustung oder sogar ein Zurückdrehen der ‚Wandlungsschraube', also eine Rückkehr zum status quo ante.

2. Erforderliche Charakteristika von Topmanagern

Was bedeuten die beschriebenen Anforderungen für die Person der Führungskraft? Welche Persönlichkeit ist ein ‚visionärer Führer‘ bzw. ‚effizienter Manager‘? Wie lassen sich die entsprechenden Merkmale der Person systematisieren und messen? Derartige Fragen sind für die Auswahl, Beurteilung und Entwicklung von Führungskräften essentiell. Im folgenden wird diesen Fragen nachgegangen.

Zugrunde gelegt wird eine Unterscheidung der personellen Merkmale (Charakteristika) nach zwei Dimensionen: zum einen die **psychographische Dimension** und zum anderen die **demographische Dimension**. Diese Unterscheidung ist im deutschsprachigen Raum (bisher) eher unüblich, aber systematischer und praktikabler als andere Ansätze, wie sich im folgenden noch zeigen wird. Zudem wird dem Aspekt der Persönlichkeit im Rahmen der psychographischen Dimension in adäquater Weise Rechnung getragen. Konkret ist unter diesen beiden Dimensionen folgendes zu verstehen (vgl. Janz 1999, S. 22):

> ◼ Unter **psychographischen Charakteristika** ist die Gesamtheit der überdauernden und stabilen Werte, Einstellungen und Verhaltensbestandteile einer Person zu verstehen.

> ■ Unter **demographischen Charakteristika** sind die Merkmale einer Person zu verstehen, die sich auf die Berufsausbildung, den Karrierehintergrund und das Alter beziehen.

2.1 Psychographische Charakteristika

Um die psychographische Dimension konzeptionell zu beleuchten, wird hier auf den Myers-Briggs Type Indicator (MBTI) zurückgegriffen. Es handelt sich hierbei um eine Persönlichkeitstypologie, die auf den Arbeiten von C.G. *Jung* fußt (vgl. Jung 1921). Ausgebaut wurden die Inhalte von *Briggs* und deren Tochter *Briggs Myers* (vgl. Myers 1962). In den USA ist diese Konzeption mit dem entsprechenden Testverfahren das etablierteste Instrument zur Managementdiagnostik. Aber auch im deutschsprachigen Raum findet der MBTI in Theorie und Praxis immer mehr Verbreitung (vgl. Bridges 1998). Im Zentrum der Persönlichkeitstypologie stehen vier Skalen mit einer dichotomen Ausprägung. Die sich daraus ergebenden acht Verhaltensrichtungen werden im folgenden vorgestellt (vgl. Bents/Blank 1997), wobei die als Paar aufgeführten Präferenzen jeweils einen Gegensatz darstellen. Sodann wird im Überblick und exemplarisch gezeigt, welcher Zusammenhang zu den vorne entwickelten prozeßbezogenen Anforderungen besteht (vgl. ausführlich hierzu Janz 1999, S. 23ff.).

■ **Extravertierte vs. Introvertierte Präferenz**

Extravertierte Präferenz (E): Führungskräfte mit dieser Verhaltensrichtung weisen ein hohes Maß an Aktivität und Außenorientierung auf. Ferner zeichnen sie sich dadurch aus, daß sie mutig Dinge ‚anpacken‘ und verändern. Zu erwähnen ist überdies ihre Kommunikationsstärke.

Die ‚Offenheit für externe Entwicklungen‘ und ‚andere beeinflussen und mitreißen können‘, beides Anforderungen, die auf den visionären Führer verweisen, werden sicherlich von Führungskräften dieser Richtung erfüllt.

Introvertierte Präferenz (I): Demgegenüber sind I-Manager wesentlich zurückhaltender, innenorientierter und vorsichtiger. Typisch für sie ist, daß sie zur Reflexion neigen, um Sachverhalte besser zu verstehen. Außerdem können sie gut zuhören.

Dies dürfte vor allem mit der ‚Konzentration auf interne Probleme‘ als weiterer Anforderung aus dem Tableau von Abbildung 4/1 (S. 143) korrespondieren.

▨ Sinnliche vs. Intuitive Präferenz

Sinnliche Präferenz (S): S-Manager verfügen über eine ausgeprägte Gegenwartsorientierung und einen starken Realitätssinn. Sie zeichnen sich durch praktisches Vorgehen und Liebe zum Detail aus und bevorzugen sich wiederholende Tätigkeiten.

Derartige Persönlichkeiten dürften sich u.a. in den Phasen der Umsetzung und vor allem der Verstetigung bewähren, wenn die ‚distanziert-kritische Analyse‘ sowie ‚Beharrlichkeit, Verläßlichkeit und Umsicht‘ zum Zuge kommen.

Intuitive Präferenz (N): Ganz anders sind N-Manager zu charakterisieren. Sie besitzen eine starke Zukunftsorientierung. Ihre Stärken kommen zum Tragen, wenn Anforderungen an sie gestellt werden, die Kreativität, Überblick und Weitblick sowie Intuition erfordern.

Man wird unmittelbar an das ‚visionär-gesamthafte Entwerfen‘ erinnert, das in der Konzipierung seinen Schwerpunkt besitzt.

▨ Analytische vs. Gefühlsmäßige Präferenz

Analytische Präferenz (T): Führungskräfte, die über eine hohe T-Präferenz verfügen, haben hohe analytische Fähigkeiten. Sie sehen Sachverhalte objektiv und kritisch. Dadurch wirken sie meist unpersönlich. Als weitere Charakteristika können Standhaftigkeit und Hartnäckigkeit genannt werden.

Auf der rechten Seite von Abbildung 4/1 (S. 143) lassen sich mehrere Verbindungslinien zu dieser Präferenz ziehen. Vor allem das ‚fokussiert-detaillierte Ausarbeiten‘, die ‚distanziert-kritische Analyse‘ und die ‚Beharrlichkeit‘, die sämtlich zu einem ‚effizienten Manager‘ tendieren, sind zu nennen.

Gefühlsmäßige Präferenz (F): F-Manager fallen durch ein hohes Maß an Empathie, Kooperations- und Konfliktfähigkeit auf. Sie wirken persönlich, lassen sich aber leicht beeinflussen.

Eine F-Präferenz dürfte vor allem in der Mobilisierungsphase von Nutzen sein, wenn es darum geht, nicht nur ‚andere mitzureißen‘ - hierfür wäre die E-Präferenz geeignet -, sondern sie zu ‚ermutigen und zu ertüchtigen‘ und zugleich persönliches Engagement zu zeigen.

▨ Beurteilende vs. Wahrnehmende Präferenz

Beurteilende Präferenz (J): J-Manager sind durch ihre entschlossene, organisierte und ergebnisorientierte Art beschreibbar. Ein geplantes Vorgehen liegt ihnen besonders gut. Als weitere Kennzeichen können Besonnenheit und Produktivität genannt werden.

Derartige Tugenden sind ohne Zweifel in der Umsetzung und Verstetigung besonders gefragt, aber auch in der Mobilisierung und Konzipierung von Nutzen.

Wahrnehmende Präferenz (P): Führungskräfte, die eine wahrnehmende Verhaltensrichtung aufweisen, können durch ihre Flexibilität und Anpassungsfähigkeit charakterisiert werden. Sie sind spontan und offen für neue Impulse und Ideen.

Mit dieser Präferenz sind Anforderungen der linken Seite von Abbildung 4/1 (S. 143) angesprochen, wo von ‚Spontaneität, Flexibilität, Wagemut‘ die Rede ist. Eigenschaften, die in der Initialisierung ebenso gefragt sind wie in der Mobilisierung.

Wie diese Analyse zeigt, werden die verschiedenen Präferenzen sämtlich benötigt, um dem abgeleiteten Anforderungsprofil zu entsprechen. Es gibt also nicht **den** Persönlichkeitstyp, der für die strategische Erneuerung prädestiniert ist. Umgekehrt gibt es praktisch keine Präferenz, die im Wandel nicht gebraucht wird. Dies unterstreicht noch einmal die besondere Bandbreite des verlangten Topmanagement-Profils.

In bezug auf die praktische Anwendung müßte nun geprüft werden, welche Charakteristika die vorhandenen Topmanager besitzen, um die richtige Auswahl und die optimale Zusammensetzung des Wandlungsmanagements vornehmen zu können. Der MBTI ist ein erprobtes Diagnoseinstrument, das hierfür benutzt werden könnte, auch zur Selbstdiagnose. Damit ließen sich die Präferenzen der Wandlungspromotoren bestimmen und wirkungsvoll kombinieren. Zugleich würden auch Lücken erkennbar, die zu schließen wären. Ein derartiger Einsatz des MBTI ist in Deutschland bisher wohl kaum zu finden. Es bleibt dann der persönlichen Einschätzung der Beteiligten überlassen, wen sie mit wem ‚zusammenspannen‘, wen sie in welcher Phase des Wandels einsetzen. Die vorangegangenen Überlegungen können dafür eine Orientierungshilfe sein.

2.2 Demographische Charakteristika

Auch bezüglich demographischer Charakteristika ist ein hohes Maß an Vielfalt notwendig. Vielfalt (‚diversity‘) ist gerade für internationale Unternehmungen eine vieldiskutierte Forderung. Sie entspricht dem, was in der Biologie mit ‚genetischer Vielfalt‘ bezeichnet wird. Um Wandlungsimpulse entstehen zu lassen und umsetzen, ist Vielfalt unverzichtbar. In Unternehmungen nehmen mit wachsender Vielfalt allerdings auch die Komplexität und ihre Kosten zu, so daß ein ‚optimales Ausmaß an Diversität‘

anzusteuern ist. Als demographische Merkmale, für die sich relativ klare Aussagen treffen lassen, wurden hier die Ausbildung, der Karriereweg und das Alter ausgewählt (vgl. im einzelnen Janz 1999, S. 27ff.).

- **Ausbildung: Hard Facts und Soft Facts.** Wenn man den gesamten Wandlungsprozeß betrachtet, wird sehr deutlich, daß bezogen auf die Berufsausbildung unterschiedliche Facetten gefragt sind. Fundierte **betriebswirtschaftliche Kenntnisse** sind unerläßlich, wenn es darum geht, Wandlungsbedarf anhand von Kennzahlen zu erkennen (**Initialierungsphase**). Ferner sind diese Kenntnisse in hohem Maße in der **Konzipierungsphase** von Bedeutung. Hier müssen unterschiedliche Alternativen auf ihre betriebswirtschaftliche Eignung hin verglichen werden. Überdies wird aber auch **psychologisches Know-how** benötigt. Wandlungsmanagement heißt vor allem Barrierenmanagement. Die personellen Barrieren spielen hierbei eine besonders erfolgskritische Rolle (**Mobilisierungs-** und **Umsetzungsphase**). Fundierte psychologische Grundkenntnisse können zur Überwindung dieser Wandlungshemmnisse beitragen. Je nach Branche sollten schließlich auch **technische Kenntnisse** vorhanden sein. Da sich die Definition von ‚Branchen‘ und damit auch die Branchengrenzen stark verändern, gibt es im Topmanagement einen Bedarf an unterschiedlichen Berufsausbildungen. Einseitigkeit an dieser Stelle kann gerade bei der Bestimmung des Transformationsbedarfs zu Fehleinschätzungen führen (**Initialierungsphase**).

- **Karriereweg: Unternehmungskenntnis und Unternehmungsdistanz.** Von erheblichem Vorteil ist es, wenn das Spitzengremium einer Unternehmung mit Topmanagern besetzt ist, die über unterschiedliche Karrierewege verfügen. Dies gilt z.B. in der **Initialierungsphase**, in der Wandlungsbedarf zu erkennen und zu bestimmen ist, sowie in der **Konzipierungsphase**. Topmanager, die über (fast) keine Unternehmungserfahrung verfügen, sind nicht betriebsblind und können einen Transformationsbedarf (relativ) objektiv feststellen. Spitzenführungskräfte, die eine langjährige Unternehmungszugehörigkeit aufweisen, haben dafür fundierte Kenntnisse der Unternehmung, die zur Einschätzung des Veränderungsbedarfs ebenfalls von erheblicher Bedeutung sein können (vgl. zu den Problemen einer langen Unternehmungszugehörigkeit Abschn. 4.2, S. 164ff.). Hinsichtlich der **Konzipierungsphase** ist festzuhalten, daß die Vielfalt der Sichtweisen und Ideen für potentielle Handlungsoptionen durch heterogene Karrierehintergründe unweigerlich steigt. Von großem Vorteil ist, daß sowohl das Gefühl für das Machbare in einer Unternehmung als auch die Kenntnis von neuen Konzepten und Methoden vorhanden ist.

- **Altersaufbau: Alte und Junge.** Auch bezüglich des Alters sollten unterschiedliche Gruppen berücksichtigt werden. So werden auf der einen Seite junge Topma-

150

nager benötigt, die eine erhöhte ‚mentale' Offenheit besitzen (**Initialisierungs-phase**), im Durchschnitt risikofreudiger sind und dem ‚universitären Input' näher stehen als Spitzenführungskräfte, deren letzte Berufsausbildung zwei Jahrzehnte zurückliegt. Auf der anderen Seite wird im Wandlungsprozeß auch ein hohes Maß an (Berufs-)Erfahrung gebraucht, das altersabhängig ist. Diese wird insbesondere für das **Barrierenmanagement** (v.a. **Initialisierungs-** und **Mobilisierungsphase**) benötigt (vgl. hierzu auch die Ausführungen in Kap. 2.7, S. 84). So tritt z.B. Empathie bei älteren Spitzenführungskräften stärker in Erscheinung als bei jungen.

3. Führung im Abbau, Umbau und Aufbau

3.1 Anforderungsprofile

Die Anforderungen an die Person der Führungskraft und der geeignete Führungsstil sind auch von der Führungssituation abhängig. Zusammenhänge zwischen ‚Situation' und ‚Führungsstil' bilden den Gegenstand sogenagnnter situativer Ansätze der Führungsverhaltenstheorie (vgl. z.B. Fiedlers Kontingenzansatz, 1987). Die Eignung verschiedener Typen des General Managers für die Bewältigung unterschiedlicher Wettbewerbssituationen wird in Arbeiten des strategischen Managements behandelt.

Im folgenden wird eine Verbindung der erläuterten Anforderungen und Charakteristika zu den bereits mehrfach diskutierten Situationen des ‚Aufbaus, Abbaus und Umbaus' hergestellt, um auf die Weise zu einer Differenzierung der Aussagen zu gelangen (vgl. Kap. 2.3, S. 46ff.).

Für den **Aufbau** von neuen Geschäftsfeldern und -einheiten ist es notwendig, ein faszinierendes Bild der Unternehmung für die Zukunft zu entwickeln. Bei den Mitarbeitern, aber auch bei externen Anspruchsgruppen, ist Vertrauen und im günstigsten Fall Begeisterung für die neuen Entwicklungen zu erzeugen. Bezogen auf den Wandlungsprozeß aus Kapitel 2 (S. 60ff.) tritt insbesondere die **Phase der Konzipierung** in den Vordergrund. Der Anreiz-Beitrags-Saldo (vgl. hierzu die Ausführungen in Kap. 6.3, S. 236ff.) ist in einer Aufbausituation als grundsätzlich positiv anzusehen. Durch die Gründung von neuen Geschäftseinheiten und -feldern entstehen neue (Karriere-)Möglichkeiten und attraktive Herausforderungen für die Mitarbeiter. Die Sorge um den eigenen Arbeitsplatz ist in dieser Unternehmungssituation nicht vorherrschend.

Trotz der grundsätzlich positiven Entwicklung der Unternehmung können beim Aufbau einer Erfolgsposition Konflikte auftreten. Zu nennen sind hier z.B. **Ziel- und Beurteilungskonflikte** hinsichtlich der zu wählenden Strategie, aber auch **Verteilungskonflikte** (vgl. zu unterschiedlichen Konfliktarten Krüger 1983, S. 454). Diese sind u.a. dann zu beobachten, wenn den aufzubauenden Erfolgspotentialen und Geschäftseinheiten personelle und materielle Ressourcen zur Verfügung gestellt werden, diese aber aus anderen Bereichen abgezogen werden. Insgesamt kann aber davon ausgegangen werden, daß die Konfliktpotentiale deutlich niedriger sind als in einer Abbausituation.

In Aufbausituationen dominieren Anforderungen, die auf die Figur der **visionären**, unternehmerischen **Führungskraft** hinauslaufen, die mit ihren Ideen und herausfordernden Zielen durch Kommunikation und Ausstrahlung Menschen für Neues begeistern kann. Bezogen auf die vorne vorgestellten Präferenzen, steht hier insbesondere die **extravertierte**, aber auch die **intuitive Verhaltensrichtung** im Vordergrund.

In einer **Abbausituation** steht das Abstoßen von Unternehmungsbereichen und/oder das Schließen von Geschäftseinheiten oder Werken im Vordergrund. Die Konfliktsituation ist deutlich härter und negativer geprägt als im Rahmen eines Aufbaus. Als besonderes Problem sind **Durchsetzungskonflikte** zu nennen. Die Anreiz-Beitrags-Situation ist im Abbau reziprok zur Aufbauphase einer Unternehmung zu sehen. Nicht selten müssen Mitarbeiter ihre Abteilung verlassen, sich Umschulungsmaßnahmen aussetzen, oder sie verlieren sogar ihren Arbeitsplatz. Nicht zuletzt aufgrund der ungünstigen Konflikt- und Anreiz-Beitrags-Situation kommt der **Umsetzungsphase** beim Abbau eine hervorgehobene Bedeutung zu. Die Anzahl der Opponenten dürfte in dieser Situation weitaus höher sein als die der Promotoren. Insofern muß mit einem ausreichenden Maß an Konsequenz, Durchsetzungskraft und Nüchternheit, aber auch mit Geschick das angestrebte Wandlungsziel erreicht werden. Derartige Anforderungen verweisen auf einen Führungsschwerpunkt im Bereich des ‚effizienten Managers‘. Die Figur des ‚**Machers**‘, der unbeirrt entworfene Konzepte auch gegen große Widerstände umsetzt, scheint diesen Herausforderungen am besten gewachsen zu sein. Ihm ist zuzutrauen, daß er Konflikte handhaben und somit unproduktive Wirkungen, wie z.B. Reibungsverluste, Blockaden und Pattsituationen, reduzieren kann. Er zeichnet sich - um in den Kategorien des MBTI zu sprechen - durch eine besondere Ausprägung der **extravertierten**, der **analytischen** und der **beurteilenden Präferenz** aus.

Ein **Umbau** der Unternehmung bedeutet in der Regel eine logische Verknüpfung zwischen dem Abbau und dem Aufbau von Erfolgspositionen und -potentialen. Nicht selten werden im Rahmen von Umbaumaßnahmen Bereiche einer Unternehmung verkauft oder geschlossen, während auf anderen Gebieten Akquisitionen durchgeführt werden oder das interne Wachstum erfolgreicher Geschäftsfelder vorangetrieben wird.

152

In den voranzutreibenden Geschäften kann eine sehr günstige Anreiz-Beitrags-Situation herrschen, während dies für stillzulegende Geschäfte nachvollziehbarerweise nicht gilt. Daraus ergibt sich, daß für den Umbau einer Unternehmung die ‚visionäre Führungskraft‘ und der ‚effiziente Manager‘ gleichermaßen von Bedeutung sind. In der Nomenklatur des MBTI stehen die **extravertierte**, die **intuitive**, die **analytische** und die **beurteilende Präferenz** im Vordergrund (vgl. zu diesem Ergebnis auch Janz 1999). Die Breite und Vielfalt dieses Anforderungsprofils ist ein Grund dafür, daß der **Umbau** einer Unternehmung für das Spitzengremium in jedem Fall eine besondere Herausforderung und in manchen Fällen eine Überforderung darstellt.

3.2 Einflußaktivitäten im Wandlungsprozeß

Wie bereits in Kapitel 2 (S. 87f.) erläutert, lassen sich die Beteiligten je nach ihrer Haltung gegenüber Veränderungen in die drei Kategorien Promotoren, Unentschiedene und Opponenten einteilen. Nur wenn ein nachhaltiges Übergewicht der Promotoren zustande kommt, ist ein Wandlungsprozeß auszulösen und zu Ende zu bringen. Jede andere Kräftekonstellation läßt den Prozeß entweder versanden oder scheitern bzw. führt dazu, daß er gar nicht erst begonnen wird. Promotoren und Opponenten wirken durch vielfältige Einflüsse einerseits auf die Sachaufgaben des Wandlungsprozesses ein, versuchen andererseits, die jeweilige Gegenseite sowie die Unentschiedenen direkt zu beeinflussen.

Wandlungssituationen erfordern besondere ‚Management Attention‘, verlangen ein hohes Maß an Einsatz und bedingen mithin eine größere **Führungsstärke** als Ruhephasen. Dinge und Personen müssen in Bewegung gebracht und in Bewegung gehalten werden. Strategische Erneuerung ist daher ohne **starke Führung** nicht möglich. Führen heißt in solchen Situationen mehr denn je, Kraftfelder bilden und verändern, Koalitionen schmieden, Promotoren aktivieren und unterstützen, Opponenten überzeugen oder überwinden, Unentschlossene einbinden. Wandlungsprozesse sind nicht nur ‚Sachprozesse‘, sondern - untrennbar damit verbunden - auch Machtprozesse; es sind ‚**gemischte Sach-/Machtprozesse**‘ (vgl. Krüger 1976).

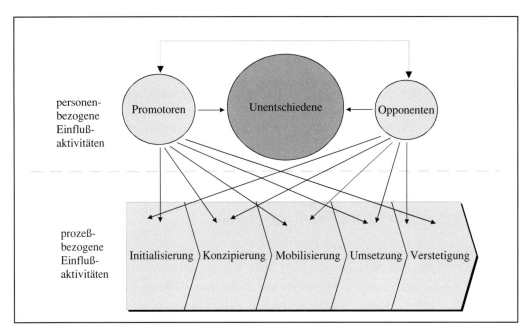

Abb. 4/3: Kraftfeld des Wandels

Die folgende Liste soll einen exemplarischen Eindruck von personellen bzw. prozessualen Einflußaktivitäten, die das ‚**Kraftfeld des Wandels**‘ prägen, geben (vgl. Abb. 4/3).

▓ Personenbezogene Einflußaktivitäten (Beispiele)

❑ Willensbarrieren überwinden (z.B. durch Einsatz von Anreizen, Belohnungen, Drohungen, negativen Sanktionen, aber auch persönliche Überredung und Überzeugung),

❑ Fähigkeitsbarrieren überwinden (z.B. durch Information und Kommunikation, Training),

❑ erwünschtes Verhalten (Tun oder Unterlassen) gratifizieren,

❑ Leistungen und Leistungsergebnisse belohnen,

❑ potentielle Promotoren aktivieren,

❑ aktive Promotoren unterstützen,

154

- ❑ Opponenten einbinden oder überwinden,
- ❑ Unentschlossene aktivieren.

▨ **Prozeßbezogene Einflußaktivitäten (Beispiele)**

- ❑ Vorgehensplan erstellen,
- ❑ Aufgaben- und Kompetenzverteilung für Programm- und Projektorganisation regeln,
- ❑ Personelle Besetzung/Zusammensetzung der Programm- und Projektleitung, der Teams und Gremien festlegen,
- ❑ Initiativen, Vorschläge, Alternativen anstoßen/ausarbeiten,
- ❑ Prozeßphasen zeitlich beeinflussen (auslösen/verzögern/beschleunigen/beenden),
- ❑ Prioritäten und Termine setzen,
- ❑ Entscheidungen herbeiführen/autorisieren,
- ❑ Ressourcen zuteilen,
- ❑ Aufträge und Anweisungen erteilen/Entscheidungen und Pläne durchsetzen.

Wie die Liste der prozeßbezogenen Einflußaktivitäten zeigt, gibt es kaum eine ‚Sachfrage‘, die nicht gleichzeitig ‚Machtfrage‘ ist. Der Machthintergrund des Wandels wird etwas aufgehellt, wenn man sich die Formen und Basen der Macht vergegenwärtigt, die zum Einsatz kommen (vgl. folgende Abb. 4/4, nach Krüger 1992), derer sich also Promotoren wie Opponenten bedienen können.

‚Macht‘ muß auch im Zusammenhang mit Unternehmungswandel als eine neutrale Kategorie gesehen werden. Sie stellt eine Form der **Prozeßenergie** dar, und ohne Energie ist ein (tiefgreifender) Wandel undenkbar. Wo die Macht endet, endet auch bald das Machbare (vgl. Krüger 1989).

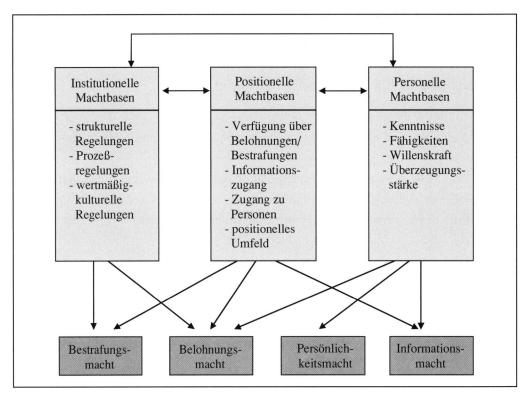

Abb. 4/4: Machtbasen und Machtformen

Abbildung 4/4 illustriert vier verschiedene Formen der Macht. In jeder denkbaren Situation spielt zunächst die **Persönlichkeitsmacht** eine besondere Rolle. Ihre Wirkung drückt sich in der **Authentizität** und **Glaubwürdigkeit** des Topmanagements aus. Reden und Handeln, Wort und Tat, müssen in Einklang stehen. Zu erinnern ist an die personelle Stimmigkeit des Wandels als eine besondere Problematik. Führungskräfte mit stark ausgeprägter Persönlichkeitsmacht genießen Respekt und gewinnen Autorität. Ihnen kommt eine Vorbildfunktion zu. Mitarbeiter können sich mit ihnen sowie mit ihren Ideen und Verhaltensweisen, identifizieren. Dies wiederum hat unmittelbaren Einfluß auf die **Wandlungsbereitschaft** der Mitarbeiter (vgl. Abb. 4/5, S. 158).

Die **Informationsmacht** fußt neben personellen auf positionellen Machtbasen, wie z.B. dem Zugang zu Experten und Spezialkenntnissen. Sie ist in aller Regel weniger formalisiert als die Belohnungs- und Bestrafungsmacht. Das Wissen über Seilschaften, Kommunikationskanäle, die Unternehmungshistorie sowie die Fähigkeiten und Moti-

156

vationsstrukturen von Mitarbeitern stellt einen weiteren Aspekt der Informationsmacht dar. Ferner ist die Verfügung über die notwendigen Informationen in Form von Fachwissen und Führungswissen für das Steuern des Wandlungsprozesses und zur Beeinflussung von Mitarbeitern erforderlich, unabhängig davon, ob es sich um einen Aufbau, Abbau oder Umbau handelt. Die Unternehmungsspitze bleibt allerdings auch auf die spezifischen Kenntnisse einzelner Mitarbeiter und Abteilungen angewiesen. In diesem Sinne ist es wichtig, gute Kontakte zu ‚Informationslieferanten' in der ganzen Unternehmung zu pflegen und Experten als **Fachpromotoren** in das Programm- und Projektmanagement einzubinden. In der Summe kann das Topmanagement durch den geschickten Einsatz von Informationsmacht nicht nur die **Wandlungsfähigkeit**, sondern auch die **Wandlungsbereitschaft** deutlich erhöhen.

Die **Belohnungsmacht**, also die Verfügung über positive Anreize, fußt auf allen genannten Machtbasen, beruht somit auf institutionellen, positionellen und personellen Quellen (vgl. zu Anreizsystemen auch Kap. 8.3, S. 299ff.). Insgesamt betrachtet, steht bei dem Einsatz der Belohnungsmacht die Erhöhung der **Wandlungsbereitschaft** im Vordergrund. Diese Form der Macht ist schwerpunktmäßig beim Aufbau von Erfolgspositionen und -potentialen zu beobachten. Neue und attraktive Aufgaben, Aufstiegsmöglichkeiten und Einkommensverbesserungen führen dazu, daß es zahlreiche ‚Wandlungsgewinner' gibt. In Abbausituationen wird Belohnungsmacht genutzt, um die Nachteile des Wandels zumindest teilweise zu kompensieren. Man denke insbesondere an Abfindungen, Sozialpläne und Outplacement-Maßnahmen.

Die **Bestrafungsmacht** beruht zum einen auf positionellen, zum anderen auf institutionellen Machtbasen. Ihren Einsatzschwerpunkt bilden Abbausituationen. Sehr häufig greift die Unternehmungsleitung auf negative Sanktionen, wie z.B. das Entziehen von Aufgaben bzw. Funktionen, Versetzungen und Entlassungen, zurück. Bestrafungsmacht äußert sich zunehmend auch in der Verweigerung positiver Sanktionen (vgl. Krüger 1989, S. 124). Durch diese Maßnahmen können Defizite in der **Wandlungsbereitschaft** durch Zwang geschlossen oder überbrückt werden. Es sei erwähnt, daß die Handhabung der Bestrafungsmacht durch vielfältige Gesetze und Verordnungen und nicht zuletzt durch die Mitbestimmung eingeschränkt ist. Selbstverständlich bleibt Bestrafungsmacht auch beim Aufbau und Umbau von Erfolgspotentialen und -positionen präsent. So führt das (mehrmalige) Ablehnen eines konkreten Auslandseinsatzes z.B. zu deutlich verminderten Karrierechancen.

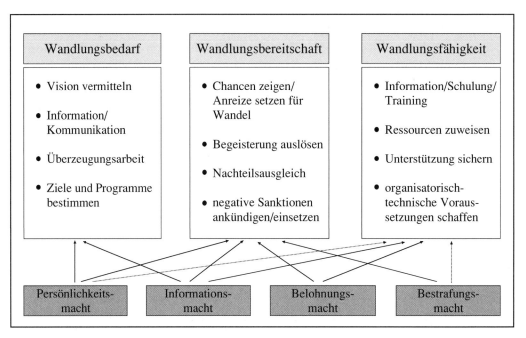

Wandlungsbedarf	Wandlungsbereitschaft	Wandlungsfähigkeit
• Vision vermitteln • Information/ Kommunikation • Überzeugungsarbeit • Ziele und Programme bestimmen	• Chancen zeigen/ Anreize setzen für Wandel • Begeisterung auslösen • Nachteilsausgleich • negative Sanktionen ankündigen/einsetzen	• Information/Schulung/ Training • Ressourcen zuweisen • Unterstützung sichern • organisatorisch-technische Voraussetzungen schaffen

| Persönlichkeits-macht | Informations-macht | Belohnungs-macht | Bestrafungs-macht |

Abb. 4/5: Zusammenhang zwischen den ‚3W' und Machtformen

3.3 Einflußsysteme im Wandel

Die verschiedenen Formen von Macht und Einfluß sind in den Unternehmungen unterschiedlich ausgeprägt und strukturiert. Typischerweise bilden sich ähnlich wie bei den Organisationsstrukturen bestimmte Einflußmuster heraus, die in einer Unternehmung vorherrschen (so Mintzberg 1983) und von deren Existenz und Eigenart auch das Wandlungsgeschehen geprägt wird. Die folgenden Überlegungen sollen exemplarisch einen Eindruck von diesen Konfigurationen der Macht vermitteln und in dem schier uferlosen Geschehen zumindest einige Konturen deutlich machen. Eine einzelne Führungskraft, und sei ihre Position oder Persönlichkeit noch so herausgehoben und bedeutsam, wird auf Dauer nichts erreichen und bewirken, wenn es ihr nicht gelingt, Einflußsysteme aufzubauen bzw. zu nutzen.

(1) Personalistisches Einflußsystem

Basis: Persönlichkeitsmacht, Personenbezug, Identifikation, personale Autorität.

Merkmale: hohe Machtkonzentration (‚Seilschaften‘, ‚Küchenkabinett‘, ‚Hofstaat‘).

Wirkungen: Schwächung bürokratischer Einflußsysteme, zu denen personalistische ein Gegengewicht bilden können. Stark von der (den) Person(en) an der Spitze abhängig. Wandlungs- und Krisenmanager, die von außen in eine Unternehmung berufen werden, sind zumindest am Beginn ihrer Tätigkeit darauf angewiesen, sich mit einem Stab persönlicher Vertrauter zu umgeben. Wenn es ihnen allerdings im weiteren Verlauf nicht gelingt, die vorhandenen Einflußsysteme ebenfalls zu nutzen oder sie durch neue zu ersetzen, werden ‚Abstoßreaktionen‘ überhandnehmen, und der Wandel muß scheitern.

(2) Bürokratisches Einflußsystem

Basis: Amtsautorität, Legitimation, Sanktionsmacht.

Merkmale: Betonung der Regelhaftigkeit; personenunabhängig; hohe Stabilität bis hin zur Starrheit; im Prinzip für beliebige Ziele/Inhalte einsetzbar.

Wirkungen: Ein bürokratisches Einflußsystem in sich zu ändern, ist außerordentlich schwierig. Es bildet insofern eine Wandlungsbarriere. Da die Bürokratie nicht auf inhaltliche Ziele und Werte verpflichtet ist, sondern auf formale (z.B. Ordnungsmäßigkeit), ist sie allerdings bei Änderungen von Strategien im Prinzip instrumentell flexibel nutzbar. Schwierig wird es, wenn Opponenten das bürokratische System kontrollieren. Promotoren dürften dann auf ein ‚Unterwandern‘ bzw. Umgehen der Bürokratie angewiesen sein, also auf eine partisanenartige Strategie. Diese stützt sich vorwiegend auf personalistische Einflußbeziehungen und gemeinsame Gegenentwürfe zur herrschenden Linie. Insofern sind auch Elemente eines ideologischen und/oder professionalisierten Einflußsystems in diesem Promotorensystem enthalten. Ein praktisches Problem besteht darin, daß die Informationsmacht und das Expertentum als Voraussetzungen für ein professionalisiertes Einflußsystem typischerweise im bürokratischen System verankert sind. Ohne Zugang zur bzw. Nutzung der Bürokratie ist eine wirkungsvolle ‚antibürokratische Gegenmacht‘ schwer aufzubauen. Denkbar ist der Einsatz externer Berater oder der Aufbau eigener Stäbe, um dieses Defizit zu kompensieren.

(3) Ideologisches Einflußsystem

Basis: Entweder eine prägende Persönlichkeit, die die gemeinsamen Werte verkörpert, oder eine Institution, in deren Regeln, Mythen, Symbolen und Ritualen sie verankert sind.

Merkmale: Wenn die Ideologie nicht personifiziert ist (‚Guru‘), dann herrscht eine hohe Machtstreuung. Zugleich aber ist eine außerordentlich hohe Wirksamkeit der Beeinflussung insofern gegeben, als die Einstellungen und Verhaltensweisen aller Beteiligten von der ‚Ideologie‘ bestimmt werden. Unternehmungen, die maßgeblich von einer starken Unternehmungskultur geprägt werden und in der alle Mitarbeiter auf die ‚shared values‘ eingeschworen sind, stellen im ganzen ein ‚ideologisches System‘ dar. Sie besitzen dann Ähnlichkeiten mit einer eingeschworenen Gemeinschaft oder gar einer Sekte.

Wirkungen: Wenn die mentalen Modelle der Beteiligten einem Wandel nicht entgegenstehen oder ihn sogar fördern, haben die Promotoren beste Voraussetzungen. Umgekehrt gilt, daß wohl nichts schwerer zu ändern ist und insofern eine höhere Hürde darstellt als eingefahrene Überzeugungen und Gewohnheiten. Die Stärke einer intensiv gepflegten und tief verankerten Unternehmungskultur wird dann zur Schwäche und zum Hemmschuh. Wichtig ist in jedem Fall, daß ‚Ideologie‘ allein nicht ausreicht bzw. wirkungslos bleibt. Andere Einflußnetze müssen hinzukommen. Insbesondere in der Kombination mit bürokratischem und professionalisiertem Einfluß multiplizieren sich die Wirkungen der ‚shared values‘. ‚Ideologie plus Bürokratie‘ oder/und ‚Ideologie plus Expertentum‘ besitzen starke Durchschlagskraft.

(4) Professionalisiertes Einflußsystem

Basis: Expertenwissen, Informationsmacht, gleichartige Ausbildung.

Merkmale: Informationsmacht hat insgesamt eine hohe und weiter steigende Bedeutung. Sie ist universell einsetzbar. Im Einzelfall kann ein professionalisiertes Einflußsystem eine hohe Konzentration besitzen, insbesondere, wenn die Expertise organisatorisch und technisch gebündelt wird (Konzernstäbe, War Room, Center of Competence). In der Praxis gibt es eine geradezu klassische Gegensätzlichkeit in der Professionalisierung zwischen ‚Kaufleuten‘ und ‚Technikern‘, und nicht wenige Firmen lassen sich klar als ‚market-driven‘ oder ‚technology-driven‘ einordnen. Dies verweist auf dominierende professionalisierte Einflußsysteme.

Wirkungen: Für die Wirkungen professionalisierter Einflußsysteme gilt in abgeschwächter Form das bereits für die bürokratischen Systeme Gesagte. Wer sie auf seiner Seite hat, kann sich glücklich schätzen, wer sie gegen sich hat, muß ein Vielfaches an Kraft aufbieten, um sich durchzusetzen.

(5) Politisches Einflußsystem

Basis: Macht und Machterhalt als solche stehen im Mittelpunkt.

Merkmale: Informale, unkoordinierte Einflußnahme (Machtpoker, Intrigenspiel, ‚Hauen und Stechen‘); tritt auf, wenn andere Einflußsysteme fehlen oder dabei sind, abgelöst zu werden.

Wirkungen: Auch in einem geordneten System gibt es immer ‚reine Machtprozesse‘, die von Sachfragen gänzlich abgekoppelt sind. Allerdings sollte das dominierende Einflußsystem einer Unternehmung nicht damit identisch sein. Bezogen auf Wandlungsprozesse kann in Übergangsstadien allerdings sehr wohl eine Situation entstehen, in der das Alte zwar offenkundig diskreditiert oder obsolet geworden ist, das Neue aber noch nicht hinreichend klar ist. Dann gilt es, sich eine gute Ausgangsposition bzw. Verteidigungsposition für die Zukunft zu verschaffen. Erodierende Einflußsysteme lassen ein Machtvakuum entstehen, das gefüllt werden wird. Politische Einflußsysteme können sich ausbreiten. Ein Machtvakuum entsteht auch bei Führungslosigkeit oder ausgeprägter Führungsschwäche an der Unternehmungsspitze. Die Machtprozesse in einem politischen Einflußsystem binden erhebliche Energien aller Beteiligten und lenken vom Tagesgeschäft ab. Ob und in welcher Form Wandel stattfindet, ist dem freien Spiel der Kräfte überlassen. Im Grenzfall ist das gesamte Unternehmungsgeschehen mehr oder minder durch einen Machtkampf beherrscht und blockiert.

4. Überbrückung von Führungsdefiziten

4.1 Ausgangsüberlegungen

Die tägliche Praxis zeigt, daß ein strategischer Kurswechsel von Unternehmungen sehr oft mit Managementturbulenzen einhergeht. Es kommt vergleichsweise selten vor, daß Topmanager, die bereits lange Jahre an der Spitze stehen, auch die strategische Erneuerung verantworten und durchführen. Abgesehen davon, daß dies Ausdruck von Macht- und Konfliktproblemen an der Unternehmungsspitze sein kann, verweisen derartige Vorgänge auch auf mögliche **Führungsdefizite**. Das ‚Führungs-Ist‘ kann den vielfältigen Anforderungen und Problemen, wie sie hier skizziert wurden, nicht stand-halten. Die Ursachen hierfür dürften verschiedener Natur sein:

- Eine Situation tiefgreifenden Wandels (Transformationsphase) verlangt andere Qualitäten als die ‚Normalphasen‘ der Unternehmungsentwicklung. Negativ for-muliert: ‚Schönwetterkapitäne‘ sind bei stürmischer See überfordert.

- Die Bandbreite der Anforderungen ist zu groß und wird vom Topmanagement nicht ausreichend abgedeckt. An der Unternehmungsspitze herrscht ein hoher Konfor-mitätsdruck, der bis hin zur Uniformität reicht. Auf die Weise sollen die Hand-lungsfähigkeit, Geschlossenheit und Schlagkraft der Spitze gestärkt werden. Bei gewandelten Anforderungen kann sich diese Homogenität als gravierender Nach-teil erweisen.

- Der angestrebte neue Kurs ist deswegen erforderlich, weil sich der alte Kurs als falsch erwiesen hat. Die Verantwortlichen an der Spitze repräsentieren die Fehler der Vergangenheit und sind insofern persönlich belastet. Ihnen wird nicht genug Vertrauen für die Bewältigung der Zukunftsaufgaben entgegengebracht. Im Grenz-fall werden Topmanager geopfert, um dem Bedürfnis nach Sündenböcken zu ent-sprechen bzw. um ein unübersehbares Zeichen des Neuanfangs zu setzen. Auch dies ist im übrigen eine Form von symbolischem Management.

- Im Zuge des Wandels werden bisherige Einflußsysteme durch andere abgelöst. Verschiebungen und Umbesetzungen im Topmanagement sind Ausdruck dieser Veränderungen. Die alten Führungskräfte passen nicht mehr in die neuen Netz-werke.

Die beiden zuletzt genannten Ursachenkomplexe muß man als nicht zu vermeidende Begleiterscheinungen, sozusagen als ‚Wandlungskonstanten‘, einstufen. Die ersten beiden Punkte dagegen sind eine nähere Betrachtung wert, denn hier werden Defizite sichtbar, die nicht ohne weiteres als unabänderlich hingenommen werden müssen. Für eine gezielte Bewältigung der Führungsdefizite ist deren genaue Diagnose erforder-lich, also insbesondere die Kenntnis des Ist-Profils der Führungskräfte. Hierfür lassen sich z.B. die Ergebnisse einer empirischen Studie heranziehen, die von *Berth* (1993) veröffentlicht wurde. Demnach wurden in Deutschland sechs unterschiedliche Mana-gertypen festgestellt:

1. **Vernünftiger Analysierer** (32%): kann Probleme sezieren und ihnen eine Struktur geben.

2. **Vorsichtiger Organisierer** (22%): plant und versteht Menschen sowie Prinzipien, geht aber weniger gern an die Front.

3. **Geschickter Macher** (19%): krempelt die Ärmel hoch und kann mit Menschen umgehen.

4. **Konservativer Anpasser** (11%): baut auf Bewährtem auf, ist eher introvertiert.

5. **Systematischer Entdecker** (11%): ist kreativ und eher introvertiert.

6. **Reformerischer Visionär** (5%): hat Ideen, drängt phantasievoll nach Neuem, die Fragen des Miteinander sprechen ihn an, ist extrovertiert.

Auch bei einer wohlwollend-vorsichtigen Interpretation dieser Befunde ist klar, daß die besondere Stärke deutscher Manager nicht gerade in der ‚visionären Führung‘ und strategischen Erneuerung liegt. Der Anteil der Führungskräfte, die für tiefgreifende Veränderungen prädestiniert scheinen, die man sich als Wandlungspromotoren vorstellen kann, ist relativ gering. Der ‚reformerische Visionär‘ ist eher eine Ausnahmeerscheinung, der ‚geschickte Macher‘ mag besonders für die Umsetzung geeignet sein. Der ‚vorsichtige Organisierer‘, vor allem aber der ‚konservative Anpasser‘ lassen jedoch eher an hemmende als an fördernde Kräfte einer strategischen Erneuerung denken. Von einem ‚systematischen Entdecker‘ könnten zwar sehr wohl Änderungsideen kommen. Die Frage ist nur, ob dieser Managertyp in der Lage wäre, eine Veränderung auch auszulösen und den Wandlungsprozeß voranzutreiben. Der ‚vernünftige Analysierer‘, immerhin rund ein Drittel der Führungskräfte, dürfte vielleicht noch als wandlungsneutral zu bezeichnen sein.

Insgesamt ist ein Führungsdefizit klar erkennbar, und als letzte der zum Kapitelbeginn aufgestellten Fragen ist zu klären, wie diese Lücke zu schließen ist. Im folgenden werden in der Reihenfolge ihrer zeitlichen Wirksamkeit vier ausgewählte Ansatzpunkte diskutiert (vgl. im einzelnen Janz 1999, S. 151ff.):

- ❑ Wechsel im Topmanagement

- ❑ Einsatz externer Berater

- ❑ komplementäre Besetzung des Topmanagements

- ❑ Personalentwicklung

Ein Austausch von Topmanagern ist eine im Vergleich zu den anderen Alternativen sehr kurzfristig und einschneidend wirksame Maßnahme. Sie läßt einen gänzlichen Umbau des personellen Eignungsprofils zu. Externe Berater können Ergänzungen des Profils bieten, sind auch kurzfristig einsetzbar, stellen aber keine dauerhafte Lösung gravierender Defizite dar. Eine sehr interessante und wirkungsvolle, wenngleich nur langfristig einsetzbare Lösung bietet das komplementäre Management. Die Personalentwicklung ist ebenfalls nur langfristig einsetzbar und kann auch nur begrenzt Veränderungen vorhandener Eignungen bewirken. Bereits aus dieser überblickartigen Gesamtwürdigung wird deutlich, daß eine Kombination von Maßnahmen in vielen Fällen zu empfehlen ist.

4.2   Wechsel im Topmanagement

Ein Auswechseln einzelner Topmanager oder sogar des gesamten Führungsgremiums zu einem Zeitpunkt oder zeitlich gestaffelt ist eine vielfach zu beobachtende Begleiterscheinung strategischen Kurswechsels. Im Sinne der personellen Charakteristika argumentiert, besteht die Möglichkeit, dabei auch das Charakteristikaprofil zu verändern bzw. komplett auszutauschen. Auf die Weise könnten **neue Sichtweisen**, **Ideen** und **Fähigkeiten** in die Unternehmung eingespeist und vorhandene **Macht-** und **Informationsbeziehungen** aufgebrochen werden. Nicht zuletzt ist auf die **Signalwirkung** zu verweisen. Der Wechsel an der Spitze symbolisiert den Ernst der Lage und demonstriert den Änderungswillen, ist also auch als Teil **symbolischen Managements** zu begreifen.

Ob ein Auswechseln des Topmanagements per se zu nachhaltigen Verbesserungen führt, muß allerdings kritisch hinterfragt werden. Spitzenführungskräftewechsel scheitern oft nach relativ kurzer Zeit oder weisen keine bedeutenden Erfolge auf (vgl. Greiner/Bhambri 1989). Den offensichtlichen Chancen und Vorteilen stehen einige Probleme und Nachteile entgegen. Die Dramatik und potentiellen Gefahren eines Topmanagerwechsels beschreibt *Oswald* mit der Metapher einer **Bluttransfusion**. Dabei lassen sich körperliche Konsequenzen mit Einschränkungen auf die psychologische Ebene einer Unternehmung übertragen (vgl. Oswald 1970, S. 111ff.). Nicht selten führt ein Topmanagerwechsel zu Verunsicherung und Verängstigung der Mitarbeiter. Probleme dieser Art ergeben sich dadurch, daß die Mitarbeiter einen Bezugspunkt - eine Art **Fixstern** - verlieren. Selbst wenn die Zufriedenheit mit dem derzeitigen Amtsinhaber gering ist, stellt das aktuelle Topmanagement eine bekannte und insofern auch eine **berechenbare Größe** dar.

Auch führt die öfters anzutreffende ‚**Sündenbock-Praxis**‘ (vgl. hierzu Gamson/Scotch 1964, S. 70) nicht unbedingt zu dem gewünschten Erfolg. Die Entlassung des Topmanagers bei Mißerfolg vermittelt den Eindruck, den Schuldigen für eine Krisensituation gefunden und somit die Hauptursache für die Misere identifiziert und entfernt zu haben. Dies jedoch kann dazu führen, daß eine kritische Selbstbefragung der Unternehmungsmitglieder nach der eigenen Beteiligung an der zu verändernden Unternehmungssituation ausbleibt (vgl. Neuberger 1997, S. 154). Widerstände der

164

Mitarbeiter aufgrund fehlender Einsicht bezüglich der eigenen Wandlungsnotwendigkeit erscheinen hier wahrscheinlich.

Falls man sich in Abwägung der erläuterten Vor- und Nachteile für einen Topmanagerwechsel entschieden hat, stellt sich die Frage, ob ein **externer** oder ein **interner Wechsel** angestrebt wird. Diese beiden Varianten sollen im folgenden diskutiert werden. Die Auswirkungen der Besetzungsart lassen sich in **topmanager-** und **unternehmungsbezogene Effekte** unterteilen (vgl. Janz 1999, S. 168ff.).

Topmanagerbezogene Effekte: Weitgehend unbestritten ist, daß die **mentale Offenheit** einer Spitzenführungskraft um so größer ist, je schwächer der Unternehmungsbezug ist. Dies spricht für **externe Nachfolger.** Offensichtlich ist allerdings auch das damit verbundene Problem mangelnder Unternehmungskenntnisse. Am stärksten tritt dieses Problem auf, wenn ‚der Neue‘ aus einer anderen Branche kommt. Die Einarbeitungszeit aufgrund des Informationsdefizits dürfte erheblich sein. Gerade in Deutschland ist nach Meinung von Roland *Berger* das Wechseln der Branche nicht ohne weiteres möglich, da deutsche Manager erheblich spezialisierter und in der Regel mit dem Produkt sowie den operativen Tätigkeiten vertrauter sind als Führungskräfte anderer Nationen (vgl. Berger 1997, S. BW 1).

Demgegenüber sind die **Handlungsspielräume** von **internen Nachfolgern** im Durchschnitt um so geringer, je länger diese in der Unternehmung sind, da sich die **sozialen Bindungen** mit der Dauer der Unternehmungszugehörigkeit verstärken. Dieser Unternehmungszugehörigkeit verdanken interne Nachfolger allerdings eine Vielzahl an **Machtbasen.** Sofern diese Machtbasen und die zugehörigen Einflußsysteme wandlungsfördernd einzustufen sind, ist die interne Besetzung positiv zu beurteilen. Beispiele für internen Topmanagerwechsel mit starker Veränderungswirkung liefern Jürgen *Schremp*, der bei DAIMLER-BENZ einen offensiven Kurswechsel weg vom breit gefächerten Technologiekonzern hin zu einer Konzentration auf das angestammte Kerngeschäft vollzog, oder Jürgen *Dormann*, der einen radikalen Konzernumbau der HOECHST AG weg von der Chemie zu den Life Sciences organisierte.

Unternehmungsbezogene Effekte: Eine empirische Untersuchung belegt, daß durch das Einsetzen von **unternehmungsfremden Personen** das Ausmaß des Unternehmungswandels signifikant höher ist als bei dem Aufstieg einer Nachwuchsführungskraft (vgl. Helmich/Brown 1972, S. 377). Zu ähnlichen Ergebnissen kam ein Forschungsprojekt an der Columbia University. In dieser Studie wurde gezeigt, daß die Wahrscheinlichkeit, einen umbruchsartigen Wandel zu initiieren, bei extern Rekrutierten dreimal so hoch war wie bei internen Nachfolgern (vgl. Tushman et al. 1986, S. 42). Die **Signalwirkung** eines Wechsels im Topmanagement für Unternehmungswandel wurde bereits angesprochen. Diese Wirkung dürfte um so stärker sein, je schwächer der Unternehmungsbezug ist.

Für die Anspruchsgruppen ist die **Sicherheit** bei einer **internen Besetzung** größer, da sie in der Regel mehr Wissen über die psychographischen und demographischen Charakteristika von potentiellen internen Kandidaten haben und insofern besser absehen können, in welche Richtung diese eine Unternehmung steuern werden. Die Relevanz des Sicherheitsaspekts ist allerdings bei hohem Wandlungsbedarf eher niedrig. Relativierend zu berücksichtigen ist auch, daß sich ggf. Vertreter von Aufsichtsrat oder Beirat stark in den Veränderungsprozeß einschalten können, um sicherzugehen, daß ihre Ziele erreicht werden.

Die abgeleiteten Ergebnisse werden in Abbildung 4/6 noch einmal graphisch zusammengefaßt (vgl. hierzu Janz 1999, S. 173).

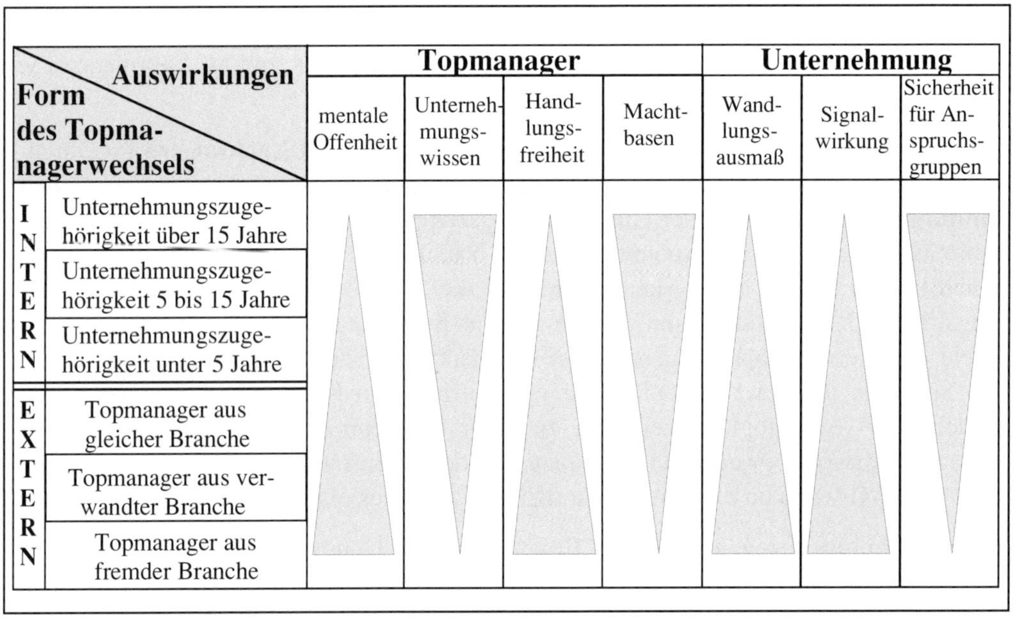

Auswirkungen / Form des Topmanagerwechsels	Topmanager				Unternehmung		
	mentale Offenheit	Unternehmungswissen	Handlungsfreiheit	Machtbasen	Wandlungsausmaß	Signalwirkung	Sicherheit für Anspruchsgruppen
INTERN Unternehmungszugehörigkeit über 15 Jahre							
Unternehmungszugehörigkeit 5 bis 15 Jahre							
Unternehmungszugehörigkeit unter 5 Jahre							
EXTERN Topmanager aus gleicher Branche							
Topmanager aus verwandter Branche							
Topmanager aus fremder Branche							

Abb. 4/6: Beurteilung internen und externen Topmanagerwechsels

Es fällt nicht ganz leicht, aus den analytischen Überlegungen konkrete Handlungsempfehlungen abzuleiten. Dies hängt in erster Linie damit zusammen, daß sowohl für die interne als auch für die externe Lösung mehrere Argumente bemüht werden können. Hinzu kommt, daß die Bewertung der Auswirkungen eines Wechsels vor dem

Hintergrund der jeweiligen Situation gesehen werden muß. Für eine technologiegetriebene Unternehmung z.B. ist ein gewisses Maß an Unternehmungswissen des (neuen) Topmanagers zwingend notwendig (z.B. Gentechnik), während in einem anderen Fall die Signalwirkung eines Wechsels höher zu gewichten ist (z.B. in einer sehr traditionsgeprägten Unternehmung). Insgesamt gesehen, scheint allerdings eine externe Lösung in einer Wandlungssituation die meisten Vorzüge mit sich zu bringen.

4.3 Einsatz externer Berater

Der Einsatz externer Managementberater ist zumindest in Großunternehmungen alltäglich. Im Prinzip könnte die unterstützende Rolle in der strategischen Erneuerung sowohl von externen als auch von internen Beratern übernommen werden. Externe Berater können diese Funktion allerdings erheblich besser erfüllen als interne, da sie nicht nur **unabhängiger**, sondern auch **objektiver** sind und erheblich **mehr Erfahrungen in unterschiedlichen Unternehmungen und Situationen** gesammelt haben (vgl. Kubr 1988, S. 33). Auch ist ihre Akzeptanz oft höher als die des ‚Propheten im eigenen Land'.

Im folgenden soll nun geklärt werden, inwieweit der Einsatz externer Berater in den einzelnen Phasen des Unternehmungswandels denkbar und sinnvoll ist (vgl. hierzu ähnlich Janz 1999, S. 199ff.).

▨ Initialisierung

Wandlungsbedarf feststellen: Aufgrund vielfältiger Erfahrungen und Wissensquellen können Berater eine **Informationsbeschaffungs-** und **Problemerkennungsfunktion** übernehmen. Ihre Neutralität erlaubt ihnen auch eine **objektivere** Problemdiagnose.

Wandlungsträger aktivieren: Das neutrale Urteil des unabhängigen Beraters kann dem Topmanagement helfen, den Wandlungsbedarf zur Akzeptanz zu bringen. Die **Bildung einer Koalition** ist dann von den Spitzenführungskräften vorzunehmen. Nur sie können als Hauptverantwortliche potentielle Promotoren richtig einschätzen und einbinden. Berater können methodische Hilfe bei der Schaffung von Wandlungsbereitschaft geben (vgl. hierzu Kubr 1988, S. 67f.).

▨ Konzipierung

Wandlungsziele feststellen: Die Entwicklung einer unternehmerischen Vision und Strategie ist eine **unverzichtbare Führungsfähigkeit** und **-tätigkeit**. Da diese die Essenz unternehmerischen Denkens und Handelns darstellt, darf sie nur im Ausnahmefall an externe Berater übertragen werden (vgl. Krüger 1994b, S. 169). Zur Strategieentwicklung, die eine wichtige Teilaufgabe in dieser Wandlungsphase darstellt, kann angefügt werden, daß allerdings gerade die **Strategieberatung** seit Jahrzehnten ein klassisches Tätigkeitsfeld der Beratungen ist und häufig von Spitzenführungskräften in Anspruch genommen wird. Dagegen ist dann nichts einzuwenden, wenn die Rolle des Beraters der eines ‚Sparringpartners‘ oder ‚advocatus diaboli‘ entspricht.

Maßnahmenprogramme entwickeln: Bei der Erarbeitung und Beurteilung von Lösungsalternativen können Berater wertvolle inhaltliche und methodische Hilfestellungen bieten. Außerdem können sie den Beteiligten die ‚Scheuklappen des Gewohnten‘ von den Augen nehmen. Sie wirken so dem **Kenner-Macher-Syndrom** von Topmanagern entgegen (vgl. Kap. 2.7, S. 83). Die Einbeziehung von Beratern wirft mitunter Probleme auf, wenn Externe durch die fehlende Detailkenntnis der Unternehmung ambitionierte Wandlungsvorhaben entwerfen, die häufig in dieser Form gar nicht umgesetzt werden können. Kritisch ist auch das ‚zwanghafte Verkaufen‘ von neuen Managementkonzepten zu sehen. Ein starkes und kompetentes Topmanagement ist auch hier unerläßlich, um das Agieren der Berater beurteilen und steuern zu können und um eine zu hohe Informations- und Entscheidungsabhängigkeit zu vermeiden.

▨ Mobilisierung

Wandlungskonzept kommunizieren: Können und dürfen externe Berater die **Kommunikation** der Botschaft übernehmen, in welche Richtung die Unternehmung steuert? Weithin bekannt ist, daß Berater Meister der Kommunikation sind. Mit entsprechend aufbereiteten Präsentationen und einer ausgefeilten Rhetorik sind sie im Prinzip in der Lage, Betroffene von der Vorteilhaftigkeit geplanter Veränderungen zu überzeugen (vgl. Kieser 1998, S. 199). Aus Sicht der Verfasser ist das Abtreten dieser Aufgabe an externe Berater allerdings problematisch. Wie kann die **Glaubwürdigkeit** und der **Glaube an die Handlungsfähigkeit des Topmanagements** entwickelt werden, wenn dieses nicht in der Lage ist, den bevorstehenden Unternehmungswandel überzeugend zu verdeutlichen, zu erläutern und zu begründen? Unterstützung von externen Beratern kann jedoch auf andere Weise hilfreich sein. Sie hängt unmittelbar mit den von Beratern entwickelten Managementkonzepten zusammen. Durch das Offerieren von Konzepten und durch die Verminderung der Komplexität helfen Berater, Probleme, die bisher nur unklar wahrgenommen wurden, besser zu artikulieren und zu kommunizieren (vgl. Kieser 1998, S. 208).

Wandlungsbereitschaft und -fähigkeit schaffen: Es ist denkbar, daß Externe bei der Schaffung und Verbesserung der notwendigen organisatorisch-technischen sowie der personellen Voraussetzungen begleitend tätig sind, zumal sie meist Wandlungserfahrung aufweisen. Der Einsatz von Beratern kann Trainings- und Betreuungsmaßnahmen und den Aufbau einzelner Projekte flankieren. Auch hier sollte die Hilfe zur Selbsthilfe im Vordergrund stehen.

▨ Umsetzung

Prioritäre Vorhaben durchführen: Ein Vorteil des Beratereinsatzes in der Umsetzungsphase ist, daß die Implementierungsgeschwindigkeit des Wandels steigt (vgl. Merz 1996, S. 1080). Außerdem haben Externe ein hohes Maß an Wissen über Praktiken, Methoden und Märkte gesammelt. Dieser Sachverhalt erleichtert es der Unternehmung, sogenannte ‚Quick Hits' zu erzielen, die für eine Unternehmung zu Beginn der Umsetzungsphase von großer motivatorischer Bedeutung sind.

Folgeprojekte durchführen: Im Rahmen der Umsetzung des Unternehmungswandels kann durch den Beratereinsatz einzelnen Wandlungsinitiativen und Projekten mehr Durchsetzungskraft verliehen werden (vgl. Kieser 1998, S. 198f.). Auch wenn mittlerweile viele Unternehmungsberatungen neben der Konzeptionsberatung **Implementierungsleistungen** anbieten und somit durch die Erweiterung des Aktivitätsspektrums die traditionelle Dichotomie zwischen Konzeption und Umsetzung auflösen (vgl. Lohse 1997, S. 190), läßt sich nicht leugnen, daß der Einsatz von Unternehmungsberatern bei einer nicht-partizipativen Top down-Beratung nicht selten zu erheblichen **Implementierungsproblemen** führt (vgl. Staehle 1999, S. 970ff.).

▨ Verstetigung

Wandlungsergebnisse verankern: Auch in der letzten Wandlungsphase können externe Berater bei der Institutionalisierung des Wandels tätig sein. Sie können z.B. zur methodischen Unterstützung hinzugezogen werden oder Teamprozesse moderieren und als Multiplikator im unternehmungsweiten Erneuerungsprozeß agieren (vgl. Krüger 1998, S. 243).

Wandlungsbereitschaft und -fähigkeit sichern: Bezüglich der letzten Aufgabe des Wandlungsprozesses ist zu sagen, daß die Wandlungsbereitschaft in erster Linie vom (Top-)Management aufrechtzuerhalten ist. Es ist dafür verantwortlich, daß der ‚Schwung', der durch den Wandel in Gang gekommen ist, nicht erlahmt. Der Berater kommt wiederum stärker zum Zuge, wenn es um die Sicherung der Wandlungsfähigkeit geht. Hier ist externe Unterstützung - z.B. in Form von Trainingsmaßnahmen - denkbar.

Das Thema: **Teamentwicklung und Beratungsunterstützung im Topmanagement**

Das Beispiel: FLUGHAFEN FRANKFURT MAIN AG

Die FLUGHAFEN FRANKFURT MAIN AG hat im Jahre 1997 ein Programm zur **Verbesserung ihres Strategieprozesses** gestartet. Im Zuge dieses Programms hat sich der Vorstand selbst einer **Teamentwicklung** unterzogen mit dem Ergebnis eines gemeinsamen Commitments auf eine neue Vision und auf ein neues, abgestimmtes Leitbild. In der Zusammenarbeit mit externen Beratern wurde daraus neben der normativen und strategischen auch eine strukturelle Neuausrichtung abgeleitet. Die anschließende Reorganisation führte von einer funktionalen Organisation (32 Funktionsbereiche) zu einer Geschäftsbereichsorganisation mit sieben Bereichen und vier Unterstützungsbereichen. Dies brachte eine Vielzahl von personellen Veränderungen auf der zweiten Ebene mit sich: Neubesetzungen von außen, Beförderungen intern über Hierarchieebenen hinweg und Personalentwicklungen. Die Führung der Geschäftsbereiche wurde einer Teamleitung mit einem Sprecher übertragen. Die neuen Führungsteams wurden im Rahmen des Projekts „Team- und Bereichsentwicklung" (TBE) für vier Monate einer obligatorischen Beratung durch Teams aus je einem internen und einem externen Berater unterzogen. Um die Widerstände gegenüber den Beratern von Anfang an gering zu halten, wurde von der verantwortlichen Abteilung Organisationsentwicklung der FAG ein Markt für Beratungsleistungen organisiert. Den Bereichsleitungen wurde so die Möglichkeit gegeben, verschiedene Berater persönlich kennenzulernen und für den eigenen Bereich als Team zu gewinnen. Im Anschluß an die obligatorische Beratung haben sich die meisten Bereiche entschieden, die Beratung fortzuführen.

4.4 Komplementäre Besetzung des Topmanagements

Wie oben gezeigt wurde, wird eine einzelne Person bzw. ein einheitlicher Managertypus kaum in der Lage sein, alle Charakteristika zusammengenommen aufzuweisen. Auf das Ideal eines derartigen ‚Master Managers' zu bauen, wäre unrealistisch. Vor diesem Hintergrund ist die komplementäre Besetzung des Topmanagements eine weitere Möglichkeit, vorhandene Charakteristikalücken in der Spitzeninstanz zu schließen bzw. vorhandene Charakteristika zu ergänzen. Unter einer komplementären Besetzung des Topmanagements soll an dieser Stelle die geplante Zusammenstellung des Spitzenführungsgremiums mit Persönlichkeiten, die sich ergänzende Charakteristika aufweisen, verstanden werden (vgl. Krüger 1995b, S. 148ff. und Nadler/Tushman 1990). Im komplementären Management, z.B. in einem Topmanagement Team, kann sich jede Spitzenführungskraft auf ihre jeweiligen Stärken konzentrieren, und das Team insgesamt deckt dann die gesamte Anforderungsbreite ab.

Ein übergreifendes Dilemma stellt allerdings der **Zielkonflikt** zwischen möglichst **hoher Einheit** im Spitzengremium, die typischerweise mit einer **geringen Streuung** der Charakteristika einhergeht, und der **Vielfalt** von Persönlichkeiten sowie demographischen Elementen, die mit einer **großen Streuung** der Charakteristika zu erreichen ist, dar. Problematisch ist, daß eine niedrige Heterogenität zu ‚Group Think' führen kann, während hohe Heterogenität leicht Zersplitterung (,fragmentation') zur Folge hat. Die Schwierigkeit besteht nun darin, ein **mittleres Maß an Heterogenität** und somit **Einheit ohne Uniformität** zu erreichen (vgl. Krüger/Homp 1997, S. 290). Damit auf der einen Seite ein ausreichendes Maß an Einheit, Geschlossenheit und Schlagkraft im Topmanagement vorhanden und auf der anderen Seite genügend Flexibilität und Kreativität verfügbar ist.

Im folgenden werden die praktischen Gestaltungsprobleme und mögliche Lösungsansätze für das komplementäre Management dargestellt (vgl. Janz 1999, S. 184ff.).

- ▨ **Träger:** Als Problem bei der komplementären Besetzung erweist sich nicht selten die **fehlende Verfügbarkeit** von geeigneten Spitzenführungskräften. Charakteristika, die für eine erfolgreiche Zusammenarbeit im Topmanagement notwendig erscheinen, sind nur unzureichend vorhanden. Hinzu kommt, daß die meisten Topmanager ihr Berufsleben in einer Zeit verbracht haben, in der Teamarbeit nicht so stark verbreitet war wie heute (vgl. Kotter 1996, S. 56).

  Ein Mindestmaß an sozialen Fähigkeiten - insbesondere an Konflikt - und Kooperationsfähigkeit - muß allerdings **jeder** Topmanager aufweisen. Jede Spitzenführungskraft muß dazu fähig sein, um Lösungen und Meinungen zu kämpfen, ohne dabei die Zusammenarbeit im Team zu zerstören (vgl. hierzu auch Eisenhardt et al. 1997, S. 78). Ein Mangel auf diesem Gebiet läßt sich auch durch die komplementäre Besetzung des Topmanagements nicht ausgleichen. Ob Spitzenführungskräfte über diese Charakteristika verfügen, hängt in hohem Maße auch von den Systemen einer Unternehmung ab, da diese - je nach konkreter Ausprägung - bestimmte Verhaltensweisen und Persönlichkeitstypen fördern.

- ▨ **Systeme:** Als Ursache für die fehlende Verfügbarkeit von geeigneten Topmanagern können insbesondere **personalwirtschaftliche Systeme** identifiziert werden. Konkret zu nennen ist zunächst die **Personalauswahl**. Mangelnde Sorgfalt bei dieser hochbedeutsamen Entscheidung und die Verwendung eines **Standardprofils** sind gravierende Probleme. Sie setzen sich analog in der **Personalentwicklung** fort. Spezifische Stärken und Schwächen der Führungskräfte bleiben dann ebenso unberücksichtigt wie die Notwendigkeit einer hinreichenden Diversität, einer ‚genetischen Vielfalt'. Als weiteres Problemfeld sind die **Anreizsysteme** einer Unternehmung zu nennen (vgl. Kap. 8.3, S. 299ff.). Es ist nicht verwunderlich, daß Führungskräfte, die im Laufe der Karriere durch offene oder versteckte Anreize zum Einzelkämpfer konditioniert wurden, Schwierigkeiten haben, dieses Verhalten im Spitzengremium abzulegen. Die oben beschriebenen Sachverhalte werden durch eine Umfrage, die die Wirtschaftswoche zusammen mit dem Geva-Institut durchführte, unterlegt. Entgegen allen Beteuerungen stehen bei der Vergütung von Führungskräften immer noch die ‚**Hardliner**' besser da als Topmanager, die sich z.B. durch Einfühlungsvermögen und Teamfähigkeit auszeichnen (vgl. Brors 1994, S. 94ff.).

Als wesentliche flankierende Maßnahme kann die **Modifikation der personellen Systeme** gesehen werden. Die Unternehmung, die unterschiedliche Charakteristikaprofile an der Unternehmungsspitze einsetzen will, muß diese bei der **Personalauswahl** und der **Personalentwicklung** zulassen und fördern. Dem Standardprofil ist eine klare Absage zu erteilen. Es gilt vielmehr, eine der konkreten Unternehmung **angemessene Vielfalt zu pflegen** (vgl. hierzu auch Krüger et al. 1999), die die **spezifischen Stärken von Führungskräften fördert** und die feststellbaren Schwächen verringert. Ferner sind auch dem einzelnen Wege zur Gewinnung heterogener Erfahrungen aufzuzeigen und zu öffnen. Zu denken ist hier an die unterschiedlichen Formen des systematischen Arbeitsplatzwechsels.

- **Struktur:** Im Topmanagement Team sollte eine **klare Zuteilung** der Aufgaben, Kompetenzen und Verantwortungen vorgenommen werden (vgl. Allaire 1998, S. 120). Eine klare organisatorische Zuordnung schafft zudem Transparenz, die auch für die unteren Hierarchieebenen von Relevanz ist. Wichtig ist außerdem, daß die strukturellen Gegebenheiten eine **regelmäßige und intensive Interaktion innerhalb des Topmanagements ermöglichen**. Geographische Nähe und turnusmäßige Treffen erleichtern es, diese Forderung zu erfüllen. Diesem Anspruch nachzukommen, wird im Rahmen der Globalisierung allerdings zunehmend schwieriger. Immer häufiger haben nicht alle Topmanager einer Unternehmung ihren Sitz an demselben Ort.

Wie sollte die Struktur der Unternehmungsspitze konkret aussehen? *Maucher* hält die Spitzeninstanz einer Unternehmung als **Team mit Spitze** und nicht als Team an der Spitze für erfolgversprechend (vgl. Maucher 1996, S. 75). Gleiches gilt für *Berth*. Er unterlegt seine Argumentationen mit einer empirischen Untersuchung. Diese hat zum Ergebnis, daß die Rendite einer Unternehmung mit der Stärke der Stellung **eines** Topmanagers steigt (vgl. Berth 1994, S. 203ff.) An dieser Stelle muß erwähnt werden, daß die aktienrechtlichen Regelungen in der Bundesrepublik Deutschland zumindest dem **Alleinentscheidungsrecht des Vorstandsvorsitzen-**

den einen gesetzlichen Riegel vorgeschoben haben. In der Praxis gibt es allerdings sehr ‚starke‘ Vorstandsvorsitzende, die de facto schon relativ nahe an die Rolle des ‚Alleinherrschers‘ heranreichen.

Eine weitere Möglichkeit, komplementäres Management zu ermöglichen und umzusetzen, liegt darin, eine ‚**Erweiterung**‘ **des (Top-)Managements** vorzunehmen. Einzelne Manager der zweiten und dritten Ebene werden hierbei für eine bestimmte Zeit in ein erweitertes Topmanagement Team aufgenommen (z.B. ‚erweiterter Führungskreis‘). Durch diese Vorgehensweise könnten die spezifischen Charakteristika dieser Manager genutzt werden. Wichtig erscheint hier, daß sich auch die unteren Führungsebenen als Teil des Topmanagement Teams sehen. Dies erhöht die Wandlungsbereitschaft der Eingebundenen (Nadler/Tushman 1990, S. 92). Das Gefühl, Gestalter und nicht Opfer des Wandlungsprozesses zu sein, kann durch diese Maßnahme verstärkt werden. Voraussetzung ist allerdings, daß in diesem Kreis ein offener Austausch stattfindet und nicht lediglich eine ‚Domestizierung' von Nachwuchskräften.

■ **Kultur:** Schließlich können die Unternehmungskultur und auch die Historie einer Unternehmung eine Barriere für das erfolgreiche Arbeiten in einem komplementär zusammengesetzten Topmanagement bilden (vgl. Allaire 1998, S. 117). Dies gilt dann, wenn der Team- und Komplementaritätsgedanke nicht Teil der Unternehmungskultur ist. Schrittweise Kulturänderungen wären dann erforderlich. Dabei muß die gesamte Führungsmannschaft in bezug auf ihr Verhalten und ihre Äußerungen Vorbild sein. Beides muß in Einklang mit dem Gedanken der komplementären Besetzung des Topmanagements stehen.

4.5 Personalentwicklung

Abschließend bleibt die Möglichkeit der managementbezogenen Personalentwicklung zu diskutieren (vgl zur Personalentwicklung allgemein Kap. 8.5, S. 313ff.). Derartige Maßnahmen wirken allerdings nur langfristig und können größere Defizite nicht beseitigen. Zunächst ist zu betonen, daß auch Spitzenführungskräfte einem lebenslangen Lernprozeß zu unterziehen sind. Ihr Vorbild kann ähnliche Intentionen und Prozesse bei den Geführten auslösen und somit die Entwicklung einer innovativen und flexiblen Unternehmungskultur unterstützen (vgl. auch v. Rosenstiel 1993, S. 287). Als Beispiel dafür, daß die Relevanz der Personalentwicklung in der Praxis verstärkt Berücksichtigung findet, seien die **Corporate Universities** erwähnt (vgl. Kraemer/Müller 1999, S. 491ff.; Töpfer 1999), die vielfach explizit das Topmanagement als Zielgruppe mit einbeziehen.

Das Thema: Corporate Universities

Das Beispiel: MERCK KGaA

Daß die Personalentwicklung nicht beim Topmanagement endet, zeigt das Beispiel der MERCK University. In mehreren zweiwöchigen Seminaren unterziehen sich die Spitzenführungskräfte des deutschen Pharma- und Chemieherstellers intensiver Weiterbildung. Um dem internationalen Auftreten der Unternehmung gerecht zu werden, finden die Veranstaltungen in Chicago (Kellog Graduate School of Management), London (London Business School), Hong Kong (University of Science and Technology) und in Koblenz (Wissenschaftliche Hochschule für Unternehmensführung) statt. Neben der gezielten Wissensvermittlung sowie dem Arbeiten an Projekten und Case-Studies steht das Aufbauen von Netzwerken im Vordergrund.

Die oftmals gestellte und erfolgskritische Frage, ob Spitzenführungskräfte lernfähig sind, betrifft eine weitere Koordinate des Wandels, die **Wandlungs-** bzw. **Personalentwicklungsfähigkeit** von Topmanagern. Hier ist zwischen einer sachlichen und einer personellen Dimension zu unterscheiden. Aus **personeller Sicht** ist festzustellen, daß Personalentwicklungsmaßnahmen meist nur bei den Führungskräften erfolgreich durchgeführt werden, die über ein Mindestmaß an Lernfähigkeit und -bereitschaft verfügen. Es kann vermutet werden, daß diejenigen, die im Rahmen der Personalentwicklungsaktivitäten am meisten lernen, schon vorher durch überdurchschnittliche Leistungen aufgefallen sind und umgekehrt. Problematisch ist überdies, daß persönlichkeitsbezogene Merkmale, wie z.B. Extraversion, Offenheit gegenüber Menschen und ganzheitliches Denken, nur bedingt entwickelt werden können. Ferner muß konstatiert werden, daß das in jüngeren Jahren Gelernte in der Regel einen tieferen Fundus und ein beständigeres geistiges Koordinatennetz bildet als später Hinzuerworbenes. Zudem wird die Aufnahmefähigkeit im Alter in der Regel nicht besser, sondern eher schlechter. Wenn nachhaltige Veränderungen vorgenommen werden sollen, so sind diese nur innerhalb eines **langen Zeitraums** möglich.

Immer wieder erweisen sich **mentale Barrieren** als Problemfeld im Rahmen der Personalentwicklung für Spitzenführungskräfte. Nicht selten halten sich gerade Spitzenführungskräfte aus dem Prozeß des Lernens heraus. In der Untersuchung von *Berth* wurde festgestellt, daß der Wunsch, ‚an sich weiterzuarbeiten', bei Vorständen weit weniger ausgeprägt ist als im ‚Middle Management' (vgl. Berth 1991, S. 9f.). Der schwach entwickelte Wille zur Veränderung bezieht sich insbesondere auf die persönlichkeitsrelevanten Aspekte, deren Bedeutung weithin unbestritten ist. Ohne das nötige ‚Wollen' der Führungskräfte sind nachhaltige Verhaltensänderungen nicht zu erwarten. Ein zweiter Aspekt ist eine weit verbreitete **Abneigung gegenüber theoretischen Erkenntnissen**. Im Gegensatz zur Theorie, die immer praxisnäher wird, steht hier eine ausgeprägten Theorieferne in der Praxis.

In **sachlicher Hinsicht** ist auf die hohe zeitliche Belastung im Tagesgeschäft zu verweisen. Die täglichen Anforderungen sind extrem hoch und lassen kaum mehr Raum für eine der genannten Entwicklungsmöglichkeiten. Neben den Zwängen des Tagesgeschäfts könnte das Problem der Personalentwicklung für Topmanager auch darin begründet sein, daß es nur wenige Institutionen gibt, die ein bedarfsgerechtes Programm anbieten können. Personalentwicklung für das Topmanagement findet selten in systematischer Form statt, obwohl von Seiten der Betroffenen eine konzeptunterlegte Entwicklung mehrheitlich gewünscht wird (vgl. Berth 1991, S. 10).

Einige der genannten Schwierigkeiten lassen sich gar nicht oder nicht ohne weiteres überwinden. Anderen Hindernissen kann entgegengewirkt werden. Um insbesondere die Entwicklungsbereitschaft, aber auch die (sachliche) Entwicklungsfähigkeit zu erhöhen, sollte im Rahmen der Managemententwicklung u.a. folgenden **Anforderungen** entsprochen werden:

❑ aktive Einbindung der Beteiligten in die Konzeptentwicklung,

❑ angemessener zeitlicher Umfang,

❑ Vor- und Nachbereitung der Inhalte,

❑ gründlicher Einblick in konkrete Managementerfolge,

❑ Exklusivität für das Topmanagement und

❑ keine Teilnahme von Konkurrenzunternehmungen.

Die Probleme können reduziert werden, wenn schon bei der Personalauswahl die Lernfähigkeit und Veränderungsbereitschaft der Führungskräfte berücksichtigt wurden.

5. Zusammenfassung

■ Die fünf Phasen des Transformationsprozesses mit ihren Aufgaben, wie sie in Kapitel 2 beschrieben wurden, führen zu prozeßbezogenen Anforderungen an die Wandlungsverantwortlichen, also in erster Linie die Topmanager. Das Profil umfaßt eine breite Palette unterschiedlicher und teilweise gegensätzlicher Anforderungen, die von der ,visionären Führung' bis zum ,effizienten Management' reichen.

■ Damit im Zusammenhang stehen die personellen Anforderungen, die sich in Form von psychographischen und demographischen Merkmalen (Charakteristika) erfassen lassen. Auch in diesem Bereich gilt, daß ein nicht unerhebliches Maß an Diversität, an ,genetischer Vielfalt', zu fordern ist.

■ Topmanager sind Promotoren des Wandels, bzw. sie sollten es sein. Kraftvolle, aber zugleich glaubwürdige Führung ist die Prozeßenergie, die im Abbau, Umbau, und Aufbau gleichermaßen benötigt wird. Diese Wandlungssituationen unterscheiden sich allerdings in der Art der zu bewältigenden Probleme und Konflikte und insofern sind auch verschiedene Formen von Macht und Einfluß erforderlich, um das Kraftfeld des Wandels situationsgerecht zu gestalten.

■ Unternehmungen sind durchzogen von Einflußsystemen. Personalistische, bürokratische, ideologische, professionalisierte und politische Einflußsysteme lassen sich unterscheiden. Die Widerstände, die Opponenten und Unentschiedene dem Wandel entgegensetzen (können), sind von dem jeweils dominierenden Einflußsystem abhängig. Promotoren müssen ihrerseits diese Systeme nutzen, ggf. auch neue Systeme aufbauen.

■ Dem weitgespannten und heterogenen Anforderungsprofil des Topmanagements steht oft ein Eignungsprofil gegenüber, das Defizite aufweist. Um dem abzuhelfen, sind vor allem folgende Maßnahmen zu prüfen: Wechsel im Topmanagement, Einsatz externer Berater, komplementäre Besetzung des Topmanagements, Personalentwicklung. Einzeln oder in Kombination angewendet, sind diese Ansätze geeignet sein, die diagnostizierten Führungslücken im Einzelfall zu schließen.

Fünftes Kapitel

CARSTEN BREHM / DIETGARD JANTZEN-HOMP

Organisation des Wandels

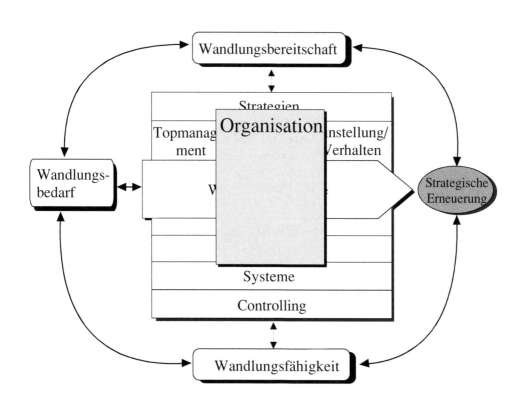

Leitgedanken von Kapitel 5

Die Bedeutung einer klaren und straffen Organisation des Wandels darf nicht unterschätzt werden. Es gilt zunächst, den in Kapitel 2 beschriebenen Wandlungsprozessen eine aufbauorganisatorische Struktur zu geben, die mit der Primärorganisation des Tagesgeschäfts möglichst wirkungsvoll verzahnt ist. Die Probleme und organisatorischen Lösungen für die fünf Phasen des Transformationsprozesses werden im einzelnen dargestellt. Sodann muß dem Anspruch Rechnung getragen werden, daß Wandel zu einer Daueraufgabe werden soll. Dies bedeutet, daß die Primärorganisation ihrerseits zu einer wandlungs- und lernfähigen Organisation umgebaut werden muß. Die verschiedenen Ansatzpunkte hierfür werden ebenfalls erläutert.

1. Schaffung von Wandlungsplattformen

Die Wandlungsprozesse, wie sie in diesem Buch beschrieben sind, gehen tiefer und reichen weiter als herkömmliche ‚Reorganisationen', die alle 10 - 15 Jahre ein Projekt zum Verändern der Strukturen verlangten. Tiefgehender Wandel braucht eine eigene Organisation. Wir bezeichnen dies als die **Strukturen des Wandels** oder auch **Wandlungsplattformen**. Hier findet der Wandel seine organisatorische Verankerung. Der Schwerpunkt der Betrachtung verlagert sich also vom bisherigen **Wandel der Strukturen** - im Rahmen sogenannter Restrukturierungen - zu den **Strukturen des Wandels**.

Zur Ausgestaltung dieser Strukturen des Wandels ist es empfehlenswert, der Primärorganisation, die das Tagesgeschäft trägt, eine Sekundärstruktur für die Bewältigung des Transformationsprozesses zur Seite zu stellen. Im Verlauf der strategischen Erneuerung durchläuft die Organisation verschiedene Stadien, die hier durch vier verschiedene Typen dargestellt werden sollen. Damit wird den zum Teil völlig unterschiedlichen Aufgabenstellungen in den Wandlungsphasen Rechnung getragen. So wünschenswert eine unveränderliche Sekundärorganisation auch wäre, so unrealistisch ist sie. Organisatorische Veränderungen müssen also von Beginn an fest eingeplant werden (vgl. Madauss 1994, S. 100). Gekennzeichnet sind diese Typen durch eine sich verschiebende Gewichtung von der Primär- hin zur Sekundärorganisation. Zu unterscheiden sind die ‚Primärorganisation mit isolierten Sekundärbausteinen', ‚additive Sekundärorganisation', ‚katalytische Sekundärorganisation' und ‚integrierte Sekundärorganisation' (vgl. zu diesen Typen Krüger 2000b, S. 290ff.). Der katalytischen Sekundärorganisation kommt dabei eine herausragende Stellung zu, denn sie bildet die Organisation des Wandels im engeren Sinne.

Die Veränderungen in der Sekundärorganisation und in ihrem Verhältnis zur Primärorganisation dürfen allerdings nicht vergessen lassen, daß durch die Veränderungsprogramme selbst und die Weiterentwicklung mit der Unternehmungsumwelt auch die Primärorganisation Veränderungen unterliegt. Die weitreichende und langfristige Einrichtung von Wandlungsplattformen zieht also Konsequenzen in den bestehenden Strukturen nach sich (vgl. dazu Abschn. 6, S. 202ff. dieses Kapitels).

2. Primär- vs. Sekundärorganisation

Die verschiedenen strukturellen Bausteine, die jeder Unternehmung zur Umsetzung des gewählten Wandlungsprogramms zur Verfügung stehen, können anhand der zugewiesenen Aufgaben differenziert werden. Dabei sind Daueraufgaben und Spezialaufgaben zu unterscheiden, was zu einer Abgrenzung zwischen Organisationseinheiten auf Dauer und auf Zeit führt.

Daueraufgaben sind unbefristet und lassen sich aufgrund ihres Wiederholungscharakters standardisieren und routinisieren.

Damit sind die **strukturellen Regelungen des Tagesgeschäfts** angesprochen. Die Gesamtheit der Organisationseinheiten zur Erfüllung der Daueraufgaben stellt die **Primärorganisation** dar, die in den Unternehmungen z.B. durch Abteilungen oder dauerhaft eingerichtete Ausschüsse charakterisiert ist.

Die Gesamtheit aller Organisationseinheiten für ‚Spezialaufgaben‘ wird durch das Gegenstück der Primärorganisation, die sogenannte **Sekundärorganisation**, dargestellt. Sie ist gekennzeichnet durch bereichsübergreifende, neuartige Aufgaben (Spezialaufgaben, vgl. Krüger 1994a, S. 41ff.), die einer Mehrzahl von Mitarbeitern zur arbeitsteiligen Erfüllung übertragen werden. Diese werden dafür vollständig oder zeitweise

180

von ihrer Hauptfunktion freigestellt. Die Sekundärorganisation schafft **Regelungen für das 'Wandlungsgeschäft'**.

Standen bisher traditionell die Routineaufgaben im Vordergrund der Betrachtung, so steigt im Rahmen des ausgewählten Wandlungsprogramms der Anteil neuartiger, temporärer Aufgaben beim Management und bei den Mitarbeitern. Erfolgreicher Unternehmungswandel verlangt daher im strukturellen Teil eine Neuorientierung hin zu den innovativen, Veränderungen fördernden Organisationseinheiten. Hierunter sind z.B. Workshops, Konferenzen oder auch Projekt- bzw. Teamarbeit zu subsumieren. Diese Organisationseinheiten unterstützen und fördern eine **flexible** Ausgestaltung der Unternehmung und ermöglichen dadurch ein **proaktives**, auf den Wandlungsbedarf abgestimmtes Verhalten.

3. Isolierte Primärorganisation

3.1 Einführung

Eine aufbauorganisatorische Struktur, in der die erwähnten Bausteine der **Sekundärorganisation** völlig fehlen, bildet den theoretischen Ausgangspunkt der Überlegungen zur Struktur des Wandels (vgl. Krüger 2000b, S. 291f.). Übergreifender Wandel findet nicht oder noch nicht in nennenswertem Umfang statt. Innerhalb einer Primärorganisation lassen sich **Wandlungsbedarfe allerdings erkennen**, und es läßt sich die Wandlungsbereitschaft auf informellem Wege erkunden, d.h., Wandlungskoalitionen bilden sich (vgl. Kap. 2.5, S. 58ff.). Damit ist ein erster wichtiger Schritt in Richtung **Initialisierung** von Wandel und den beiden ersten Aufgaben des Transformationsprozesses getan. Dafür bedarf es keiner ausgebauten Sekundärorganisation.

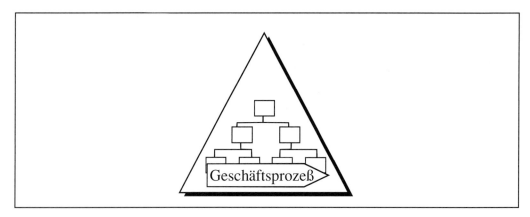

Abb. 5/1: Primärorganisation ohne Sekundärbausteine

Einer solchen isolierten Primärorganisation (vgl. Abb. 5/1) entsprechen die klassischen organisatorischen Grundmodelle, wie z.B. die funktionale oder die divisionale Organisation. Auf diese soll in diesem Kapitel nicht weiter eingegangen werden. Es ist vielmehr zu zeigen, wie der Wandel selbst zu organisieren ist und sich eventuell in aus heutiger Sicht passenden Organisationsformen niederschlägt. Daher ist anzumerken, daß eine reine Primärorganisation in der Wirtschaftspraxis mittlerweile wohl kaum noch anzutreffen ist. Zumindest als Zusatzaufgabe und wenigstens sporadisch werden kleinere und größere Aktivitäten, die Veränderungen bewirken sollen, unternommen und auch ,organisiert'. Dies ist Folge des hohen externen Wandlungsdrucks. Typisch ist das Durchführen von **Workshops** und das Bilden von **Arbeitsgruppen** für Sonderaufgaben. Ebenso ist **Ausschuß-** und **Kommissionsarbeit** herkömmlichen Typs (,Sitzungen') anzutreffen. Diese Bausteine der Sekundärorganisation stehen allerdings meist isoliert neben den Regelungen des Tagesgeschäfts mit der Folge, daß sich mit diesen Aktivitäten größere Wandlungsbedarfe nicht bewältigen lassen. Von einer ausgebauten Projektorganisation kann man noch nicht sprechen. Diese Aktivitäten bilden aber den Einstieg in die Strukturen des Wandels.

3.2   Bausteine der Sekundärorganisation

Einzelne Bausteine einer Sekundärorganisation als organisatorische Initialzünder sind von erheblicher Bedeutung für Veränderungsprozesse. Im folgenden werden einige gängige Sekundärbausteine kurz erläutert (vgl. Krüger 1994a, S. 56ff.).

- **Ausschüsse** sind Mehrpersoneneinheiten (3 - 10 Personen) zur Erfüllung abteilungs- oder bereichsübergreifender Routine- oder Spezialaufgaben durch nichtständige Zusammenarbeit. Ausschüsse werden häufig problembezogen aus Mitgliedern unterschiedlicher Bereiche und Funktionen gebildet. Sie eignen sich in der Regel gut zur Koordination und Harmonisation unterschiedlicher Interessen.

- **Arbeitsgruppen** sind Mehrpersoneneinheiten (bis ca. 10 Personen), die in hierarchiefreier Zusammenarbeit überwiegend routinehafte, bereichsinterne Aufgabenkomplexe ausführen. Eine größere Bedeutung haben Arbeitsgruppen durch das Zulassen einer zumindest teilweisen Selbststeuerung erhalten (teilautonome Gruppen, vgl. Schreyögg 1998, S. 248ff.), die sie dann auch für die Bewältigung von Sonderaufgaben attraktiv macht. Die Aufgabenverteilung kann in der Gruppe frei oder durch einen ,primus inter pares' geregelt werden, was die Flexibilität erhöht. Die Notwendigkeit der gemeinsamen Aufgabenbewältigung schafft Transparenz der Leistungserbringung und ein erhebliches Kohäsionspotential.

- **Workshops** sind teilnehmerzentrierte, ein- oder mehrtägige Treffen mit einer kleinen Zahl von Beteiligten (ca. 10 - 25 Personen), bei denen es vorwiegend um die Identifikation und Strukturierung von Problemen geht. In dieser möglichst hierarchiefreien Atmosphäre können so unter Anleitung eines (auch externen) Moderators in einem offenen Informationsaustausch Wandlungsbedarfe identifiziert und diskutiert sowie eventuell erste Lösungsrichtungen angedacht werden.

Die statische Primärorganisation wird durch diese Bausteine bereits ergänzt, und erste Ansätze einer Sekundärorganisation sind erkennbar. Ihre Eignung als Wandlungsplattform wird im wesentlichen durch inhaltliche Ausgestaltung und personelle Besetzung dieser Sekundärbausteine beeinflußt. Dennoch spielt die Primärorganisation über alle noch folgenden Stadien der Organisation eine erhebliche Rolle für die **Stabilität der Unternehmung**, denn eine Organisation, in der vieles in Bewegung ist, braucht auch Halt.

Für die Entwicklung der jeweiligen Unternehmung ist im Einzelfall natürlich von Bedeutung, ob begrenzte Änderungsvorhaben anschließend wieder in eine reine Primärorganisation münden oder zu einer Weiterentwicklung der Wandlungsorganisation führen, d.h., den Einstieg in eine additive oder katalytische Sekundärorganisation bilden.

4. Additive Sekundärorganisation

4.1 Einführung

Die durchzuführenden umfassenden Veränderungsmaßnahmen können von der Primärorganisation als einer statischen Struktur nicht mehr ausreichend unterstützt und gefördert werden. Einzelne übergreifende und neuartige Aufgaben werden nun zum Gegenstand befristeter Teamarbeit, z.B. in Form von Projektarbeit (vgl. Krüger 1994a, S. 373). Die Sekundärorganisation tritt also neben die Primärorganisation, wobei die Sekundärorganisation hinsichtlich ihrer Bedeutung im Rahmen der gesamten Unternehmungsorganisation noch immer eher eine Nebenrolle spielt (vgl. Abb. 5/2). Dennoch ist bereits bei der additiven Sekundärorganisation die Einrichtung von angemessener Freistellung für die Mitarbeiter und Führungskräfte von ihren Hauptaufgaben zu regeln, um die vereinzelten Projekte erfolgreich durchführen zu können.

Im folgenden werden nun das Projekt und seine Eigenschaften kurz vorgestellt sowie der Aufbau und die Entwicklung eines Projektteams erläutert.

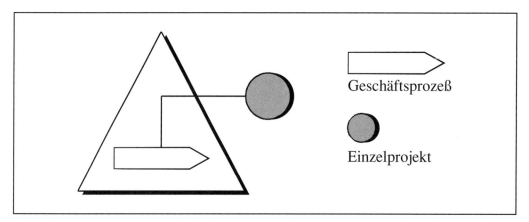

Abb. 5/2: Additive Sekundärorganisation

4.2 Projekte und ihre Eigenschaften

Da das **einzelne Projekt** bei der additiven Sekundärorganisation im Mittelpunkt der Betrachtung steht, ist es wichtig, die **Merkmale** eines Projekts herauszuarbeiten, um

184

die Unterschiede zu Nicht-Projektaufgaben verdeutlichen zu können. Denn in der Praxis ist der Trend zu erkennen, daß der Begriff ‚Projekt‘ zu einem Modewort wird und inflationäre Verwendung findet. Projektaufgaben sind verglichen mit den Daueraufgaben der Unternehmung relativ neuartig und komplex, oftmals einmalig und verlangen eine interdisziplinäre Besetzung des Projektteams (vgl. Krüger 1993a, Sp. 3559; Frese 1998, S. 472; DIN 69901). Sie stellen aufgrund dieser Eigenschaften eine geeignete Organisationsform dar, um Unternehmungswandel zu initiieren und umzusetzen.

Projekte sind Vorhaben mit **definiertem Anfang** und **Abschluß**, die durch die Merkmale **zeitliche Befristung**, **Einmaligkeit**, **Komplexität** und **Neuartigkeit** gekennzeichnet sind und einen **interdisziplinären Querschnittscharakter** aufweisen.

Im Rahmen des in Kapitel 2.5 (S. 53ff.) vorgestellten **Wandlungsprozesses** ist die Form der additiven Sekundärorganisation in der **Konzipierung** anzutreffen. Ein ‚**Strategie-Projekt**‘ wird angestoßen. Die Projektaufgaben beinhalten die Bestimmung des Wandlungsbedarfs und die Erarbeitung der Wandlungsziele. Darüber hinaus sind bereits Lösungsmöglichkeiten, wie z.B. Rückzug auf das Kerngeschäft (vgl. zu den strategischen Optionen Kap. 3.3, S. 108ff.), zu entwickeln sowie das Rahmenkonzept für das weitere Vorgehen im Unternehmungswandel festzulegen. Dabei können Teilprojekte nötig werden, die sich mit bereichsbezogenen Strategiefragen beschäftigen. Dies erfordert dann einen weiteren Ausbau der Sekundärstruktur.

4.3   Aufbau und Entwicklung des Projektteams

Eine wichtige Voraussetzung für den Erfolg eines Projekts ist die richtige **Auswahl** und **Zusammensetzung** seiner Mitglieder. Wenn das Projektteam innerhalb des Unternehmungswandels wirkungsvoll kooperieren und zu überlegenen Problemlösungen befähigt sein soll, ist große Sorgfalt - unter Berücksichtigung der Anforderungen der Aufgabenstellung - auf die Zusammenstellung des Projektteams zu legen. **Organisatorisch** gesehen ist zuerst die **Aufgabenart** als Differenzierungsmerkmal zu untersuchen. Hierbei können allgemein Führungsaufgaben, Ausführungsaufgaben, Unterstützungsaufgaben und Spezialaufgaben unterschieden werden. Das Projektteam mit seinem Projektleiter hat seinen Schwerpunkt bei den Spezialistenaufgaben, charakterisiert durch einen innovativen, neuartigen Aufgabeninhalt. Darauf aufbauend, ist nun die **Teamgröße** zu untersuchen, die von der Komplexität der zu erfüllenden Aufgabe beeinflußt wird. In der Regel liegt die optimale Teamgröße bei drei bis fünf, maximal bei sechs bis zwölf Mitgliedern. Ist das Team größer, lassen Effizienz und Leistung merklich nach (vgl. Forster 1978, S. 68; Bleicher et al. 1989, S. 107f.). Ferner ist zu klären, ob die Teammitglieder **hauptamtlich** oder **nebenamtlich** ihre Projektaufgaben erfüllen sollen und wer **Projektleiter** wird. Dabei ist im Rahmen des **personellen** Aspekts darauf zu achten, daß die individuellen Leistungsschwerpunkte der Teammitglieder heterogen sind und die spezialisierten Fähigkeiten sich ergänzen, also eine ‚diversity‘ entsteht. (vgl. Kap. 4.2, S. 149f. sowie Rosen/Brown 1996, S. 217ff.). Für das ‚**Strategie-Projekt**‘ in der **Konzipierungsphase** bedeutet dies, daß sowohl Vertreter des Topmanagements als auch bereits Personen der zukünftigen Programmleitung in diesem Projekt zusammenkommen. Denn nur das Topmanagement kann die Wandlungsziele und damit auch die anstehenden Maßnahmen zur Zielerreichung vorgeben. Die Programmleitung übernimmt dann darauf aufbauend die Ausarbeitung der Maßnahmen.

Mit der bewußten Zusammenstellung der einzelnen Personen entsteht jedoch noch nicht automatisch ein Team. Vielmehr durchlaufen Projektteams bei ihrer Entwicklung eine Art Lebenszyklus. In der Literatur werden unterschiedliche Modelle dieses Entwicklungsprozesses vorgestellt (vgl. überblickartig bei Wiendieck 1992b, Sp. 2378f.). Das bekannteste Modell ist der Entwicklungsprozeß nach *Tuckman* (vgl. Tuckman 1965). Hierbei werden im Zeitablauf vier typische Phasen der Teamentwicklung (Forming, Norming, Storming, Performing) unterschieden, welche von Team zu Team in unterschiedlichen Stärken auftreten können. Als fünfte Phase wird noch die Auflösungsphase hinzugenommen, um die Probleme bei Projektbeendigung zu verdeutlichen.

- **Formierungsphase** (Forming): In dieser ersten Phase sucht das Projektteam nach einem von allen akzeptierten Verhalten. Das Team hat sich noch nicht gefestigt, die Mitglieder müssen sich erst aneinander gewöhnen. Es beginnt ein gegenseitiges ‚Abtasten‘. Die Teamstruktur ist gekennzeichnet durch Unsicherheit, Abhängigkeit vom Projektleiter, gegenseitiges Mißtrauen und durch eine geringe Übereinstimmung in bezug auf Ziele und Arbeitsmethoden (vgl. Grunwald/Redel 1986, S. 309). Hierarchische Positionsunterschiede aus den vorherigen Linienpositionen, man denke z.B. an die Zusammenarbeit des Topmanagements mit Personen aus unteren Hierarchieebenen, und unterschiedliche Fähigkeiten lassen in der Anfangsphase ein Ungleichgewicht auftreten, das dazu führt, daß die Kooperationsbereitschaft nicht sehr hoch ist. Ein ‚Wir-Gefühl‘ ist noch nicht vorhanden.

- **Konfliktphase** (Storming): In diesem Stadium entstehen Konflikte zwischen den Projektmitgliedern. Die Führungskompetenzen einzelner Mitarbeiter sowie die fachlichen Fähigkeiten werden verglichen und die Widerstände gegen den Projektleiter nehmen zu. Es kommt zur Austragung von Meinungsverschiedenheiten, die - konstruktiv gelöst - zur Festlegung von Gruppennormen führen. Diese sind für die weitere Zusammenarbeit des Projektteams wichtig. Die Konfliktphase stellt einen zentralen Punkt im Teamentwicklungsprozeß dar. Konflikte, als Veränderungskatalysator eingesetzt, sind der Antrieb für Innovationen. Somit kann das in einem Konflikt liegende Energiepotential zum Motor für neue Anstöße und Veränderungen werden. Voraussetzung ist allerdings die richtige Führung dieses Teamprozesses durch den Projektleiter (vgl. Wehmeyer/Münch 1993, S. 427).

▪ **Normierungsphase** (Norming): Erst in dieser Phase entwickelt sich der Gruppenzusammenhalt. Die Konflikte sind beigelegt und die Widerstände überwunden. Durch ihre gegenseitige Akzeptanz sorgen die Projektmitglieder dafür, daß der Fortbestand der Gruppe gewahrt bleibt. Teamnormen kristallisieren sich heraus. Das Bedürfnis nach einer Sicherung der Gruppe tritt in den Vordergrund, ein ,Wir-Gefühl' entsteht. Auf der sach-rationalen Ebene findet ein offener Meinungsaustausch statt. Es herrscht keine volle Übereinstimmung in Sachfragen, aber die Ziele, im Bereich des ,Strategie-Projekts' sind es die Wandlungsziele, werden operationalisiert und Aufgabenbereiche zur Zielerreichung unter den Teammitgliedern verteilt (vgl. Comelli/v. Rosenstiel 1995, S. 188).

▪ **Arbeitsphase** (Performing): In der vierten Phase tritt das Team in die Hauptarbeitsphase. Interpersonelle Probleme sind gelöst. Die Teammitglieder sind mit ihren Stärken und Schwächen vertraut und haben ihre Beziehungen untereinander geklärt, so daß der Prozeß des Durchdringens bis hin zur Teamgeschlossenheit beendet ist. Aus der individuellen Verantwortung entsteht eine Verantwortung füreinander. Ein gefestigtes Gruppengefühl ist das Ergebnis, und es bildet sich die Grundlage für die Projektkultur. Das Rollenverhalten innerhalb des Projektteams ist flexibel und auf die Projektaufgaben gerichtet. Dies ermöglicht eine optimale Freisetzung der Wandlungsenergie, um gemeinsam das Wandlungsziel und die daraus abgeleiteten Aufgaben zu erfüllen (Tuckman 1965, S. 387: „The group becomes a sounding board of which the task is played").

▪ **Teamauflösung** (Adjourning): Nach Beendigung des Projekts wird das Team aufgelöst. Die Teammitglieder wechseln zurück in ihre angestammte Linienfunktion oder übernehmen neue Projektaufgaben. Es können Reentry-Probleme auftreten. Projekterfahrungen wollen eingebracht werden, allerdings oftmals gegen den Widerstand der Nicht-Projektmitglieder (vgl. Patzak/Rattay 1997, S. 137).

Während die Formierungsphase nur am Anfang bzw. die Teamauflösung nur am Ende einer Gruppenarbeit zu finden ist, können die übrigen Phasen immer wieder durchlaufen werden. Hat sich das Projektteam nach der Formierungsphase nicht aufgelöst, so entsteht **Gruppenkohäsion**. Dies ist ein Maß für die Stabilität einer Gruppe sowie für die Attraktivität, die die Gruppe auf alte und neue Mitglieder ausübt (vgl. Staehle 1999, S. 282f.; v. Rosenstiel 1987, S. 267). Eine hohe Gruppenkohäsion kann auf der einen Seite eine gute Ausgangsbasis für Lernprozesse und damit für den Unternehmungswandel bilden (vgl. Shrivastava 1983, S. 19). Der enge und freundschaftliche Teamzusammenhalt, der auch durch eine hohe Toleranz der Teammitglieder untereinander geprägt ist, und die offene Kommunikation führen zum Aufbau einer Vertrauenskultur, die als **Katalysator** im Veränderungsprozeß wirkt. Auf der anderen Seite stellt eine hohe Gruppenkohäsion aber auch einen Risikofaktor dar, denn durch die Kohäsion entsteht ein relativ hoher Gruppendruck. Gruppenkonformes Verhalten wird gefördert, abweichende Problemsichten, Meinungsverschiedenheiten und konträre Lösungsansätze werden unterdrückt (vgl. Janis 1977, S. 200; Sprenger 1995, S. 159). Es kommt zur **Gruppenbefangenheit** (vgl. Janis 1977, S. 336, spricht hierbei von ,Group Think'. Vgl. auch die Ausführungen bei Staehle 1999, S. 291, der von ,getrübten Realitätswahrnehmungen' spricht.).

Checkliste zur Einrichtung der Projektteams

- ▩ Welche Aufgaben sind zu erfüllen?

- ▩ Wie ist das Team zusammengesetzt? Sind heterogene Leistungsschwerpunkte/Fähigkeiten berücksichtigt? Wieviele Teammitglieder sind nötig? Wer wird Projektleiter?

- ▩ Sind die Projektteammitglieder von ihrer Haupttätigkeit freigestellt? Herrscht Akzeptanz für das Projekt beim Linienvorgesetzten?

- ▩ Wird das Projektteam bei der Aufgabenerfüllung vom Topmanagement bzw. von der Linie unterstützt (insbesondere bei nebenamtlicher Projektarbeit)? Sind diese zeitweise in die Projektarbeit bzw. das -team integriert?

- ▩ Sind Reentry-Möglichkeiten nach Abschluß des Projekts für die Projektmitglieder geregelt?

5. Katalytische Sekundärorganisation

5.1 Einführung

Die oben beschriebene additive Sekundärorganisation hat in ihrem Verhältnis zur Primärorganisation noch eher eine Nebenrolle gespielt. Die vereinzelten additiven Projekte zeigen noch keine unmittelbare Auswirkung auf die Gesamtunternehmung. Ausgehend von den additiven Projekten, wie z.B. einem Strategie-Projekt in der Konzipierungsphase des Wandlungsprozesses, ist aber spätestens ab der Mobilisierungsphase eine Mehrheit von aufeinander abgestimmten Projekten erforderlich. Mobilisierung und Umsetzung bilden den Schwerpunkt des Wandlungsvorhabens und damit auch den Schwerpunkt der Projektarbeit. Ab diesem Zeitpunkt erscheint es daher sinnvoll, ein auf dem Projektmanagement aufbauendes **Programm-Management** zu installieren. Dies führt zu einem weiteren Strukturwechsel der additiven Sekundärorganisation hin zu einer **katalytischen Sekundärorganisation** (vgl. Krüger 2000b, S. 292f.).

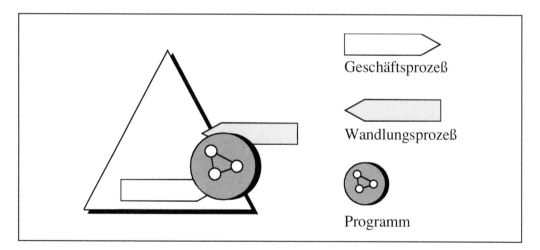

Abb. 5/3: Katalytische Sekundärorganisation

In Form der katalytischen Sekundärorganisation (vgl. Abb. 5/3) wird der Primärorganisation eine Struktur zur Seite gestellt, die das Wandlungsprogramm in Bewegung setzt und am Laufen hält. Die Sekundärorganisation bildet in dieser Phase die treibende Kraft der Veränderung. Sie wirkt in erheblichem Maße in die Primärorganisation hinein und wird ihrerseits auch durch die Primärorganisation beeinflußt. Wie ein Katalysator in einem chemischen Prozeß bleibt die Sekundärorganisation selbst für den entsprechenden Phasenabschnitt relativ unverändert.

Im folgenden wird das Projektmanagement vorgestellt, um darauf aufbauend die Einordnung des Programm-Managements, die **Organisation des Wandels** im engeren Sinne, vornehmen zu können.

5.2 Projektmanagement und Projektmanagementebenen

Während über den Begriff des Projekts in Theorie und Praxis noch weitgehend Einigkeit herrscht, weichen die Definitionen zu ‚Projektmanagement‘ voneinander ab. So wird zum einen Projektmanagement als die Gruppe der Träger von Projektaufgaben verstanden, zum anderen wird Projektmanagement als Gesamtheit projektbezogener Aufgaben definiert (vgl. Frese 1998, S. 479). Im folgenden soll **Projektmanagement** als Oberbegriff für alle willensbildenden und -durchsetzenden Aktivitäten im Zusammenhang mit der Abwicklung von Projekten definiert werden (vgl. Haberfellner 1992, Sp. 2091). Es ist also ein Führungsinstrument, das aufgrund des hohen innovativen Anteils geeignet ist, permanenten Wandel zu fördern. Wichtig dabei ist allerdings die Erkenntnis, daß das Projektmanagement im Gegensatz zu den einzelnen durchzuführenden Projekten eine **dauerhafte Führungskonzeption** darstellt, die sowohl die Anforderungen an Flexibilität als auch an Stabilität erfüllt.

Projektmanagement ist ein **fortdauerndes, zeitlich nicht befristetes, innovatives Führungskonzept** für **komplexe Vorhaben** (vgl. Schröder 1973, S. 25; Krüger 1994a, S. 374).

Die **organisatorische** Gestaltung des Projektmanagements umfaßt insgesamt drei Ebenen (vgl. Krüger 1994a, S. 374f.; Reiß 1995, S. 450; Krüger 2000b, S. 285ff.). Der Kern der Projektarbeit wird dabei zum einen durch die Basis des Projektmanagements, das **Management des Projekts**, charakterisiert, zum anderen sind aber auch die Personen hinzuzurechnen, die zwar nicht direkt im Projektteam mitarbeiten, aber aufgrund von wichtigen Funktionen, wie Koordination, Poolung von mehreren Projekten oder Netzwerkmanagement, in die Projektarbeit involviert sind. Diese werden hier unter dem Begriff des **Managements von Projekten** subsumiert. Darüber hinaus wird

190

der Überbau der Projektarbeit noch durch eine dritte Ebene, das **Management durch Projekte**, verstärkt. Im Mittelpunkt steht hierbei das Topmanagement. Diese drei Ebenen werden im folgenden kurz erläutert:

- **Management des Projekts**: Kern des Projektmanagements ist zunächst das **Projektteam** mit seinem **Projektleiter**, die zusammen einen Projektauftrag bearbeiten. Das Management des Projekts beschreibt die ‚operative' Projektarbeit.

- **Management von Projekten**: Wenn die Unternehmung mehrere, abhängige Projekte durchführt, sollte die **projektübergreifende Koordination** auf eine eigene Projektstelle, die **Programmleitung** übertragen werden. Diese Managementebene übernimmt eine Aufgabe, die ähnlich der des Managements eines Portfolios von Geschäften ist. Daher kann diese Projektmanagementebene auch als **Projektportfolio-Management** bezeichnet werden (vgl. Jantzen-Homp 2000).

- **Management durch Projekte**: Unter Hinzufügung der höchsten Unternehmungsebene entsteht das Management durch Projekte. Es stellt das **oberste Lenkungsgremium** der Projektarbeit dar und gestaltet die projektübergreifenden, die gesamte Unternehmung betreffenden Sachverhalte.

5.3 Programmorganisation und ihre Bausteine

Für die Wandlungsprogramme in dem hier unterstellten Umfang ist die Bezeichnung Projektorganisation nicht mehr ausreichend. Vielmehr ist eine Programmorganisation einzurichten, die die Vielzahl von Projekten, die in einem Wandlungsprogramm anzustoßen sind, beinhaltet. Hinzu kommt, daß zwar eine **Abhängigkeit der Projekte bezüglich des Progamms und der Wandlungsziele** besteht, diese aber aufgrund ihrer Größe, Unterschiedlichkeit der Objektbereiche wie auch aus Sicht der Ressourcenzuteilung und -steuerung als relativ selbständig anzusehen sind. Für die Programmorganisation stellt sich daher die Frage nach den organisatorischen Regelungen innerhalb des Wandlungsprogramms, da ohne sinnvolle Strukturierung in dieser Größenordnung keine effiziente Zusammenarbeit möglich ist. Damit verbunden ist ebenso die den Aufgaben entsprechende Festlegung von Verantwortung und Kompetenzen. Die Regelung der Programme erfordert in erheblichem Maße Abstimmungsbedarf, auf welchen im folgenden in der Hauptsache eingegangen wird.

Für die erfolgreiche Bewältigung des Wandels stellen sich zwei wesentliche Abstimmungsprobleme:

- Die horizontale Koordination der zeitgleich und/oder nacheinander laufenden Projekte sowie

■ die vertikale Koordination zwischen den Projektebenen und die Integration von Primär- und Sekundärorganisation.

Die folgende Abbildung 5/4 gibt einen Überblick über eine vereinfachte Programmorganisation mit ihren horizontalen und vertikalen Koordinationsanforderungen:

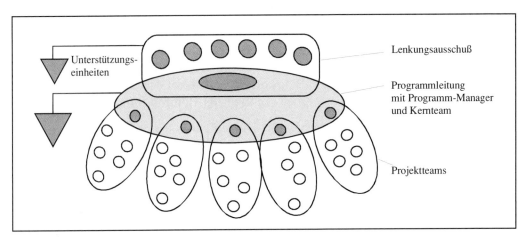

Abb. 5/4: Programmorganisation

Bevor in den nachfolgenden Abschnitten auf das Zusammenwirken der einzelnen Bausteine aus funktioneller Sicht eingegangen wird, sollen sie an dieser Stelle einzeln mit ihren Aufgaben dargestellt werden. Auch in einer Programmorganisation sind Steuerungs-, Operations- bzw. Ausführungs- und Supportaufgaben zu erledigen (vgl. zum SOS-Konzept Krüger 1994a, S. 37f.). Zusätzlich sind hier die Koordinationsaufgaben als Teil der Steuerungsaufgaben zu extrahieren.

■ **Lenkungsausschuß**. Der Lenkungsausschuß ist in der Regel das hierarchisch höchste Organ der Programmorganisation. Während die Aufgaben des **Managements durch Projekte** bereits in der Initialisierung beginnen, konstituiert sich der Lenkungsausschuß selbst erst im Anschluß an das ‚Strategie-Projekt‘ in der Konzipierungsphase, das mit der Festlegung eines groben Sachkonzepts sowie eines Zeit- und Budgetrahmens endet. Häufig sind die Initiatoren der Wandlungskoalition Gründungsmitglieder. Wichtige weitere Mitglieder des Lenkungsausschusses sind je nach strategischer Bedeutung des Wandlungsprogramms insbesondere Topmanager der ersten oder zweiten Führungsebene in ihrer Funktion als Auftraggeber und sogenannte Machtpromotoren. Dabei ist auf eine ausgewogene Vertretung der unterschiedlichen betroffenen Unternehmungsbereiche zu achten. In der Regel sind solche Steuerungs- und Koordinationsgremien Kollegialinstanzen, d.h., die Entscheidungen fallen einstimmig oder zumindest mit qualifizierter Mehrheit. Bestimmt der Lenkungsausschuß ein Nichtmitglied zum Programm-Manager, so ist dieser zwecks der Mitübernahme der Verantwortung auch in den Lenkungsausschuß aufzunehmen. Damit ist auch eine erste wichtige Aufgabe des Lenkungsausschuß angesprochen: die **Auswahl der Programmleitung**. Darüber hinaus entwickelt der Lenkungsausschuß die Visionen und Leitbilder für das Programm und konkretisiert die für den Projektauftrag notwendigen Ziele des Programms. Auf diesem Weg wird die Entsprechung von Unternehmungsstrategie und Wandlungsstrategie sichergestellt. Der Lenkungsausschuß trifft programmbezogene **strategische Entscheidungen**, vertritt die Programminteressen nach außen und läßt die Interessen externer und interner **Anspruchsgruppen** mit einfließen. Auch das Mitbestimmungsmanagement ist von diesem Gremium zu übernehmen bzw. zu überwachen. Der Lenkungsausschuß muß die systemischen, strukturellen und personellen Barrieren und Engpässe im Auge haben und ggf. beseitigen (vgl. Schildknecht 1998, S. 293f.). Des weiteren überwacht der Lenkungsausschuß den Gesamtablauf auf Basis der Informationen des Programmcontrolling und löst im Ausnahmefall etwaige Konflikte (vgl. Patzak/Rattay 1997, S. 106ff.).

■ **Programmleitung** und **Kernteam**. Für die sachliche und zeitliche Koordination der vielfältigen Wandlungsprojekte wurde eine eigene Ebene, das **Management von Projekten**, eingeführt, um deutlich zu machen, daß es sich um mehr handelt als nur um die Leitung eines Einzelprojekts (vgl. zur Koordination von Projekten Jantzen-Homp 2000, S. 73ff.). Die **Programmleitung** besteht im einfachsten Fall aus einer Person, dem **Programm-Manager**. Der Programm-Manager ist, wie aus Abbildung 5/4 (s.o.) hervorgeht, eine zentrale Figur, da er horizontales wie vertikales Schnittstellenmanagement betreibt. Er überblickt alle Projekte und regelt ihr Zusammenwirken. Er ist dementsprechend mit der unternehmerischen Verantwortung und Kompetenz für das Programm auszustatten. Der Programm-Manager ist ebenso wesentlicher Träger der **Informations- und Kommunikationspolitik** (vgl. Kap. 7.4, S. 307ff.). Seine Aufgaben sind das Herunterbrechen des Wandlungskonzepts aus dem ‚Strategie-Projekt‘ in einzelne Projektziele und -aufträge für die Basis- und Folgeprojekte und das Verfolgen der zentral eingeleiteten Aktivitäten. In Abstimmung mit dem Lenkungsausschuß sind dann die einzelnen Projektleiter unter Beachtung von wesentlichen Interessenlagen und Qualifikationen auszuwählen. Dabei sollten unterschiedliche Hierarchieebenen wie auch Funktionen berücksichtigt werden. Ebenso entscheidet der Programmleiter, welche externen Stellen, z.B. Berater, ausgewählte Kunden oder Lieferanten, den Wandlungsprozeß besonders in den Phasen Mobilisierung und Umsetzung unterstützen sollen. Im Verlauf des ‚Wandlungsgeschäfts‘ ist es die Aufgabe des Programm-Managers, den reibungslosen Ablauf des Wandlungsprogramms sicherzustellen. Hierzu sind ein horizontales wie vertikales Schnittstellenmanagement zu betreiben, und es sind Synergien durch die Integration von Ressourcen und Fähigkeiten zu erzielen. Darüber hinaus hat der Programm-Manager auch Änderungen im Programmumfeld zu berücksichtigen.

Da der Regelungsaufwand auf der Programmebene erheblich ist, bietet sich die Bildung einer Mehrpersoneneinheit an. Die Programmleitung setzt sich dann aus dem Programm-Manager und den Projektleitern zusammen, eventuell ergänzt um Vertreter von Unterstützungseinheiten (z.B. Programmcontrolling, Kap. 9.3, S. 341ff.) oder beteiligten Beratern.

Üblicherweise wird eine solche Zusammensetzung mit diesen Aufgaben auch als sogenanntes **Kernteam** bezeichnet (vgl. Patzak/Rattay 1997, S. 135; Krüger 1994a, S. 393f.). Je nach Anzahl der von der Programmleitung betreuten Projekte kann es sinnvoll sein, aus den Mitgliedern dieses Kreises ein 5 - 7-köpfiges **Programm-Kernteam** zusammenzustellen, welches sich in kürzeren Abständen trifft und damit die Reaktionsfähigkeit der Programmorganisation erhöht.

Das Management von Projekten wird in der **Mobilisierungsphase** eingerichtet und hat seinen Arbeitsschwerpunkt während der **Umsetzungsphase**. Die Arbeit der Programmleitung endet mit dem Übergang in die **Verstetigung** (vgl. Krüger 2000b).

- **Projektleiter und Projektteams**. Die Projektleiter und ihre Teams bilden den Kern des klassischen Projektmanagements und bewerkstelligen das operative Geschäft des Wandlungsprozesses (**Management des Projekts**). Der Projektleiter erhält Weisung von der Programmleitung, in der er ggf. selbst mitarbeitet. Der Projektleiter hat für sein Projekt die relevanten Schnittstellen zu identifizieren und abgeleitet aus dem Projektauftrag eine saubere Projektdefinition mit den wesentlichen Teilzielen zu erarbeiten. Darüber hinaus obliegt ihm die Zusammensetzung und Organisation seines Teams (vgl. Kraus/Westermann 1995, S. 33ff). Das Team selbst besitzt im Rahmen des Projektauftrags in der Regel einen weiten Handlungsspielraum, der zum Entwurf innovativer und zugleich anwendernaher, akzeptierbarer Lösungen genutzt werden muß. Die Teammitglieder sind außerdem in die projektrelevanten Planungs- und Steuerungsprozesse einzubeziehen. Das Projektteam bereitet nicht zuletzt die Umsetzung vor. Dafür müssen im Team die entsprechenden Spezialisten und/oder Generalisten vertreten sein (vgl. Krüger 1994a, S. 398ff.; zur Teambildung Abschn. 4.3, S. 185ff.), die sich durch selbständiges, unternehmerisches Denken und Handeln auszeichnen.

Im Rahmen des Wandlungsprozesses hat das Management des Projekts seinen Tätigkeitsschwerpunkt in der **Umsetzungsphase**, in der zahlreiche einzelne Basis- und Folgeprojekte durchgeführt werden. Dabei trägt der Projektleiter die Führungsverantwortung für sein Projektteam und die Ergebnisverantwortung für die Erreichung der vorgegebenen Projektziele.

▪ **Programmunterstützungseinheiten.** Bereiche, die hier im besonderen zur Unterstützung notwendig scheinen, sind solche, die im weiteren Sinne der Projektinfrastruktur dienen. Im einzelnen ist dabei an **Dokumentation** und **Administration**, **Controlling**, **Kommunikation** und **Methodenberatung** zu denken. Insbesondere die Funktionen Kommunikation und Controlling (vgl. Kap. 7, S. 261ff. und Kap. 9, S. 325ff.) sind in ihrer Bedeutung so hoch einzuschätzen, daß sie als selbständige, begleitende Teilprojekte mit in das Programm aufgenommen werden sollten. Für die Methodenberatung bietet sich ein (auch extern vorgehaltener) Expertenpool oder ein Projekt-Competence-Center (vgl. Jantzen-Homp 2000, S. 142ff.) an, welche für alle Projekte Organisationsentwickler, Moderatoren, EDV-Spezialisten u.ä. im Bedarfsfall zur Verfügung stellen. Diese Einheiten sind dem **Management von Projekten** zuzuordnen.

Checkliste zur Programmorganisation

▪ Ist das Topmanagement in den Lenkungsausschuß eingebunden?

▪ Wieviele Projekte enthält das Programm?

▪ Wieviele Personen sind für die Programmleitung und Projektleitung notwendig?

▪ Erfüllen der Kandidat/erfüllen die Kandidaten die Anforderungen in bezug auf Integrations- und Koordinationsfähigkeiten, Teamfähigkeit als primus inter pares, Mut und Akzeptanz sowie Kommunikationsfähigkeiten? Wird dem ‚Staffing‘ die notwendige Aufmerksamkeit eingeräumt?

▪ Erreicht das Programm eine Größe, die Unterstützungseinheiten notwendig macht?

▪ Erhalten die Projektteams genug Zeit, einen gemeinsamen Arbeitsrhythmus zu erreichen?

▪ Ist die Auskopplung eines Kernteams angezeigt? Welche Personen kommen dafür in Frage?

5.4 Aufgaben des Programm-Managements

5.4.1 Vertikale Koordination zwischen den Projektmanagementebenen

Im Laufe des Wandlungsprozesses wird eine Vielzahl von Projekten dezentral und zentral eingeleitet, die zu unterschiedlichen Zeitpunkten begonnen und abgeschlossen werden und die verschiedenen Verantwortlichkeiten unterliegen. Kurzum: Auch die beschriebene Programmorganisation kommt zur Komplexitätsreduzierung nicht ohne eine Hierarchie aus. Die vertikale Koordination umfaßt aus Managementsicht die bereits beschriebenen Ebenen des **Managements des Projekts, von** und **durch Projekte**, aus organisatorischer Sicht die Projekt-, Programm- und Lenkungsebene. Bei der Koordination geht es im allgemeinen um die Abstimmung und Harmonisierung von Handlungen im Hinblick auf die Ziele oder den Zweck der Organisation. In diesem Fall liegt die Koordinations- und Integrationsfunktion im wesentlichen bei der Programmleitung, sie **orchestriert den Wandel**. Sie stellt damit sowohl aufgabenbezogen als auch personell das Bindeglied zwischen den verschiedenen Ebenen dar. Die Erfüllung dieser Funktion steht und fällt mit der Auswahl der Personen in der Programmleitung.

Das Grundprinzip, das auf der Programmebene die Orchestrierung sicherstellt, ist das der **personellen Vermaschung** von einzelnen Einheiten (vgl. Abb. 5/4, S. 192). Die Vermaschung basiert auf einem weitgehend partizipativen Führungsverständnis, welches wiederum von aktiven, motivierten und eigenverantwortlichen Teammitgliedern ausgeht. Die Mitgliedschaft der Projektleiter in der Programmleitung sichert dabei im Sinne einer ,Aufwärtsvermaschung' die unmittelbare Anbindung der Projekte an das Programm und damit auch die Einbindung der Teams. Der Projektleiter ist an Entscheidungsprozessen auf beiden Ebenen beteiligt, in einem Fall als Leiter, in einem anderen als einfaches Mitglied. Er kann als ,linking-pin' (vgl. Likert 1967, S. 50; Schreyögg 1998, S. 266ff.) die schnelle Durchsetzung im Team gewährleisten, aber auch die Erfahrungen der Projektarbcit direkt in das Programm einspeisen. Damit können Kommunikation und Einfluß im Sinne eines notwendigen Gegenstroms in beide Richtungen ihre Wirkung entfalten.

Die Mitgliedschaft des Programm-Managers im Lenkungsausschuß erfüllt ähnliche Funktionen. Aus Sicht der Programmleitung kann dabei von einer ,Abwärtsvermaschung' gesprochen werden, für die sich auch verschiedene Rollen installieren lassen, wie z.B.:

- **Sponsoren**: Wer Mitglied im Topmanagement ist, muß eine Rolle als Evolutions- oder Wandlungspromotor übernehmen. Transformativer Wandel - als strategische Erneuerung - kann nicht ohne das Topmanagement vonstatten gehen. Topmanager müssen als Sponsoren den Wandlungsprozeß vorantreiben und den Programm- und Projektleitern helfen, Barrieren zu überwinden (vgl. Krüger 2000b, S. 287; Müller/Brehm 2000, S. 325f.). Dazu werden einzelnen Topmanagern einzelne Projekte - unabhängig davon, ob fachliche oder hierarchische Nähe gewünscht ist oder nicht - zum Sponsoring in ihre Verantwortung gegeben. Neben der in jedem Fall notwendigen Verantwortungsübernahme kann der Sponsor in Abhängigkeit von der gewählten Wandlungssequenz einen unterschiedlichen Führungsanspruch praktizieren. So wird der Führungsanspruch bei Abbaumaßnahmen sehr hoch sein (operative Führung), da das Topmanagement alle unternehmerischen und projektspezifischen Funktionen wahrnimmt, d.h., die Autonomie der Projekte ist gering. Hingegen sollte das Topmanagement bei Aufbaumaßnahmen strategisch bzw. finanziell führen. Das selbständige Denken und Handeln der Projekte steigt (vgl. zum Führungsanspruch Krüger 1994a, S. 269ff.; Bühner 1993, S. 418f.; in Verbindung mit Projektarbeit vgl. Jantzen-Homp 2000, S. 131ff.). Im Idealfall nutzt das Topmanagement die Chance, persönlich als Sponsor kontinuierlich Energie auch auf Projektebene zuzuführen, z.B. durch die motivierende Teilnahme an Projektsitzungen, Vermittlung von Experten und Know-how, Incentives etc. Solche Topmanager, denen es gelingt, diesen Prozeß wirklich voranzutreiben, werden dann zu echten **Change Champions** (vgl. Nadler/Nadler 1998).

■ Eine weitere wichtige Rolle in der Vermaschung übernehmen sogenannte **Veränderungsmanager**, die gleichzeitig auch als Koordinatoren wirken. Veränderungsmanager charakterisieren im besonderen die menschliche Seite des Unternehmungswandels. Es handelt sich dabei um Wandel-Spezialisten, die vor allem in der **Umsetzungsphase** für die **Schaffung von Akzeptanz des Wandlungsvorhabens** auf breiter Basis eingesetzt werden. Diese Rolle kann - im Gegensatz zum allgemeinen Verständnis von Change Agents - nur von Unternehmungsinternen wahrgenommen werden, da nur sie über eine tiefgehende Vertrautheit mit der Unternehmung verfügen, weitgehend übereinstimmende Wertvorstellungen besitzen und damit per se eine höhere Akzeptanz bei den Mitarbeitern genießen. Diese Art von **Change Agents** können in der Umsetzungsphase mit dem Programm-Manager zeitweise eine Doppelspitze bilden.

Das Thema: **Veränderungsmanager**

Das Beispiel: **RWE ENERGIE**

Zur Ausrichtung des Regionalgeschäfts auf den Wettbewerb (kurz ARW) führte die RWE ENERGIE ein umfassendes Wandlungsprogramm durch. Ein wesentlicher Schwerpunkt des Programms war die Neuorganisation der gesamten Unternehmung.

In allen Phasen des Programms wurde die Programmstruktur ergänzt durch die sogenannten ‚Change Management-Teams (Kommunikation)'. Ziel dieser Teams war und ist es, von der Projektidee über die Gesamtkonzeption bis zur Umsetzung die Projektarbeit zu unterstützen und die Primärorganisation auf die anstehenden Veränderungen vorzubereiten. Der Leiter dieses Teilprojekts, der Veränderungsmanager (VM), kommuniziert ‚den Geist des Projekts‘ in die Unternehmung. Er bereitet den geistigen Nährboden für die Veränderungsmaßnahmen und sorgt für die notwendige Akzeptanz. In Ergänzung zu der eher sachbezogenen Arbeit der anderen Teilprojekte konzentriert er sich ausschließlich auf die ‚human factors‘, also auf die ‚Veränderungsprozesse im Denken‘. Da er wesentlich zum Projekterfolg beiträgt, werden an ihn besondere Anforderungen gestellt:

- ‚Stallgeruch, d.h., er muß einer von uns sein‘,
- ‚Betroffene dort abholen, wo sie sind‘,
- Vertrauen, Vertrauenswürdigkeit kraft Persönlichkeit,
- intime Kenntnisse der Unternehmung und ihrer Organisation, der Unternehmungskultur und
- Überzeugungskraft.

Als Hilfsmittel zur Kommunikation steht eine breite Palette von Werkzeugen zur Verfügung: z.B. Info-Hotline, Dialogpartner in der Linie betreuen, Projektpublikationen, Projektteamaktivitäten, sonstige Projektpräsentationen (Quelle: Müller/Brehm 2000).

Die Orchestrierung der Projekte und Aktivitäten ist eine der Erfolgsbedingungen für den Wandel. Besondere Anforderungen werden daher an die Personen gestellt, die diese Aufgabe erfüllen sollen. Alle Mitarbeiter in koordinierenden Funktionen, vor allem auf der Ebene des **Managements von Projekten,** sollten besonders herausragende persönliche Eigenschaften haben (vgl. Doppler/Lauterburg 1994, S. 143).

Dieser Personenkreis umfaßt in der Regel die Programmleitung und damit den Programm-Manager und die Projektleiter. Er ist zumeist auch in die Kopplung der Sekundärorganisation an die Primärorganisation mit einbezogen. Eine Anbindung erfolgt also mittelbar auch über die Mitarbeit des Programm-Managers im Lenkungsausschuß, die Mitarbeit der Sponsoren in den Projekten und die zeitlich wechselnde Mitarbeit der Organisationsmitglieder im Projekt und in der Linie.

Checkliste zur personellen Vermaschung

■ Welche Einheiten der Organisation des Wandels sind miteinander auch personell zu vernetzen?

■ Welche Personen aus der Ebene **Management durch Projekte** scheinen aufgrund ihres Engagements besonders geeignet, eine personelle Vermaschung zu gewährleisten?

198

5.4.2 Horizontale Aufgabenverteilung

Eine strategische Erneuerung, die im Rahmen dieses Buches behandelt wird (vgl. Kap. 2, S. 43ff.), erfolgt durch die gleichzeitige Abwicklung verschiedener Projekte. Nicht ein einzelnes Projekt steht im Vordergrund der Wandlungstätigkeiten, sondern die wechselseitige Angemessenheit der Projekte, d.h., die **Orchestrierung** der Projektinhalte ist sicherzustellen (vgl. Kap. 2.7, S. 88ff.). Das **Management von Projekten** bzw. das Programm-Management ist also besonders gefordert. So sind z.B. Projekte mit strategischer Neuausrichtung und unterstützende Struktur- und Systemprojekte miteinander zeitlich und inhaltlich zu koordinieren. Für die Programmleitung bedeutet dies, daß sie die Projektziele und -inhalte der verschiedenen Projekte abstimmen sowie mögliche gemeinsam zu nutzende **Ressourcen** identifizieren und verteilen muß. Auch gilt es, die Projektzwischenergebnisse bzw. die Projektendergebnisse den nachfolgenden Projekten zur Verfügung zu stellen, um neue Erkenntnisse aus der bisherigen Projektarbeit weiterverarbeiten zu können und dadurch **Synergievorteile** zu erwirtschaften. Die Programmleitung sammelt das erworbene **Wissen** der verschiedenen Projekte, strukturiert es und gibt es nach Bedarf an die laufenden bzw. Folgeprojekte weiter.

Das Thema: **Projektdatenbank**

Das Beispiel: LUFTHANSA AG

Bei der LUFTHANSA AG übernimmt eine zentrale Projektmanagementstelle die Aufgabe der Wissenspoolung. In einer Datenbank werden die Projekterfahrungen und -ergebnisse sowie die fachlichen und konzeptionellen Fähigkeiten aller Projektmitarbeiter aufgenommen. Diese Datenbank soll dem Projektleiter und der Programmleitung helfen, ein optimales Team zusammenzustellen. Der Projektleiter stellt die Qualifikationsanforderungen seines zukünftigen Teams auf und läßt sich von der Datenbank passende Mitarbeiter vorschlagen. Zudem plant die Unternehmung mit dieser Datenbank ihren Bedarf an qualifiziertem Personal (vgl. Steeger 1997, S. K2).

Um den Wandlungsprozeß möglichst effizient und effektiv durchführen zu können und um die Nachhaltigkeit des Vorgehens sicherzustellen, ist das Management von Projekten gefordert, die **Übergänge zwischen den Wandlungsphasen** möglichst reibungslos zu gestalten. Dies gilt insbesondere für die angestoßenen Projekte in der **Mobilisierungs-** und **Umsetzungsphase**. Die verschiedenen Projekte, wie Kommunikationsprojekte, Vorbereitungsprojekte (z.B. für den Aufbau einer wandlungsfördernden Infrastruktur), Pilotprojekte und die darauf aufbauenden Folgeprojekte, können nun durch **sequentielle**, **überlappende** oder **simultane** Verlaufsmuster (vgl. Madauss 1994, S. 77; Jantzen-Homp 2000; S. 48ff.) geprägt sein (vgl. Kap. 2.6, S. 75ff.). All diese Abläufe sind denkbar und von den Zielsetzungen und Inhalten der einzelnen Projekte abhängig. Voneinander unabhängige Entwicklungsschritte der einzelnen Projekte müssen von der Programmleitung erkannt und zeitlich verschoben werden, während abhängige Entwicklungsschritte parallelisiert werden müssen, um die Schnittstellen zwischen den Projekten möglichst gering zu halten. Baut ein Projekt z.B. auf dem Endergebnis eines anderen Projekts auf, dies ist z.B. bei einem Pilotprojekt der Fall, so ist zwischen diesen beiden nur ein sequentielles Vorgehen möglich. Eine Programmleitung, die diese Abstimmungsarbeiten ernst nimmt, erzielt dadurch eine verbesserte innere Adäquanz des Wandlungsprogramms. Die Orchestrierung als Darstellung der optimalen Koordination und Angemessenheit der einzelnen Projekte untereinander ist erreicht.

5.4.3 Anbindung an die Primärorganisation

Es ist eines der wesentlichen Probleme in der Konzipierungsphase, sich über die Anbindung der Sekundärorganisation an die Primärorganisation zu verständigen. Die Sekundärorganisation des hier beschriebenen Typs kann ihre katalytische Wirkung erst entfalten, wenn ihr ein angemessenes Gewicht im Verhältnis zur Primärorganisation zugestanden wird. In der Praxis ragt das Projektgeschäft ohnehin schon weit in das Tagesgeschäft hinein. Vermißt wird aber noch die übergreifende, strategieadäquate Abstimmung der zahlreichen Projekte, die die strategische Erneuerung ausmacht. Die hier zum Zwecke der **Mobilisierung** und **Umsetzung** eingeführten Einheiten Lenkungsausschuß, Programmleitung und Kernteam bilden daher neu einzuführende **Wandlungsplattformen** innerhalb der Sekundärorganisation und sichern zugleich die intensive Kopplung an die Primärorganisation (vgl. folgende Abb. 5/5). Die hierarchische Einordnung und Steuerung dieser Plattformen bestimmt maßgeblich, wie stark die Organisation auf das Programmziel ausgerichtet wird. Die Einordnung kann aus den genannten Gründen nur auf Topmanagementebene erfolgen. Damit werden die Autorität und die Unabhängigkeit der Programmleitung mit Signalwirkung versehen. Da es sich hier um strategische Programme handelt, müssen die Lenkungsausschuß- und Programmleitungsmitglieder entsprechenden Positionen in der Primärhierarchie entstammen. Auf diese Weise kann auch der ‚Fit' mit der Unternehmungsstrategie verbessert werden.

Die katalytische Sekundärorganisation kommt einer klassischen **Matrix-Projektorganisation** (vgl. Frese 1998, S. 472ff.; Krüger 1994a, S. 396ff.) sehr nahe. Die Komplexität des Wandlungsvorhabens bedarf einer professionellen und damit in der Regel auch vollamtlichen Programmleitung. Abhängig von der Größe des Programms gilt dies auch unter Umständen für die Projektleiter. Da der Freistellungsgrad der Projekt-mitarbeiter in der Regel bei 50 - 60% liegt, ist der weisungsbezogene Durchgriff zwischen Primärfunktion und Projekt zugunsten der Projektarbeit zu regeln. Bei ordentlicher Regelung dieser Schnittstelle werden personelle Ressourcenkonflikte von vornherein vermieden. Es handelt sich auch angesichts der zu erwartenden Programmdauer um eine relativ aufwendige Lösung.

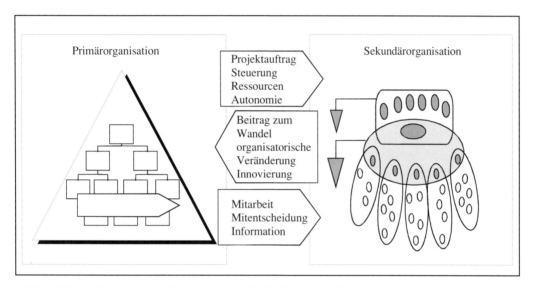

Abb. 5/5: Anbindung der Sekundär- an die Primärorganisation

Das Dilemma für die Anbindung besteht zum einen darin, daß, um der Programmorganisation eine Arbeit möglichst entfernt von der Primärhierarchie zu ermöglichen, ihr ein **hohes Maß an Autonomie** zugestanden werden muß. Veränderungen brauchen Raum, d.h. Freiheitsgrade in Handlungen und (Teil-)Entscheidungen. Zum anderen aber kann keine Wandlungsorganisation im luftleeren Raum agieren. Veränderungen müssen ebenso in die Primärorganisation eingebunden werden, denn diese muß sich schließlich mit verändern. Einen Ansatzpunkt zur Lösung dieses Problems stellen die Mitarbeiter selbst dar. In der hier unterstellten matrixähnlichen Lösung sind die Projektmitglieder sowohl in der Programmorganisation als auch im Tagesgeschäft eingebunden. Im ‚Wandlungsgeschäft' wird ihnen möglichst weitgehende Autonomie zugestanden. Sie unterstehen der Programm- und Projektleitung. Im Tagesgeschäft sind sie (z.B. 2 Tage der Woche) in die Linie integriert. Dies führt zwar zu Reibungsverlusten durch den häufigen ‚Jobwechsel‘, hat aber den weitaus größeren Vorteil, daß dadurch die Erfahrungen und Ergebnisse der Projektarbeit in die Primärorganisation **diffundieren** (vgl. Grimmeisen 1998, S. 235f.). Auf diese Weise wird in kleinen Schritten der Boden für die Veränderung bereitet. Im Gegenzug nehmen die Mitarbeiter Bedenken und Ängste ihrer Kollegen aus dem Tagesgeschäft mit in das Projekt und können von dort aus helfen, **Barrieren abzubauen**.

Zur Durchführung des vorne schon angesprochenen Wandlungsprozesses bei der HOECHST Materialwirtschaft wurde das sogenannte Procurement Enhancement Program - Implementation Team (PEP-IT) etabliert. Das Team war neben der organisatorischen Neuausrichtung der Materialwirtschaft auch für die Umsetzung eines Programms zur Erzielung von Beschaffungseinsparungen verantwortlich. Dafür bestand die weltweit agierende Mannschaft zeitweise aus 40 Personen, wovon ca. zehn externe Berater waren. Der europäische Teil des Teams saß in extra angemieteten Büroräumen außerhalb des Werksgeländes von HOECHST. Dadurch sollte gewährleistet werden, daß sich die aus der Linienorganisation kommenden Projektmitarbeiter vom Tagesgeschäft lösen und sich voll auf die Projektarbeit konzentrieren können. Der Nachteil dieser Vorgehensweise war allerdings, daß durch die räumliche Distanz zu den anderen Mitarbeitern der Materialwirtschaft (Primärorganisation) die Integration des Teams dort behindert wurde. Eine Aussage wie: „ ...das müssen die da aus Schaffhausen [fiktiver Ortsname] machen“ gibt die Einstellung der Mitarbeiter aus der Linienorganisation zum PEP-IT wieder.

6. Integrierte Sekundärorganisation

6.1 Wandel als Daueraufgabe oder: permanenten Wandel organisieren

Die vorangegangenen Ausführungen dieses Buches haben gezeigt, daß es nicht alleine um die einmalige Bewältigung eines Wandlungsprogramms geht, sondern daß als Ergebnis auch eine **lern-**, **entwicklungs-** und **wandlungsfähige Unternehmung** entstehen soll, sozusagen eine Unternehmung, die als ‚**chronically unfrozen**‘ (vgl. Weick 1977) beschrieben werden könnte. „Organisation ist kein Zustand, sondern ein Prozeß, keine starre Pyramide, sondern ein bewegliches, endloses Band. [...] Organisation ist Wandel“ (Krüger 1993b, S. 501).

Dies hat auch für die hier verfolgte organisatorische Betrachtung Konsequenzen. In dem Maße, wie Wandlungsaufgaben zu Daueraufgaben werden, verwischt sich die traditionelle **Trennung von Primär- und Sekundärorganisation**. Wandel ist in die Primärorganisation einzubauen.

Permanenten Wandel organisieren heißt, Rahmenregelungen zu schaffen, die es der Unternehmung ermöglichen, auch in der Zukunft flexibel als Teil eines sich ändernden (Um-)Systems die anfallende Aufgabenvielfalt zuverlässig zu bewältigen und zu gestalten. Erste Anhaltspunkte für solche Regelungen geben die erfolgreich durchgeführten Wandlungsbemühungen, z.B. in den Wandlungsphasen **Mobilisierung** und **Umsetzung**. In der Phase der **Verstetigung** müssen sowohl die Wandlungsergebnisse (organisatorisch) verankert als auch die Wandlungsbereitschaft und -fähigkeit gesichert werden. D.h., aus der gelungenen Befriedigung eines Wandlungsbedarfs durch aufeinander abgestimmte Wandlungsbereitschaft- und fähigkeit erwächst **Wandlungserfahrung**. Diese Wandlungserfahrung zu erhalten und zu entwickeln sichert den Umgang mit permanentem Wandel in der Zukunft. Prozesse permanenten Wandels sind, richtig organisiert, stetige **unternehmerische Lernprozesse**. Die Form der Organisation, die dies leisten soll, wird hier als **integrierte Sekundärorganisation** beschrieben, ist aber eigentlich eine neue, ‚tertiäre' Organisationsform (schematisch dargestellt in Abb. 5/6, vgl. auch Krüger 2000b, S. 293f.).

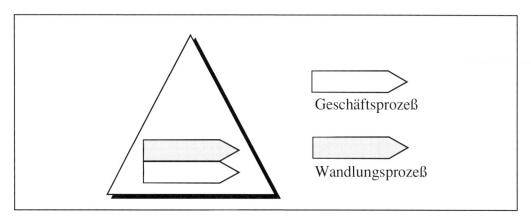

Abb. 5/6: Integrierte Sekundärorganisation

Einzelne Bausteine als Wandlungsplattformen (als einfache Beispiele seien hier Quality Circles, regelmäßige Workshops oder Erfahrungsaustauschgruppen genannt), die als ständige Einrichtungen konzipiert sind, sollen den reproduktiven Wandel zum Dauerthema machen. Wo dies gelingt, ist die Sekundärorganisation in die Primärorganisation integriert. In einer integrierten Sekundärorganisation fällt auch die Trennung zwischen Linienmanagement sowie Programm- und Projektmanagement weg. Die Führungsverantwortung für den Wandel geht damit auf die Manager über, die für das Tagesgeschäft verantwortlich sind. Prozesse des ‚Tagesgeschäfts‘ und des ‚Wandlungsgeschäfts‘ verschmelzen und liegen in einer Hand.

6.2 Ausgestaltung einer integrierten Sekundärorganisation

6.2.1 Kopplung von Tages- und Wandlungsgeschäft

Die Beschreibung der zunehmenden Bedeutung der Sekundärorganisation und deren Verwachsen mit der Primärorganisation hat gezeigt, daß diese Entwicklungen auch für die Primärorganisation selbst nicht ohne Folgen bleiben kann. Das heißt, **wer verändert, verändert sich selbst**. Eine Organisation, die den Übergang in die **Verstetigung** bewältigen will, muß zwangsläufig andere Ansprüche erfüllen. *Gerstein/Shaw* sind auch aus diesem Grund der Meinung, daß „die neunziger Jahre mit großer Wahrscheinlichkeit das Ende der traditionellen Organisation einläuten" werden bzw. eingeläutet haben (Gerstein/Shaw 1994, S. 262).

> Die integrierte Sekundärorganisation versucht, Wandlungs- und Tagesgeschäft **strukturell** und **personell** zu koppeln. Prozesse des ‚Tagesgeschäfts‘ und des ‚Wandlungsgeschäfts‘ verschmelzen und liegen in einer Hand.

Die integrierte Sekundärorganisation kann damit aus Sicht der strukturellen Wandlungsfähigkeit als am weitesten fortgeschritten bezeichnet werden. Dies gilt allerdings nur aus heutiger Sicht. Im Hier und Jetzt ist diese Struktur zwar in der Lage, reproduktive Veränderungen zu bewältigen. Wenn aber die Unternehmung z.B. in zehn Jahren erneut mit transformativen Herausforderungen konfrontiert sein wird, verlangt dies normalerweise wieder nach additiven oder katalytischen Sekundärlösungen (vgl. folgende Abb. 5/7). Auch dann wird die alte Primärorganisation erneut selbst Veränderungen unterliegen.

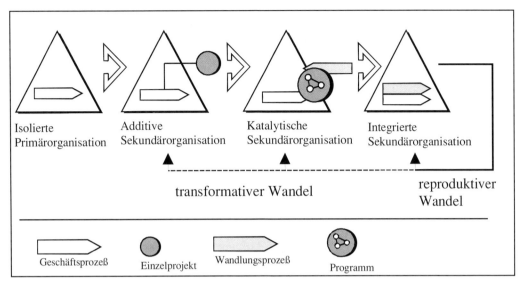

Abb. 5/7: Stadien der Sekundärorganisation

Bevor die Frage der Gestaltungsempfehlungen beantwortet wird, müssen einige veränderte Rahmenbedingungen des ‚Organisierens‘ angesprochen werden. Diese charakterisieren in gewisser Weise **Anforderungen an die organisatorische Gestaltung** einer integrierten Sekundärorganisation.

6.2.2 Erweiterung des organisatorischen Denkens

Mit den transformativen Herausforderungen der Unternehmung ändern sich auch die Rahmenbedingungen der Organisation bzw. des Organisierens. In der Summe geht es um die Erweiterung des organisatorischen Denkens.

■ **Dynamisches Organisationsverständnis.** Das Verständnis zum Thema organisatorischer Wandel war bisher geprägt von der Vorstellung, daß sich die Unternehmung exogenen Umweltveränderungen entsprechend anzupassen hat: „Wie soll ich denn mein Unternehmen bei diesen Umweltbedingungen gestalten und lenken?" Bereits diese Frage unterstellt eine einseitige kausale Beziehung zwischen Umwelt und Unternehmung (vgl. Weber 1996, S. 58ff.). Die Voraussetzung **einfacher Kausalität** ist für komplexe Systeme **obsolet**. Vielmehr ist es so, daß das Verhältnis zwischen System und Umwelt aus dieser Sicht durch eine „Wechselseitigkeit der Interaktionen" gekennzeichnet ist (Weber 1996, S. 85 unter Rückgriff auf Maturana 1982), es ergibt sich eine **System-Umwelt-Koevolution** (vgl. Carr 1996, S. 88;

Brehm/Danner 1999). Dieses dynamische Verständnis beschreibt einen ständigen Prozeß des Anpassens und Gestaltens, einen kollektiven Lern- und Entwicklungsprozeß (vgl. Zahn 1996, S. 10).

■ **Erweiterung des Gestaltungsbereichs um den Einflußbereich.** Der **Gestaltungsbereich** der Unternehmung und damit der organisatorischen Regelungen erweitert sich vom **System** zum **Supersystem.** Das Umsystem der Unternehmung und dort besonders die Anspruchsgruppen gewinnen aufgrund der ‚verfließenden‘ Grenzen zwischen Unternehmung und Umsystemen (Einflußbereich) wesentlich an Bedeutung. Deshalb muß der Einflußbereich explizit in die Überlegungen zur Systemabgrenzung mit aufgenommen werden. Bei einer solchen Sichtweise sieht sich das System selbst als Bestandteil des eigenen Umsystems.

■ **Verkürzung des Gestaltungshorizontes.** Die Zeit beschreibt den Gestaltungshorizont. Da die zu lösenden Probleme und Aufgaben sich nicht mehr über lange Zeiträume prognostizieren lassen, kann man davon ausgehen, daß es im vorhinein auch keine dauerhaften Strukturen mehr gibt. Regelungen, die in der Vergangenheit noch fünf - zehn Jahre Gültigkeit hatten, bestehen heute evtl. noch ein Jahr, einen Monat oder gar eine Woche. Die für den Kunden zu lösenden Probleme und die vom Wettbewerb ausgelösten Aktivitäten bestimmen die **relevanten Zeitintervalle.**

Eine Vielzahl von Veröffentlichungen zu veränderungsfähigen Strukturen (integrierten Sekundärorganisationen) verstärkt den Eindruck, daß sich in allen diesen Formen wiederkehrende Grundmuster erkennen lassen, die hier im Sinne von Gestaltungsansätzen oder -empfehlungen vorgestellt werden sollen (vgl. Drumm 1996, S. 7ff. und Gerstein/Shaw 1994, S. 264ff.). Solche Organisationen verfolgen immer das Ziel, die **Flexibilität, Aktions-** und **Reaktionsfähigkeit** der Organisation zu erhöhen und damit der Struktur als Wandlungsplattform zu dienen.

6.2.3 Gestaltungsempfehlungen

Die nachfolgend beschriebenen **Gestaltungsempfehlungen** sind nicht unabhängig voneinander, im Gegenteil, sie bedingen und ergänzen sich gegenseitig, d.h., man kann in diesem Fall nicht einen Schritt ohne den nächsten tun. Nur so können sie zu einer Lösung werden, die sicherstellt, daß sich die Organisation unter den beschriebenen Rahmenbedingungen in eine Phase der Verstetigung hineinentwickeln kann und die Organisation selbst sich dort als eine echte Wandlungsplattform etabliert.

■ **Orientierung am Wertschöpfungsprozeß.** Durch die beschriebene gemeinsame Entwicklung von Unternehmung und Umsystem entstehen vielfältige Verbindungen über bisherige Grenzen hinweg. Die Entscheidung, wer sich ‚innerhalb‘ und wer ‚außerhalb‘ befindet und damit die Grenze zum Umsystem konstituiert, wird sich in Zukunft durch einen Beitrag zur Wertschöpfung oder dessen Unterstützung bestimmen.

■ **Kundenorientierung**. Die Ausrichtung an der Wertschöpfung bedingt eine **verstärkte Kundenorientierung**. Denn von Wert ist nur das, wofür der Kunde zu zahlen bereit ist. Der Wertschöpfungsprozeß oder -beitrag der Unternehmung muß konsequent auf die Bedürfnisse der Kunden zugeschnitten werden.

■ **Teamstrukturen auf allen Ebenen**. In wandlungsfähigen Strukturen verändern sich zwangsläufig die personellen und strukturellen Formen der Zusammenarbeit in Richtung Gruppen- und Teamarbeit, vom Topmanagement bis zu den Werkern. Wo die ‚Tagesarbeit‘ und die ‚Wandlungsarbeit‘ zusammenwachsen, ist auch die tägliche Kooperation durch Gruppen- und Teamarbeit angereichert bzw. geprägt.

■ **Dezentralisierung von Entscheidungs- und Ergebnisverantwortung**. Nur durch eine über herkömmliche Partizipation und Delegation hinausgehende, weitreichende Dezentralisierung von Entscheidungen können die notwendigen Handlungsfreiräume und damit Flexibilität geschaffen werden. Durch die ergänzende Ergebnisverantwortung und einen freien Ressourcenzugang entsteht die Motivation, Handlungen auch tatsächlich durchzuführen. Dezentralisierung sollte dem Prinzip der **Subsidiarität** folgen (vgl. Picot 1991), bei *Staehle* auch umfassender als **föderative Dezentralisierung** bezeichnet (vgl. Staehle 1999, S. 743).

■ **Aufgabenbündelung**. Einzelne Aufgaben verlieren für die Arbeitsteilung auf Unternehmungsebene an Bedeutung, denn sie unterliegen zunehmend der Selbststeuerung der Gruppe (s.u.). Trotzdem bedarf es einer Subsystembildung zur Komplexitätsreduktion. Es geht darum, Teil(problem)lösungen als umfassende, generalisierte Aufgaben- und Verantwortungskomplexe zu definieren. Wichtig ist dabei, daß die Aufgabenbündel für die Mitarbeiter einen Sinnzusammenhang darstellen und ihnen die ‚Anschlüsse‘ an den Wertschöpfungsprozeß klar sind. Durch die Bündelung wird der Ganzheitlichkeit der Aufgabenerfüllung und der Schnittstellenreduzierung Rechnung getragen. Die Wertschöpfungskette stellt dann ein Modulsystem aus Aufgabenbündeln dar (vgl. Picot et al. 1998, S. 201ff; Baldwin/ Clark 1998), das für jede neue Problemlösung entsprechend zusammengestellt werden kann.

■ **Selbstorganisatorische Elemente**. Selbstorganisation oder auch Autonomie beschreiben das Maß an Selbstbestimmtheit einer organisatorischen Einheit/Gruppe. Das bedeutet, daß die Mitglieder einer Einheit durch eine bewußte Gestaltungsentscheidung relativ dauerhafte Handlungsmuster für sich etablieren dürfen (in Anlehnung an Göbel 1998, S. 177). Dieser Punkt trägt ganz allgemein der Erkenntnis

Rechnung, daß auch die Autonomie in der Organisation ‚organisiert' werden kann und muß. Gegenstände autonomer Regelungen können sein: interne Formalisierung (Regelgebundenheit), Hierarchisierung, Arbeitsteilung (Spezialisierung), interne Koordination, Ablauforganisation. Die frei werdenden Führungskapazitäten des Managements können dann verstärkt zur Unterstützung und Beratung der Teams verwendet werden.

- ▪ **Lernbereitschaft und -fähigkeit fördern.** Durch die sich ausweitende Variabilität und Vielfalt der Einzelaufgaben wird Lernen vor allem auf den Ebenen des Individuums und der Gruppe unbedingter Bestandteil der täglichen Arbeit im Sinne einer kontinuierlichen Verbesserung. Es muß permanent neues Wissen generiert, verteilt und zugänglich gemacht werden.

- ▪ **Zusammenhalt (Einung) durch Normen und Werte.** In dem Maße, wie durch die zahlreicher werdenden autonomen Teams strukturelle Regelungen abnehmen, besteht Koordinationsbedarf durch kulturelle Regelungen, welche auf Werten und Normen basieren. Hier müssen insbesondere Werte wie Vertrauen, geistige Flexibilität und Kooperationsgeist verankert sein.

Zweifellos ist auch bei diesen Strukturansätzen die jeweilige Situation, d.h., Abbau, Umbau oder Aufbau, mit entscheidend dafür, welche der Einzelansätze im speziellen Fall sinnvoll miteinander zu kombinieren sind. Natürlich kommt auch eine wandlungsfördernde Organisation nicht ohne Ziele, deren für Transparenz sorgende Bekanntmachung, Führung oder Kontrolle aus. Egal, ob ihnen eine Zielvereinbarung oder -vorgabe zugrunde liegt. Aber es bleiben dennoch Gestaltungsspielräume. Dezentralisierung von Ergebnisverantwortung z.B. kann sowohl die Verantwortung für eine Kostenreduktion als auch für eine Erschließung neuer Geschäftsfelder an nachgelagerte Einheiten umfassen, ist also relativ situationsunabhängig vorteilhaft. Der Förderung von Lernbereitschaft und Selbstorganisation oder auch dem Grad der Aufgabenbündelung kann in Aufbauprogrammen vermutlich eine höhere Bedeutung beigemessen werden, da dort der Handlungsspielraum ohnehin größer ist. In einem Abbauprogramm haben diese Ansätze eher einen instrumentellen Charakter, sie kommen in der Regel nur punktuell zum Einsatz.

Für die erfolgreiche Bewältigung des Wandels weisen diese Strukturansätze jedoch **Vorteile** auf, da sie - sei es nun punktuell oder ganzheitlich - die Wandlungsfähigkeit der Unternehmung verbessern. Es entstehen in den jeweiligen Einheiten und ihren entsprechenden Umfeldern zum Teil eigene Subkulturen und -strukturen, die sich geschäftspezifischen und lokalen Unterschieden besser anpassen können. Die Ausstattung mit den entsprechenden Freiheitsgraden wirkt sich positiv auf die Wandlungsbereitschaft und -fähigkeit der einzelnen und der Gruppen aus. So werden diese Einheiten zu echten Wandlungsplattformen der ‚Tertiärorganisation'.

	Isolierte Primärorganisation	Additive Sekundärorganisation	Katalytische Sekundärorganisation	Integrierte Sekundärorganisation
Aufgaben	Bewältigung des Tagesgeschäfts, Erhaltung von organisatorischer Stabilität und Heimat in umfassenden Veränderungen	Initiierung umfassenden Wandels, Bewältigung kleinerer Veränderungsprojekte, Einzelprojekte	Organisation von Wandlungsprogrammen, Regelung der Aufgabenverteilung zwischen den Projekten und den Ebenen des Projektmanagements	Kopplung von Tages- und Wandlungsgeschäft, Verstetigung des Wandels
Anbindung an die/Interaktion mit der Primärorganisation	keine	einlinig	mehrlinig, in beide Richtungen	integriert
Wandlungsfähigkeit/ -bereitschaft	gering	gering/mittel	mittel/hoch	hoch
Komplexität	gering	gering	hoch/mittel	hoch/mittel

Abb. 5/8: Stadien der Wandlungsorganisation im Überblick

7. Wandlungsfähige Organisationsformen

7.1 Organisatorische Verankerung einzelner Wandlungsplattformen

Der organisatorische Weg in die Verstetigung führt über die katalytische Sekundärorganisation. Die dort angesprochenen Modifikationen können zum Teil in Form eigener Einheiten in die neue Organisation übernommen bzw. eingebunden werden. Je tiefer die Unternehmung durch ein Wandlungsprogramm in das Wandlungsgeschehen eintaucht, desto stärker wird sich ihre Struktur und Kultur insgesamt verändern. Sie wird sich plötzlich in einem völlig anderen ‚**Aggregatzustand**' wiederfinden (vgl. Gerstein/Shaw 1994, S. 267f.; Macintosh/Maclean 1999).

Praktisch könnte eine Modifikation der bestehenden Organisation bedeuten, daß Abteilungen wie ‚Unternehmungsentwicklung' und ‚Organisation' enger miteinander verzahnt und zumindest teilweise integriert werden (vgl. Frese 2000). Das Topmanagement hätte damit eine organisatorische Einheit zur Verfügung, die gleichermaßen Beratungs- wie Schrittmacherfunktionen für den permanenten Wandel übernehmen könnte. Die Institutionalisierung einer solchen Wandlungs- und Entwicklungsplattform als Dauereinrichtung wäre sichtbarer Ausdruck des Anspruchs, eine permanente und aktiv betriebene Unternehmungsentwicklung in Angriff zu nehmen. Dazu bietet es sich an, diese z.B. auch als **Wandlungsstab** oder **Center of Change** zu bezeichnen, um der kommunikativen Signalwirkung voll gerecht zu werden. In dem Maße, wie Wandel zu einer Daueraufgabe wird, ist auch eine bereichs- bzw. unternehmungsweite Poolung und Institutionalisierung des notwendigen Wissens zu empfehlen. Auch dies wäre eine Maßnahme, die zu einer integrierten Sekundärorganisation beiträgt.

Das Thema: Center of Change

Das Beispiel: AMERICAN EXPRESS INTERNATIONAL INC.

Bei AMERICAN EXPRESS ist Wandel seit 1992 ein ständiger Prozeß. Nach einem ersten Reenginecring-/Restructuring-Programm wurden weitere Veränderungen als Prozeß, d.h. Wandel als Daueraufgabe, verstanden. Dies hat dazu geführt, daß in Brighton eine 120-köpfige Abteilung entstanden ist, die sich ‚**Business Engineering**' nennt und ausschließlich für die Anregung und Durchsetzung von Veränderungen in Europa zuständig ist. Sie wird als eine ‚Cross-functional Central Resource Group' bezeichnet. Diese Gruppe ist in verschiedene Abteilungen gegliedert, die jeweils für einen ‚Kernprozeß' die ‚thought leadership' übernehmen und damit auch die Prozeßverantwortung innehaben. Die Aufgabe beinhaltet jeweils eine kontinuierliche Prozeßverbesserung. Zu Beginn eines jeden Jahres wird ein **Strategic Quality Plan** (SQP) erstellt, in dem die Veränderungsprojekte festgehalten werden. Dieser stellt dann das Planungs- und Koordinationsinstrument für den anstehenden Wandel dar. Zu unterscheiden sind dabei zeitlich befristete Projekte, wie z.B. ‚Call Center Process Improvement' oder die Jahr 2000 Umstellung im ‚Millenniax'-Projekt. Zeitunabhängige Kernprozesse und damit permanenter Wandel im engeren Sinne sind z.B. die Prozesse ‚Excellence in Leadership' oder ‘Corporate Services' (Interview mit Herrn D.V. Maracas, Head of Customer Service, im August 1998 in Frankfurt).

Im folgenden sollen Organisationsformen beschrieben werden, die aus heutiger Sicht als relativ wandlungsfähig gelten können und insofern als **neue Organisationsformen** zu bezeichnen sind. Im Sinne der **Verstetigung** sollte es im theoretischen Grenzfall so sein, daß mit ständigen reproduktiven Veränderungen die transformativen Wandel auslösenden Krisen überflüssig bzw. vermieden werden. In der Verstetigung verfließen reproduktiver und transformativer Wandel. Dies läßt sich mit der Metapher des ‚built in change' beschreiben.

7.2 Prozeßorganisation

Das Streben nach Wandlungsfähigkeit der Struktur findet seinen ersten Orientierungspunkt in einer besonderen Form der Arbeitsteilung. Den beschriebenen Gestaltungsempfehlungen entsprechend, verliert auch bei der Prozeßorganisation die Arbeitsteilung bis auf die einzelne Stelle herunter an Bedeutung. Bei der Prozeßorganisation werden umfassende Aufgaben- und Verantwortungskomplexe gebildet.

> Eine **Prozeßorganisation** zeichnet sich dadurch aus, daß zusammenhängende Verrichtungen als Aufgabenbündel kundenorientiert in dafür vorgesehenen Einheiten zusammengefaßt werden und von einem sogenannten Prozeßeigner oder Prozeßteam verantwortet werden (vgl. ähnlich Bea/Göbel 1999, S. 355ff.).

Die funktionale Arbeitsteilung wird damit überwunden, und der kundenorientierte Prozeß wird das Objekt der Primärstruktur. Es handelt sich bei den hier genannten Prozessen um bereichs- und/oder unternehmungsübergreifende Geschäftsprozesse, die bei den Marktpartnern beginnen und enden. Sie sind an der Strategie ausgerichtet und der Aufbauorganisation sachlogisch vorgelagert (vgl. Rohm 1998, S. 19; Buchholz 1996, S. 76). Die Prozesse können in Abgrenzung zur üblichen funktionalen Arbeitsteilung auch als dynamisch, ganzheitlich, horizontal und vor allem kundenorientiert charakterisiert werden (vgl. Bea/Göbel 1999, S. 349).

Die Prozeßorganisation als Arbeitsteilung alleine genügt den Anforderungen der Wandlungsfähigkeit noch nicht. Eine Erweiterung hinsichtlich der Wandlungsbereitschaft erwächst aus der Verantwortung eines **Prozeßteams** oder eines **Prozeßverantwortlichen** oder **Prozeßeigners** für einen abgegrenzten, sinnvollen Teilabschnitt einer übergeordneten Problemlösung. Der **Grad der Prozeßorientierung** kann jedoch unterschiedlich sein. Denkbar sind einerseits einfache Prozeßorganisationen, die die herkömmliche Organisation ‚nur' überlagern. In diesem Prozeßmodell werden die Aufbau- und die Prozeßorganisation als Komplemente verstanden (vgl. Abb. 5/8 linke Seite, in Anlehnung an Weber 1996, S. 34). Die Wandlungsfähigkeit wird hier im wesentlichen durch die Integration der Aufbau- und Prozeßorganisation in Teams bestimmt. Andererseits ist auch denkbar, einen Prozeß komplett in ein Team zu verlagern. Je nach Bedeutung des Prozesses ist ein **Prozeßverantwortlicher** mit entsprechenden Kompetenzen einzusetzen. Dadurch wird die Durchführung weiter verselbständigt und die Zahl der Schnittstellen verringert, d.h., die Beweglichkeit nimmt weiter zu. Es handelt sich dann um eine vollständige Prozeßorganisation (Abb. 5/9 rechte Seite, vgl. Ostroff 1998, S. 1ff.). Die folgende Abbildung 5/9 stellt beide Möglichkeiten nebeneinander:

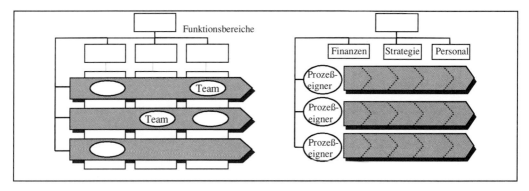

Abb. 5/9: Komplementäre und vollständige Prozeßorganisation

Für die Umsetzung bzw. Einführung einer Prozeßorganisation sind im wesentlichen zwei Schritte notwendig: Prozeßanalyse und -gestaltung (vgl. Krüger 1997, S. 177ff.).

Zu beginnen ist die Analyse in der Regel mit der Identifikation der **kritischen Prozesse**, denen neben den Geschäftsprozessen besondere Aufmerksamkeit zu schenken ist. Diese stehen am Anfang jeder Prozeßanalyse und sind Prozesse, die von besonderer Erfolgsbedeutung für die Unternehmung sind, z.B. aufgrund hoher Kapitalbindung, hoher Bedeutung für die Problemlösung des Kunden, hoher Bedeutung für den Wettbewerbsvorteil etc. **Auf dem Weg zu einer wandlungsfähigen Struktur ist diesen kritischen Prozessen Analyse- und Gestaltungspriorität einzuräumen**.

Eine weitere Analysemöglichkeit wie auch einen Ansatzpunkt zur Prozeßgestaltung bietet das Prozeßmodell nach dem SOS-Prinzip (vgl. Krüger 1994a, S. 37f.). Dieses

Modell basiert auf einer Dreiteilung der Wertschöpfungskette in Steuerungsprozesse, operative Prozesse und Service- oder Supportprozesse.

- **Steuerungsprozesse** können z.B. anhand der beiden Dimensionen Fach- und Personalführung beschrieben werden. Fachführung bezieht sich auf alle sachbezogenen Aufgaben der Führung, d.h. Planung, Steuerung im engeren Sinne und Kontrolle. Alle personenbezogenen Führungsaufgaben, wie beispielsweise Führungsverhalten gegenüber Mitarbeitern, Delegations- oder Partizipationsbereitschaft sowie die Fähigkeit zur Motivierung der Mitarbeiter, sind der Personalführung zuzuordnen.

- Die **operativen Aufgaben** lassen sich über die originären, direkt wertschöpfenden Aufgaben des zugrunde liegenden Gesamtprozesses definieren (zentrale Leistungskette). Zum Beispiel Entwicklung, Erstellung bzw. Bereitstellung sowie marktliche Verwertung und ggf. Entsorgung von Gütern und Dienstleistungen.

- **Supportprozesse** sollen die Aufrechterhaltung und bestmögliche Durchführung der Steuerungsprozesse sowie der operativen Prozesse gewährleisten. Zu differenzieren sind die informationelle Unterstützung, die personelle Unterstützung sowie die Sach- und Finanzmittelunterstützung.

Auch die analytische Durchdringung von kritischen Prozessen kann mit Hilfe des SOS-Konzepts geleistet werden, indem die Prozesse in entsprechende Subprozesse zerlegt werden. Durch dieses mehrstufige Vorgehen entsteht ein Gesamtprozeßmodell der Unternehmung.

In der Prozeßgestaltung geht es um die kundenorientierte Integration der Teilprozesse und Zuordnung der Verantwortlichkeiten, die neben weiteren organisatorischen, technischen und personellen Gestaltungsansätzen berücksichtigt werden müssen (vgl. Krüger 1997, S. 183ff.; Osterloh/Frost 1998; Osterloh/Wübker 1999).

Die kritischen Prozesse sind langfristig (relativ) stabil, können jedoch in ihrer inhaltlichen Ausgestaltung den entsprechenden Erfordernissen des Geschäfts oder der Umwelt flexibel angepaßt werden. Dadurch ist eine Prozeßorganisation deutlich wandlungsfähiger. Allein schon durch einen höheren Grad der Selbstbestimmung und den unmittelbaren Kundenkontakt sind die Prozeßmitglieder wesentlich flexibler und können reproduktive Veränderungen vor Ort verarbeiten.

7.3 Netzwerke

Wenn strukturelle und hierarchische Koordinationsmechanismen aufgrund von Team-strukturen mit erheblichen Freiheitsgraden an Bedeutung verlieren (aber nicht über-flüssig werden), müssen mehr kulturelle und marktähnliche Koordinationsformen ge-wählt werden. Eine netzwerkartige Konfiguration der organisatorischen Einheiten gilt als ein erster Schritt in Richtung einer wandlungsfähigen Organisation.

Ein **Unternehmungsnetzwerk** stellt eine Organisationsform ökonomischer Akti-vität dar, die sich sowohl marktlicher als auch hierarchischer Koordinationsfor-men bedient. Ein **Netzwerk** besteht in der Regel aus mehreren (mindestens drei) organisatorisch unabhängigen, wertschöpfungsbezogen jedoch abhängigen Ein-heiten (vgl. im einzelnen Sydow 1992; Sydow et al. 1995).

Es handelt sich also um nur lose miteinander verkoppelte Subsysteme (Teams/Grup-pen) mit zahlreichen Beziehungen untereinander. Diese Beziehungen bilden den Schwerpunkt eines Netzwerks, denn letztlich geht es um die **Organisation von Inter-aktionen** zwischen Netzwerkeinheiten. Die Netzwerkpartner sind aufgrund ihrer Kompetenzen in der Regel auf einen Wertschöpfungsschritt spezialisiert. Auf diese Weise entsteht ein zeitlich begrenzter Komplementärverbund mit mehreren Entschei-dungszentren. Ein Wertschöpfungspartner verbleibt nämlich nur solange im Netz, wie sein Wertschöpfungsbeitrag erforderlich ist.

Das Tagesgeschäft und das Wandlungsgeschäft werden im Netzwerk auf Basis marktähnlicher Beziehungen, z.B. Verrechnungspreise, im Sinne der integrierten Se-kundärorganisation weitgehend selbst und stetig organisiert. Die **übergeordnete Ko-ordination des Gesamtsystems**, das Erkennen von strategischen **Wandlungsbedar-fen**, die Herstellung der **Wandlungsfähigkeit** und begrenzt auch der -bereitschaft ob-liegen neben den Netzwerkpartnern im besonderen der sogenannten **fokalen Einheit** (vgl. Jarillo 1988 und eine Übersicht bei Kreikebaum 1998, S. 123ff.). Folgende Steuerungsparameter kommen dafür in Frage (ergänzt nach Kreikebaum 1998, S. 126):

❑ Die Selektion geeigneter Netzwerkpartner und die Auswahl adäquater Kooperationsformen,

❑ Koordination der Wertschöpfungskette(n), auch zur Sicherung des finanziellen Rückflusses, sowie die Ressourcen- und Ergebnisverteilung,

❑ Steuerung des Wissens- und Kompetenztransfers,

❑ Unterstützung einer netzwerkweiten Kultur und

❑ Eindämmung der in der Autonomie begründeten Zentrifugalkräfte.

Netzwerke sind relativ flexibel, denn sie ändern ihre Konfiguration und damit auch ihr Zentrum entsprechend der gestellten Aufgabe (‚Customizing' der Netzwerkkonfiguration). Netzwerkunternehmungen entwickeln ihre **Wandlungsfähigkeit** durch raschen Informationsaustausch und erlauben damit aufgrund ihrer Autonomie eine zügige Umsetzung in Handlungen zur Entsprechung des Wandlungsbedarfs. Mangelnde Wandlungsbereitschaft und/oder -fähigkeit wird in marktähnlichen Beziehungen - je nach Abhängigkeitsgrad mehr oder weniger spontan - mit dem Auflösen der bestehenden Beziehung quittiert. Vor allem durch die flachen Hierarchien, die hohe Selbständigkeit einzelner Einheiten, die große Vielfalt unterschiedlicher Beziehungen und Regelungsformen sowie die Gesamtsteuerung über Werte und Ziele können Netzwerkkonfigurationen jedoch als eine überlegene Organisationsform gewürdigt werden (vgl. Doppler/Lauterburg 1994, S. 42).

7.4 Wissensorganisation

Organisationsformen, die als wandlungsfähig zu charakterisieren sind, basieren im wesentlichen auf frei gewählten Interaktionen zwischen Organisationsmitgliedern statt auf vorab festgelegtem Vorgehen. Die Organisation besteht in einer solchen Sichtweise aus Ereignisketten, die einzig und alleine der Lösung von Kundenproblemen dienen. Organisationen sind nicht mehr einmalig, präsituativ formal gestaltet, sondern sie sind das strukturelle Ergebnis von problemlösungsorientierten Interaktionsfolgen.

Diese Interaktionsfolgen sind Handlungen von Prozeßbeteiligten, die über den Wissensaustausch oder -beitrag aus den verschiedenen Einheiten zu einer Problemlösung führen.

Die wichtige Ebene in der Wissensorganisation ist die in der ‚Tiefe' verankerte Wissensbasis, wo das lösungsrelevante Wissen abgelegt ist. Eine solche Organisation liefert dann an ihrer Oberfläche nur noch scheinbar das Bild einer Struktur. Oder, um es noch deutlicher zu machen: Die erkennbaren strukturellen Regelungen, Prozesse oder Teams sind zum großen Teil lediglich temporäre Materialisierungen der darunter liegenden individuellen und kollektiven Wissenspotentiale (Tiefenstruktur) (vgl. Schüppel 1996, S. 48). Die kollektiven Wissenspotentiale werden hier als Wissenspools bezeichnet. Sie sind es auch, die aufgrund ihrer relativen Dauerhaftigkeit eine gewisse Stabilität in der Unternehmung bieten.

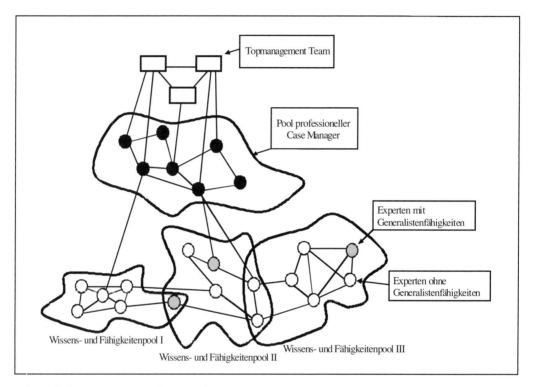

Abb. 5/10: Wissensorganisation (in Anlehnung an Weber 1996, S. 180)

Die Wissensorganisation ist ‚**um Wissen herumgebaut**' (Weber 1996, S. 180), welches für die Wertschöpfung der Unternehmung von erfolgsrelevanter Bedeutung ist. Das heißt, nicht eine Kundenausrichtung oder eine Funktion determinieren die Struktur, sondern Wissenspools, die in unterschiedlichen Kombinationen eine Vielzahl von Problemlösungen ermöglichen.

Die Wissensorganisation besteht an ihrer sichtbaren Oberfläche aus drei (Hierarchie-) Ebenen. Die erste Ebene bildet das komplementär besetzte **Topmanagement Team** (vgl. Kap. 4.4, S. 170ff.), welches über das erforderliche strategische Wissen verfügt, also auch die Wissenspools selbst regelmäßig hinterfragt. In der zweiten Ebene sind die sogenannten **Case Manager** angesiedelt, die für den Kundenkontakt (nach außen) und die gesamte Leistungserstellung (nach innen) verantwortlich sind. Ihr Beitrag zur Wissensorganisation liegt im Koordinationswissen. Sie wissen, wer mit wem bis wann welches Problem lösen kann. Die Mitglieder ihrer **Case Teams** rekrutieren die Case Manager aus den **Wissenspools**, welche mit hoch spezialisierten Mitarbeitern oder Generalisten den Großteil des Know-hows bereitstellen und damit die dritte Ebene bilden (vgl. zu verschiedenen Wissensarten Krüger/Bach 1997). In Abhängigkeit von der zu erfüllenden Aufgabe und den Kundenbedürfnissen werden aus diesen Pools Case Teams gebildet, denen zeitlich befristet Entscheidungsbefugnisse und Verantwortung zugestanden werden. Der notwendige Austausch zwischen den Wissenspools wird durch die relativ häufig wechselnde Zusammenarbeit in den Teams und eine entsprechende Systemunterstützung erreicht.

Eine Wissensorganisation überarbeitet und verändert ihre Struktur im Sinne der Verstetigung fortlaufend (vgl. Weber 1996). Ihre besondere Stärke liegt in der **bewußten Volatilität**. Wie bereits von *Mintzberg* gefordert, werden die Unternehmungseinheiten um Projekte oder Fälle herum gebildet. Beispiele finden sich in allen wissensintensiven Branchen, wie etwa in Unternehmensberatungen oder der Computer- und Softwareindustrie, die gleichzeitig durch ein hohes Qualifikationsniveau gekennzeichnet sind. Solche Unternehmungen kennen keine festen Abteilungen oder (dauerhafte) funktionale Grenzen. Die Einheiten fußen auf unterschiedlichen Arten von Wissen und werden zur Erfüllung unterschiedlicher Aufgaben eingesetzt. Jede Struktur ist in einer Wissensorganisation eine **temporäre Struktur**, die nur für ein bestimmtes Zeitintervall bestehen bleibt, dessen Länge von der zu erfüllenden Aufgabe abhängt. Die Struktur wird determiniert durch die Summe der aktuell existierenden Case Teams und ihre wissensbasierten Beziehungen untereinander (vgl. auch Probst/Knaese 1999, S. 129ff.).

Da es keine wirklich dauerhaften Strukturen gibt, wird ein Höchstmaß an Flexibilität und somit **Wandlungsfähigkeit** erreicht. Die ständig vorhandene Wandlungsfähigkeit sorgt dafür, daß transformativer **Wandlungsbedarf** gar nicht erst entsteht. Es ergibt sich eine Situation, in der zwar nicht immer alles gewandelt wird, aber **in der alles immer gewandelt werden könnte** (vgl. Vollrath 1999, S. 30). Die **Wandlungsbereitschaft** wird durch die Selbständigkeit der Case Teams und ihren unmittelbaren Einfluß sowohl auf die Veränderung des Wissenspools als auch auf die direkte Umsetzung in einer Problemlösung beim Kunden stark positiv beeinflußt.

Eine Trennung von Tagesgeschäft und Wandel ist nicht vorstellbar, denn beide basieren auf den gleichen Wissenspools. Eine Veränderung der Wissenspools zieht automatisch eine andere Problemlösung im Tagesgeschäft nach sich, und eine im Tagesgeschäft erarbeitete Lösung wird automatisch Teil der Wissensbasis. Die Entwicklung der Gesamtunternehmung verstetigt sich. Diese Tatsache bezeichnen *Hage/Powers* als ,**strukturelle Fluidität**' (vgl. Hage/Powers 1992, S. 179).

Vorteile der Wissensorganisation sind hohe Flexibilität, kundenspezifische Prozeßorientierung sowie ein hohes Maß an Selbststeuerung auf Teamebene, die zusammen die **Verstetigung** erst ermöglichen (vgl. North 1998, S. 87). **Nachteile** sind eventuell mangelnde Stabilität und mangelnder Zusammenhalt sowie die Transparenz einer solchen ,Organisation'. Die Überlebensfähigkeit einer Wissensorganisation in einer turbulenten Umwelt hängt eben nicht von ihrer Struktur ab, sondern von den Fähigkeiten der Mitarbeiter, die in ihr ,leben' und ihr Wissen in sich tragen. Zukünftige Systemzustände werden damit letztlich nur durch die Verfügbarkeit der Mitarbeiter begrenzt.

7.5   Selbstorganisatorische Elemente

Die beschriebenen Typen ,Prozeßorganisation', ,Netzwerke' und Wissensorganisation' implizieren, daß Elemente der Selbstorganisation verwirklicht werden, denn solche komplexen Strukturen **entziehen sich einer reinen Fremdregelung**. Die Selbstorganisation tritt als Komplement hinzu. Bisher wurden Ansätze der Selbstbestimmung vor allem im Sinne der Humanisierung diskutiert. Mittlerweile jedoch sind Effizienzüberlegungen in den Vordergrund getreten. Im Rahmen des Wandels der Strukturen kann durch den Einbau selbstorganisatorischer Elemente die Wandlungsfähigkeit dauerhaft erhöht werden. Die wandlungsfähige Struktur stellt der Veränderung damit mehrere in der Unternehmung verteilte Wandlungsplattformen zur Verfügung. Auf Basis dieser läßt sich dann die **Verstetigung** organisieren.

Aber Selbstorganisation kann nicht verordnet werden. Selbstorganisation muß erlernt bzw. kultiviert werden, setzt also die Entwicklung von Problemlösungs- und Handlungsmöglichkeiten im Sinne des ,Enabling' voraus und fördert diese ihrerseits. Die Aufgabe der (Fremd-)Organisation ist es, **Rahmenregelungen** zu schaffen, die es der Unternehmung ermöglichen, Prozesse zu vollziehen, die durch Selbstbestimmung oder aus sich selbst heraus zu Ordnung führen. Organisatorische Ordnung ist dann das Ergebnis relativ autonomer, auf sich selbst bezogener, reich und vielfältig vernetzter Strukturen und Verhaltensweisen (vgl. Probst 1992, Sp. 2256). Durch Rahmenregelungen sind Selbstorganisationshemmnisse abzubauen und fördernde Strukturen aufzubauen. Konkrete **Ansätze zu mehr Selbstorganisation** sind die bereits genannte

Prozeßorientierung und die damit verbundene **Übertragung von Aufgabenbündeln auf Teams**. Eine weitere Notwendigkeit ist ‚Slack‘, also **organisatorischer Ressourcenüberschuß**, welcher durch Mehrfachqualifikationen, überlappende Aufgaben, instabile Rollenverteilung und Entscheidungsverteilung entsteht.

Der Einbau selbstorganisatorischer Elemente setzt aber vor allem die Bildung neuer mentaler Modelle voraus, denn sowohl das Denken als auch das Verhalten von Vorgesetzten wie Mitarbeitern muß sich entsprechend verändern. Aufgeschlossenheit und Vertrauen sowie mehr Offenheit für das Umfeld und die Rolle der eigenen Unternehmung darin sind unabdingbar.

Das Thema: **Selbstorganisiertes Arbeiten als Modell der Zukunft**

Das Beispiel: **OTICON A/S, Hellrup, Dänemark**

Die OTICON ist ein dänischer Hörgerätehersteller, dem es gelungen ist, 1991 das erste vollautomatische Hörgerät auf den Markt zu bringen. 1995 folgte das erste volldigitale Hörgerät, das als kleinster Computer in das Guiness Buch der Rekorde aufgenommen wurde. Und dies alles bei um 50% verkürzten Entwicklungszeiten.

Zwei der Erfolgsfaktoren des ‚Systems OTICON‘ sind **Eigenverantwortung** und **Flexibilität**. Die flache Hierarchie wird bestimmt durch das Arbeiten in Projektteams, die sich ihren Sprecher selbst wählen. Alle Termine setzt sich die Gruppe selbst, sie entscheidet wann und wie ein Projektschritt ausgeführt wird. Die Teammitglieder unterliegen alleine dem Druck der Gruppe, wobei die besten das Tempo vorgeben. Normalerweise haben es ‚Drückeberger‘ und ‚Mitläufer‘ in einer solch führungsarmen Organisation eher leicht. Bei OTICON finden sich aber auch die Teams selbst zusammen. Bei diesem Verfahren wird schnell klar, wer einen Beitrag zu den zu lösenden Problemen leisten kann. Schwache Mitarbeiter fallen dann unweigerlich auf, da sie in kein Team mehr aufgenommen werden und ihnen folglich die Arbeit ausgeht. So entsteht ein Markt für ‚Mitarbeiterwertigkeiten‘, der Leistung und Sozialverhalten offenlegt (Quelle: Handelsblatt v. 2.6.99, Nr. 104, Beilage ‚Kurs 2010‘, S. 3).

8. Zusammenfassung

▨ Die Zeiten organisatorischer Ruhe in sich wandelnden Unternehmungen sind vorbei. Ausgehend von vormalig zeitlich befristetem **Wandel der Strukturen**, geht es heute und in Zukunft um die Gestaltung dauerhafter **Strukturen des Wandels**. Auf der Basis von Wandlungsplattformen ist die Unternehmung in der Lage, ihre strukturelle Wandlungsfähigkeit zu verbessern.

▨ Im Rahmen der **additiven Sekundärorganisation** werden vereinzelt innovative und zeitlich befristete Vorhaben durchgeführt, die des Aufbaus eines Projekts bedürfen. Neben die Primärorganisation tritt nun also die Sekundärorganisation in Form eines Projektleiters und seines Projektteams. Dabei hat der Projektleiter über die jeweilige spezielle Aufgabenstellung hinaus auch den Aufbau und die Entwicklung seines Teams zu begleiten.

▨ Die **katalytische Sekundärorganisation** ist durch den Anstoß und die Bearbeitung zahlreicher Projekte gekennzeichnet. Um diese Projekte besser koordinieren zu können, bedarf es der Einführung unterschiedlicher Projektmanagementebenen: Management durch Projekte, Management von Projekten und Management des Projekts. Diese sind vertikal i.S. von Aufwärts- bzw. Abwärtsvermaschung zu verbinden. Dabei spielt auch der gewählte Führungsanspruch eine wichtige Rolle. Die horizontale Koordination und Abstimmung der verschiedenen Projekte übernimmt das Management von Projekten.

▨ Die **integrierte Sekundärorganisation** ist die Organisationsform, in der die Grenzen zwischen Tages- und Wandlungsgeschäft verschmelzen, die Verantwortung für beide liegt in einer Hand. Durch die Berücksichtigung und sinnvolle Kombination der gegebenen Gestaltungsempfehlungen, wie z.B. Prozeß- und Kundenorientierung, Dezentralisierung, Aufgabenbündelung usw., können die Grenzen zwischen Primär- und Sekundärorganisation überwunden werden, es entstehen Wandlungsplattformen.

▨ Durch die Veränderungen in der Organisation verändert sich auch die Organisation selbst, sie entwickelt sich mitunter zu einer **wandlungsfähigen Organisation**. Diese entspricht im wesentlichen der integrierten Sekundärorganisation und ist dadurch in der Lage, Wandel zu verstetigen. Organisationsformen, die die Beschreibung ‚wandlungsfähig' aus heutiger Sicht verdienen, sind beispielsweise die Prozeßorganisation, Netzwerke und Wissensorganisation.

Sechstes Kapitel

NORBERT BACH

Wandel individuellen und kollektiven Mitarbeiterverhaltens

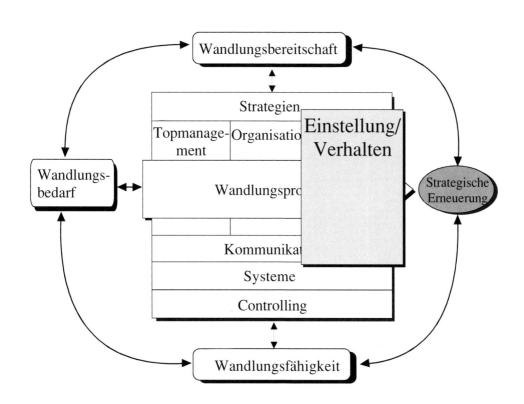

1. Unternehmungswandel heißt Verhaltensänderung

In den bisherigen Kapiteln wurde erläutert, welche Strategien und Strukturen zur strategischen Erneuerung genutzt werden können und welche Fähigkeiten das Topmanagement zur Bewältigung solch tiefgreifender und weitreichender Wandlungsprozesse mitbringen muß. Um strategischen Erneuerung zu erreichen, helfen jedoch keine noch so ausgeklügelten Konzepte und hochqualifizierten, interdisziplinär besetzten Management Teams, wenn das Wandlungskonzept nicht im Verlauf des Transformationsprozesses umgesetzt und vor allem durchgesetzt wird. Erst wenn die Mitarbeiter ihr individuelles und kollektives Verhalten der neuen Situation angepaßt haben, kann von einer strategischen Erneuerung gesprochen werden. Aus dieser Sicht liegt das **Kernproblem der Implementierung** weniger in den Sachfragen der Umsetzung eines Wandlungskonzepts, sondern vielmehr in der Überwindung der **personalen Barrieren**. Dies gilt nicht nur für die eher negativ belegten Abbauprogramme, sondern auch für auf den ersten Blick weniger ‚schmerzhafte' Maßnahmen des Umbaus und des Aufbaus.

Wie bereits in Kapitel 2 (S. 84ff.) dargestellt, wird Implementierung verstanden als die Summe aller Maßnahmen, die der Umsetzung und Durchsetzung eines Wandlungskonzepts dienen. Nachfolgend steht die Veränderung des individuellen und kollektiven Verhaltens der Mitarbeiter im Mittelpunkt. Theoretische Grundlage dieser Überlegungen bildet die aus der Handlungspsychologie stammende **Theorie mentaler Modelle**, mit der Mitarbeiterverhalten in Wandlungssituationen erklärt werden kann (vgl. Bach 2000, S. 37ff.). Auf dieser Basis sollen folgende Fragen geklärt werden:

❑ Wer sind die Schlüsselpersonen für eine erfolgreiche Durchsetzung von Wandlungskonzepten?

❑ Welche Rahmenbedingungen müssen bei der Planung von Verhaltensänderungen berücksichtigt werden?

❑ Auf welche Weise wirken mentale Modelle verhaltenssteuernd, und wie können sie verändert werden?

❑ Welche grundsätzlichen Vorgehensweisen der Implementierung gibt es?

❑ Welche Implementierungsvariante ist für welche Situation (Abbau, Umbau, Aufbau) am besten geeignet?

2. Verhaltensänderungen in den Koordinaten des Wandels

2.1 Beteiligte Akteure und Kraftfeld der Implementierung

Unabhängig von der spezifischen Wandlungssituation muß zunächst geklärt werden, welches die Schlüsselpersonen einer erfolgreichen Implementierung sind. Dieses Kernproblem der Implementierung ist weitgehend unabhängig davon, ob es sich bei der anstehenden Wandlungsmaßnahme um ein Abbau-, Umbau- oder Aufbauprogramm handelt. Zwar wird in der Summe bei Abbaumaßnahmen die Zahl der Wandlungsgegner größer sein, während bei Aufbaumaßnahmen häufig eine Vielzahl an Befürwortern zu finden ist. Dennoch kann nicht allgemein aus der Wandlungssituation heraus auf positives oder negatives Verhalten geschlossen werden. Hier sind in der Praxis vor allem mikropolitische Prozesse und Koalitionen innerhalb der Unternehmung von Bedeutung.

Die Frage, wer sich wandlungsfördernd und unterstützend verhält und wer den Wandel blockiert, hängt folglich sehr stark davon ab, welcher Art der Wandlungsbedarf ist und wer an der Ausarbeitung des durchzusetzenden Konzepts inhaltlich beteiligt war. Eine für die Praxis typische Konstellation resultiert aus den unterschiedlichen Aufgabenbereichen innerhalb der Unternehmungshierarchie. Das **Topmanagement** an der Unternehmungsspitze definiert einen Wandlungsbedarf und entwickelt ein Konzept, welches die **Mitarbeiter** an der Unternehmungsbasis ‚vorgesetzt' bekommen. Im Verlauf des Transformationsprozesses versuchen die Betroffenen anschließend, mit ihren Mitteln Einfluß auf das Wandlungsgeschehen zu nehmen. Auf diese Aktivitäten reagiert das Topmanagement mit neuen Steuerungsmaßnahmen, um die Kräfteverhältnisse wieder geradezurücken. Für einen erfolgreichen Wandel müssen sowohl das Management als auch die Mitarbeiter Beiträge leisten. Diese Beteiligten sind deshalb als **Schlüssel-gruppen der Implementierung** zu begreifen.

Obwohl beide Schlüsselgruppen aktiv Einfluß auf das Wandlungsgeschehen nehmen, soll der Begriff der Implementierung im engeren Sinne für die Aktivitäten des Topmanagements reserviert bleiben. In diesem Verständnis ist eine **Implementierungsstrategie** als geplante Vorgehensweise der Durchsetzung eines Wandlungskonzepts durch das Management zu verstehen, die nicht nur die eigenen Aktivitäten, sondern auch die gedankliche Vorwegnahme der Aktionen der Mitarbeiter umfaßt. Das Vorwegdenken über mehrere Züge, wie es im Schachspiel üblich ist, kann als Paradebeispiel für eine Implementierungsstrategie angesehen werden, in diesem Fall zur Durchsetzung einer bestimmten Figurenkonstellation auf dem Schachbrett.

In realen Wandlungssituationen sind die Rollen von Topmanagement und Mitarbeitern nicht immer eindeutig verteilt. In einem solchen **Kraftfeld der Implementierung** sind vielmehr hierarchieübergreifende Koalitionen und eine Vielzahl Unentschlossener zu beobachten. Befürworter des Wandels, die versuchen, durch ihr Verhalten andere zu überzeugen und den Transformationsprozeß voranzutreiben, gibt es auf allen Hierarchieebenen. Den Gegenpol zu diesen **Promotoren** bilden die das Wandlungskonzept ablehnenden **Opponenten**. Die Mehrzahl der Betroffenen wird in der Regel zunächst unentschlossen sein, und jede der Fraktionen wird versuchen, weitere Mitstreiter für sich zu gewinnen. Das reale Kräftespiel der Implementierung findet folglich zwischen Koalitionen von Promotoren und Opponenten statt, denen in Abhängigkeit von Aufgabenbereich und Machtbasen unterschiedliche Mittel der Verzögerung oder Beschleunigung des Wandlungsprozesses offen stehen.

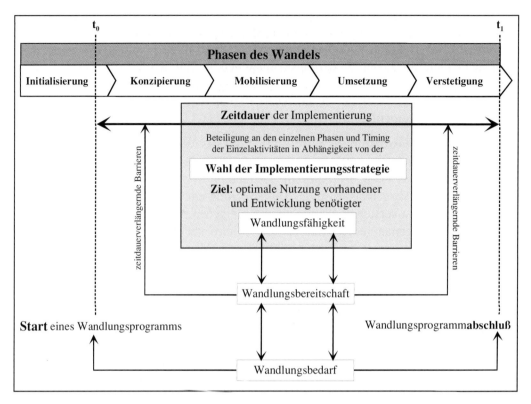

Abb. 6/1: Implementierung und Koordinaten des Wandels

Anhaltspunkte für die Planung von Implementierungsaktivitäten können die **Koordinaten des Wandels** geben (vgl. Abb. 6/1; nach Bach 2000, S. 119). Ziel der Implementierung ist die Durchsetzung des Wandlungskonzepts unter bestmöglicher Ausnutzung vorhandener Wandlungsfähigkeit. Zur Erreichung dieses Ziels müssen auch Wandlungsbedarf und -bereitschaft der Akteure in Betracht gezogen werden.

Erst mit der **Definition eines Wandlungsbedarfs** wird ein konkretes Wandlungsprogramm aufgelegt. Der Wandlungsbedarf ist jedoch keine konstante Wandlungskoordinate, sondern mit fortschreitenden Umfeldentwicklungen können sich Wandlungsbedarfe einerseits weiter aufbauen. Andererseits ist bei stagnierenden Umfeldentwicklungen und gleichzeitigem Wandlungsfortschritt der Unternehmung ein Nachlassen der Dringlichkeit sowie ein Abbau des Wandlungsbedarfs möglich.

Nach der rechtlichen Zusammenfassung der Kerngeschäfte in der Papier-, Büro- und Schreibwaren AG (PBS) kündigte der HERLITZ Vorstand im Februar 1998 erstmals seit längerem wieder Gewinne an. Diese Prognose mußte Vorstandschef Karel de Vries Ende Juni 1998 wieder korrigieren, da externe Entwicklungen eine Beschleunigung des mit der rechtlichen Fusion begonnenen Transformationsprozesses notwendig machten: „Wir wußten, daß wir die Strukturen in Zukunft neu ordnen und noch effizienter machen müssen, doch wir hatten ursprünglich gehofft, das in aller Ruhe im Laufe der nächsten drei Jahre abarbeiten zu können". Unerwartet sei eine Veränderung des Kaufverhaltens zu beobachten. Einem Mengenzuwachs im Niedrigpreissegment von bis zu 50% stehen Verluste in den Marktsegmenten mit größeren Margen gegenüber. Um auf den daraus resultierenden erhöhten **Wandlungsbedarf** zu reagieren, beschloß HERLITZ, früher als geplant mit der Restrukturierung der Logistik und des Service-Bereichs zu beginnen (FAZ vom 30.6.1998).

Wie das HERLITZ-Beispiel zeigt, determiniert der Wandlungsbedarf folglich nicht nur den **Start**, sondern auch den angestrebten **Abschlußzeitpunkt** eines Transformationsprozesses und damit die **Zeitdauer** der Implementierung. Hier sind Wechselwirkungen zwischen Wandlungsbedarf und Wandlungsbereitschaft zu beachten. Positive Wandlungsbereitschaft kann Transformationsprozesse beschleunigen, während ein Mangel an Bereitschaft eine **zeitdauerverlängernde Wandlungsbarriere** darstellt. Eine Beteiligung an inhaltlichen Fragen des Wandlungskonzepts führt üblicherweise zu einer höheren Wandlungsbereitschaft, verzögert aber den Wandlungsprozeß. Bei der Implementierung sind daher der Gewinn an Wandlungsbereitschaft und der zusätzliche Zeitbedarf für inhaltliche Abstimmung gegeneinander abzuwägen. Aus der bis zu zählbaren Wandlungsergebnissen zur Verfügung stehenden Zeit kann anschließend abgeleitet werden, welche Maßnahmen der Verhaltensänderung bei den gegebenen Koordinaten des Wandels möglich und sinnvoll sind. Hier sind alle Formen der Beteiligung von einer reinen Information über eine eher symbolische Beteiligung ohne Mitspracherechte bis hin zur Delegation von Teilaufgaben in Erwägung zu ziehen.

2.2 Mentale Modelle als Speicher handlungsleitenden Wissens

Wandlungsmanager stehen oft vor dem Problem, daß die Mitarbeiter sich nicht so verhalten, wie im Wandlungskonzept vorgesehen. Ihnen fehlt das Hintergrundwissen, wie Menschen ihr Verhalten steuern, woran sie sich ausrichten und wie über diese Größen indirekt Einfluß auf das Mitarbeiterverhalten genommen werden kann. Diese Fragestellungen sind Forschungsgegenstand der Theorie mentaler Modelle aus der **Handlungspsychologie** (vgl. Hacker 1997; Bach 2000, S. 55ff.).

Die Theorie mentaler Modelle lehrt, daß Menschen sich anhand ihrer **Wahrnehmungen** ein Bild von ihrer Umwelt machen. Allgemein kann von vereinfachenden Modellen im Kopf des Menschen gesprochen werden, die das reale Geschehen beschreiben und erklären. Alles Wissen eines Menschen setzt sich aus solchen Modellen zusammen, die im Langzeitgedächtnis gespeichert sind. In der Auseinandersetzung mit der realen Welt wird ein die Situation abbildendes **mentales Modell** ins Kurzzeitgedächtnis aktiviert. Anhand dieses Modells können dann gedankliche Simulationen durchgeführt werden, die es dem Menschen erlauben, aufgrund von Annahmen über zukünftige Entwicklungen Prognosen abzugeben, Alternativen zu generieren und anhand individuell verschiedener Präferenzen **Entscheidungen** zu treffen. Anschließend wird die Wahrnehmung auf solche Objekte und Sachverhalte ausgerichtet, die Gegenstand der Simulationen sind, um so die Grundlagen der getroffenen Entscheidung und des gewählten Verhaltens zu überprüfen. Mentale Modelle steuern folglich nicht nur das Verhalten, sie bestimmen auch, was Menschen wahrnehmen und auf welche Reize sie reagieren.

Mentale Modelle sind subjektive, individuell verschiedene Konstrukte. Dennoch führen eine gleiche Berufsausbildung oder die langjährige Tätigkeit in derselben Unternehmung zu in vielerlei Hinsicht ähnlichen mentalen Modellen. Diese Gemeinsamkeiten bilden ein **orientierendes Ordnungsschema** für das eigene Verhalten, sowohl hinsichtlich der Aufgabenerfüllung als auch im sozialen Verhalten am Arbeitsplatz. Von allen geteilte mentale Modelle werden im Alltag nicht mehr hinterfragt. Der einzelne muß sich nicht erklären und sein Handeln nicht rechtfertigen, solange er sich an die kollektiven Vorstellungen hält. Dies führt zu einer eindeutigen Differenzierung zwischen Zugehörigen und Außenstehenden. In der Systemtheorie wird dieses gemeinsame Grundverständnis als **Identität** bezeichnet (vgl. Luhmann 1997, S. 595ff.). Identität reduziert auf der individuellen Ebene die Belastung am Arbeitsplatz, auf der kollektiven Ebene erleichtert sie die Kommunikation und Abstimmung im Arbeitsalltag.

Ein Beispiel der Identitätsstiftung und Verhaltenssteuerung durch mentale Modelle liefert das **Schachspiel**. Das mentale Modell zum Schachspiel umfaßt sowohl Wissen um die einzelnen Spielfiguren mit ihren spezifischen Eigenschaften als auch dynamische Komponenten, mit denen das eigene und das gegnerische Verhalten am Spielbrett gedanklich simuliert werden können. Nur wer über ein solches mentales Modell verfügt, hat die Identität eines Schachspielers. Im Spielverlauf trifft der Schachspieler Annahmen über die Taktik und Spielstärke seines Gegners und simuliert verschiedene Spielvarianten. Anhand seiner individuellen Präferenzen wählt er eine Variante aus und zieht entsprechende Figuren. Das als Schachspieler gezeigte Verhalten wird durch Vorhandensein, Umfang und Detaillierungsgrad des mentalen Modells zum Schachspielen bestimmt.

Mentale Modelle sind vereinfachende Modelle im Kopf eines Menschen, die das reale Geschehen beschreiben und erklären. Alles Wissen setzt sich aus solchen Modellen zusammen. Mentale Modelle steuern das Verhalten, und sie bestimmen, was Menschen wahrnehmen und auf welche Reize sie reagieren (Identitätsstiftung).

Mentale Modelle stiften Identität und steuern das dieser Identität zugeordnete Verhalten. Diesen Wirkungen geht ein Entscheidungsprozeß voraus, der grob in die Phasen der **Problemerkennung** und der **Problembewältigung** unterteilt werden kann. Der Begriff der Problemerkennung soll verdeutlichen, daß Probleme nie isoliert auftreten. Sie sind miteinander verknüpft, und Maßnahmen zu ihrer Bewältigung haben eine Reihe von Wechselwirkungen, die wiederum andere Problembereiche tangieren (vgl. Langley et al. 1995, S. 269ff.). In der Phase der Problemerkennung geht es folglich um das Erkennen komplexer Situationen und eine **Abgrenzung von Problembereichen**. Dies führt zur Bildung und Aktivierung entsprechender Beschreibungs- und Erklärungsmodelle ins Kurzzeitgedächtnis. In der darauf folgenden Problembewältigungsphase werden in Prognosemodellen Handlungsalternativen generiert und bewertet und aufgrund der in Entscheidungsmodellen priorisierten Alternativen Maßnahmen ergriffen (vgl. folgende Abb. 6/2).

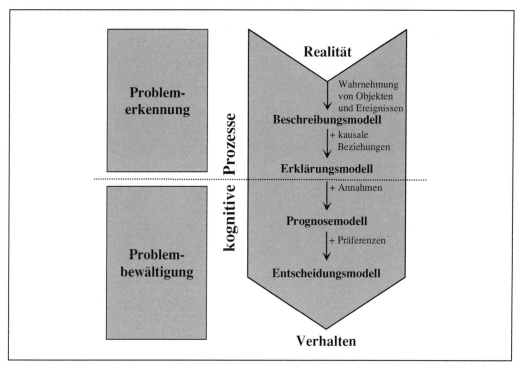

Abb. 6/2: Entscheidungsprozeß der Verhaltenssteuerung

2.3   Verhaltenssteuerung und -veränderung durch mentale Modelle

Jeder Mensch ist in irgendeiner Form von Wandel betroffen, sei es im privaten Umfeld, im Beruf oder durch gesellschaftliche Veränderungen. Kritisch ist dies immer dann, wenn eingefahrene, oftmals unbewußte Verhaltensweisen in Frage gestellt werden. Hier sind zunächst die Ursachen des Wandels zu ergründen, was ein Nachdenken über neue Wege der Problembewältigung erst möglich macht. In der Literatur zum organisationalen Lernen wird dieser Vorgang als **Aufdecken und Hinterfragen mentaler Modelle** beschrieben (vgl. Senge 1990). Dieses Ergründen der Verhaltenssteuerung und Aufzeigen von Möglichkeiten zur Verhaltensänderung wird nachfolgend anhand des Entscheidungsprozesses der mentalen Modelle näher erläutert.

Auch umgangssprachlich wird zwischen **bewußter** und **unbewußter Verhaltenssteuerung** unterschieden. Ist ein Problem bekannt und haben sich feste Lösungsmuster zur Problembewältigung etabliert, so läuft die Verhaltenssteuerung unbewußt ab. Dies wird z.B. im Vergleich eines Anfängers mit einem erfahrenen Autofahrer deutlich. Der Anfänger erlebt im Straßenverkehr eine neue Situation. Bevor er reagiert, läuft in seinem Gehirn eine **bewußte Phase der Problemerkennung** ab. Erst wenn das Problem als solches erfaßt ist, z.B. ein Mähdrescher auf der Landstraße, geht der Entscheidungsprozeß in die aktive Phase der Problembewältigung über, d.h., die Straße wird auf Gegenverkehr untersucht, und die Geschwindigkeit des Hindernisses wird eingeschätzt. Der Anfänger überlegt bewußt, ob er zurückschalten muß und in welcher Reihenfolge - Innenspiegel, Außenspiegel, Umdrehen, Blinken, Ausscheren - er den Überholvorgang einzuleiten hat.

Der erfahrene Autofahrer erlebt die Situation völlig anders. Ein Hindernis auf einer wenig befahrenen Landstraße hat er schon oft erlebt. Das Problem wird **unbewußt** als bekannt eingestuft, die Phase der Problemerkennung wird übersprungen. Auch die Problembewältigung verläuft oftmals unbewußt. Der erfahrene Autofahrer würde den Mähdrescher nicht als ‚Problem‘ bezeichnen. Während die Verhaltenssteuerung vom Anfänger als anstrengend erlebt wird, bewältigt der Erfahrene die Situation ohne kognitive Belastung. Dennoch sind seine Steuer- und Schaltbewegungen präziser und besser aufeinander abgestimmt als beim Fahranfänger.

Jeder Mensch zeigt bewußte und unbewußte Verhaltensweisen. Beide werden von mentalen Modellen gesteuert: in einem Fall von noch wenig detaillierten Modellen, die auf die Situation angepaßt werden (bewußte Steuerung), im anderen aufgrund langjähriger Übung nach festen Schemata, ohne daß es den Menschen beansprucht (unbewußte Steuerung). Nach der Theorie mentaler Modelle ist die unbewußte Verhaltenssteuerung auf die **Stabilisierung des zugehörigen mentalen Modells** zurückzuführen (vgl. Mandl et al. 1988, S. 128ff.). Dies steht im Einklang mit Erkenntnissen aus der Neurophysiologie, nach denen sich regelmäßig aktivierte und benutzte neuronale Strukturen ‚verbreitern‘ und sich leichter wieder aufrufen lassen (vgl. Matthies 1998, S. 18ff.). Die Erfahrung lehrt: Häufiges Üben erleichtert die Problembewältigung. In der Theorie mentaler Modelle wird deshalb davon ausgegangen, daß bewährte Modelle im **Langzeitgedächtnis** abgelegt sind, während bei einer bewußten Verhaltenssteuerung lediglich auf ‚Teilmodelle‘ aus dem Erfahrungsschatz zurückgegriffen wird und sich das verhaltenssteuernde Gesamtmodell erst im **Kurzzeitgedächtnis** bildet.

Das mentale Modell zum Autofahren im deutschen Straßenverkehr ist bei einem deutschen Autofahrer im Langzeitgedächtnis abgelegt. Fährt er im Urlaub aber z.B. nach Italien, führt dieses mentale Modell nicht zu einem befriedigenden Ergebnis. Offensichtlich fahren die Italiener nach anderen Regeln. Zur erfolgreichen

Bewältigung der neuartigen Situation greift der deutsche Autofahrer nun auf bewährte Teilmodelle zurück, z.B. was die mechanische Steuerung des Wagens betrifft. Das Gesamtmodell zum Autofahren in Italien wird jedoch im Kurzzeitgedächtnis neu zusammengesetzt. Dieses kann sich im Urlaub so weit verfestigen, daß die kognitive Anstrengung nachläßt und die Verhaltenssteuerung wieder weitgehend unbewußt verläuft. Das als ‚funktionsfähig‘ bewährte mentale Modell wird im Langzeitgedächtnis gespeichert, und es kann beim nächsten Italienurlaub geschlossen reaktiviert werden.

Neben auf Erfahrung beruhenden, bewährten mentalen Modellen sind auch einmalige, aber prägende Ereignisse fest im Langzeitgedächtnis gespeichert. Solche, oft die ganze Lebensgeschichte prägenden **Schlüsselerlebnisse** können sowohl genereller Art sein, wie z.B. Naturkatastrophen oder Kriegserfahrungen, aber auch persönliche Momente markieren, wie z.B. Verlust des Arbeitsplatzes, Geburt eines Kindes oder Trennung vom Partner. Auch solche, im sogenannte ‚**Flashbulb-Memory**‘ (vgl. Klix 1998, S. 180ff.) des Langzeitgedächtnisses gespeicherte mentale Modelle führen zu unbewußten Verhaltensweisen, wenn die Person einer entsprechenden Aktivierungssituation ausgesetzt wird. Im Wandlungsmanagement gilt es daher, Assoziationen mit schlechten Erfahrungen zu vermeiden.

Verhaltenssteuerung	bewußt	unbewußt
Phasen im Entscheidungsprozeß	Problemerkennung und -bewältigung	nur Problembewältigung
kognitive Anstrengung	hoch	niedrig
typische Entscheidungssituation	neuartige Aufgaben	Routineaufgaben
Detaillierungsgrad der Verhaltenssteuerung	niedrig	hoch
Speicherung	Kurzzeitgedächtnis	Langzeitgedächtnis
Resistenz gegen Verhaltensänderungen	niedrig	hoch

Abb. 6/3: Bewußte und unbewußte Verhaltenssteuerung

Ein weiteres Unterscheidungsmerkmal bewußter und unbewußter Verhaltenssteuerung ist die **Resistenz gegen Verhaltensänderungen** (vgl. Abb. 6/3). Das Verhalten erwachsener Menschen ist sehr stark von den im Langzeitgedächtnis gespeicherten, bewährten mentalen Modellen geprägt, die oftmals nicht mehr bewußt hinterfragt werden können. Auch die Neurophysiologie bestätigt, daß einmal angelegte Strukturen nicht wieder gelöscht werden. Es besteht jedoch die Möglichkeit, durch Überlagerungen mit anderen mentalen Modellen die Aktivierung und damit eine Verhaltenssteuerung durch unerwünschte mentale Modelle zu verhindern (vgl. Anderson 1988, S. 145ff.).

Zwischen einer vollkommen unbewußten und nur schwer veränderlichen Verhaltenssteuerung, z.B. bei Reflexbewegungen, und der kognitiv anstrengenden, aber bewußt gestaltbaren Bewältigung neuartiger Aufgabenstellungen ist eine Vielzahl an **Varianten der Verhaltenssteuerung** denkbar, die auch jeweils eine unterschiedliche Resistenz gegen Verhaltensänderungen aufweisen. Fest steht, daß die Erledigung der Routineaufgaben im Arbeitsalltag zu einem großen Teil ohne das bewußte Durchlaufen einer Problemerkennungsphase geschieht. Genau dieser Sachverhalt ermöglicht erst eine effiziente Aufgabenerfüllung. Die Existenz von bewährten ‚**Experten-Modellen**' und eine damit mögliche unbewußte Verhaltenssteuerung ist deshalb durchaus als positiv anzusehen, auch wenn solche mentalen Modelle nur schwer zu verändern sind. Diese unbewußten Verhaltensmuster können in Krisensituationen auch als ‚Notlaufeigenschaften' genutzt werden. Vorausgesetzt, das Topmanagement hat die Problemsituation richtig erkannt, kann für eine schnelle und abgestimmte Krisenbewältigung gezielt auf das unbewußte Problembewältigungsverhalten der Mitarbeiter zurückgegriffen werden (vgl. Top down-Implementierung, Abschn. 4.1, S. 245). Kritisch sind solche Fälle dann, wenn aufgrund von Wahrnehmungsverzerrungen weder das Topmanagement noch die Mitarbeiter den vorhandenen Wandlungsbedarf richtig einschätzen und bewährtes Problembewältigungsverhalten eingesetzt wird, obwohl die Sachlage neue Problemlösungen erfordert.

Nicht nur aufgrund einer möglichen Fehleinschätzung des Wandlungsbedarfs ist bei der Gestaltung von **Maßnahmen der Verhaltensänderung** abzuwägen, ob eine Veränderung vorhandener mentaler Modelle oder eine Neubildung angestrebt wird. Beide Möglichkeiten bergen Vor- und Nachteile in sich. Der größte **Vorteil** einer **Veränderung vorhandener mentaler Modelle** liegt darin, daß die übernommenen Modellbestandteile zur Steuerung bewährter Verhaltensweisen genutzt werden können. Bewährte individuelle Kompetenzen kommen weiterhin zum Einsatz, bisher erzielte Erfahrungskurveneffekte können weiter ausgebaut werden. Dies kann z.B. bei der Erweiterung oder dem Umbau einer bestehenden Anlage ausgenutzt werden. **Gefahren** liegen in der häufig unterschätzten Änderungsresistenz bewährter mentaler Modelle. Je häufiger ein mentales Modell zum Einsatz kam, desto schwieriger läßt es sich noch verändern. „Das war schon immer so" und „anders geht das hier bei uns nicht" sind in der Praxis weit verbreitete Lebensweisheiten. Des weiteren könnten die Veränderungsmaßnahmen dazu führen, daß die Mängel bzw. die Unangemessenheit des bisherigen Modells eingesehen werden, das neue oder veränderte mentale Modell jedoch noch nicht oder nur fehlerhaft funktioniert. Solche, auf mangelhafte Abstimmung der Einzelmaßnahmen zurückzuführende Fälle treten in Wandlungssituationen immer wieder auf, besonders augenscheinlich bei der Einführung neuer EDV-Anlagen.

Andere Risiken zeigen sich bei Maßnahmen, die auf eine **Neubildung mentaler Modelle** abzielen. In manchen Fällen kann dies zur Existenz konkurrierender Modelle führen, von denen anhand der im Arbeitsalltag erlebten Reize nicht selten zur Problembewältigung auf das alte, bewährte, aber nun unerwünschte mentale Modell zurückgegriffen wird. Zeigen die Mitarbeiter solches ‚überholte' Verhalten, so ist oft zu beobachten, daß in der Realität noch wichtige Elemente des neuen Erklärungsmodells fehlen und daher Schlüsselreize zu dessen Nutzung ausbleiben. Das Timing der Information und Kommunikation des Unternehmungswandels und das abgestimmte Ineinandergreifen personalwirtschaftlicher Schulungen und der Bereitstellung der benötigten Sachmittel werden so zu Schlüsselfaktoren erfolgreichen Wandlungsmanagements.

Checkliste zur Verhaltenssteuerung durch mentale Modelle

- Überwiegt bei den Tätigkeiten unserer Mitarbeiter eine bewußte oder eine unbewußte Verhaltenssteuerung?
- Welche vorhandenen mentalen Modelle sind nur noch schwer zu verändern?
- Können zur Problembewältigung bewährte Verhaltensmuster eingesetzt werden, oder ist eine Modellneubildung erforderlich?
- Können überholte, unerwünschte mentale Modelle durch Interferenzen ‚blockiert' werden?
- Welche Qualifizierungsmaßnahmen sind zur Veränderung vorhandener mentaler Modelle erforderlich?
- Welche Schlüsselreize müssen zur Modellneubildung gesetzt werden?
- Welche Sachmittel müssen zur Aktivierung der neuen mentalen Modelle bereitgestellt werden?
- Welche aktivierenden Reize müssen in der Aktivierungssituation abgebildet werden?

Im Rahmen der Umsetzung des Allfinanzkonzepts versuchte der **Konzernbereich Schweiz** der WINTERTHUR AG, den Mitarbeiterinnen und Mitarbeitern ein **neues mentales Modell zum Versicherungsgeschäft zu vermitteln.** Die nachstehende Abbildung wurde zur internen Kommunikation benutzt. Die Herausforderung besteht darin, die Einzelmaßnahmen schlüssig aufeinander abzustimmen. Ziel ist es, bei den Mitarbeitern eine Veränderung der Einstellung und des Verhaltens zu bewirken.

Gefahrengemeinschaft	▢▢⟶	Wirtschaftsunternehmung
Sachorientierung	▢▢⟶	Marktorientierung
Verwaltung	▢▢⟶	Unternehmertum
Wachstum / Produktion	▢▢⟶	ROE / Gewinn
Kontinuität / Beständigkeit	▢▢⟶	Innovation und Veränderung
Planung / Kontrolle / Rücksicht	▢▢⟶	Handeln / Risiko / Kampf

altes mentales Modell	neues mentales Modell	fehlender/falscher Schlüsselreiz
Beförderung nach Alter und Erfahrung	Beförderung nach Erfolg/ Leistung	der erfahrene Kollege wird befördert, obwohl andere erfolgreicher sind
Absatz über Einzelhandel	Direktvertrieb/Electronic Commerce	Marketing zielt weiterhin auf Absatz über Einzelhändler
Personalarbeit durch zentrale Abteilung	Personalarbeit in der Linie und in Projekten	keine Anreize für Linienkräfte, Personalarbeit zu übernehmen
Management durch Zielvorgaben	Management durch Zielvereinbarung	Ziele werden vorgegeben, ohne daß auf Einwände eingegangen wird
Problemlösung in der Fachabteilung	Problemlösung im interdisziplinären Team	Fachkräfte werden für ihre Problemlösung gelobt, Teamerfolge nicht
Entscheidungen auf Vollkostenbasis	Entscheidungen auf Teilkostenbasis	Sanktionen bei negativem Ergebnis auf Vollkostenbasis

Abb. 6/4: Alte und neue mentale Modelle im unternehmerischen Alltag

3. Mentale Modelle im Unternehmungswandel

3.1 Individuelle mentale Modelle prägen Einstellung und Verhalten

Unternehmungen können nur dann erfolgreich Wandlungskonzepte implementieren, wenn die Mitarbeiter den Wandel unterstützen und ihr Verhalten den neuen Zielen und Aufgabenstellungen anpassen. Nur wenn alle Beteiligten sich aktiv in das Geschehen einbringen und ihre spezifischen Beiträge leisten, können Wandlungsprozesse erfolgreich bewältigt werden. Vor dem theoretischen Hintergrund der **Anreiz-Beitrags-Theorie** (vgl. Barnard 1938) kann sowohl vom Management als auch von den Mitarbeitern ein Beitrag zum Wandel erwartet werden, wenn sie sich einen entsprechenden Nutzen davon versprechen. Nur dann werden die Schlüsselgruppen **Bereitschaft** zum Wandel zeigen. Diese Bereitschaft, aufgrund einer positiven Bewertung des erwarteten Anreiz-Beitrags-Saldos aktiv in das Wandlungsgeschehen einzugreifen, wird in der Literatur als **Akzeptanz** bezeichnet (vgl. Wiendieck 1992a, Sp. 91 ff.). Wie aber kann Akzeptanz erzielt werden, und welche Einflußfaktoren spielen dabei eine Rolle? In der Akzeptanzforschung wird zur detaillierteren Analyse zwischen ‚Einstellungsakzeptanz' und ‚Verhaltensakzeptanz' unterschieden. Die Entstehung dieser beiden Akzeptanzarten kann anhand der Unterscheidung von **Problemerkennung** und **Problembewältigung** im Entscheidungsprozeß der mentalen Modellbildung erläutert werden.

Versteht man allgemein unter einer ‚Einstellung' die ‚Assoziation mit einer Bewertung' (Herkner 1992, Sp. 793), so ist im Kontext der Theorie mentaler Modelle **Einstellungsakzeptanz** gleichbedeutend mit dem Vorhandensein eines den in Frage stehenden Sachverhalt abbildenden mentalen Modells, welches positiv bewertet wird. Dies ist dann der Fall, wenn in der Vergangenheit die Mehrzahl der Ergebnisse der Verhaltenssteuerung durch dieses Modell überzeugend war. Umgangssprachlich formuliert: **Einstellungsakzeptanz resultiert aus positiven Erfahrungen**. Zur zukünftigen Problembewältigung wird folglich ohne erneute Problemerkennung auf das bewährte Erklärungsmodell aus dem Erfahrungswissen zurückgegriffen, während die für Prognose- und Entscheidungsmodelle benötigten situativen Rahmenbedingungen über Wahrnehmungsprozesse jeweils neu erfaßt werden müssen (vgl. Abb. 6/5).

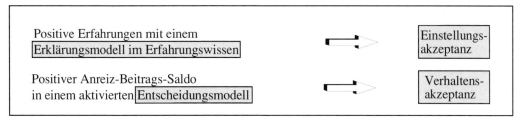

Abb. 6/5: Einstellungs- und Verhaltensakzeptanz

Auf positiven Erfahrungen beruhende Einstellungsakzeptanz läßt noch keine Rück-
schlüsse auf die Wandlungsbereitschaft, d.h., das Verhalten bei der Bewältigung eines
Problems, zu. Jeder kennt Situationen, in denen er sich aufgrund der gegebenen Umstände entgegen seiner Erfahrung verhalten hat. Der Entscheidungsprozeß der mentalen Modellbildung kann dies erklären. Das Verhalten bei der Problembewältigung
wird nicht von der Erfahrung, sondern von den aktivierten mentalen Modellen und der
Priorisierung verschiedener Handlungsalternativen im **Entscheidungsmodell** gesteuert. Eine positive Wandlungsbereitschaft ist folglich dann zu erwarten, wenn die gedankliche Simulation des Handlungsergebnisses anhand der individuellen Präferenzen
für den Betroffenen zu einem positiven Anreiz-Beitrags-Saldo führt (**Verhaltensakzeptanz**).

Nicht erst seit der empirischen Untersuchung von *Witte* ist die Bedeutung von **Promotoren** und **Opponenten** bei der Einführung von Neuerungen in der Unternehmung bekannt (vgl. Witte 1973). Diese Schlüsselpersonen für den Erfolg des Wandlungsvorhabens können anhand der Unterscheidung von Einstellungs- und Verhaltensakzeptanz
identifiziert und klassifiziert werden. Darauf aufbauend können anschließend gruppen-
spezifische Maßnahmen des Wandlungsmanagements ergriffen werden.

Im Idealfall sind im Langzeitgedächtnis positiv belegte mentale Modelle gespeichert
(Einstellungsakzeptanz), die im Falle eines Handlungsbedarfs aktiviert werden und zu
einer positiven Wandlungsbereitschaft führen (Verhaltensakzeptanz). Diese Akzep-
tanzkonstellation kennzeichnet einen **Promotor**, während bei einem **Opponenten**
beide Akzeptanzarten negativ ausgeprägt sind. Einstellungs- und Verhaltensakzeptanz
müssen jedoch nicht immer übereinstimmen. Fehlen Schlüsselreize, so zeigen Mitarbeiter trotz einer positiven Einstellung ein negatives Verhalten, weil aufgrund der feh-
lenden Anreize der individuelle Anreiz-Beitrags-Saldo negativ bleibt. Solche Personen
sind im Implementierungsmanagement als **potentielle Promotoren** bekannt. Ebenso
ist der umgekehrte Fall denkbar, daß zwar eine negative Einstellungsakzeptanz vor-
liegt, aber aufgrund der gegebenen Situation - z.B. durch materielle Anreize - der An-

reiz-Beitrags-Saldo dennoch positiv bewertet wird. Diese Konstellation kennzeichnet **verdeckte Opponenten**, die unter anderen Voraussetzungen ihr ‚wahres Gesicht‘ zeigen würden (vgl. Abb. 6/6; Krüger 1999b, S. 878).

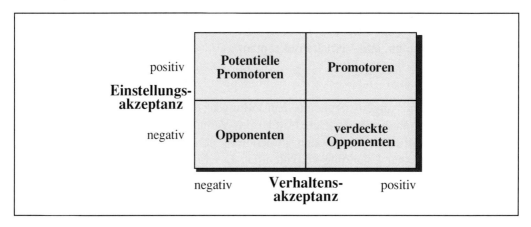

Abb. 6/6: Promotoren und Opponenten

Einstellungsakzeptanz ist an die **Problemerkennung** gekoppelt. Für die Durchsetzung von Wandlungskonzepten bedeutet dies, daß bei den betroffenen Mitarbeitern vorhandene mentale Modelle mit einer positiven Assoziation zu versehen sind oder neue, positiv belegte mentale Modelle hinsichtlich des in Frage stehenden Wandlungsvorhabens aufgebaut und abgesichert werden müssen. Eine hierzu oftmals notwendige Veränderung bewährter mentaler Modelle ist insbesondere dann mit Schwierigkeiten verbunden, wenn bereits schlechte Erfahrungen mit Wandlungsprojekten gemacht wurden. Derartige, eventuell im **Flashbulb-Memory** verhaftete Erlebnisse sind unauslöschlich. In diesen Fällen hilft nur der gezielte Neuaufbau eines mentalen Modells, das möglichst keine Anknüpfungspunkte zu den negativen Erfahrungen bietet. Aus dieser Perspektive leuchtet es ein, daß Unternehmungsberater ihre Dienstleistung mit immer neuen Schlagworten und Parolen verkaufen. Die Moden und Mythen der Managementlehre sorgen auf diese Weise nicht nur für neue Bestseller in den Buchläden, sondern sie erleichtern den Neuaufbau mentaler Modelle und damit den Umgang mit negativen Einstellungen und Erwartungen.

Ziel des Wandlungsmanagements ist letzten Endes nicht eine positive Einstellung, sondern eine aktive Wandlungsbereitschaft der Mitarbeiter bei der **Problembewältigung**. Entscheidend hierfür ist in erster Linie, wie die Betroffenen den Wandel wahrnehmen und anhand welcher Prognosemodelle sie ihren individuellen Anreiz-Bei-trags-Saldo bilden. Die Gestaltung der **Aktivierungssituation** ist daher eine zentrale Aufgabe der Implementierung. Grundsätzlich ist dies einfacher, wenn Einstellungsak-zeptanz als Basis genutzt werden kann. So ermöglicht der gezielte Einsatz korrespon-dierender Anreize, die Mitarbeiter zu dem erwünschten Beitrag zu bewegen. Dies kann z.B. durch Schautafeln am Arbeitsplatz, wie sie im Rahmen von Qualitätsmana-gement-Maßnahmen oder kontinuierlichen Verbesserungsprozessen üblich sind, ge-schehen. Auch symbolisches Management spielt hier eine große Rolle, z.B. die regel-mäßige Anwesenheit eines Mitglieds des oberen Managements bei Ergebnispräsenta-tionen. Anhand solcher Signale wird den Mitarbeitern verdeutlicht, welche Bedeutung dem Wandel beigemessen wird und welche Konsequenzen ein guter oder schlechter Beitrag für die individuelle Zukunft in der Unternehmung haben könnte. Zusätzlich wird durch die ständige Aktivierung der ein positives Wandlungsverhalten abbilden-den mentalen Modelle ein Rückgriff auf negativ belegte Modelle vermieden.

Zur Gestaltung der **Aktivierungssituation** zählen sowohl der bewußte Einsatz von Anreizen und Macht als auch der zielorientierte und abgestimmte Einsatz aller Arten der Kommunikation bei deren Vermittlung.

Schwieriger ist es, positive Wandlungsbereitschaft herbeizuführen, ohne daß die be-troffenen Mitarbeiter über positive Einstellungsakzeptanz verfügen. In solchen Fällen kann lediglich versucht werden, durch die Anreiz- und Führungssysteme (vgl. Kap. 8.2, S. 294ff.) Einfluß auf die **Präferenzen** zu nehmen. Wird der erwünschte Beitrag als sehr hoch bewertet, so ist dies durch eine Erhöhung des Anreizes auszu-gleichen. Auf diese Weise kann trotz mangelhafter Einstellung der Betroffenen die ge-dankliche Simulation des von ihnen erwarteten Wandlungsverhaltens zu einem positi-ven Anreiz-Beitrags-Saldo und damit zu positiver Wandlungsbereitschaft führen. Des weiteren kann durch Androhung von Sanktionen und Ausübung von Macht der An-reiz-Beitrags-Saldo potentieller Alternativen dergestalt verschlechtert werden, daß ein positives Wandlungsverhalten trotz negativer Bewertung immer noch das ‚kleinste Übel' darstellt. Langfristig sollte jedoch versucht werden, auch eine positive Einstel-lungsakzeptanz aufzubauen, da sonst die Glaubwürdigkeit des Managements in Frage gestellt wird (vgl. auch den nachträglichen Akzeptanzaufbau bei Top down-Imple-mentierung, S. 247).

Checkliste zu Einstellungs- und Verhaltensakzeptanz
▨ Welches sind die vom Wandlungsvorhaben betroffenen Personen(-gruppen)?
▨ Welche prägenden Erfahrungen verbinden diese Personen mit unserer Unternehmung?
▨ Gibt es negative Erfahrungen hinsichtlich des anstehenden Wandlungsbedarfs?
▨ Können zum Aufbau von Einstellungsakzeptanz positive Erlebnisse hinsichtlich des Wandlungsbedarfs vermittelt werden?
▨ Welche Personen können als Promotoren gewonnen werden?
▨ Welche Anreize können den Anreiz-Beitrags-Saldo verbessern?
▨ Anhand welcher Kriterien wird eine Person als ‚unverbesserlicher' Opponent eingestuft?

3.2 Kollektive mentale Modelle konstituieren die Unternehmungskultur

Das bisher behandelte individuelle Mitarbeiterverhalten kann nicht unabhängig vom kollektiven Verhalten in der organisatorischen Einheit des Mitarbeiters betrachtet werden. In Theorie und Praxis wird in diesem Zusammenhang immer wieder auf die Bedeutung der **Unternehmungskultur** verwiesen, der eine verhaltenssteuernde Wirkung zugeschrieben wird (vgl. exemplarisch Vahs 1997, S. 466ff.). An dieser Stelle wird nun der Zusammenhang zwischen mentalen Modellen und Unternehmungskultur herausgearbeitet. Dies soll zum einen die Einordnung der Theorie mentaler Modelle in bestehende betriebswirtschaftliche Konzepte erleichtern, zum anderen eröffnen sich dem interessierten Praktiker neue Einsichten und Möglichkeiten der Einflußnahme auf die Unternehmungskultur.

Spätestens seit dem Erfolg des 7-S-Modells von *Peters/Waterman* ist die Unternehmungskultur ein in Theorie und Praxis häufig benutzter Begriff, um all das zu erklären, was schwer in Worte zu fassen ist (vgl. Peters/Waterman 1997). Trotz nicht immer einheitlicher Begriffsverwendung läßt sich das heute vorherrschende **instrumentelle Verständnis von Unternehmungskultur** als strategischem Erfolgsfaktor grob wie folgt charakterisieren (vgl. Vahs 1997, S. 466): Im **Außenverhältnis** trägt die Unternehmungskultur zur Systemabgrenzung bei, und sie bestimmt das Interaktionsverhalten der Unternehmung mit der Umwelt. Eine gemeinsame Kultur ist ein Merkmal kollektiver Identität. Im **Innenverhältnis** der Unternehmung ist Kultur gekennzeichnet durch Gemeinsamkeiten im Denken, in den Entscheidungen und in den Verhaltensweisen. Dies korrespondiert mit der bereits erläuterten verhaltenssteuernden Wirkung mentaler Modelle. Aus Sicht der Theorie mentaler Modelle ist Unternehmungskultur daher gleichbedeutend mit den identitätsstiftenden und verhaltenssteuernden Wirkungen kollektiver mentaler Modelle.

Kultur darf nicht mit individueller Identität und daraus resultierendem Verhalten ver-
wechselt werden, auch wenn vielfältige Wechselwirkungen zwischen individuellem
und kollektivem Verhalten bestehen. Aus Sicht der Organisationspsychologie ist die
Regelung des kollektiven Verhaltens der des individuellen Verhaltens übergeordnet, da
ein großer Teil des zu steuernden individuellen Leistungsverhaltens sich erst aus der
Arbeitsteilung und Spezialisierung durch organisatorische Regelungen ergibt (vgl.
Hacker 1998, S. 237). Daher muß den **Wirkungszusammenhängen kollektiven Leistungsverhaltens** in Wandlungssituationen besondere Aufmerksamkeit gewidmet
werden. Zur genaueren Analyse wird nachfolgend auf das Kulturmodell von *Schwarz*
(vgl. Schwarz 1989, S. 56ff.) und dessen Unterscheidung von Kulturanwendungssystem, Kulturleitsystem und Kulturverstärkungssystem zurückgegriffen (vgl. Abb. 6/7,
Bach 2000, S. 91).

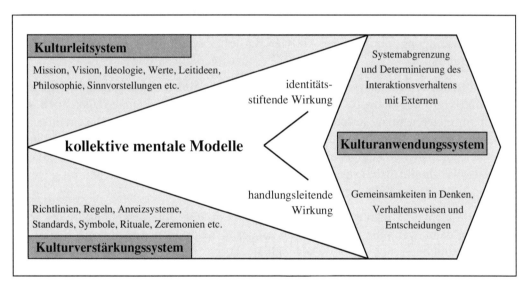

Abb. 6/7: Kulturleitsystem, Kulturverstärkungssystem und Kulturanwendungssystem

Unter dem **Kulturleitsystem** werden alle Instrumente zusammengefaßt, die an der
kollektiven Identität ansetzen. Hierzu gehören insbesondere die Vision und Mission
der Unternehmung, die ein Bild darüber vermitteln sollen, zu welchem Zweck die Unternehmung existiert und wie sie sich gegenüber ihren Anspruchsgruppen abgrenzt
und legitimiert. So versteht sich z.B. die BMW AG als ‚Unternehmen Mobilität', womit sowohl der angestrebte Nutzen für die Kunden als auch die eigene Wandlungsfä-

higkeit festgeschrieben werden. Hinzu kommen die Leitideen der Unternehmungs-philosophie, wie z.B. das Leitbild der METALLGESELLSCHAFT AG, in dem neben dem Bekenntnis zur Steigerung des Shareholder-Value auch die Kunden- und Mitarbeiter-orientierung dokumentiert ist. Aus Sicht der Theorie mentaler Modelle setzt das Kulturleitsystem vorwiegend an den **Beschreibungs-** und **Erklärungsmodellen** an.

Das **Kulturverstärkungssystem** umfaßt alle Instrumente, die einer Umsetzung der im Leitsystem festgelegten Idealvorstellungen in konkretes Verhalten dienen. Solche ‚Verstärker' setzen in begrenztem Maße noch an den Erklärungsmodellen an, zumeist jedoch an der Alternativengenerierung und -bewertung in den **Prognose-** und **Entscheidungsmodellen**. Dies geschieht zum einen durch Symbole, wie z.B. Mythen, Legenden, Geschichten, das Erscheinungsbild der Unternehmung wie Gebäude und Raumorganisation, aber auch durch Briefbögen, Visitenkarten und Markenzeichen. Zum anderen dienen auch eher stabilisierende Elemente, wie Richtlinien, Regeln, Führungsgrundsätze, Anforderungen und Standards, der Umsetzung des Gedankenguts aus dem Kulturleitsystem. Das Kulturverstärkungssystem stellt kollektive Schlüsselreize zur Verfügung, die zu einer Aktivierung der gewünschten kollektiven mentalen Modelle führen.

Das **Kulturanwendungssystem** umfaßt das von den Unternehmungsmitgliedern gelebte und von Dritten beobachtbare kollektive Verhalten. Es könnte daher auch als Kultur im engeren Sinne aufgefaßt werden. Kennzeichnend für den auf gemeinsame kollektive mentale Modelle zurückzuführenden besonderen ‚Stil des Hauses' sind insbesondere die Abgrenzung gegenüber den Wettbewerbern und Kunden im Außenverhältnis sowie die im Arbeitsalltag nicht mehr hinterfragten Besonderheiten im gegenseitigen Umgang, im Führungs- und Entscheidungsverhalten.

Kollektive mentale Modelle - und damit eine gemeinsame Unternehmungskultur - entstehen nur dann, wenn die verschiedenen, an der gemeinsamen Aufgabenerfüllung beteiligten Individuen sich an der Entwicklung dieses Modells beteiligen, ihr Wissen einbringen und anschließend das kollektive mentale Modell individuell umsetzen. Kollektive mentale Modelle sind daher schwieriger aufzubauen als individuelle mentale Modelle und noch schwieriger zu verändern. Hierzu bedarf es **kollektiver Lernprozesse**. Gibt es keine Interaktion und kein gemeinsames Lernen zwischen organisatorischen Einheiten, so führt dies zu isolierten Sprach- oder Wissensgemeinschaften, die ein kollektives mentales Modell für die Gesamtunternehmung vermissen lassen. Viele unterschiedliche Subkulturen lassen daher entweder auf Defizite in der Organisation oder im Führungsverhalten schließen. In der Überwindung solcher Barrieren der Integration von Wandel und Lernen liegt einer der Aufgabenschwerpunkte eines zielorientierten **Wissensmanagements** (vgl. Krüger/Bach 1999).

Eine **Veränderung der Unternehmungskultur** kann sowohl gruppenextern als auch -intern angestoßen werden. Als externe Einflußmöglichkeiten bieten sich die bereits erläuterten Mechanismen des Kulturleitsystems und des Kulturverstärkungssystems an. Dabei ist unbedingt auf eine Abstimmung der beiden Systeme zu achten. Daneben können gruppenintern auch einzelne Individuen durch ungewohntes, die bisherigen Regeln brechendes Interaktionsverhalten **kollektive Lernprozesse** anstoßen. Starke Persönlichkeiten können mit ihrem individuellen Verhalten die kollektiven mentalen Modelle determinieren, z.B. der Gründerunternehmer in der von ihm geführten Unternehmung. Ähnlich können im Rahmen von Wandlungsprozessen Topmanager kollektive Lernprozesse initiieren, wenn sie von ihren Mitarbeitern akzeptiert werden und über Autorität verfügen. Im Rahmen des Wandlungsmanagements können auch einzelne Gruppenmitglieder off the job geschult werden, die dann anschließend gruppenintern einen Prozeß zur Veränderung des kollektiven mentalen Modells in Gang setzen.

Checkliste zum kollektiven Verhalten

- ▥ Ist eine Vision/ein Leitbild vorhanden, welche(s) den Sinn und Zweck der Unternehmungstätigkeit vermittelt?

- ▥ Unterstützen das vorhandene Anreiz- und Entlohnungssystem sowie die individuellen Entwicklungsmöglichkeiten die im Leitbild verankerten Vorstellungen?

- ▥ Welches sind im Alltag diejenigen Merkmale, anhand derer sich die Unternehmung gegenüber anderen Unternehmungen und auch gegenüber Kunden abgrenzt?

- ▥ Welche unternehmungsweiten Gemeinsamkeiten bestehen im Denken und Entscheidungsverhalten der Mitarbeiter?

- ▥ Gibt es in der jüngeren Vergangenheit Ereignisse/Episoden, die sich im Sinne des Kulturverstärkungssystems als Plattform für eine Veränderung des kollektiven Verhaltens nutzen lassen?

4. Implementierungsstrategien zur Durchsetzung des Wandels

4.1 Generische Strategien der Implementierung

Eine Implementierungsstrategie ist eine geplante Vorgehensweise der Durchsetzung eines Wandlungskonzepts, die neben den eigenen Aktionen und Maßnahmen auch die Aktivitäten der potentiellen Gegenpartei berücksichtigt. Die in den vorangegangenen Abschnitten erläuterte **Theorie mentaler Modelle** dient in diesem Zusammenhang der Erklärung und Prognose des Mitarbeiterverhaltens und bildet damit die entscheidende **Grundlage einer fundierten Implementierungsplanung**.

Anhand der **Verlaufsrichtung** können zwei grundsätzliche Arten der Implementierung unterschieden werden. In der Initialisierungsphase des Transformationsprozesses entscheidet sich, wer andere Wandlungsträger aktiviert und wer an der Erstellung des Wandlungskonzepts beteiligt wird. Entweder das Topmanagement startet die Initiative - eventuell unter Beteiligung von Schlüsselpersonen -, oder Mitarbeiter unterer Hierarchieebenen suchen sich Gleichgesinnte und Sponsoren, mit deren Unterstützung sie ein Wandlungskonzept erarbeiten, das später dem Topmanagement vorgestellt wird. Beide Vorgehensarten weisen spezifische Vor- und Nachteile auf, die sich gegenseitig ausschließen. Daher wird nachfolgend von **Top down-** und **Bottom up-Implementierung** als generischen Implementierungsstrategien gesprochen (vgl. folgende Abb. 6/8). Wie auch bei generischen Wettbewerbsstrategien sind hinsichtlich der Implementierung sowohl die Konzentration auf eine der beiden generischen Strategien wie auch parallele oder sequentielle Kombinationen denkbar.

Bevor diese Möglichkeiten näher erläutert werden, wird nachfolgend anhand der Theorie mentaler Modelle erläutert, wie sowohl für Top down- als auch für Bottom up-Vorgehen das Verhalten der Gegenfraktion prognostiziert und sinnvoll beeinflußt werden kann (vgl. Bach 2000, S. 97ff.).

244

Vorgehensweise	Top down	Bottom up
Aktivierung der Wandlungsträger	Unternehmungsleitung	betroffene Mitarbeiter
Konzepterstellung	überwiegend Unternehmungsleitung	überwiegend betroffene Mitarbeiter
Schlüsselproblem	Erzielung des zur Konzeptumsetzung erforderlichen Verhaltens bei den Mitarbeitern	Bewilligung und Unterstützung des Konzepts durch die Unternehmungsleitung
Vorteile	- schnelles, abgestimmtes Vorgehen - Überraschungseffekte durch Geheimhaltung	- vorhandene Wandlungsbereitschaft wird genutzt - Einstellungsakzeptanz durch Beteiligung am Wandlungskonzept
Nachteile	- Einstellungsakzeptanz nur schwer erzielbar - vorhandenes Wissen bleibt ungenutzt	- höherer Zeitbedarf - Gefahr der mangelnden Abstimmung auf die Unternehmungsentwicklung

Abb. 6/8: Merkmale von Top down- und Bottom up-Implementierungsstrategien

■ Top down-Implementierung

Der Extremfall einer Top down-Implementierung zielt auf schnelle Ergebnisse ab und versucht daher, mangelnde Wandlungsbereitschaft bei den Mitarbeitern durch Geheimhaltung des Wandlungskonzepts und dadurch erzielbare Überraschungseffekte abzufangen. In der Literatur ist dieser **direktive Wandel** auch als ‚Bombenwurf‘ diskutiert worden (vgl. Kirsch et al. 1979, S. 180ff.). Ein Hinterfragen des eigenen Handelns und damit eine bewußte Verhaltenssteuerung wird bei Top down-Implementierung nur dem Topmanagement zugestanden. Von den Mitarbeitern wird hingegen erwartet, daß sie die Problemerkennung dem Topmanagement überlassen und bei der Problembewältigung in den Projektprozessen des Wandels auf in großen Teilen unbewußte, flexible Verhaltensmuster zurückgreifen. Der Verlauf des gesamten Transformationsprozesses wird daher durch das Topmanagement bestimmt. Reaktionen oder Anregungen der Mitarbeiter werden bei der Konzepterstellung nicht berücksichtigt, und bei der konkreten Problembewältigung wird auf eine ‚**Überrumpelungstaktik**‘ gesetzt. Neben einer **strikt direktiven Variante**, bei der alle Mitarbeiter erst in der Umsetzungsphase vom Wandel erfahren, ist auch ein **gemäßigt direktives Vorgehen** möglich, bei dem Schlüsselpersonen an der Konzepterstellung beteiligt werden. Auf diese Weise ist es auch bei Top down-Vorgehen möglich, das notwendige aufgabenspezifische Fachwissen im Wandlungskonzept zu berücksichtigen.

Zur Erzielung schnellen, abgestimmten Verhaltens muß die Zahl der Wandlungsträger vor allem bei **strikt direktivem Vorgehen** auf wenige Personen beschränkt bleiben.

Typischerweise bildet sich eine Koalition innerhalb der Spitzenmanager, eventuell unterstützt durch externe Berater. Dabei sollten in der Führungsmannschaft gezielt potentielle Promotoren angesprochen und bekannte Opponenten umgangen werden. Die so entstehende **Wandlungskoalition** ist in der Konzipierungsphase auf sich allein gestellt, muß jedoch alle notwendigen Verhaltensänderungen bei allen Betroffenen im Detail planen. Folglich ist es wichtig, bewährte Problemlösungsmuster der Mitarbeiter zu kennen und bei der Gestaltung des Wandlungskonzepts zu berücksichtigen. Im Verlauf der Umsetzung des Wandlungskonzepts sollen die zugehörigen verhaltenssteuernden mentalen Modelle dann aktiviert werden. Hierzu kann sowohl auf eine ‚Überrumpelungstaktik' als auch auf die Autorität und Akzeptanz des Topmanagements gesetzt werden. So lange die Mitarbeiter auf eine korrekte Problemerkennung durch das Topmanagement vertrauen und ‚die da oben wissen, was sie tun', werden die Mitarbeiter das von ihnen erwartete Problemlösungsverhalten zeigen. Auf diese Weise sind Verhaltensänderungen der Mitarbeiter zumindest kurzfristig planbar.

	Initialisierung	Konzipierung	Mobilisierung	Umsetzung	Verstetigung
Aufgabe	- Wandlungsbedarf feststellen - Wandlungsträger aktivieren	- Wandlungsziele festlegen - Maßnahmen-programme entwickeln	- Geheimhaltung zur Erzielung von Überraschungs-effekten - Aktivierungs-situation gestalten	- abgestimmte, schnelle Umsetzung in allen Bereichen - Rückgriff auf vorhandene Problem-bewältigungsmuster	- Wandlungskonzept kommunizieren - Wandlungsbereit-schaft und -fähigkeit sichern - Wandlungsergeb-nisse verankern
Aufgaben-träger	Topmanagement	Topmanagement	Topmanagement	alle Betroffenen	Topmanagement

Abb. 6/9: Vorgehen bei strikt direktivem Wandel

Zur Durchsetzung des Wandlungskonzepts wird auf bei den Mitarbeitern vorhandenes Problembewältigungsverhalten zurückgegriffen (vgl. Abb. 6/9). Ziel ist die Vermeidung einer aufwendigen Problemerkennungsphase und eventuell daraus resultierendes eigenständiges, den Zielen zuwider laufendes Handeln der Mitarbeiter. An die Stelle der sonst in der Mobilisierungsphase des Transformationsprozesses üblichen Aktivitäten der Kommunikation des Wandlungskonzepts und der Verbesserung der Wandlungsbedingungen tritt daher die gezielte **Gestaltung der Aktivierungssituation** (vgl. auch Kap. 7, S. 265f.). Hinweise auf mögliche Schlüsselreize sind in der Unternehmungshistorie sowie in den relevanten Umfeldern zu suchen. Auf diese Weise kann auf vorhandener Einstellungsakzeptanz aufgebaut und in der Vergangenheit gezeigtes Krisenverhalten oder Feindbilder können als Schlüsselreize eingesetzt werden. So konnte z.B. der Börsengang der Chemiesparte des französischen Konzerns RHÔNE-POULENC vergleichsweise schnell durchgeführt werden, nachdem den Mitarbeitern die Gefahr einer Übernahme durch die britische GLAXO glaubhaft gemacht werden konnte. Derartige Informationen können auch gezielt so gestreut werden, daß sie isoliert gesehen keinen Sinn ergeben, sich aber in der Aktivierungssituation als Puzzlesteine zu einem schlüssigen Gesamtbild fügen, anhand dessen Prognose- und Entscheidungsmodelle gebildet werden. Ergänzend ist das **Kulturverstärkungssystem** so zu gestalten, daß die gesetzten Anreize zu einem positiven Anreiz-Beitrags-Saldo für die angestrebten Verhaltensweisen führen (vgl. Kap. 8, S. 291ff.).

Die Projektprozesse des Wandels in der Umsetzungsphase des Transformationsprozesses erfolgen ohne erste Schritte und Pilotprojekte, da sonst der erwünschte Überraschungseffekt ausbleiben würde. Vielmehr wird eine abgestimmte, schnelle Umsetzung in allen Bereichen angestrebt. Anschließend ist in der Verstetigungsphase **Absicherungsarbeit** zu leisten. Dies umfaßt die bisher unterlassene Kommunikation des Wandlungsbedarfs ebenso wie die Verifizierung des direktiven Vorgehens als einzig möglichem Weg der Krisenbewältigung. Zum **nachträglichen Aufbau von Einstellungsakzeptanz** sollten die Mitarbeiter ex post einen Prozeß der Problemerkennung durchlaufen, um die gewählte Implementierungsstrategie des Managements und auch das durch gezielte Fremdsteuerung gezeigte eigene Verhalten als ‚richtig‘ zu verinnerlichen. Hierzu kann neben einer positiven Öffentlichkeitsarbeit vor allem auf die Kommunikation eines Alternativszenarios gesetzt werden, welches mit negativen Konsequenzen für die Mitarbeiter - im oben angeführten Fall von RHÔNE-POULENC z.B. das Arbeiten unter britischer Führung - verbunden gewesen wäre. Erst durch eine so herbeigeführte eigenständige Problemerkennung kann auch eine Identifikation mit der ‚erneuerten Unternehmung‘ aufgebaut und eine nostalgische Verklärung der guten alten Zeit vermieden werden. Ergänzend zu den bisherigen Maßnahmen muß nach Abschluß der Umsetzungsphase auch das **Kulturleitsystem** dem neuen Unternehmungsgeschehen angepaßt werden.

Das Thema: **Direktive Implementierung**

Das Beispiel: **DAIMLERCHRYSLER AG**

Als geradezu schulmäßiges Beispiel einer strikt direktiven Implementierung kann der Entstehungsprozeß der DAIMLERCHRYSLER AG angesehen werden. Im Vorfeld der Fusion wurden nicht einmal alle Vorstandsmitglieder der DAIMLER-BENZ AG einbezogen. Die Wandlungskoalition beschränkte sich auf die engsten Vertrauten von DAIMLER-BENZ Chef Jürgen *Schrempp* und CHRYSLER CEO Bob *Eaton*, ergänzt um ein externes Beraterteam von GOLDMANN SACHS. Anstelle der Mobilisierungsaktivitäten wurde die Aktivierungssituation mit einer Pressekonferenz in London und Meldungen in den Medien regelrecht inszeniert. Der erzielte Überraschungseffekt war groß. Dieser Umstand wurde ausgenutzt, um in allen Bereichen beider Fusionspartner zahlreiche Umsetzungsprojekte zu starten. Schließlich lobte Jürgen *Schrempp* noch vor der Genehmigung der Fusion auf der Hauptversammlung die **Geheimhaltung** und das **strikt direktive Vorgehen** als Schlüsselfaktoren für die erfolgreiche Durchsetzung seines Konzepts. Ergänzt wurde diese Absicherungsmaßnahme durch positive Öffentlichkeitsarbeit, die sich auch auf die Aktienkurse auswirkte. Dies wiederum überzeugte die Aktionäre, auf der Hauptversammlung die Pläne des Konzernlenkers *Schrempp* zu genehmigen (vgl. Bach 2000, S. 135ff. und Appel/Hein 1998).

Die gemäßigt direktive Variante der Top down-Implementierung wird aufgrund der Beteiligung betroffener Mitarbeiter in der Konzipierungsphase auch als **partizipationsergänzter Generalplan** bezeichnet. In Abhängigkeit vom Wandlungsbedarf ist die Erstellung eines Wandlungskonzepts ohne Nutzung des Know-hows der Mitarbeiter nicht möglich. Man denke nur an die Einführung von SAP ohne ein ‚Customizing‘ der Module auf die unternehmungsspezifischen Prozesse. Außerdem blieben vorhandene Möglichkeiten der Differenzierung gegenüber dem Wettbewerb ungenutzt. Schließlich verringert sich das Risiko des Mißerfolgs, wenn an der Erstellung des Wandlungskonzepts diejenigen Schlüsselpersonen beteiligt werden, die nachweislich über das für einen erfolgreichen Wandel benötigte Wissen verfügen. Input aus dem Kreis der Betroffenen bedeutet aber auch - darüber muß sich das Topmanagement im Klaren sein - daß der Transformationsprozeß einen anderen Verlauf nehmen kann als bei einer Konzepterstellung allein durch die Unternehmungsspitze.

Im Fall der Partizipation von betroffenen Schlüsselpersonen werden keine Überraschungseffekte angestrebt. Daher können die beteiligten Mitarbeiter auch gezielt als Multiplikatoren zur **Kommunikation des Wandlungskonzepts** eingesetzt werden. Neben internen Maßnahmen wie Konferenzen und Workshops sollte auch die Öffentlichkeitsarbeit die Notwendigkeit zum Wandel und die Qualität des entworfenen Wandlungskonzepts verdeutlichen (vgl. Kap. 7.3, S. 273ff.). Ziel ist es, eine positive Einstellung zum Wandel zu vermitteln und damit der Schaffung der Wandlungsbedingungen und der angestrebten schnellen Konzeptumsetzung den Boden zu bereiten.

Auch die zweite Aufgabe innerhalb der Mobilisierungsphase (vgl. folgende Abb. 6/10), das **Schaffen von Wandlungsfähigkeit und Wandlungsbereitschaft** der Mitarbeiter, dient der späteren schnellen Konzeptumsetzung. Zum einen gilt es, Impulse der Mitarbeiter aufzugreifen und eventuell noch ins Wandlungskonzept einzuarbeiten. Zum anderen müssen Einstellungs- und Verhaltensakzeptanz aufgebaut werden, um so im Vorfeld blockierende Haltungen oder zögerndes Verhalten bei der späteren Umsetzung des Konzepts zu verhindern. Zunächst ist in einem ersten Schritt **Einstellungsakzeptanz** aufzubauen. Es werden neue Beschreibungs- und Erklärungsmodelle vermittelt, die das zur strategischen Erneuerung notwendige Verhalten abbilden. Dies umfaßt vor allem notwendige Veränderungen im **Kulturleitsystem**. Hierfür kommen sowohl Veranstaltungen, die das Wandlungsprogramm als Ganzes erläutern, wie z.B. Konferenzen, als auch auf die abteilungs- und stellenspezifischen Projektprozesse abgestimmte Einzelmaßnahmen in Betracht.

	Initialisierung	Konzipierung	Mobilisierung	Umsetzung	Verstetigung
Aufgaben	- Wandlungsbedarf feststellen - Wandlungsträger aktivieren	- Wandlungsziele festlegen - Maßnahmenprogramme entwickeln	- Wandlungskonzept kommunizieren - Wandlungsbereitschaft und Wandlungsfähigkeit schaffen	- Prioritäre Vorhaben durchführen - Folgeprojekte durchführen	- Wandlungsergebnisse verankern - Wandlungsbereitschaft und -fähigkeit sichern
Aufgabenträger	Topmanagement	Wandlungskoalition unter Einbezug von Schlüsselpersonen	Wandlungskoalition unter Einbezug von Schlüsselpersonen	alle Betroffenen	Wandlungskoalition unter Einbezug von Schlüsselpersonen

sehr kurze Umsetzungsphase

Abb. 6/10: Vorgehen im partizipationsergänzten Generalplan

Parallel dazu muß die **Aktivierungssituation** geplant und vorbereitet werden, damit beim Start der Projektprozesse alle sachlichen und organisatorischen Voraussetzungen für den Wandel gegeben sind. Aufbauend auf dem angepaßten **Kulturverstärkungssystem** muß anschließend das neue Problembewältigungsverhalten eingeübt und so **Verhaltensakzeptanz** geschaffen werden. Aus diesen Überlegungen heraus kann die Mobilisierungsphase zwar länger dauern als üblich, dies wird jedoch durch die zeitlichen Einsparungen in der durch eine gelungene Mobilisierung sehr kurzen Umsetzungsphase im Normalfall mehr als wettgemacht. Erste **Pilotprojekte** in der Umsetzungsphase des Transformationsprozesses dienen der Akzeptanzsicherung. Anschließend sind bei einem partizipationsergänzten Generalplan schnelle Ergebnisse zu erwarten. Die **Absicherung des Wandels** in der Verstetigungsphase muß durch die vielfältigen Kommunikationsaktivitäten im Vorfeld weniger aufwendig ausfallen als bei strikt direktivem Vorgehen. Erzielte Ergebnisse dienen der Bestätigung der Richtigkeit der neuen Verhaltensweisen und der Bestärkung in der Identifikation mit der erneuerten Unternehmung. Bleiben die erwarteten Ergebnisse allerdings aus, so ist zu überlegen, ob und wie der immer noch zu deckende Wandlungsbedarf bewältigt werden kann.

Die **Risiken eines partizipationsergänzten Generalplans** liegen vor allem in der Unterschätzung des Zeitbedarfs für die bei diesem Vorgehen sehr aufwendige Mobilisierungsphase. Hier wird vor allem die individuelle Wandlungsfähigkeit und Wandlungsbereitschaft der Mitarbeiter häufig falsch eingeschätzt. Dies zeigt sich in der Praxis z.B. beim Umgang mit dem Jahr 2000-Problem. Das Problem als solches muß unternehmungsweit angegangen werden, erfordert also einen Generalplan. Häufig wurden jedoch zunächst die betroffenen Mitarbeiter vor Ort aufgefordert, ihre Systeme zu überprüfen und Anregungen einzubringen. Nachdem das Jahr 2000 immer näher rückte, verschwanden dann zunehmend die partizipativen Elemente bei der Konzepterstellung. Am Ende stand in vielen Unternehmungen ein strikt direktives Vorgehen, um doch noch gewappnet dem Jahrtausendwechsel entgegensehen zu können.

Checkliste zur Top down-Implementierung

- Wieviel Zeit darf der Wandlungsprozeß in Anspruch nehmen?
- Welche Konsequenzen hat eine längere Prozeßdauer?
- Verfügt der Kreis der Wandlungsträger über das zur Konzipierung notwendige Wissen?
- Wer weiß von dem geplanten Wandlungsvorhaben?
- Ist eine Geheimhaltung zur Erzielung eines Überraschungseffekts möglich?
- Kann ein strikt direktives Vorgehen ex-post als ‚richtig‘ verankert werden, oder ist Ablehnung auf breiter Front zu befürchten?
- Welche Schlüsselpersonen ‚müssen‘ einbezogen werden?
- Welche Teilprojekte sind als Pilotvorhaben geeignet?

■ Bottom up-Implementierung

Bottom up-Implementierung heißt nicht, daß die Mitarbeiter an der Unternehmungsbasis ohne Unterstützung des Topmanagements eigenständig Transformationsprozesse steuern. Zumindest **transformativer Wandel** ist ohne die Bewilligung der zur weitreichenden Umsetzung notwendigen Sach- und Personalmittel schlichtweg unmöglich. Dennoch kann auch transformativer Wandel seinen Ursprung in Initiativen der betroffenen Mitarbeiter haben, wenn diesen im Gegensatz zu Top down-Vorgehensweisen eine eigenständige Problemerkennung zugestanden wird.

Hierzu ist allerdings eine Reihe von Voraussetzungen im Bereich Organisation und Führung zu schaffen, die den Mitarbeitern ein unternehmerisches Handeln erst ermöglichen. Dies bedeutet, daß vor der ersten Bottom up-Initiative ein eigener Transformationsprozeß zu bewältigen ist, der ein solches Vorgehen erst möglich macht. Nachfolgend wird deshalb auch vom **Enabling-Prozeß** gesprochen. Dieser hat sowohl den Aufbau von Eigeninitiative abbildenden mentalen Modellen bei den Mitarbeitern als auch das Schaffen von Akzeptanz für Eigeninitiative an der Unternehmungsbasis im Management zum Ziel. Hierzu dienen gezielte Eingriffe ins **Kulturleit-** und **Kulturverstärkungssystem**. Des weiteren sind im Enabling-Prozeß Freiräume zeitlicher und finanzieller Art zu schaffen sowie kreativitätsfördernde interdisziplinäre Kommunikation zwischen den Mitarbeitern zu unterstützen. Eigenständige Projekte und die Übernahme von Risiko sollten belohnt werden (vgl. Baratte 1999). Nur wenn diese Voraussetzungen geschaffen sind, wird ein Mitarbeiter, der eine sich bietende unternehmerische Chance erkennt, diese zu seiner Sache machen und Initiative zeigen.

Die verschiedenen Aktivitäten und Versuche der Einflußnahme durch die Akteure des Wandels gestalten sich bei Bottom up-Implementierung wesentlich vielschichtiger als bei einer zentralen Steuerung des Transformationsprozesses in Top down-Richtung. Im Prinzip steht es jedem Mitarbeiter frei, eine sich bietende Chance zu erkennen, einen Wandlungsbedarf zu bestimmen und Wandlungsträger zu aktivieren. Die Aktivitäten zwischen der ersten Initiative und dem Vorstellen eines Wandlungskonzepts zur unternehmungsweiten Umsetzung vor dem Topmanagement sind dabei durch ein **iteratives Vorgehen** gekennzeichnet, wobei die Einzelschritte sowohl Mobilisierungs-, Konzipierungs- als auch erste Projekte der Umsetzungsphase durchlaufen (vgl. folgende Abb. 6/11).

Schon die Ansprache des ersten zusätzlichen Wandlungsträgers wird als Kommunikation nicht nur der Idee, sondern auch erster Vorstellungen hinsichtlich des Wandlungskonzepts erfolgen. Der Gesprächspartner wird dieses Konzept hinterfragen und dabei auch eigene Ideen einbringen. Zur Überprüfung dieser Ideen werden eventuell - im Sinne einer **Plausibilitäts- oder Prämissenüberprüfung** - schon erste Schritte einer Umsetzung unternommen. Die erzielten Erfolge bilden dann die Argumentationsgrundlage bei der Ansprache weiterer Wandlungsträger. Ein Sponsor aus dem Topmanagement erleichtert den Zugang zu Ressourcen und den Aufbau von Akzeptanz bei Unentschlossenen. Bei Unternehmungen wie 3M gibt es außerdem organisatorische

Regelungen und Sonderetats zur Unterstützung von Bottom up-Initiativen (vgl. Stewart 1996 sowie Kap. 8.3, S. 301).

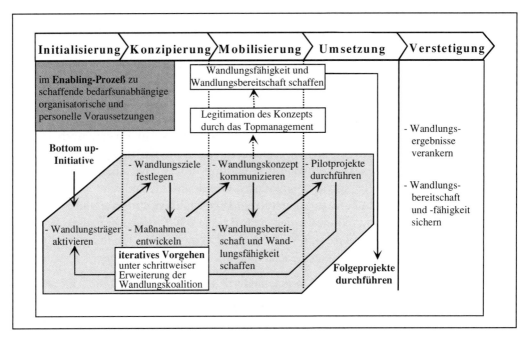

Abb. 6/11: Iteratives Vorgehen bei Bottom up-Implementierung

Die inhaltliche Mitarbeit an der Erstellung des Wandlungskonzepts führt zur Identifikation mit dem Wandlungsvorhaben und einer **positiven Einstellung** hinsichtlich der anstehenden Veränderungen. Der Wandlungsbedarf wird nicht mehr in Frage gestellt, und die Wandlungsbereitschaft ist deutlich höher als bei fremdbestimmtem Wandel. Die **iterative Erweiterung der Wandlungskoalition** kann jedoch nicht in dieser Weise weitergehen, bis alle Mitarbeiter an der Konzepterstellung beteiligt sind und auf diese Art akzeptanzfördernd in das Wandlungsgeschehen eingebunden werden. Vielmehr wird nach einer gewissen Zeit ein kritischer Punkt erreicht sein, bei dem die Ergebnisse entweder offiziell dem Topmanagement als Entscheidungsgrundlage für eine unternehmungsweite Umsetzung vorgestellt werden, oder aber das Wandlungsvorhaben verworfen wird. Erhält ein Konzept die offizielle **Legitimation** und Unterstützung, so sollten die Mitglieder der ursprünglichen Wandlungskoalition bei der anschließenden unternehmungsweiten Umsetzung als Projekt- oder Programmleiter fungieren, um den Fortgang des Transformationsprozesses zu beschleunigen und um als Promotoren zusätzliche Akzeptanzsicherung zu betreiben. Schließlich muß auch bei Bottom up-Vorgehensweisen der Implementierung der **Wandel abgesichert** und **stabilisiert** werden, auch wenn üblicherweise die Akzeptanz bei den Betroffenen höher ist als bei Top down implementierten Konzepten.

Unter den gegebenen Voraussetzungen können auch **verschiedene Wandlungsvorhaben** von unterschiedlichen Wandlungskoalitionen parallel vorangetrieben werden. Diese stehen sowohl hinsichtlich Ressourcen als auch im Blick auf eine unternehmungsweite Umsetzung in **Konkurrenz** zueinander. Die Förderung von Bottom up-Initiativen darf nicht zu einer Zersplitterung der Kräfte und einer Vergeudung von Ressourcen führen. Aus diesem Grund ist sicherzustellen, daß spätestens mit der Erzielung erster Ergebnisse das Konzept dem Topmanagement zur Abstimmung mit der geplanten Unternehmungsentwicklung vorgelegt wird.

Checkliste zur Wahl einer generischen Implementierungsstrategie

- ▨ Wieviel Zeit darf der Wandlungsprozeß in Anspruch nehmen?
- ▨ Wer weiß von dem geplanten Wandlungsvorhaben?
- ▨ Verfügt der Kreis der Wandlungsträger über das zur Konzipierung notwendige Wissen?
- ▨ Welche Schlüsselpersonen ‚müssen' einbezogen werden?
- ▨ Welche Teilprojekte sind als Pilotvorhaben geeignet?
- ▨ In welcher Reihenfolge sollten die betroffenen Personen(-gruppen) einbezogen werden?
- ▨ Wann muß das Wandlungskonzept vom Topmanagement legitimiert werden?

4.2 Sequentielle Folgen generischer Implementierungsstrategien

Top down- und Bottom up-Vorgehensweisen der Implementierung weisen **spezifische Vor- und Nachteile** auf. Nur durch Top down-Implementierung können schnelle Ergebnisse zur Krisenbewältigung erzielt und die Abstimmung des Transformationsprozesses auf die geplante Unternehmungsentwicklung gewährleistet werden. Bei mangelnder Wandlungsbereitschaft der Mitarbeiter kann eine einseitige Fremdbestimmung durch das Management jedoch zur Ablehnung des Konzepts und zu wandlungshemmendem Verhalten führen, so daß die angestrebte strategische Erneuerung nicht erreicht wird. Eine Beteiligung der Mitarbeiter bei der Erstellung des Wandlungskonzepts führt zu Einstellungsakzeptanz und hilft daher, solche Barrieren zu überwinden. Sie nimmt jedoch viel Zeit in Anspruch und kann zu einem anderen als dem ursprünglich geplanten Wandlungskurs führen. Die **Förderung von unternehmerischer In-**

itiative an der Unternehmungsbasis schließlich eröffnet der Unternehmung vom Management nicht wahrgenommene Wege der strategischen Erneuerung. Hier besteht allerdings die Gefahr, daß sich konkurrierende Wandlungsvorhaben gegenseitig blockieren oder sich die verschiedenen Teilbereiche der Unternehmung in unterschiedliche Richtungen entwickeln.

■ Ausrichtung an der Wandlungssituation und den Koordinaten des Wandels

Die Frage, wann welche Implementierungsstrategie verfolgt werden soll, muß im Einzelfall anhand der vorliegenden Wandlungssituation (Abbau, Umbau, Aufbau) sowie der Ausprägung der Koordinaten des Wandels beantwortet werden. Generell gilt, daß mit der Dringlichkeit des Wandlungsbedarfs die Notwendigkeit einer zentralen Steuerung steigt. Dies ist insbesondere in **Abbausituationen** der Fall. Ebenso trifft die Aussage zu, daß die vorhandene Wandlungsbereitschaft der Mitarbeiter durch eine Beteiligung an der Ausarbeitung des Wandlungskonzepts den Aufbau von Akzeptanz fördert. Vor allem in **Aufbausituationen** ist diese konstruktive Grundhaltung der Mitarbeiter von Vorteil. Des weiteren kann durch Unterstützung unternehmerischer Initiative an der Unternehmungsbasis vorhandene Wandlungsfähigkeit der Mitarbeiter dazu genutzt werden, ansonsten verschlossene Wege des **Umbaus** im Sinne einer strategischen Erneuerung zu erschließen. Diese grobe Zuordnung läßt sich anhand der Ausprägungen der Koordinaten des Wandels auch graphisch verdeutlichen (vgl. Abb. 6/12).

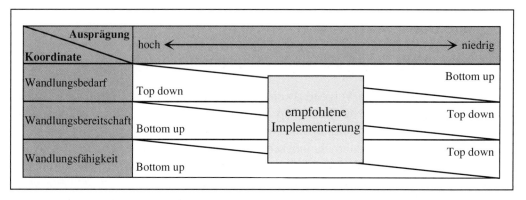

Abb. 6/12: Implementierung anhand der Koordinaten des Wandels

Ausschlaggebend für die grundsätzliche Wahl einer der beiden generischen Implementierungsstrategien ist der **Wandlungsbedarf**. Wenn schnelles Handeln erforderlich ist, wie es vor allem in Abbausituationen der Fall ist, so muß Top down vorgegangen werden, um schnell zählbare Ergebnisse zu erzielen. In dem Umfang, wie mehr Zeit zur Verfügung steht, kann durch Beteiligung der Mitarbeiter vorhandene Wandlungsfähigkeit genutzt werden, insbesondere, wenn keine zeitdauerverlängernden Barrieren der Wandlungsbereitschaft zu erwarten sind. Diese Rahmenbedingungen sind typischerweise in Umbausituationen gegeben. Ohne limitierende Engpässe sollte hingegen in der Regel Bottom up vorgegangen werden, um so Wandlungsfähigkeit und Wandlungsbereitschaft der Mitarbeiter bestmöglich zu nutzen. Dieser Fall ist eher in Aufbausituationen anzutreffen, in denen eine Unternehmung in guten Zeiten sich weiter für die Zukunft rüstet.

▪ Wechsel der Implementierungsstrategie

Zur Erzielung **tiefgreifenden Wandels** müssen sowohl akute Krisen gemeistert als auch langfristige Akzeptanz und Identifikation mit der erneuerten Unternehmung sichergestellt werden. Zur akuten Krisenbewältigung sind Top down-Varianten der Implementierung am besten geeignet. Es besteht jedoch die Gefahr, daß es zu **Abstoßreaktionen** kommt. Für den anschließend notwendigen Akzeptanzaufbau empfiehlt sich eine Beteiligung der Betroffenen in Bottom up-Richtung. Es liegt daher auf der Hand, parallel oder zeitlich versetzt mehrere Wandlungsprogramme mit unterschiedlichen Wandlungsinhalten und unterschiedlicher Implementierungsstrategie aufzulegen. Durch eine solche **Komposition von Wandlungssequenzen** können die Nachteile einer einseitigen Vorgehensweise abgefedert und auch konkurrierende Ziele erreicht werden, wie das folgende Beispiel der METALLGESELLSCHAFT AG zeigt.

Das Thema: **Implementierungssequenzen**

Das Beispiel: **Wandel bei der METALLGESELLSCHAFT AG**

Die Sanierung der durch Ölgeschäfte in eine akute Krise geratenen METALLGESELLSCHAFT AG kann als geschickte Sequenz von Wandlungsprogrammen mit sehr unterschiedlichen Inhalten und Implementierungsstrategien interpretiert werden. Im Dezember 1993 wurde fast der gesamte Vorstand ausgetauscht. Unter dem Vorsitz von Dr. Kajo *Neukirchen* wurde in einer **Top down-Vorgehensweise** innerhalb von nur vier Wochen ein **Abbauprogramm** zur akuten Krisenbewältigung ausgearbeitet und umgesetzt. Resultat dieses direktiven Vorgehens war die Bereinigung des Beteiligungsgeflechts mit einer Konzentration aufs Kerngeschäft sowie eine Kostensenkung in den Bereichen Personal und Einkauf. Auf diese Weise gelang es der ‚**neuen METALLGESELLSCHAFT**' (Logo: mg), schon im Geschäftsjahr 1994/95 wieder in allen Bereichen schwarze Zahlen zu schreiben.

Nach Konsolidierung der Finanzsituation wurde unter dem Schlagwort der ‚Leitbildarbeit' ein **Aufbauprogramm** in **Bottom up-Verlaufsrichtung** gestartet. Ziele waren die Förderung der Identifikation der Mitarbeiter mit der neuen mg und die Unterstützung von Initiative an der Unternehmungsbasis. Aus dem Vorstand der mg wurden ‚**Visionspaten**' berufen, die nicht nur als Person das neue Leitbild vorleben sollten, sondern als potentielle Sponsoren auch mit Ressourcen für von der Basis initiierte Projekte ausgestattet wurden. Zusätzlich wurden Mitarbeiter aller Teilbereiche zu ‚**Multiplikatoren**' ausgebildet. Zu ihren Aufgaben zählten neben der Heranziehung weiterer Multiplikatoren und der Kommunikation mit den Visionspaten insbesondere die Motivation ihrer Kollegen zu Eigeninitiative und die Vermittlung der Vision als Identifikationsmöglichkeit. Im Ergebnis führten die Bemühungen dazu, daß sich bis Ende 1996 jeder zehnte Mitarbeiter in einem von Visionspaten gesponsorten Aufbauprojekt engagierte.

Zur besseren Koordination der unterschiedlichsten Projekte und der Konzentration auf die angestrebten strategischen Ziele wurde nach eineinhalb Jahren im Januar 1997 die **zweite Phase der Leitbildarbeit** eingeläutet, die als **Umbauprogramm** eingestuft werden kann. Die Freiräume für Initiative an der Basis wurden zurückgenommen und für alle Aktivitäten eine einheitliche Projektorganisation vorgegeben. Der Slogan des neuen Programms PRIMUS steht für **P**roduktiver durch **I**nnovation, **M**arktorientierung **U**nd **S**ynergie. Unterstützt wird diese Umsetzung des Leitbilds durch ein ähnliches, auf bessere Kommunikation und Zusammenarbeit abzielendes Programm mit den Namen **MOVE** (**Mo**tivation und **Ve**ränderung).

Durch die Komposition einer Sequenz von Top down- und Bottom up-Implementierung von Wandlungsprogrammen unterschiedlicher Inhalte ist es der METALLGESELLSCHAFT gelungen, zunächst eine akute Krise zu meistern, anschließend Akzeptanz und Identifikation aufzubauen und auf dieser Basis die Initiative der Mitarbeiter wieder in Richtung der strategischen Ziele zu lenken (Quelle: mg information).

Im Beispiel der METALLGESELLSCHAFT wurde auch der mögliche **Wechsel von Bottom up- zu Top down-**Strategien deutlich. Idealtypisch kann das Topmanagement ein Bottom up vorgestelltes Wandlungskonzept anschließend auch direktiv ohne weitere Beteiligung betroffener Mitarbeiter implementieren. Bei einer stark dezentralisierten Unternehmung ist sogar der Fall denkbar, daß ein auf eine Initiative des einen Teilbereichs zurückzuführendes Konzept in einem anderen organisatorischen Subsystem strikt direktiv als Bombenwurf eingeführt wird. Die Wahl einer bereichsbezogenen Implementierungsstrategie hängt folglich in erster Linie von den Koordinaten des

Wandels vor Ort und nicht von der Unternehmungssituation auf Gesamtunternehmungsebene (Abbau, Umbau, Aufbau) ab.

■ Timing-Aspekte bei der Komposition von Implementierungssequenzen

Neben den Wechselmöglichkeiten und der Kombination generischer Implementierungsstrategien müssen bei der Komposition von Implementierungssequenzen aufgrund der unterschiedlichen Wirkungen auf die mentalen Modelle der Mitarbeiter auch **Timing-Aspekte** berücksichtigt werden. Die Frage lautet, welches Maß an Wandel die Mitarbeiter wie lange und wie schnell verarbeiten können. Zwei grundlegende Dinge gilt es hierbei zu beachten.

Der erste Aspekt bezieht sich auf die durch die strategische Erneuerung angestrebten **Spezialisierungsvorteile**, die nur dann zum Tragen kommen, wenn die Verhaltenssteuerung **nicht mehr bewußtseinspflichtig** abläuft. Die hierzu notwendige Bildung, Veränderung und Verfestigung der zugehörigen mentalen Modelle benötigt Zeit. Auch die Veränderungen der kollektiven mentalen Modelle durch Eingriffe ins Kulturleit- und Kulturverstärkungssystem müssen verinnerlicht werden, bevor sie ihre volle Wirkung entfalten. Hinzu kommt die höhere Belastung der Mitarbeiter bei einer bewußten Verhaltenssteuerung. Zur Akzeptanzsicherung ist es zwar notwendig, die neuen Verhaltensweisen intellektuell erfaßt und verinnerlicht zu haben. Im Arbeitsalltag können Mitarbeiter für gewöhnlich auf Dauer aber nur dann eine zufriedenstellende Leistung erbringen, wenn zumindest ein Teil ihrer Tätigkeit ohne größere kognitive Anstrengung unbewußt gesteuert wird. In Implementierungssequenzen sind deshalb immer auch Phasen der ‚Organisationsruhe‘ einzuplanen.

Der zweite für das Timing innerhalb von Wandlungssequenzen zu nennende Aspekt ist die **Gefahr**, daß bei zu langen Stillstandsphasen sich die verhaltenssteuernden mentalen Modelle so weit verfestigen, daß sie **nicht mehr bewußtseinsfähig** sind und deshalb nicht mehr hinterfragt und geändert werden können. Das hier zugrunde gelegte Prozeßmodell des Wandels endet daher nicht wie noch bei *Lewin* (1947) mit einem ‚Refreezing‘ des erzielten Wandlungsergebnisses, sondern mit der **Verstetigung** des Wandels.

4.3 Institutionalisierte Implementierung im Gegenstromverfahren

In den vorangegangenen Abschnitten wurde die Verstetigung als letzte Phase des Transformationsprozesses zur Deckung eines identifizierten Wandlungsbedarfs behandelt. Löst man sich von diesem Phasenverständnis und betrachtet Verstetigung anhand des 3W-Modells, so wird deutlich, daß die Verstetigung im Verständnis permanenten

Wandels (vgl. Kap. 2.5, S. 67ff.) eine vom Wandlungsbedarf weitgehend unabhängige, institutionalisierte Vorgehensweise der Implementierung erfordert: Die generischen Implementierungsstrategien und auch deren Kombination zielen immer auf die Deckung eines bestimmten Wandlungsbedarfs unter Ausnutzung vorhandener Wandlungsfähigkeit und -bereitschaft. Das zu lösende Problem der Verstetigung lautet hingegen: **Wie kann dauerhaft**, unabhängig vom einzelfallspezifischen Wandlungsbedarf und der diesbezüglichen Wandlungsbereitschaft **eine hohe Wandlungsfähigkeit implementiert werden?**

Die konzeptionelle Grundlage der nachfolgenden Überlegungen bildet das im Kapitel 2 (S. 93f.) bereits erläuterte **Gegenstromverfahren**. Mit seiner Hilfe können die aufgabenspezifischen Kenntnisse aller Mitarbeiter bei der Erstellung des Wandlungskonzepts berücksichtigt werden. Gleichzeitig bietet das Gegenstromverfahren als institutionalisierte Vorgehensweise der Implementierung auch solchen Mitarbeitern eine **Wandlungsplattform**, die zwar gute Ideen haben, denen aber der unternehmerische Mut zur Bottom up-Initiative fehlt (vgl. Bach 2000, S. 178ff.).

Grundsätzlich ist bei einem eingeführten Gegenstromverfahren jede **Verlaufsrichtung der Implementierung** denkbar. Üblich sind hybride Verläufe, bei denen auch eine direkte Kommunikation zwischen der Unternehmungsspitze und den betroffenen Mitarbeitern der Teilbereiche möglich ist. Funktioniert das Verfahren, ist die Frage, ob der Anstoß Top down oder Bottom up erfolgte, ohnehin nicht mehr von Bedeutung. Wichtig ist nur, daß der Gegenstrom in jede Richtung alle Stufen mindestens einmal durchlaufen hat. Damit ist die klassische **Trennung von Führungs- und Ausführungsaufgaben aufgehoben**. Alle Mitarbeiter sind dazu aufgefordert, über anzustrebende Ziele nachzudenken und identifizierte Wandlungsbedarfe in das Verfahren einzubringen. Während bei Bottom up-Initiativen von den Mitarbeitern geäußerte Wandlungsvorhaben mit denen des Topmanagements um Ressourcen konkurrieren, zwingt ein institutionalisiertes Gegenstromverfahren zur Abstimmung und Priorisierung der unterschiedlichen Wandlungsbedarfe gemäß der im Verfahren festgelegten Modalitäten. Zwar wird hier üblicherweise das Topmanagement das stärkere Gewicht haben, dennoch finden Initiativen der Mitarbeiter ihre Berücksichtigung. Das Gegenstromverfahren bildet gewissermaßen eine institutionalisierte Vorgehensweise zum Interessenausgleich zwischen den unterschiedlichen Beteiligten, unabhängig davon, wer den Prozeß anstößt. Im Idealfall bildet sich langfristig eine **unternehmungsspezifische, dauerhafte Regelung von Wandlungsprozessen** heraus, die zur oft geforderten ‚lernenden Unternehmung‘ führt und ein programmspezifisches Implementierungsmanagement auf ein Minimum beschränkt (vgl. zur lernenden Unternehmung Probst/Büchel 1994). Solche Lernprozesse erhöhen nicht nur die kollektive Wandlungsfähigkeit. Gleichzeitig resultiert eine **unternehmungsspezifische Wertschöpfungskette**, die von der Konkurrenz nur schwer imitiert werden kann und so die Grundlage zur Erzielung von Wettbewerbsvorteilen bildet.

Das hohe Ziel einer ‚lernenden Unternehmung' mit für die Konkurrenten nur schwer zu kopierenden Eigenschaften und einer hohen Wandlungsfähigkeit ist nicht einfach zu erreichen. Auf der **individuellen Ebene** verlangt die Einführung eines Gegenstromverfahrens sowohl von den Entscheidungsträgern als auch von den betroffenen Mitarbeitern eine **hohe Wandlungsbereitschaft**. Die neue organisatorische Regelung erfordert eine Aufhebung der bisherigen Aufgaben- und Einflußgrenzen, ohne die neuen Rollen eindeutig festzulegen. Daher kann die Einführung eines Gegenstromverfahrens leicht zu Verunsicherungen und zu Identitätsverlust führen. Die Anforderungen an die Mitarbeiter sind hoch. So positiv ein Gegenstrom quer durch die Hierarchie auf den ersten Blick klingt, so konsequent und hart ist seine Realisation.

Wichtig bei Überlegungen, wie ein Gegenstrom in der eigenen Unternehmung aussehen könnte, ist auch die Verankerung des Verfahrens in den **kollektiven mentalen Modellen**. Dabei ist eine Grundregel zu beachten: Mentale Modelle steuern das menschliche Verhalten nur dann, wenn eine ausreichende Identifikation als Basis vorhanden ist. Mit anderen Worten: Nur wenn die Zugehörigkeit zum sozialen System Unternehmung erwünscht und sichergestellt ist, werden die Mitarbeiter ihr Wissen zum Wohl der Unternehmung in den Gegenstrom einbringen. Wer sich selbst nicht als Teil der Unternehmung sieht, der wird auch nichts für den Fortbestand der Unternehmung tun. Neben entsprechenden Anreizen im **Kulturverstärkungssystem** kann hier auch eine Arbeitsplatzgarantie als Teil des **Kulturleitsystems** unterstützend wirken. Auf diese Weise wird eindrücklich deutlich gemacht, daß die Unternehmung die Beiträge ihrer Mitarbeiter schätzt und auch ihrerseits bereit ist, Entscheidungen hinsichtlich zukünftiger Tätigkeitsfelder an den vorhandenen Mitarbeitern auszurichten (vgl. Pfeffer 1998, S. 97 ff.).

5. Zusammenfassung

■ Strategische Erneuerung kann nur gelingen, wenn alle Beteiligten, Mitarbeiter ebenso wie das Management, ihr Verhalten gemäß dem Wandlungskonzept ändern.

■ Eine Implementierungsstrategie als Vorgehensweise der geplanten Verhaltensänderung umfaßt zeitlich alle Phasen des Transformationsprozesses und inhaltlich Steuerungsaktivitäten aller Beteiligten.

■ Das menschliche Verhalten wird bewußt oder unbewußt von mentalen Modellen gesteuert. Gemeinsamkeiten in den mentalen Modellen der Mitarbeiter konstituieren die Unternehmungskultur.

■ Das Vorhandensein und die Ausprägung von den Wandel abbildenden mentalen Modellen führt zu Einstellungs- und/oder Verhaltensakzeptanz bei den Mitarbeitern.

■ Grundsätzliche Alternativen der Implementierung setzen entweder auf vorhandene Verhaltensakzeptanz oder auf eine zweistufige Verhaltensänderung durch Aufbau von Einstellungs- und Verhaltensakzeptanz.

■ Durch die Komposition von Implementierungssequenzen können die Nachteile einer einseitigen Vorgehensweise abgefedert und so auch konkurrierende Ziele der strategischen Erneuerung erreicht werden.

■ Um eine zu starke Verfestigung der verhaltenssteuernden mentalen Modelle zu verhindern, darf der Transformationsprozeß nicht mit einem ‚Refreezing‘ enden, sondern er muß in eine Verstetigung des Wandels münden.

■ Langfristig ist eine unternehmungsspezifische institutionalisierte Vorgehensweise bei der Bewältigung von Wandlungsprozessen anzustreben. Erst ein solches Gegenstromverfahren führt zu kollektiver Wandlungsfähigkeit und damit zu einer Verstetigung des Wandels.

Siebtes Kapitel

CARSTEN BREHM

Kommunikation im Unternehmungswandel

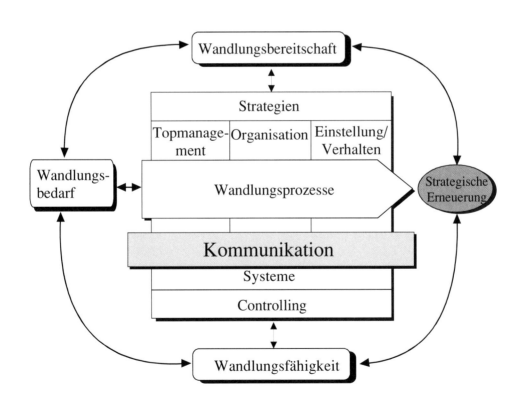

Kommunikation ist ein durchgehendes Thema jedes Veränderungsprozesses und daher eine Querschnittsaufgabe des Wandlungsmanagements. Sie ist ein herausragendes Medium der Akzeptanzsicherung und Beeinflussung. Die Wandlungsbereitschaft und Teile der Wandlungsfähigkeit werden kommunikativ verändert. Kapitel 7 hellt die theoretischen Hintergründe im notwendigen Umfang auf und erläutert anhand der fünf Phasen des Wandlungsprozesses die Kommunikationsstrategie und den Einsatz der Kommunikationsinstrumente.

1. Kommunikation als Katalysator im Wandel

1.1 Ausgangspunkt und Gegenstände der Kommunikation

Kommunikation ist allgegenwärtig und selbstverständlich und wird daher nur selten hinterfragt. Kommunikation hat jedoch für das Unternehmungsgeschehen und dessen Veränderung eine erhebliche Bedeutung. Durch Kommunikation können die an einem Prozeß Beteiligten oder die Beschäftigten einer Unternehmung feststellen, daß sie zusammengehören, und eine gemeinsame Abgrenzung zu ihrer Umgebung finden. Sie entwickeln eine gemeinsame Identität. Kommunikation ist Bedingung für das Funktionieren und die Zielerreichung jeder Unternehmung oder anders ausgedrückt: „Die Kommunikation ist damit genauso organisationale Existenzbedingung wie Wandel selbst" (Vollrath 1999, S. 30). Wenn Kommunikation als **Nervensystem der Unternehmung** und als **Katalysator des Wandels** verstanden wird, dann **ist Kommunikation ebenfalls Voraussetzung und Schlüssel zur Veränderung der Unternehmung**. Damit bilden nicht mehr die Menschen selbst den Mittelpunkt der Betrachtung, sondern die Kommunikation, die zwischen ihnen stattfindet (vgl. Luhmann 1985, S. 103). Kommunikation setzt direkt in den Köpfen der Mitarbeiter und Führungskräfte an. Dort werden ausgehende Informationen generiert und codiert, dort werden eingehende Informationen decodiert und interpretiert. **Verändernde und veränderte Kommunikation beginnt und endet also in den Köpfen der Mitarbeiter.** Mit Kommunikation, die geeignet ist, Menschen zu Veränderungen im Sinne einer exzellenten strategischen Erneuerung zu bewegen, beschäftigt sich das vorliegende Kapitel.

1.2 Kommunikation zur Aktivierung und Modifikation mentaler Modelle

In Kapitel 6.2 (S. 227ff.) wurde dargelegt, daß sich alles Wissen im Kopf eines Menschen aus mentalen Modellen zusammensetzt, die das reale Geschehen beschreiben und erklären. Des weiteren steuern diese Modelle das Verhalten, sie bestimmen die Wahrnehmung und selektieren Reize. Auch für die Unternehmung als Ganzes und deren organisatorische Regelungen verfügen die Mitarbeiter über mentale Modelle. Diese Modelle ermöglichen es ihnen, mit der darin ‚gespeicherten‘ gemeinsamen Interpretation zweckgerichtet miteinander zu interagieren. **Gemeinsame Interpretationen können jedoch nur durch Kommunikation entstehen.** Durch die laufende Kommunikation wird eine Abstimmung der Handlungen und so eine Annäherung in den geteilten mentalen Modellen erreicht (vgl. Kieser et al. 1998, S. 139ff.). Bestehende organisatorische Beziehungen werden also weniger durch die formalen Vorgaben in Stellenbeschreibungen, Richtlinien etc. determiniert, sondern vielmehr durch die mentalen Modelle der Beteiligten dazu. Die Mitarbeiter bilden zu den Richtlinien und Ähnlichem mentale Modelle, die implizit ihre eigenen Interpretationen und Auslegungsspielräume enthalten. Diese sind zunächst individuell und nicht Bestandteil eines gemeinsamen mentalen Modells, sie bedürfen daher noch der Abstimmung mit anderen Mitgliedern der organisatorischen Einheit oder Unternehmung.

Zur Veränderung der Unternehmung und der organisatorischen Regelungen, die durch Kommunikation in Form von mentalen Modellen sozial konstruiert wurden, müssen Aktivitäten zur Änderung des Verhaltens der Mitarbeiter vor allem darauf abzielen, **eingefahrene, d.h. nicht bewußtseinsfähige, mentale Modelle durch Kommunikation zu durchbrechen** und abzuwandeln (vgl. Kieser et al. 1998, S. 55).

Die besondere Herausforderung für das Kommunikationskonzept des Wandlungsprogramms besteht darin, eine Kommunikation in Gang zu setzen und damit auch Interpretationen zuzulassen, die nicht in den gewohnten mentalen Modellen ‚einrasten‘. Wenn dies gelingt, ist eine **Veränderung bestehender** oder besser noch eine **Neubildung** mentaler Modelle möglich (vgl. Kap. 6.2, S. 233f.). Durch die Kommunikation über das Veränderungsprogramm werden die Mitarbeiter ein mentales Modell zu ihrem eigenen Aufgabengebiet und ein Modell zu der Veränderung selbst aktivieren und ggf. modifizieren.

Bei der Kommunikation kommt es auch darauf an, durch die Aktivierung der entsprechenden – bestehenden oder neuentwickelten - mentalen Modelle positive Einstellungs- und Verhaltensakzeptanz zu erzeugen (vgl. Kap. 6.3, S. 236ff.). Die Kommunikation beeinflußt also zu einem großen Teil die Aktivierungssituation, indem sie die Wahrnehmung der Empfänger manipuliert. In Anlehnung an die Überlegungen in Kapitel 6 soll Kommunikation als die **bewußte (versuchte) Wahrnehmungsbeeinflussung des Anreiz-Beitrags-Saldos** interpretiert werden, in der Regel mit dem vordringlichen Ziel, diesen Anreiz-Beitrags-Saldo positiv erscheinen zu lassen. Dies kann in unterschiedlichen Situationen auf Basis verschiedener Wahrnehmungsmuster erfolgen. In einer **Umbausituation** ist z.B. die ‚Das-Glas-ist-halbvoll‘-Strategie anzuwenden, damit den Mitarbeitern die nötige Motivation erhalten bleibt. In schwierigeren Wandlungssituationen, wie z.B. einem **Abbau**, kann das Gegenteil, d.h. die ‚Das-Glas-ist-halbleer‘-Strategie, die Erreichung des notwendigen Veränderungsdrucks unterstützen.

Die Art und Menge der Informationen, die in einer bestimmten Situation zur Verfügung stehen, haben einen wesentlichen Einfluß darauf, welche Modelle aktiviert werden. Informationen über Veränderungen kommen zum Teil zu spät, unvollständig oder unglaubwürdig bei den Betroffenen an, was v.a. zu einer negativen Verhaltensakzeptanz führt. Ziel der Kommunikation ist es, zunächst immer mittels eines positiven Anreiz-Beitrags-Saldos eine positive Verhaltensakzeptanz zu wecken, um das Veränderungsvorhaben ‚ins Laufen zu bringen‘ bzw. ‚am Laufen zu halten‘. Mangelnde Verhaltensakzeptanz resultiert in der Praxis zumeist aus dem **vermeintlichen Gefühl eines Informationsdefizits**. Das Beklagen eines solchen Defizits kann meist als erster **wichtiger Indikator** für einen Opponenten, der das Informationsdefizit zum Anker seines Widerstands macht, interpretiert werden.

Checkliste zur Ausgangssituation

- Sind sich die Verantwortlichen des Wandels über die weitreichende Bedeutung des Kommunikationsproblems im klaren?
- Besteht bei den Sendern/Kommunizierenden ein gemeinsames Verständnis über die Wandlungssituation und die Inhalte des Wandlungsprogramms?
- Besteht hinreichend Klarheit über die alten und neuen mentalen Modelle, die durch Kommunikation aufgebrochen bzw. erzeugt werden sollen?
- Sind die Auswirkungen auf das Anreiz-Beitrags-Verhältnis der Mitarbeiter bedacht worden, oder ist dies vorgesehen?

Ist das Informationsdefizit aufgrund der Notwendigkeit des **Nicht-Kommunizierens** bewußter Bestandteil der **direktiven Vorgehensweise**, kann bzw. muß die Schaffung der Einstellungsakzeptanz der Verhaltensakzeptanz nachfolgen (vgl. Kap. 6.4, S. 244). Dann spielt speziell die nachträglich erzeugte Glaubwürdigkeit eine große Rolle. Nur so kann es gelingen, den durch den Informationsvorbehalt erzeugten Vertrauensverlust zu kompensieren. Gelingt dies nicht, ist die Wandlungsbereitschaft auf lange Sicht, d.h., für den Übergang in die **Verstetigungsphase**, gefährdet.

2. Grundlagen der Kommunikation

2.1 Kommunikationsverständnis

> Kommunikation ist eine Art **sozialen Verhaltens**. In ihrem Mittelpunkt steht die **zweckgerichtete Übermittlung von Informationen** zwischen einem Sender und einem Empfänger in einem bestimmten **Kontext**. Der Kontext der Kommunikation wird durch die Variablen Kanal, Zeit und Ort bestimmt. Im Unternehmungswandel liegt der Zweck der Kommunikation in der Einstellungs- oder Verhaltensänderung der beteiligten Personen.

Kommunikation bedarf in einem einfachen Modell immer eines **Senders** und eines **Empfängers**, die über einen **Kanal** miteinander kommunizieren (vgl. Kap. 8.4, S. 307ff.). Gegenstände der Kommunikation sind **Informationen**. Um miteinander kommunizieren zu können, müssen Sender und Empfänger über den gleichen Zeichenvorrat und einen Zugang zum Kommunikationskanal verfügen (vgl. grundlegend Shannon/Weaver 1976).

Kommunizieren ist mehr als Informieren. Kommunikation ist eben nicht nur die Übermittlung von Informationen, sondern letztlich soziales Verhalten. Es gibt nicht das so häufig beklagte Informationsdefizit, sondern eher ein Kommunikationsdefizit. Ein Kommunikationsdefizit resultiert aus der Vermittlung nicht relevanter Inhalte unter Mißachtung der genannten Kontextvariablen. Die Mitarbeiter wollen gar nicht alles wissen, sondern sie benötigen vorwiegend **zielgruppenspezifische** Kommunikation, die geeignet ist, ihre Angst und Unsicherheit abzubauen. Dies wird immer durch den **Kommunikationsinhalt** und die **kommunizierenden Personen** geleistet. Nach *Schulz von Thun* (1998, S. 25ff.; vgl. ähnlich Neuberger 1994) können vier Seiten der

Kommunikation unterschieden werden. Dies hat zur Folge, daß bei der Kommunikation mindestens zwei mentale Modelle aktiviert werden. Ein mentales Modell zu den **Inhalten der Kommunikation**, also der Sachlage, und ein mentales Modell zu der **Person des Kommunikationspartners**. Die vier Seiten der Kommunikation lassen sich wie folgt den aktivierten mentalen Modellen zuordnen.

- **Sachaspekt**: Dieser Aspekt umfaßt den Sachinhalt der Nachricht, d.h. die Tatsachendarstellung.

- **Appellaspekt**: Dieser bezeichnet, wozu der Kommunikationspartner veranlaßt werden soll, denn Kommunikation ist immer zweckgerichtet.

Der Sach- und der Appellaspekt sind einerseits geeignet, das Modell des Empfängrs zur Sachlage oder Situation - also bezüglich der Veränderung selbst - zu modifizieren. Und andererseits sind sie geeignet, das Modell des Empfängers zu seiner jetzigen und zukünftigen Aufgabe in der Unternehmung zu verändern.

- **Selbstoffenbarungsaspekt**: Dies ist der Teil der Nachricht, der Informationen über den Sender enthält, z.B. über seinen Gemützstand. Mit jeder Nachricht gibt der Sender Informationen über sich preis.

- **Beziehungsaspekt**: In diesem Teil der Nachricht wird deutlich, in welchem Verhältnis man zueinander steht und was man voneinander hält.

Durch den Selbstoffenbarungs- und den Beziehungsaspekt der Kommunikation besteht die Möglichkeit, das den Kommunikationspartner abbildende mentale Modell zu modifizieren.

Der Empfänger erhält auf diesem Weg Informationen über die Rolle des Senders in dem Veränderungsprogramm. Unterstellt man, der Sender sei Vorgesetzter, hat dies mitunter unmittelbare Auswirkungen auf das Modell zu dem Vorgesetzten, z.B. in Form einer Modifikation wie „Mein Vorgesetzter macht bei der Veränderung überzeugt mit", und mittelbare Auswirkungen auf das eigene Modell zur Veränderung. Die **Bedeutung der Nachrichtenquelle** ist für die Akzeptanz von erheblicher Tragweite, kann somit kaum überschätzt werden. Dominierendes Kriterium muß deren **Authentizität** sein, welche durch die Stimmigkeit der folgenden drei Punkte erreicht wird: **Glaubwürdigkeit** (Einheit von Wort und Handeln), **Attraktivität** (Bekanntheit und Sympathie) und **Autorität** der Quelle begründen die Akzeptanz der Nachricht (vgl. Graumann 1972). Sie sind ebenso wesentliche Bestandteile des mentalen Modells des Empfängers bzgl. des Senders.

Der **Empfänger** hingegen kann nun nach Würdigung der vier Aspekte sein eigenes Anschlußverhalten wählen. Er kann die Information ignorieren oder die Kommunikation vervollständigen, indem er dem Sender Feedback gibt. Der Sender wird dann zum Empfänger und muß dieser Information entnehmen, ob er nur gehört, eventuell auch verstanden oder ob seine Mitteilung gar akzeptiert wurde. **Erfolgreiche vollständige Kommunikation** liegt dann vor, wenn die Kommunikationspartner sich darüber verständigt haben, daß sie sich richtig ‚verstanden‘ haben und der Empfänger die Mitteilung zur Grundlage seines weiteren Handelns macht (vgl. Luhmann 1985, S. 216ff.). Genau darin liegt zugegebenermaßen die Schwierigkeit, der das Kommunikationskonzept in geeigneter Weise begegnen muß.

2.2 Komplementarität informaler und formaler Kommunikation

Dominiert wird die Kommunikation von der **verbalen Kommunikation**, die sich vor allem der Sprache in Form von Lauten oder auch der Schrift bedient. In ihrer Wahrnehmung wird die Sprache determiniert durch Stimmvariation, Sprechgeschwindigkeit, Pausen, Lautstärke etc. Ein weiterer wesentlicher Bestandteil ist die **non-verbale Kommunikation** (vgl. nachfolgend Kroeber-Riel/Weinberg 1996, S. 515). Diese umfaßt im wesentlichen Gesichtsausdruck, Blickkontakt, Gestik, Körperhaltung, -orientierung und Bewegungen. Durch die gekonnte Abstimmung der beiden Bestandteile kann die für den Anreiz-Beitrags-Saldo so wichtige Aktivierungssituation maßgeblich beeinflußt werden. Gerade in Situationen hoher Empfängeraufmerksamkeit, wie bei einer Kick off-Veranstaltung o.ä., sind Abweichungen zwischen verbaler und non-verbaler Kommunikation unbedingt zu vermeiden, denn diese werden wahrgenommen und zu Widerständen weiterverarbeitet.

Eine weitere, für den Unternehmungswandel und das Kommunikationskonzept bedeutsamere Unterscheidung ist die von informaler und formaler Kommunikation. Die **formale Kommunikation** beschreibt die offiziellen Kommunikationsstrukturen, die in der Unternehmung institutionalisiert sind. Diese formalen Kommunikationsstrukturen sind in der Regel mit organisatorischen Regelungen deckungsgleich. Sie sind bewußt gestaltet sowie personenunabhängig formuliert und dokumentiert.

In der täglichen Unternehmungspraxis findet ein Großteil der Kommunikation auf **informalem Weg** statt. Informale Kommunikation beruht auf persönlichen Einstellungen und Motiven und zieht sich wie ein großes Netz über und durch die Organisation. Auf informalem Weg werden alle Dinge geregelt, für die es keine offizielle Regelung gibt. Auch weite Teile der ‚Gerüchteküche‘ werden im Rahmen informaler Wege abgewickelt. **Entstehungsgründe** für informale Kommunikation liegen zumeist in der mit Veränderung verbundenen Unsicherheit und dem diesbezüglich erhöhten Mitteilungs- und Austauschbedürfnis der Mitarbeiter. In unvorhergesehenen Situationen ist die informale Kommunikation wesentlich flexibler und schneller als formale Kommunikation (vgl. Mohr/Woehe 1998, S. 65f.).

Informale und formale Kommunikation ergänzen und bedingen einander. Sie sind fest miteinander verzahnt. Da der gesamte Kommunikationsbedarf einer Unternehmung ein formales System kollabieren lassen würde, sind informale Wege unerläßlich. Deshalb sind im Kommunikationskonzept beide Kommunikationsarten mit ihren jeweiligen Spezifika zu berücksichtigen und einzuplanen.

Wenn Veränderungen herbeigeführt werden sollen, müssen auch für die Veränderungskommunikation neue Regeln gelten, d.h. neue Arten, neue Richtungen (z.B. lateral), neue Medien, andere Räume. Zum Beispiel ist eine Kick off-Veranstaltung zu einem Aufbauprogramm an dem Ort, an dem die letzte Betriebsversammlung mit der Mitteilung über die Entlassung mehrerer Mitarbeiter stattfand, eher ungeeignet (Verletzung des Kontexts).

In der Mobilisierungsphase tritt neben die Unternehmungskommunikation noch die **offizielle 'Wandel-Kommunikation'**, der von den Mitarbeitern zunächst eine **hohe Akzeptanz** entgegengebracht. Aber auch der informalen Kommunikation ist hier besondere Aufmerksamkeit zu schenken. Ihr Vorteil sind die **kurzen Wege** und das **Überspringen von Hierarchien** und Abteilungszäunen (vgl. Mohr 1997, S. 224ff.). Bei der Gestaltung ist auf drei Dinge zu achten (vgl. Doppler/Lauterburg 1994, S. 235):

1. Die informale Kommunikation ist gezielt zu fördern, z.B. durch Aufenthaltsräume, Feste, Ausflüge etc.
2. Informale und formale Kommunikation sollten nicht im Widerspruch zueinander stehen, da sich so die Unsicherheit unnötig erhöht.
3. Wo es sinnvoll erscheint, sind die Kanäle der informalen Kommunikation konsequent zu nutzen.

Ein gutes Beispiel für die gewollte Kombination aus informaler und formaler Kommunikation ist der sogenannte **Teilzeiteinsatz von Projektmitgliedern**. Dabei arbeiten die Projektmitarbeiter drei Tage im Projekt und zwei Tage im 'Tagesgeschäft'. Das Beispiel RWE ENERGIE zeigt (vgl. S. 349), daß dadurch der formale und informale Kommunikationsfluß und das Diffundieren von Informationen über die Veränderungsthemen verbessert werden können.

Aufgrund der Verbreitungsgeschwindigkeit und des hohen Interpretationsspielraums gehen von zu vielen Gerüchten natürlich auch erhebliche Gefahren aus. Diese sind auch beim ‚bewußten' Streuen von Gerüchten, die als ein Puzzlestein der Aktivierungssituation zu verstehen sind, zu beachten.

Checkliste zur Vorbereitung eines Kommunikationskonzepts

- Sind die Besonderheiten eines Abbau-, Umbau- oder Aufbauprogramms im Hinblick auf die Kontextvariablen, die Kommunikationswege sowie den Anteil informaler und formaler Kommunikation berücksichtigt worden?

- Sind bereits kommunikative Schlüsselpersonen/Meinungsführer identifiziert und deren potentieller Beitrag (Unterstützung oder Ablehnung) abgeschätzt worden?

- Sind die für den kommunikativen Vertrauensaufbau wichtigen Faktoren Glaubwürdigkeit, Attraktivität und Autorität mit in die Überlegungen eingeflossen?

2.3 Rollenverteilung und Wege in der Kommunikation

Die kommunikative Veränderung mentaler Modelle kann durch unterschiedliche Kommunikationsformen - je nach Phase des Wandlungsprozesses und spezifischer Situation (Kontext) - erreicht werden. Die Formen der Kommunikation lassen sich nach der Anzahl der Teilnehmer und deren Rollenverteilung unterscheiden, so daß die Informationen bezüglich der Sender- und Empfängerposition unterschiedliche Wege der Kommunikation nehmen können.

- **Einwegkommunikation**: Bei der Einwegkommunikation stehen Sender und Empfänger im vorhinein fest. Insbesondere gibt es nur einen Sender und meistens mehrere Empfänger. Die Empfänger können wie bei einer Konferenz ein Plenum bilden oder wie beim Business-TV ein verstreutes Publikum. Eine Feedback-Möglichkeit ist nicht vorgesehen. In potentiell konfliktträchtigeren Abbau-Situationen kann nicht lange verhandelt werden, und nicht jeder kann zu Wort kommen. Einwegkommunikation ist dann reine Mitteilungskommunikation und in aller Stringenz nötig, wenn es darum geht, Fakten zu übermitteln und Entscheidungen durchzusetzen. Einwegkommunikation hat bei einer Top down-Implementierung eine tendenziell höhere Bedeutung als bei einer Bottom up-Vorgehensweise.

- **Zweiwegkommunikation**: Bei der Zweiwegkommunikation stehen Sender und Empfänger ebenfalls fest. Jedoch ist hierbei eine wechselseitige Kommunikation mit Rollenwechsel zwischen zwei Personen oder -gruppen im Sinne eines Dialogs gemeint. Praktische Bedeutung erlangt die Zweiwegkommunikation in besonders schwierigen Wandlungssituationen, wie zu lösenden Konflikten oder Gesprächen mit sogenannten **kommunikativen Schlüsselpersonen**. Meinungsführer, Multiplikatoren und hartnäckige Opponenten können nicht in einer großen Zahl angesprochen werden, sie müssen unabhängig von der Implementierungsstrategie in ‚One-to-One‘- oder ‚Face-to-Face‘-Gesprächen eingebunden werden. Vor allem in der Konzipierungs- und Mobilisierungsphase kann die Einbindung wandlungsrelevanter Anspruchsgruppen in Form der Zweiwegkommunikation eine wichtige Rolle spielen.

■ **Mehrwegkommunikation**: Bei der Mehrwegkommunikation sind Sender und Empfänger völlig offen. Eine Vielzahl von Personen kann auf diese Weise miteinander kommunizieren und Probleme erörtern oder sich einfach nur austauschen. Praktische Bedeutung erlangt die Mehrwegkommunikation v.a. im Rahmen von Workshops und Arbeitsgruppen oder in virtuellen Chaträumen im Intranet, wo das Veränderungsprogramm zur Diskussion steht (vgl. auch IuK-Systeme in Kap. 8.4, S. 307ff.).

Gerade im Unternehmungswandel führt die Unsicherheit bzgl. der eigenen Veränderung immer zu Selbstgesprächen, zu ‚**inneren Dialogen**‘, in denen der Mitarbeiter versucht, das Für und Wider abzuwägen (vgl. LeMar 1997, S. 51ff.). Es kommt zu einer gedanklichen Würdigung der Aktivierungssituation und Simulation der Handlungsoptionen und -ergebnisse zur ‚Errechnung‘ des Anreiz-Beitrags-Saldos (vgl. Kap. 6.3, S. 236f.). Bei dieser ‚Kommunikation‘ sind Sender und Empfänger identisch, es handelt sich dabei eher um eine **Selbstreflexion** als um Kommunikation im engeren Sinne, zumal sie permanent und überall stattfindet.

Darüber hinaus ist jede Aussage aber auch eine ‚Einsage‘ (vgl. Wahren 1987, S. 42). Ausgesprochenes wird anders reflektiert als Nicht-Ausgesprochenes und hat damit auch ein anderes Gewicht in der Aktivierungssituation. Da der Mensch sich selbst sprechen hört und dabei zur Aufmerksamkeit fähig ist, können besonders auf diesem Wege mentale Modelle nachhaltig verändert werden. Wird z.B. ein verdeckter Opponent aktiv als Moderator in den Wandlungsprozeß integriert, so kann sich auch seine Einstellungsakzeptanz zum Positiven wenden. Im schlechteren Fall nutzt er seine Moderatorenrolle, um die Veränderung zu unterminieren.

2.4 Entfaltung der katalytischen Wirkung von Kommunikation

In diesem Abschnitt soll der Frage nachgegangen werden, wie Kommunikation ihre katalytische Wirkung im Wandel entfaltet. Dies ist eine schwierige Frage, da sie letztlich ein Problem unklarer Ursache-Wirkungs-Zusammenhänge impliziert. Ist z.B. Vertrauen Wirkung oder Ursache von Akzeptanz?

Die nachfolgenden Punkte sind eine Auswahl im Unternehmungswandel notwendiger kommunikativer Teilwirkungen, die sich zum Teil gegenseitig bedingen.

- **Verständigung**: Verständigung ist eine Grundfunktion der Kommunikation. Sender und Empfänger benötigen den gleichen Zeichenvorrat, damit Informationen überhaupt vermittelt werden können. Der Sender muß eine klare Botschaft vermitteln, sachlich, präzise und eindeutig. Mißverständnisse und Probleme resultieren aber in den seltensten Fällen aus der sachlichen, sondern vielmehr aus der personellen Seite der Kommunikation und dem Kontext. Verständigung ermöglicht, daß die Kommunikationspartner wenigstens den kleinsten gemeinsamen Nenner finden.

- **Wahrnehmung** und **Transparenz**: Kommunikation sorgt dafür, daß der Wandlungsprozeß von dem Empfänger überhaupt wahrgenommen wird. **Kommunikation ist das Tor zur Wahrnehmung.** Für den einzelnen steht danach die Über- und Durchschaubarkeit des Prozesses im Vordergrund. Nur wenn Transparenz gegeben ist, wird den Betroffenen auch ihr zu leistender Beitrag deutlich. Erst dann wird der Anreiz-Beitrags-Saldo richtig eingeschätzt.

- **Überzeugung**: Durch Überzeugung sollen unmittelbar Widerstände überwunden werden. Die Überzeugungsleistung von Kommunikation entspringt aus zielgruppengerechten Argumenten, sicheren Beweisen und einer dem emotionalen Kontext entsprechenden Tonart. Überzeugen ist mehr als Überreden. Überzeugen soll hier als ein Prozeß der Kompromißfindung durch beiderseitiges Verhandeln und Lernen verstanden werden. Dabei werden die Ansichten des Gegenübers explizit mit einbezogen (vgl. Conger 1999, S. 31ff.). Der Umfang der Überzeugungsarbeit ist jedoch stark abhängig von dem gewählten Implementierungsvorgehen. Bei einer durch eine große Anzahl von ,Verlierern' geprägten Situation kann die Überzeugungswirkung in der Bedeutung zurückstehen.

- **Vertrauensaufbau**: Ziel des Vertrauensaufbaus ist die Reduktion von Unsicherheit und Angst insbesondere im Hinblick auf den weiteren Verlauf des Wandels. Durch authentische Kommunikation entsteht solches Vertrauen, welches dann Beharrungskräfte abbaut. Die Veränderung kann wesentlich schneller sowie reibungsloser vonstatten gehen.

- **Emotionalisierung**: Ziel der Emotionalisierung ist es, Leidenschaft für Veränderungen hervorzurufen. Kommunikation, die richtungsweisend und mobilisierend sein soll, muß Emotionen aufbauen (vgl. Kroeber-Riel/Weinberg 1996). Emotionen werden dann zu Triebkräften für Veränderungen. Symbole und eine bewußt gewählte Sprache sind die ,Medien' emotionaler Kommunikation.

▪ **Qualifizierung**: Durch Kommunikation wird Wandlungsfähigkeit vermittelt und Wandlungsbereitschaft transportiert. Wichtiger noch ist jedoch die Vermittlung von kommunikativen Fähigkeiten, die Kommunikation über Kommunikation (wie dieses Kapitel). Durch die Vermittlung der notwendigen Wandlungs- und Kommunikationsfähigkeiten trägt Kommunikation zu einer tragfähigen Veränderung auf breiter Basis bei. Sie unterstützt vornehmlich den Enabling-Prozeß im Bottom up-Vorgehen und die anschließende Verstetigung (vgl. Kap. 6.4, S. 251ff.).

Eine übergreifende Rolle spielt in diesem Zusammenhang die **Visualisierung**, die die Erreichung der Wirkungen unterstützt. Kommunikation dient dazu, komplexe Sachverhalte zu vereinfachen. Durch die Darstellung in Bildern kann die kognitive Anstrengung des menschlichen Gehirns deutlich verringert werden. Dies geschieht zum einen ‚schriftlich‘ durch Bilder und Zeichnungen, z.B. von einer Organisationsstruktur, oder zum anderen durch Metaphern oder Geschichten (vgl. Kieser et al. 1998, S. 146ff.), also rhetorische Bilder, die v.a. zweckmäßig sind, um einen Wandlungsbedarf zu kommunizieren.

3. Kommunikation im Wandlungsprozeß

3.1 Fragen der Kommunikationsstrategie

Besondere Bedeutung kommt den übergreifenden Inhalten der Kommunikation zu, die den Ausgangspunkt aller kommunikationsstrategischen Überlegungen bilden. Inhalte in diesem umfassenden Sinne eines Wandlungsprogramms sind allgemein die folgenden (ähnlich Reiß 1997a, S. 100):

▪ **Kommunikation des Wandlungsbedarfs**: Dies sind Informationen, aus denen die Betroffenen und Beteiligten die Gründe des Veränderungsvorhabens erkennen können.

▪ **Kommunikation des Programmziels**: Kommunikation der konkreten Inhalte des Wandlungsprogramms und daraus abgeleiteter Unterziele.

- **Kommunikation der notwendigen Wandlungsbereitschaft und –fähigkeiten:** Diese zeigen die relevante Konsequenzen für den einzelnen und die Unternehmung.

- **Kommunikation von Feedback**: Kommunikation aller Erfolge und auch der relevanten Mißerfolge sowie ihrer Ursachen.

Die Kommunikationsstrategie befaßt sich mit dem grundlegenden **Informations- und Kommunikationskonzept**. Ein solches Konzept beinhaltet sowohl die **Ziele** der Kommunikation als auch die **Maßnahmenprogramme** zur Erreichung dieser Ziele. Einfache Empfehlungen wie ‚offen mit allen über alles immer sprechen‘ sind zwar gut verkäuflich, gehen jedoch im Kern an der Komplexität des Kommunikationsproblems vorbei. Eine Kommunikationsstrategie kann auch das explizite Nicht-Kommunizieren zum Ziel haben, um das Gesamtergebnis nicht zu gefährden. Das berühmteste Beispiel ist die Initiierung des ‚DAIMLERCHRYSLER-Deals‘ in aller Stille durch die jeweiligen Vorstandsvorsitzenden (vgl. zu diesem Beispiel auch Kap. 6.4, S. 247).

Die Kommunikationsstrategie ist der ‚siamesische Zwilling‘ jeder Veränderungsstrategie (vgl. Doppler/Lauterburg 1994, S. 237). Kommunikation kann weder bzgl. des Wandlungsprogramms noch bzgl. der Unternehmungsstrategie im luftleeren Raum stattfinden. Aus diesem Grund ist sie zur **Vorbereitung auf die Veränderung** und für die **Veränderung selbst** spätestens im Rahmen der Konzeptentwicklung festzulegen. Sie muß dabei sowohl die informale als auch die formale Kommunikation mit einbeziehen. Bei allen kommunikationsbezogenen Problemstellungen - auch nicht-strategischer Art - sollte die folgende Checkliste Berücksichtigung finden:

▓ **Selektion der konkreten Inhalte.** Welche Inhalte dienen dem Fortgang des Wandlungsprogramms, welche nicht? Welche Inhalte sind in der gewünschten Intention evtl. nicht kommunizierbar? Welche Inhalte sind streng vertraulich und dürfen nicht kommuniziert werden?

▓ **Umfang und Offenheit der Kommunikation.** Sollte der gewählte Inhalt umfassend oder eingeschränkt kommuniziert werden? Ist vollkommene Offenheit und Ehrlichkeit immer sinnvoll oder kontraproduktiv?

▓ **Selektion der Sender.** Wer sind die geeigneten Meinungsführer und Multiplikatoren? Werden Meinungsführer und Topmanager in hinreichendem Maß eingebunden? Welche Sender garantieren die notwendige Authentizität?

▓ **Selektion der Empfänger.** Welches sind die Zielgruppen? Welche Informationskreise können gebildet werden? Welche Kreise sollen über die Inhalte informiert werden?

▓ **Aktivitätsgrad der Kommunikation.** Sollte grundsätzlich aktiv oder passiv, d.h. nur auf Nachfragen, kommuniziert werden? Welcher Aktivitätsgrad sollte in welcher Phase des Wandlungsprogramms gewählt werden?

▓ **Timing.** Die Gestaltung der zeitlichen Dimension ist mit den anderen Aspekten im Handeln untrennbar verbunden. Die Inhalte, deren Umfang und Empfänger sind nur unter Berücksichtigung des Faktors Zeit kritisch. Zeit wird dadurch zu einem eigenen Gestaltungsgegenstand, um Fragen zu klären wie: Wann lancieren wir die ersten Informationen? Wann machen wir die Kick off-Veranstaltung? Wie müssen die Projektstarts getaktet werden?

▓ **Persönliche oder mediale Kommunikation.** Durch welche Variablen ist die Situation gekennzeichnet? Welchen Einfluß hat die Kommunikationssituation auf Einstellungs- und Verhaltensakzeptanz? Erfordert die spezielle Situation im besonderen persönliche Kommunikation?

Auf den wichtigen Punkt der Entscheidung darüber, ob persönlicher Kontakt für die erfolgreiche Kommunikation erforderlich ist, soll hier kurz ergänzend eingegangen werden (**persönliche oder mediale Kommunikation**). Als Faustregel kann gelten, alle Kommunikationsaktivitäten, die unmittelbar die Einstellungs- und Verhaltensakzeptanz beeinflussen, sollten in Form persönlicher Kommunikation abgewickelt werden, da der Sender hier relativ großen Einfluß - auch auf den Kontext - hat. Für die Empfänger kann direkt eine Feedback-Möglichkeit eingerichtet werden. Beispiele sind Kick offs, Hotlines, Mitarbeitergespräche, Versammlungen, Informationsmessen, -börsen und -märkte, Konferenzen, Führungsdialoge, Foren, Workshops. Unterstützende Aktivitäten, bei denen eventuell auch Anonymität hilfreich ist, sollten oder können über ein Medium abgewickelt werden. Beispiele sind Intranet, E-Mail, Mitarbeiterzeitschrift, Flugblätter, Schwarze Bretter, Rundschreiben (vgl. Kap. 8.4, S. 310ff.).

Des weiteren bedürfen noch die im folgenden aufgelisteten phasenspezifischen Fragen der Klärung:

■ Soll eher sachlich oder emotional kommuniziert werden?

■ Wo soll kommuniziert werden?

■ Soll konform oder in Abgrenzung zur üblichen Unternehmungskommunikation kommuniziert werden? Wird die vom Üblichen abweichende Kommunikation zur Erleichterung des Aufbaus neuer mentaler Modelle berücksichtigt?

Aus allen diesen Fragen ergibt sich in den einzelnen Phasen des Wandlungsprozesses ein vollständiges Kommunikationsprofil. Ziel der Kommunikationsstrategie muß es sein, zu einem geschlossenen Konzept zu gelangen. Die inhaltliche und formale Abstimmung der Kommunikation wird als **integrierte Kommunikation** bezeichnet (vgl. Esch 1998). **Inhaltlich** abgestimmt heißt, daß auf unterschiedlichen Kanälen, informal und formal zu einem Zeitpunkt und über einen Zeitraum hinweg die gleichen Botschaften ‚gesendet' werden. **Formale** Abstimmung bedeutet, daß zur besseren und schnelleren Verankerung der Informationen in den mentalen Modellen dabei immer die gleichen Symbole, Metaphern und Bilder verwendet werden, um so die Identität des Programms zu wahren (vgl. folgende Beispiele zum Branding von Veränderungen).

Das Thema: Branding - Kommunikation zur Identitätsstiftung

Die Beispiele: VEBA, SIEMENS, SCHOTT, RWE ENERGIE u.a.

Auch Veränderungen benötigen kommunizierbare Identitäten, also eine ‚Marke' (vgl. Esch 1999, S. 535ff.). Für die Beteiligten und Betroffenen ist dies eine Voraussetzung für den Erfolg von Wandel, denn aus der Identifikation mit der Veränderung können sie Motivation schöpfen. Viele der bekannten Veränderungsprogramme tragen für die Mitarbeiter einprägsame Namen, wie z.B. **L**ernende **O**rganisation (**LeO**) bei VEBA, **A**usrichtung des **R**egionalgeschäftes auf den **W**ettbewerb (ARW) bei RWE ENERGIE, **T**urn **O**n **P**ower bei SIEMENS, **Turbo** bei TUI, **Total Costumer Care** bei SCHOTT usw.

Identitäten von Wandlungsprogrammen entstehen immer durch aus dem Programmziel abgeleitete Sinnzusammenhänge. Diese müssen für die Mitarbeiter transparent sein, nur dann können sie im Rahmen eines Branding mit eigenen Logos auf T-Shirts, Tassen und Zeitschriften usw. kommuniziert werden (vgl. zu LeO Schwabe/Danner 2000 und zu ARW Müller/Brehm 2000).

3.2 Initialisierung

In der Phase der Initialisierung muß eine Kommunikation über **Wandlungsbedarfe** in Gang kommen. Kommunikation transportiert problemgeladene Informationen durch die Unternehmung bzw. das Topmanagement. Wenn einige der Beteiligten - als Empfänger und auch als Sender von Informationen - zu der Überzeugung gekommen sind, daß Wandlungsbedarf besteht, und ggf. auch schon Vorstellungen darüber besitzen, wie dieser anzugehen ist (vgl. Kieser et al. 1998, S. 2), dann bildet sich eine **Wandlungskoalition**. Das Problem besteht darin, daß durch Kommunikation ein gemeinsames Bild über den Wandlungsbedarf entstehen muß. Nur dann können die ‚Gründungsmitglieder' gezielt weitere **Wandlungsträger aktivieren** und für den Gesamtprozeß die erforderliche Prozeßenergie aufbringen. Das Aktivieren der Wandlungsträger geschieht in der Regel durch persönliche Kommunikation, z.B. als **Vier-Augen-Gespräch**. Identifizierte Schlüsselpersonen werden so eingebunden, können ihre Bedenken im **Dialog** direkt bekunden, und trotzdem bleibt der notwendige Vertraulichkeitsgrad noch gewahrt (vgl. auch das iterative Vorgehen im Bottom up-Prozeß in Kap. 6.4, S. 250f.).

Ein umfassendes **Kommunikationskonzept existiert zu diesem Zeitpunkt noch nicht**. Inhalte, Empfänger, Sender, Intensitäten sind mehr oder weniger offen und brauchen aufgrund des informalen Kreises auch nicht selektiert zu werden. Einzig und allein der Wandlungsbedarf bestimmt die Kommunikation. Es dominiert die **informale** Zweiweg- oder gar schon **Mehrwegkommunikation**, wenn es darum geht, in einer Klausurtagung, Wandlungsbedarfe zu strukturieren. Hier wird die Basis für die zukünftigen Kommunikationsinhalte gelegt. In der Initialisierungsphase hat das **bewußte Nicht-Kommunizieren** noch hohe Bedeutung. Im Verhältnis zur Unternehmung ist die Kommunikation also passiv, um das Veränderungsvorhaben per se durch die Ingangsetzung unerwünschter informaler Kommunikation nicht zu gefährden. In ihrem Außenverhältnis ist für die Wandlungskoalition das Ausspielen der Informationsmacht wesentlicher Bestandteil der Führungsarbeit im Wandel (vgl. Kap. 4.3, S. 156). Bei unterstellter Top down-Vorgehensweise kann man davon ausgehen, daß, je länger die initiierenden Wandlungsträger Zeit haben im Stillen an ersten konzeptionellen Überlegungen zu arbeiten, um so überzeugender diese später ‚vermarktet' werden können. Bei der Bottom up-Vorgehensweise gehen Initialisierung und Konzipierung fließend ineinander über. Um möglichst viele Anregungen zu erhalten, kann direkt aktiv und umfangreich in die ‚Breite' kommuniziert werden.

Als ein besonders geeignetes Instrument zum Übergang von der Initialisierungs- in die Konzipierungsphase soll hier beispielhaft eine Informationsveranstaltung für Führungskräfte dargestellt werden (in Anlehnung an Meifert 1999).

Veranstaltungsform	**Business Lunch** oder **Luncheon Forum**
Veranstaltungszeit	13.00 - 15.00 Uhr
Teilnehmer	Schirmherr: Mitglied des Vorstands/Geschäftsleitung Moderation: Leiter Organisation, Personal oder Kommunikation Externer Referent als Impulsgeber, meist ein Hochschullehrer oder Partner einer Unternehmensberatung, ca. 20 Diskussionsteilnehmer
Sitzordnung	dialog- und diskussionsfreundlich, z.B. runder Tisch
Veranstaltungsablauf	Begrüßung und Einordnung durch den Moderator Vorstellung des externen Referenten als ausgewiesenen Experten und inhaltliche Einordnung durch den Schirmherrn Essen Referat des externen Teilnehmers moderierte Diskussion bei Kaffee und Dessert

3.3   Konzipierung

In der Konzipierungsphase muß Kommunikation über Kommunikation in Gang kommen (Metakommunikation), d.h., das **Kommunikationskonzept** muß **als ein Teilprojekt** der Konzipierung aufgefaßt werden. Ein Schwerpunkt ist die Entwicklung eines auf einer Kommunikationsstrategie aufbauenden tragfähigen Kommunikationskonzepts für die nachfolgenden Phasen des Wandlungsprozesses. Dies bezieht sich zum einen auf die programminterne Kommunikation, d.h., die Festlegung von Formularen, Berichtswesen, Sitzungen, Informationswegen etc. Zum anderen ist damit die den Schwerpunkt bildende programmexterne Kommunikation gemeint. Während in der Konzipierungsphase die (externe) Kommunikation selbst immer noch eingeschränkt ist, muß sie jetzt für die **Mobilisierungsphase** geplant werden. Konkrete Aufgaben in dieser Phase sind in Frageform im folgenden checklistenartig erfaßt:

Checkliste zum Kommunikationskonzept (I)
■ Ist die grundlegende Kommunikationsstrategie festgelegt? ■ Ist ein Kommunikationsteam eingerichtet und mit der Entwicklung eines umfassenden Kommunikationskonzepts betraut? ■ Gibt es Bestrebungen zum Aufbau einer ‚Veränderungsmarke' mittels Festlegung eines ansprechenden Namens und Logos? ■ Werden umfassende Schulung von Sendern in Präsentation und Moderation durchgeführt? ■ Haben die Vorbereitung einer Kick off-Veranstaltung begonnen?

Die hier vorzubereitende Kommunikation zur **Mobilisierung** des Wandels ist von herausragender Bedeutung, denn auf der vorzubereitenden Kick off-Veranstaltung wird der für den Wahrnehmungsprozeß wichtige **erste Eindruck** zu der Veränderung geprägt. Dieser ist entscheidend dafür, wie weitere Inhalte von den Empfängern selektiert und aufgenommen werden. In diesem Fall prägen die Kommunikation und ihr Kontext (Kanal, Zeit, Raum) die Aktivierungssituation und damit direkt die Wahrnehmung der Anreiz-Beitrags-Salden der Empfänger.

neue und bestehende Instrumente	Aktivitäten	Zeit	Empfänger	Inhalt	Sender
medial	■ Flugblatt	einmalig	alle	Start	Kom.-Team
	■ Business-TV	14-tägig	Info-Kreise 1,2	Entwicklung	Vorstand
	■ MA-Zeitsch.	14-tägig	alle	allg. Infos	Kom.-Team
	■ Intranet	permanent	alle oder begrenzt	allg. Infos u. Hintergründe	Kom.-Team
	■ Kummerkasten	permanent	alle	alles	Progr.-Mgt.
persönlich	■ Betriebsvers.	¼-jährl.	alle	Status	BR/Progr.-Mgt.
	■ Kick off	einmalig	alle	Konzept/Vision	Progr.-Mgt.
	■ Führungsdialog	wöchentl.	Info-Kreis 1	Problem	Vorstand

Abb. 7/1: Ausschnitt aus einem Kommunikationskonzept (vgl. auch Mohr/Woehe 1998, S. 141).

Das Kommunikationskonzept und damit die **Gestaltung der Aktivierungssituation** ist dem Inhalt des Wandlungsprogramms und der Implementierungsstrategie anzupassen. Das heißt, Abbau und Aufbau verlangen nach völlig unterschiedlichen Kommunikationskonzepten. Bescheidenheit und soziale Verantwortung prägen soweit wie möglich die Abbau-Kommunikation, ohne sie von der Pflicht zur Wahrheit zu entbinden. Hier wird häufig die Top down-Vorgehensweise auch die Kommunikation bestimmen. Wenn 15% der Belegschaft die Unternehmung verlassen müssen, kann dies nur heißen: „15% müssen die Firma verlassen, aber 85% bleiben". Die Kommunikation erfolgt im wesentlichen sachlich und läßt weniger Spielraum zur Wahrnehmungsbeeinflussung.

Im Falle eines Umbau- oder Aufbauprogramms sind die Möglichkeiten etwas vielfältiger. Hier kann die **emotionale Wirkung der Kommunikation** in den Vordergrund gerückt werden. Zur eingängigen Vermittlung des Wandlungsbedarfs eignen sich dann rhetorische Figuren wie z.B. Metaphern oder Geschichten. Diese haben den Vorteil, daß sie Raum für eigene Interpretationen lassen und ihnen somit mehr Akzeptanz entgegengebracht wird (vgl. Kieser et al. 1998, S. 146ff.). Damit die Möglichkeit zur Neubildung eines mentalen Modells zur Zukunft gewahrt bleibt, müssen immer auch **Visionen und/oder Leitbilder** präsentiert werden.

> Auf ihrem Weg zum Umbau in eine zukunftsorientierte Organisation hat die ZWECKFORM GMBH einen Workshop ‚Zukunftswerkstatt' durchgeführt, der das Ziel hatte, von der Natur zu lernen. Dabei wurden die Leitgedanken der Unternehmung in Bildmetaphern umgesetzt. So wurde der Gedanke ‚Klare Ziele führen uns' mit dem keilförmigen Formationsflug von Wildgänsen metaphorisiert. Der Gedanke ‚Zukunft braucht Herkunft' wird in Analogie mit den Jahresringen eines Baumes bildhaft gemacht.

Ein **ausgewogenes Verhältnis zwischen bestehenden und neuen Kommunikationsaktivitäten und -medien** ist Voraussetzung für das Gelingen und muß bei der Konzipierung beachtet werden. Denn mit alten Instrumenten (z.B. Betriebsversammlung oder Mitarbeitergespräch) neue Inhalte zu transportieren, erscheint eher schwierig. Darüber hinaus sind diese Kommunikationsinstrumente per se mit bestimmten mentalen Modellen und entsprechenden Vorurteilen sowie Rollenerwartungen belegt. Damit ein Einrasten in alten Denkstrukturen von Anfang an vermieden wird, bietet es sich an, **neue Instrumente** einzusetzen. Gut inszenierte ‚Kick offs' ergänzen Betriebsversammlungen, der ‚Veränderungsdialog' ergänzt das Mitarbeitergespräch oder eine neue ‚Change'-Zeitschrift ergänzt die Mitarbeiterzeitung. Zweifellos bleiben schlechte

Nachrichten auch dann schlechte Nachrichten, wenn das ,Kind einen anderen Namen trägt'. Doch es muß der Versuch unternommen werden, einen im Hinblick auf Kanal, Zeit und Raum neuen und offenen Kontext zu schaffen.

Ebenso sind **Einweg- und Mehrwegkommunikation** - mit unterschiedlichen Schwerpunkten je nach Implementierungsstrategie - **gleichermaßen zu berücksichtigen**. Es gibt Informationen, die im Top down-Prozeß nur ,einweg' kommuniziert werden können. Hingegen bei einer partizipationsergänzten oder Bottom up-Vorgehensweise sollten die Mitarbeiter bereits in die Konzipierung mit einbezogen werden. Im einfachsten Fall durch vorgesehene **Feedbackmöglichkeiten**. Das heißt, Kummerkästen beim Kick off, Foren im Intranet, Feedback-Coupons am Schwarzen Brett oder in der Mitarbeiterzeitschrift, E-Mail- und Telefonredaktionen etc. Denkbar ist auch die Vorschaltung von Veranstaltungen, die im Sinne der **Mehrwegkommunikation** die unmittelbare Einbindung der Mitarbeiter ermöglichen, wie Kultur- oder Klimaumfragen. Beratungsunternehmungen halten ein großes Reservoir solcher Einbindungs-,Tools' bereit, z.B. Brown Paper-Sessions. Dabei wird das Konzept oder Ausschnitte daraus den Betroffenen auf großen ,Brown Papers' vorgestellt mit der Bitte, es kritisch zu hinterfragen. Dann erhalten die Mitarbeiter die Möglichkeit, mit Klebezetteln anonym oder offen ihre Kritik oder Verbesserungsvorschläge an der entsprechenden Stelle des Konzepts zu markieren (vgl. Krüper/Harbig 1997, S. 114 oder allgemein Steinle et al. 1999).

Bei ZWECKFORM GMBH wurde das Konzept zu dem Programm ZO 2000 (Zukunftsorientierte Organisation) auf einer ,**Info-Tag'** genannten Informationsveranstaltung vorgestellt. Die Mitarbeiter hatten die Gelegenheit, sich an acht Ständen ganztags u.a. über das Konzept selbst, Personal- und Kulturfragen, Produkte, Vertrieb und Internationalisierung zu informieren. Einen Stand ,Allgemeine Informationen' mit halbstündigen Präsentationen übernahm der Geschäftsführer Ernst Martin persönlich und kam dabei mit fast der Hälfte seiner Belegschaft in Kontakt.

Checkliste zum Kommunikationskonzept (II)

- ▦ Ist eine Mischung aus persönlicher und medialer Kommunikation gefunden?
- ▦ Ist ein intelligenter Mix aus bestehenden und neuen Kommunikationsinstrumenten berücksichtigt?
- ▦ Gibt ein phasenspezifischer Kommunikationsspiegel einen Überblick über das Gesamtkonzept? Sind darin in ausreichendem Maß Feedback-Möglichkeiten vorgesehen?
- ▦ Wird die Identitätsstiftung und damit die Neubildung mentaler Modelle durch ein ,Branding' unterstützt?

Das Beispiel: CSC PLOENZKE AKADEMIE GMBH

Das Thema: Kommunikationskonzept

Bei der CSC PLOENZKE AKADEMIE GMBH in Kiedrich hat sich das im folgenden dargestellte Kommunikationskonzept zur Verbesserung der Kommunikation in umfangreichen Veränderungsprogrammen bewährt. Besonders hebt Herr Michael M. *Meyer* von der CSC PLOENZKE AKADEMIE die ausgeprägte Zielgruppenausrichtung hervor, die seiner Meinung nach eine wesentliche Erfolgsvoraussetzung ist. Das Konzept basiert auf einem achtstufigen Vorgehen:

1. Ziel des Kommunikationskonzeptes definieren.

2. Die Erfassung der Zielgruppen dient zunächst nur der Identifikation der betroffenen Personenkreise.

3. Die Betroffenheitsanalyse stellt identifizierte Merkmale der Betroffenheit (z.B. Verantwortung, Aufgaben, Budget) den einzelnen Zielgruppen in einer Matrix gegenüber. Dabei werden die Ausprägung (+ oder -) und der Grad der Betroffenheit (z.B. ++) abgetragen. Dadurch entsteht ein klares Bild möglicher Promotoren und Opponenten.

4. Die Zielgruppenanalyse untersucht die einzelnen Zielgruppen im Hinblick auf Nutzen, Informationsstand, mögliche Vorbehalte und bestehende Probleme.

5. Mit Hilfe der Beurteilung und der Selektion der Kommunikationskanäle wird überprüft, welche Information auf einem bestimmten Kanal transportierbar sind und welche nicht, in welchen Intervallen die Kanäle nutzbar sind und welchen Rahmenbedingungen der Kommunikationskanal unterliegt.

6. Nachdem die Zielgruppen und die Kommunikationskanäle hinreichend gewürdigt sind, kann nun in einem ganz entscheidenden Schritt die Matrix der Kommunikationskanäle je Zielgruppe festgelegt werden. Hierbei zeigt sich, welche Kommunikationskanäle für welche Zielgruppe sinnvoll einsetzbar sind.

7. Der Umsetzungsplan legt für jede Zielgruppe die Kommunikationszeitpunkte (z.B. Kalenderwoche), -kanäle und -inhalte sowie im besonderen die Verantwortlichen fest. Daraus wird auch ersichtlich, welche Gruppen regelmäßig informiert werden müssen und welche Gruppen nur ergebnisorientiert.

8. Abgeleitet aus dem Umsetzungsplan, kann schließlich ein detailliertes Konzept je Zielgruppe erarbeitet werden.

3.4 Mobilisierung

Beim Übergang von der Konzipierungs- zur Mobilisierungsphase wechselt auch die Kommunikationsstrategie. Die eher passive, restriktive informale Kommunikation der Konzipierung weicht einer **aktiven, offenen und umfangreichen Kommunikation** zunächst über den **Wandlungsbedarf** und die **Programmziele**. In Phasen der Unsicherheit haben die Mitarbeiter einen extrem hohen Bedarf an Informationen, insbesondere über ihren eigenen Bereich. Die Unternehmung bzw. die betroffenen Bereiche sollten daher mit reichlich Informationen versorgt werden: persönlich und medial, horizontal, vertikal und lateral (vgl. Noer 1996, S. 129f.). Allerdings ist darauf zu achten, daß es sich um **zielgruppenspezifische Informationen** handelt, um einen ‚Overload‘ zu vermeiden. In dieser Phase kommt es darauf an, mit der Vielfalt an Informationen und Kommunikationskanälen die angesprochenen Wirkungen voll zur Entfaltung zu bringen. Besonders wichtig ist die Schaffung von **Transparenz, Vertrauen, Überzeugung** und **Emotionen** (vgl. Abschn. 2.4, S. 271f.). So haben Praxisstudien gezeigt, daß die Wandlungsbereitschaft wesentlich höher ist, wenn den Mitarbeitern klar wird, daß der Veränderungsprozeß fair, objektiv und professionell vollzogen und vor allem kommuniziert wird (vgl. FAZ v. 14.6.99, S. 28). Die aus der Situation heraus aktivierten mentalen Modelle sind dann eher positiv belegt.

Mit der Mobilisierung beginnt auch die **formale Veränderungskommunikation** in den Kommunikationsprojekten. Die Mobilisierung lebt insbesondere von einer gelungenen Auftaktveranstaltung und einer großen Zahl von Mitarbeitern, die mittels **persönlicher Kommunikation** erreicht werden. Kick off-Veranstaltungen sind die erste Möglichkeit für die Verantwortlichen, Klarheit zu schaffen und Hintergründe, Ziele und die Vorgehensweise transparent zu machen, um so ein gemeinsames mentales Modell entstehen zu lassen. Im emotionalen Bereich geht es darum, **Aufbruchstimmung** zu verbreiten. In der Mobilisierungsphase nimmt die persönliche Kommunikation im Gegensatz zur medialen eine exponierte Stellung ein. Die Mitarbeiter wollen möglichst den Verantwortlichen, d.h. dem Topmanagement und dem Programm-Management, in die Augen sehen können und Informationen aus erster Hand erhalten. Das ‚Commitment‘ der Führungsmannschaft muß sichtbar und erlebbar ‚inszeniert‘ werden. Dazu gehört auch, daß direkt vor Ort Fragen der Betroffenen beantwortet werden. Wenn der Sender eine glaubhafte, klare, zielgerichtete, Autorität und Vertrauen ausstrahlende Führungspersönlichkeit ist, dann verliert der Kontext, z.B. ob es nun ein Kick off oder eine Betriebsversammlung ist, an Bedeutung. **Die Mobilisierung steht und fällt mit den Sendern**.

Instrumente persönlicher Kommunikation könnten **Roadshows, Townmeetings, Führungsdialoge mit Vorständen** und **Informationsmessen** oder **-märkte** sein (vgl.

Abb. 7/2, S. 289). Ergänzt werden diese von Interviews, um Feedback zu erhalten. Die mediale Kommunikation unterstützt dann die Herstellung der Akzeptanz, indem die Hintergrundinformationen **in der Mitarbeiterzeitschrift, im Intranet, auf Schwarzen Brettern, Flugblättern** etc. veröffentlicht werden. Herausgehoben werden soll hier das Intranet. Es weist ein hohes Maß an Interaktivität auf, hat kaum zeitliche Verzögerungen, kann selektiv bestimmten Informationskreisen zugänglich gemacht werden und entlastet Druckerzeugnisse vom Aktualitätsdruck, so eine aktuelle Studie zur Unternehmungskommunikation (vgl. FAZ vom 15.6.99). In großen Unternehmungen ist eine zeitgleiche Erreichbarkeit aller Mitarbeiter mit internen Mitteln kaum noch zu gewährleisten (vgl. Kap. 8.4, S. 307ff). Daher ist auch der Einsatz allgemein zugänglicher Medien wie Tageszeitungen zu prüfen. Dabei geht es ebenso um die **mediengerechte Inszenierung** des Veränderungsthemas. Als Beispiel kann hier ebenfalls die DAIMLERCHRYSLER AG mit ihrer weltweiten Kampagne zur Fusion und einer Buchveröffentlichung dienen (vgl. Heilmann/Turner 1999, S. 1).

Das Thema: **Einsatz von Kommunikationsinstrumenten**

Das Beispiel: OPTISCHE WERKE G. RODENSTOCK ‚Think Spectacles'

Das Unternehmen RODENSTOCK setzte in dem Programm ‚Think Spectacles' eine Vielzahl von Kommunikationsinstrumenten ein. Zu Beginn der Mobilisierung eröffnete ein zweiteiliges **Führungskräfte-Kommunikationsforum** das Programm. Der erste Teil war die direktive Vorstellung der Vision und des Konzepts durch Randolf *Rodenstock* persönlich. Dieser bestritt auch den zweiten Teil, in welchem er seine ganz persönliche Sicht der Entwicklung der Unternehmung mit einem hohen Maß an Authentizität darstellte. Im Rahmen dieser Veranstaltung wurde Unternehmenstheater gespielt: Eine Gruppe von vier professionellen Schauspielern hielt den Führungskräften den Spiegel vor und lud damit zur Selbstreflexion ein. Des weiteren existierte von Projektbeginn an ein eigenes **Schwarzes Brett**, die sogenannte ‚Fragemauer', in der Zentrale und in den Zweigwerken. Dieses ermöglichte den Mitarbeitern, Kommentare, Fragen und Anregungen auf vorgedruckten ‚**Think Spectacles'-Fragebögen** (auch anonym) zu stellen bzw. zu äußern. Die Antworten wurden entweder auch an der Fragemauer oder aber per Hauspost gegeben. Weitere Medien waren die **speziellen Faltblätter** ‚Think Spectacles Update', welche jeweils nach den Lenkungsausschußsitzungen an die Mitarbeiter verteilt wurden und über den neuesten Stand des Programms informierten, sowie das **Intranet**. Ergänzt wurde diese mediale Kommunikation um persönliche Medien wie **Kontakttelefone** zu jedem Mitglied der Programmleitung bzw. den unterstützenden Beratern.

Eine herausgehobene Stellung hatte in diesem Zusammenhang die **Info-Messe** beim Übergang von der Mobilisierungs- zur Umsetzungsphase. Diese fand sowohl im Stammwerk als auch in dem größten Zweigwerk zeitversetzt statt. An diesem Tag stellten sich die 18 einzelnen Projekte mit ihren Arbeitsfortschritten und Mitarbeitern vor. Die Info-Messe hatte neben der reinen Informationsfunktion auch die Aufgabe der Stellenvermittlung. Die Mitarbeiter (außer den ‚gesetzten' Führungskräften) konnten sich an diesem Tag über noch freie Stellen in der neuen Organisation informieren, um sich dann eigenverantwortlich um eine neue Stelle zu bewerben.

Neben der offiziellen Projektkommunikation mit den beschriebenen formalen Instrumenten spielte auch das sogenannte ‚**Vier-Augen-Wandlungsmanagement**', d.h. die Face-to-Face Kommunikation, bei Schlüsselpersonen - vor allem durch die Mitglieder des Kernteams - eine wichtige Rolle.

3.5   Umsetzung

Die Umsetzungsphase des Wandlungsprogramms bestimmt die weitere Ausgestaltung und Umsetzung des Kommunikationskonzepts. Neben der **formalen Projektkommunikation** gewinnt auch die informale Kommunikation wieder an Bedeutung. Die informalen Kanäle müssen genutzt werden, um die Opponenten der Veränderung zu identifizieren und gezielt anzusprechen, bevor die formalen Gespräche mit ihnen beginnen. Die drei Hauptaufgaben der Kommunikation in der Umsetzung sind die weitreichende **Differenzierung** und **gegenseitige Abstimmung** von Inhalten und Empfängern, der **Einbau von Feedbackschleifen** und das **Controlling** der Kommunikation.

Entscheidend ist, daß der **Empfängerkreis** in diesem Stadium deutlich erweitert wird. Dieser sollte sich auf keinen Fall nur auf die Top 30 oder 100 Führungskräfte beziehen, die sich dann in den verschiedenen Einheiten der Wandlungsorganisation unter verschiedenen ‚Labels' immer wieder gegenseitig bestätigen. Es ist ebenso trivial wie zwingend, aber unglaublich schwierig, wirklich breite Kommunikation mit zielgerichteten Informationen zu realisieren. Dazu ist nach Empfängern zu differenzieren, sei es durch die Schaffung spezieller Informationskreise oder anhand einzelner Projekte. Es gilt, die Betroffenen sowie in der Hauptsache die Schlüsselpersonen als Multiplikatoren zu informieren, die dann vor Ort auf den Erfolg der Kommunikation und der Veränderung einwirken können (vgl. Mohr/Woehe 1998, S. 159).

Bei der Umsetzung des Kommunikationskonzepts kommt es speziell auf die **inhaltliche Abstimmung** der Kommunikation an, um nicht durch Kommunikationsfehler dem Wandlungsprozeß wieder Energie zu entziehen. Einen Schwerpunkt muß die

Durchführung von **Dialogveranstaltungen** bilden und damit alle Kommunikationsformen, die direktes **Feedback** ermöglichen (vgl. Abb. 7/2, S. 289). Solche Dialogveranstaltungen erfolgen im Idealfall diagonal zur Hierarchie, **kaskadenförmig** bis
an die Basis und immer zusätzlich zur Regelkommunikation (vgl. Sattelberger 1996,
S. 301). Das Zulassen und Einbinden von Feedback spielt sowohl im Erfolgsfall als
auch im Mißerfolgsfall eine erhebliche Rolle. Erfolge sind kommunikationstechnisch
auf allen Kanälen ‚auszuschlachten‘, da sie zum einen als Benchmark andere Projekte
weiter vorantreiben können, zum anderen aber auch potentiellen Opponenten den
Wind aus den Segeln nehmen. Der Mißerfolgsfall einzelner Projekte bietet aus Sicht
der Kommunikation in der Umsetzungsphase zwei Möglichkeiten, die abhängig von
der Bedeutung des Projekts und der Tragweite des Mißerfolgs gewählt werden können: Die positive Variante ist, im Sinne eines ‚aus Fehlern lernen‘ das Problem offen
zu kommunizieren, allerdings nie ohne die Lernergebnisse und Lösungsansätze mit zu
verbreiten. Diese Maßnahme kann geeignet sein, das Vertrauen in die Verantwortlichen zu fördern und Glaubwürdigkeit zu dokumentieren. Der zweite Weg ist der Versuch des Totschweigens und Aussitzens. Diese Handlungsalternative erfreut sich in
der Praxis großer Beliebtheit, birgt allerdings erhebliche Risiken, wie aufkommende
ungewollte Gerüchte, Vertrauensverlust oder Barrierenaufbau, in sich.

> Zur **Umsetzung des Kommunikationskonzepts** gab es bei der - damals noch -
> **DAIMLER-BENZ AEROSPACE** im Übergang von der **Mobilisierungs-** zur **Umset-
> zungsphase** eine dialogorientierte Kommunikationsoffensive, die sich durch eine
> kaskadenförmige und hierarchieübergreifende Struktur auszeichnete. An erster
> Stelle stand eine Veranstaltung, die als der ‚**Strategische Dialog**‘ bezeichnet
> wurde. Mit jeweils 30 - 50 oberen Führungskräften wurden in zweitägigen Veran-
> staltungen strategische Schlüsselthemen bearbeitet, wobei dabei in der Summe 700
> Führungskräfte erreicht wurden. Ergänzt wurden diese eine Hierarchiestufe dar-
> unter - und zum Teil auch schon in den Betrieben vor Ort - durch ‚**Aus erster
> Hand**‘genannten Maßnahmen. In ca. fünfstündigen Dialogen sprachen die Vor-
> stände mit jeweils 30 - 50 mittleren Führungskräften. Des weiteren fanden in den
> Werken und Standorten Veranstaltungen ‚**Direkt zur Sache**‘ mit 10 - 30 Teilneh-
> mern in drei bis vier Stunden zu einem spezifischen Thema statt. Die Nachwuchs-
> kräfte wurden im Rahmen spezieller ‚**Nachwuchskräfte-Tage**‘ zwei Tage lang in
> einen konzernübergreifenden Dialog eingebunden (vgl. Sattelberger 1996, S. 301).

Bis zu diesem Zeitpunkt im Wandlungsprozeß spielen Wirtschaftlichkeitsüberlegun-
gen für die Kommunikation eine untergeordnete Rolle. Die große Gefahr besteht

darin, zuviel Geld für untaugliche Kommunikationsinstrumente auszugeben. Jede gute Kommunikationsmaßnahme ist zumeist relativ teuer, jedoch eine gute Investition, wenn sie die Zielgruppe in ihrer Einstellungs- und Verhaltensakzeptanz trifft. Spätestens in der Umsetzung, besser schon in der Mobilisierung, sollte aber auch im Hinblick auf die Verstetigung ein ‚**Kommunikationscontrolling**‘ bedacht werden. Aufgrund der hohen Bedeutung der Kommunikation zur Sicherung von Glaubwürdigkeit, Transparenz, Akzeptanz und Vertrauen wird ein konstant hohes Niveau der Informations- und Kommunikationskosten über den gesamten Transformationsprozeß unterstellt. Dennoch wird sicher der ‚Löwenanteil‘ der Kommunikationskosten in der **Mobilisierung** und **Umsetzung** anfallen. Aus Sicht des Controlling sind hier **Effektivität und Effizienz zu unterscheiden**. Einzelgespräche sind sicherlich effektiv, jedoch (zunächst) weniger effizient. Die Identifikation von Meinungsführern, also Personen mit besonders intensivem Kommunikationsverhalten, als Multiplikatoren kann dieses Verhältnis verbessern. Im Gegensatz dazu sind Konferenzen oder Business-TV vom Kontaktpreis her sicherlich effizient, doch nicht sonderlich effektiv (vgl. Reiß 1997b, S. 126). Nicht vernachlässigt werden darf die Kommunikation nach ‚draußen‘ ins Unternehmungsumfeld, denn Veränderungen nützen wenig und wenigen, wenn sie nicht wahrgenommen werden. Steigende Aktienkurse, höhere Kundenaufmerksamkeit und das Interesse der Medien für die eigenen Themen können Indikatoren sein und den angefallenen Kosten als ‚Leistungen‘ gegenübergestellt werden.

3.6   Verstetigung

Die größte Gefahr, die der Kommunikation droht, ist, daß sie ihre potentiellen Empfänger nicht erreicht. Das kommunikative Handeln in der **Verstetigung** sieht sich daher im Hinblick auf die langfristige Erhaltung von Wandlungsfähigkeit und -bereitschaft mit zwei Herausforderungen konfrontiert: Erstens muß die Kommunikation über die Kommunikation als **Metakommunikation** in Gang bleiben (vgl. LeMar 1997, S. 189ff.). Die Verstetigung bedarf aufgrund ihrer besonderen Stellung im Transformationsprozeß spezieller Instrumente und Wege. Diese müssen sich den im Laufe der Zeit verändernden Rahmenbedingungen in der Unternehmung anpassen. Zweitens muß die Kommunikation über die Veränderung selbst verstetigt werden. Dies impliziert zum einen die an den erreichten Erfolgen ausgerichtete Kommunikation zum Abschluß des Programms, zum anderen aber auch die Einrichtung von dauerhaften Kommunikationsmöglichkeiten. Erstrebenswert ist dabei eine Kommunikation, die Sender- und Empfängerrollen und eventuell auch Inhalte offen läßt (**Mehrwegkommunikation**). Umfang und speziell Offenheit sowie der Aktivitätsgrad können und sollen in dieser Phase nicht im einzelnen geplant und vorgegeben werden, sondern verstetigte Kommunikation muß sich entwickeln. Dafür hat die formale Kommunikation als ‚**Enabler**‘ der Verstetigung die Voraussetzungen zu schaffen. Hierzu gehören regelmäßige **Veränderungsforen**, **Foren im Intranet**, **Change Workshops**, hierarchieübergreifende **Monats-** oder **Wochengespräche** zu speziellen Themen, die an die Veränderungen anschließen und diese weiterentwickeln. Von diesen kann dann eventuell wieder ein informaler Veränderungsimpuls in die Unternehmung zurückgespielt werden. Dazu muß den Beteiligten natürlich auch ein Zeitbudget eingeräumt werden. Ergänzend sind im Sinne der Metakommunikation **Schulungen** der kommunikativen Kompetenz, z.B. im Moderieren, Geben und Annehmen von Feedback etc., durchzuführen. Dies gilt insbesondere für den Personenkreis, der an der Verstetigung in diesem Sinne mitwirken möchte. Die Führungsmannschaft muß hier wiederum mit bestem Beispiel vorangehen. Kommunikation in der Verstetigung lebt zunächst davon, daß **überhaupt Kommunikationsmöglichkeiten bereitstehen**. Im Idealfall ist es so, daß um so mehr kommuniziert wird, je mehr Möglichkeiten der Kommunikation geschaffen werden und je mehr den Beteiligten die Nutzung zeitlich und inhaltlich möglich ist. Und je mehr kommuniziert wird, um so eher bzw. mehr wird permanenter Wandel möglich. Dies ist ein sich selbst verstärkender Prozeß. Wer permanente Veränderungen erreichen will, der muß Flexibilitätspotentiale (Slack) installieren, sonst scheitern verstetigende Initiativen bereits in ihrem Ansatz.

Checkliste zum Übergang in die Verstetigung

- Sind die Ergebnisse des Instrumenteneinsatzes bekannt und die Erfahrungen mit dem Kommunikationskonzept dokumentiert?

- Welche Instrumente haben sich als besonders sinnvoll vor dem Hintergrund der spezifischen Unternehmungskultur erwiesen und sind geeignet, langfristig der Kommunikation zu dienen?

- Sind bereits regelmäßige Kommunikationsinstrumente im Sinne der Verstetigung eingeführt?

- Hat das Kommunikationscontrolling zu einem auch aus Kostensicht akzeptablen und dauerhaft finanzierbaren Kommunikationsmix geführt?

- Sind geeignete Routinen zur Bearbeitung und Weiterleitung von Feedback eingerichtet?

4. Einsatz von Kommunikationsinstrumenten

Im folgenden soll in einer Übersichtsdarstellung der phasenspezifische Einsatz von Kommunikationsinstrumenten im Falle eines nicht direktiven Implementierungsvorgehens gezeigt werden. Daraus folgt, daß vor allem in der Phase der Konzipierung zahlreiche Einbindungsinstrumente vorgesehen sind. Wie oben bereits beschrieben, haben diese Maßnahmen auch mobilisierenden Charakter, die Phasengrenzen verfließen an dieser Stelle ein wenig. Ein direktives Vorgehen wäre demgegenüber durch eine wesentlich restriktivere Kommunikationspolitik gekennzeichnet. Im einfachsten Fall wären dies eine 'Mitteilungskonferenz' und einige Projektbesprechungen und -präsentationen.

Phasen des Wandels				
Initialisierung	Konzipierung	Mobilisierung	Umsetzung	Verstetigung
Instrumente persönlicher und medialer Kommunikation				
Workshops, Klausurtagungen, Runde Tische, Lobbying, Führungskräfte-Dialog	Open Space, Brown Paper-Sessions, Info-runden, Kultur- und Klima-umfragen, Workshops, Business Lunch	Business-TV, Town Meetgs., Roadshows, Theater, Betriebs-vers., Kick off, Feste, Ausflüge, Zeitschrift, Info- u. Projektmessen, Intranet, Videos, Führungsdialog, Pressemitteilung, Präsentationen, T-Shirts, Tassen	Business-TV, Schwarzes Brett, moderierte Teamsitzungen, Präsentationen, Sprechstunden, offene Türen, Hotline, Inter-views, Konfe-renzen, Kum-merkasten	regelmäßige Foren, Nach-treffen, Interes-sengruppen, Monatsgespräche, Diskussionsforen im Intranet, Er-fahrungsgruppen, kontinuierliche Workshops, Kurzmeetings, Lunchgespräche

Abb. 7/2: Mögliche Kommunikationsinstrumente bei nicht direktiver Implementierung

Die möglichen Instrumente sind vielfältig und unterscheideen sich zumindest dem Namen nach von Beratungsunternehmung zu Beratungsunternehmung. Die Instrumente sind letztlich austauschbar, wenn nur die Einbeziehung der Mitarbeiter gewährleistet ist - v.a. beim Bottom up-Vorgehen. Mit ‚**Open Space**' ist beispielsweise eine aus den USA stammende Konferenzmethode angesprochen, die es ermöglicht, mit zehn bis ca. 700 Personen ein komplexes, vorgegebenes Oberthema bearbeiten zu lassen. Eine Tagesordnung entsteht durch die Teilnehmer selbst, welche ein zum Thema, z.B. ‚Zukunft unserer Organisation‘, passendes und persönlich als wichtig erscheinendes Unterthema vorschlagen. So entstehen eine Vielzahl von Themen, zu denen sich andere interessierte Konferenzteilnehmer ‚einschreiben‘ können, um diese dann in Mini-Workshops zu bearbeiten (vgl. zur Bonsen 1998).

5. Zusammenfassung

- Verändernde und veränderte Kommunikation leistet als ‚Querschnittsfunktion‘ einen wesentlichen Beitrag zu den beschriebenen Wandlungsprozessen. Sie beginnt und endet in den Köpfen der Mitarbeiter, also genau dort, wo Veränderungen stattfinden müssen. Kommunikation wirkt unmittelbar auf die mentalen Modelle ein und kann so deren Verhaltenssteuerung beeinflussen.

- Die Kommunikationsstrategie ist wichtiger Bestandteil des Wandlungsmanagements. Aus ihr leitet sich ein umfassendes, phasenspezifisches Kommunikationskonzept ab. Das Kommunikationskonzept muß sowohl formale als auch informale Kommunikation berücksichtigen, muß verschiedene Rollenverteilungen zwischen Sendern und Empfängern nutzen und aus der Vielzahl der Kommunikationsinstrumente die entsprechenden auswählen.

- Wesentliche Einflußgrößen für die Auswahl der Kommunikationsstrategie sind zum einen die Inhalte des Programms und zum anderen die gewählte Implementierungsstrategie. Dies umfaßt sowohl die explizite Nicht-Kommunikation im Top down-Vorgehen als auch die umfassende Einbindung im Fall des Bottom up-Vorgehens.

- In jeder Phase des Wandlungsprozesses findet Kommunikation statt. In jeder Phase müssen daher Inhalte, Sender, Empfänger ausgewählt und der Kontext gestaltet werden, um zielgerichtet und zielgruppenspezifisch kommunizieren zu können.

Achtes Kapitel

LARISSA BECKER

Unterstützung des Wandels durch Systeme

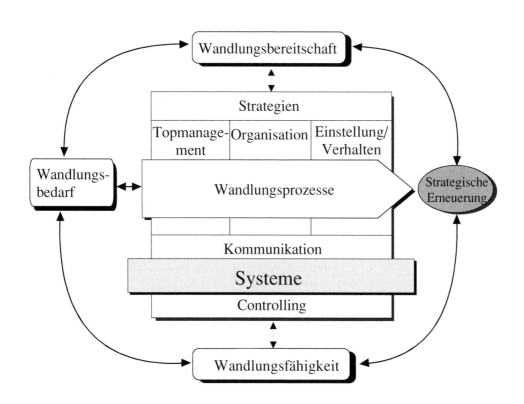

Leitgedanken zu Kapitel 8

Vorhandene oder neu aufzubauende Systeme können die Wandlungsträger bei der Erfüllung ihrer Aufgaben wirkungsvoll unterstützen. In Betracht kommen vor allem Führungssysteme, Anreizsysteme, Informations- und Kommunikationssysteme sowie Personalentwicklungssysteme. Die Möglichkeiten, die solche Hintergrundsysteme bei der Bewältigung der ‚3W', d.h., der Erkennung von Wandlungsbedarf, der Herstellung von Wandlungsbereitschaft und der Verbesserung der Wandlungsfähigkeit bieten, werden in diesem Kapitel diskutiert.

1. Bedeutung von Systemen im Unternehmungswandel

Wie bereits im ersten Kapitel erläutert, spielt sich erfolgreicher Wandel im Spannungsfeld der drei Koordinaten **Wandlungsbedarf**, **Wandlungsbereitschaft** und **Wandlungsfähigkeit** ab. Wie aber sind günstige Rahmenbedingungen für eine positive Ausprägung aller drei Koordinaten zu schaffen? Eine Antwort gibt die geeignete Gestaltung betriebswirtschaftlicher Systeme im Hinblick auf den geplanten Wandel sowie ihr aufeinander abgestimmter (orchestrierter) Einsatz. Dabei wird von einem breiten Systemverständnis ausgegangen, wonach eine Menge von Elementen, zwischen denen Beziehungen bestehen, ein System darstellt (vgl. Schiemenz 1993, Sp. 4128). Folglich wird beispielsweise die Personalentwicklung als System verstanden, dessen aufeinander abgestimmte Elemente die einzelnen Personalentwicklungsmaßnahmen bilden. Da es Systeme **des** Wandels im engeren Sinne bisher nicht gibt - ihre Entwicklung erscheint auch nicht erforderlich - kommt es darauf an, die bereits vorhandenen Systeme des ‚day-to-day business' wandlungsspezifisch zu gestalten und zielgerecht einzusetzen. Exemplarisch werden im folgenden Führungssysteme, Anreizsysteme, Personalentwicklungssysteme sowie Informations- und Kommunikationssysteme diskutiert. Im neunten Kapitel folgt die Darstellung der Planungs- und Kontrollsysteme (vgl. Kap. 9, S. 325ff.). Weitere Systeme, insbesondere aus dem Bereich des Personalmanagements, wie z.B. Personalbeschaffungs-, -beurteilungs- und -freisetzungssysteme, müssen hier ungeachtet ihrer Bedeutung vernachlässigt werden, da dies den Umfang des Buchs sprengen würde.

2. Führungssysteme

2.1 Darstellung ausgewählter Führungssysteme

Führungs- und Machtfragen haben im Wandel überragende Bedeutung. Bei Strategien des Abbaus sind sie aufgrund der meist gravierenden Konsequenzen für die Betroffenen - man denke nur an Arbeitsplatzabbau - noch erfolgskritischer als im Falle eines Umbaus oder Aufbaus. Führungssysteme stellen Konzepte und Instrumente der Unternehmungsführung dar, die dem Management eine Handlungsorientierung bei der Mitarbeiterführung wie auch der Unternehmungsführung geben. Sie sind hierfür mit geeigneten Anreizen (vgl. Abschn. 3, S. 299ff.) sowie mit einem leistungsfähigen Controlling zu koppeln. Begleitend zum Wandlungsprozeß können Führungssysteme günstige Rahmenbedingungen schaffen (,**Enabler**' des Wandels, vgl. Kap. 2.7, S. 85). Die dauerhafte Verankerung von Wandlungszielen im Führungssystem kann die Nachhaltigkeit der Wandlungsergebnisse gewährleisten sowie die zukünftige Wandlungsfähigkeit und Wandlungsbereitschaft erhöhen (**Verstetigung**). Daneben kann eine, zweckmäßigerweise im Rahmen der **Mobilisierung** vorzunehmende, gezielte Änderung der Führungssysteme durch die Träger des Wandels Signale aussenden, die dem Wandel zusätzlichen Schwung geben. Als ausgewählte Führungssysteme werden im folgenden das Management by Objectives (MbO) sowie Führungsprinzipien und Führungsgrundsätze beschrieben.

Unter **Management by Objectives** versteht man die Führung der Gesamtunternehmung über ein inhaltlich aufeinander abgestimmtes Zielsystem. MbO zielt auf eine ergebnisorientierte Einbindung der Mitarbeiter ab, wobei die individuellen Ziele der Mitarbeiter und Führungskräfte mit den Unternehmungszielen zur Deckung gebracht werden sollen.

Im Mittelpunkt des MbO steht die Formulierung einer **konsistenten Zielhierarchie** für die Unternehmung, um eine Koordination aller Unternehmungsteile zu erreichen. Die aus den Oberzielen abgeleiteten Subziele werden dann den einzelnen organisatorischen Subsystemen der Unternehmung zugeordnet (vgl. Krüger 1995a; Rühli 1995; Gebert 1995). Es hängt wesentlich von der Art des Wandels ab, ob die Ziele im Rahmen einer Zielvereinbarung (kooperative Variante des MbO) oder einer Zielvorgabe (autoritäre Variante) definiert werden. Bei einschneidenden Maßnahmen des Abbaus und Umbaus sowie bei Wahl des direktiven Generalplans dürfte die autoritäre Zielvorgabe erforderlich sein. Geht es um eine Strategie des Aufbaus, oder zielt man auf eine Bottom up-Implementierung ab (vgl. Kap. 6.4, S. 244ff.), wird die kooperative Zielvereinbarung effizienter sein. In jedem Fall bietet sich eine wechselseitige Integration von MbO und **Balanced Scorecard** an.

Die **Balanced Scorecard** ist ein integriertes System von Kennzahlenkategorien. Sie zeichnet sich aus durch die gleichzeitige Berücksichtigung monetärer wie auch nicht-monetärer Kennzahlen, externer wie auch interner Perspektiven sowie vorlaufender und nachlaufender Indikatoren.

Die Balanced Scorecard identifiziert, systematisiert und aggregiert wichtige strategische und operative Erfolgsgrößen der Unternehmung, wobei als ultimative Zielgröße immer der **Unternehmungswert** steht. Die Erfolgsgrößen entstammen typischerweise den vier Bereichen Finanzen, Kunden, Prozesse und Lernen (Humanressourcen). Die Balanced Scorecard bildet die Unternehmungsleistung als Gleichgewicht zwischen diesen vier Perspektiven auf einer übersichtlichen Anzeigetafel (Scorecard) ab. Die Beschränkung auf ca. 25 Meßgrößen sichert die Konzentration auf das Wesentliche und reduziert die Komplexität. Neu am Konzept der Balanced Scorecard sind die Ausweitung des Performance Managements über die üblichen, rein finanziellen Kennzahlensysteme hinaus sowie die systematische Berücksichtigung der Interdependenzen zwischen den gewählten Indikatoren (vgl. Kaplan/Norton 1997; Horváth/Kaufmann 1998). Mittels der Balanced Scorecard werden Unternehmungs- und Bereichsstrategien in konkrete, meßbare Ziele übersetzt, die wiederum Gegenstand des MbO sein können und müssen (vgl. dazu ausführlich Kap 9.1, S. 331ff.).

Führungsprinzipien enthalten allgemeine Verhaltensregeln für die Mitarbeiterführung. **Führungsgrundsätze** machen Aussagen über die Gestaltung von Kommunikationsprozessen im allgemeinen und Führungsbeziehungen im besonderen.

Sie bilden so die Richtschnur für die Auswahl und Gestaltung von Führungsstil, Anreizsystem und Personalentwicklungssystem, gleichzeitig stellen sie Elemente des Kulturverstärkungssystems dar (vgl. Kap. 6.3, S. 241f.). Führungsgrundsätze erfreuen sich in der Praxis immer größerer Beliebtheit, da sie ein standardisiertes Führungsver halten erlauben (vgl. Küpper 1995, Sp. 1996f.; Scholz 2000, S. 873ff.).

2.2 Erkennung von Wandlungsbedarf

Führungssysteme wirken im Hinblick auf den Wandlungsbedarf in dreifacher Hinsicht: Erstens führt bei auf Delegation basierenden Führungssystemen die **Entlastung der Vorgesetzten** dazu, daß diese **mehr Zeit für strategische Belange** haben. Dazu gehört insbesondere das regelmäßige Beobachten von Umwelt und Inwelt mit dem Ziel, Wandlungsbedarf frühzeitig zu erkennen, sowie die Entwicklung von strategischen Visionen. Zweitens können bei zielbasierten Führungssystemen wie dem MbO **Abweichungen in der Zielerreichung** erkannt und als **Signal für möglichen Wandlungsbedarf** interpretiert werden. Drittens fördern partizipations- und dezentralisierungsorientierte Führungssysteme **Kreativität**, **Selbständigkeit** und **Eigeninitiative** der Mitarbeiter. Zusätzlich kann im Führungssystem eine **offene Kommunikationskultur** verankert werden, die Mitarbeiter und Führungskräfte ermutigt, Ideen und Anregungen hinsichtlich notwendigem oder chancenreichem Wandel an das Topmanagement weiterzuleiten. Es wächst so die Wahrscheinlichkeit, daß auch außerhalb des Topmanagements Wandlungsbedarf erkannt und kommuniziert wird, wobei allerdings davon auszugehen ist, daß Möglichkeiten des Aufbaus eher kommuniziert werden als die in der Regel schmerzhafte Notwendigkeit eines Umbaus oder Abbaus (vgl. Kap. 2.3, S. 46).

2.3 Gewährleistung der Wandlungsbereitschaft

Führungssysteme können durch die Beeinflussung von Einstellungen und Verhaltensweisen - beispielsweise durch Verankerung der Wandlungsziele im MbO und in Führungsprinzipien und Führungsgrundsätzen - die Wandlungsbereitschaft erhöhen. Die strategischen Optionen des Wandels (vgl. Kap. 3.3, S. 108ff.) sind hierfür in Ziele zu transformieren und auf die Ebene der einzelnen Stelleninhaber herunterzubrechen. Beispiele für solche Ziele sind die (Mitwirkung an der) Entwicklung neuer oder der Transfer bestehender Kernkompetenzen (Aufbau) sowie die Bereitstellung von Wissen in ‚Think Tanks‘ oder Wissensdatenbanken. Über eine regelmäßige Ziel-Ergebnis-Analyse, die mit dem im nächsten Abschnitt besprochenen Anreizsystem verbunden ist, kann der Anreiz-Beitrags-Saldo verbessert und eine Verhaltenssteuerung erreicht werden (**Verhaltensakzeptanz**, vgl. Kap. 6.3, S. 236ff.). Daneben geben Führungssysteme eine Verhaltensorientierung, was die subjektive Bewertung des Beitrags senken und somit ebenfalls zu einer Verbesserung des Anreiz-Beitrags-Saldos führen kann.

Führungssysteme können neben Verhaltensakzeptanz auch positive **Einstellungsakzeptanz** erzeugen. Eine Veränderung der Führungssysteme in der Anfangsphase des Wandels kann **kollektive Schlüsselreize** aussenden und so zur Aktivierung neuer mentaler Modelle führen. Behält man das alte Führungssystem unverändert bei, werden weiterhin die alten, unerwünschten mentalen Modelle aktiviert (vgl. Kap. 6.2, S. 234). Die aktive Teilnahme der Mitarbeiter am Zielfindungsprozeß bei der kooperativen Variante des MbO kann insbesondere im Aufbau dazu führen, daß sich die Mitarbeiter stärker mit den Zielen identifizieren und dem Wandel eine höhere Akzeptanz entgegenbringen (vgl. Becker 1991, S. 584f.). Dies geht einher mit einem Übergang von der Top down- zur Bottom up-Implementierung. Außerdem verringert sowohl die **Einbindung in das Wandlungsvorhaben** wie auch die **Integration persönlicher Entwicklungsziele** in das MbO-Zielsystem das Gefühl des ‚Ausgeliefertseins‘, das zur Entstehung negativer Einstellungsakzeptanz und damit von Opponenten beiträgt. Einschränkend ist hier jedoch zu sagen, daß der Freiraum der Mitarbeiter bei der Zieldefinition durch das vom Vorgesetzten vorgegebene Anspruchsniveau beschränkt wird. Daneben hat Wandel - insbesondere im Falle des Abbaus - ohne Frage für einige Betroffene negative Konsequenzen, die bestenfalls über **kompensatorische Anreize** abzufedern, aber kaum zu beseitigen sind. Dadurch **können Betroffene zwar teilweise zu Beteiligten werden**, **bleiben aber weiterhin Betroffene**. In jedem Fall ist entscheidend, daß das Führungssystem auch gelebt wird. Im Falle von BUICK/GENERAL MOTORS war dies nicht der Fall, als 1985 die bisher den ranghöchsten Managern vorbehaltenen Parkplätze für jedermann zugänglich erklärt wurden. Dies sollte ein Symbol für das Bestreben von GENERAL MOTORS sein, das Engagement für eine echte Partnerschaft zwischen Arbeitern und Management zu erneuern. Tatsächlich parkten speziell beauftragte Arbeiter ihre Pkws vor Schichtbeginn auf diesen Parkplätzen und hielten sie so frei, bis die betreffenden Manager eintrafen (vgl. Pascale 1992, S. 198).

2.4 Steigerung der Wandlungsfähigkeit

Schließlich können Führungssysteme auf vielfältige Weise die Wandlungsfähigkeit einer Unternehmung erhöhen. So stellen sie beispielsweise eine Möglichkeit dar, **Flexibilität und Innovationsfähigkeit dauerhaft zu institutionalisieren**. *Sherman* sieht hierin die wichtigste Funktion von Führung: „When you boil it all down, contemporary leadership seems to be a matter of aligning people toward common goals and empowering them to take the actions needed to reach them" (Sherman 1995). Dabei ist der **Selektionseffekt** nicht zu unterschätzen: Durch die Gestaltung des Führungssystems und die Kommunikation der Führungsgrundsätze auf dem externen Arbeitsmarkt können bewußt geeignete Personen angezogen, ungeeignete abgestoßen werden.

Das Thema: **Führungsgrundsätze**

Das Beispiel: SMS Schloemann Siemag AG

Der Anlagenbauer SMS Schloemann Siemag AG ist 1973 aus der Fusion zweier traditionsreicher Familienunternehmen, der Düsseldorfer Ingenieurunternehmung Schloemann und der Siegerländer Siemag, hervorgegangen. Er stellt Anlagen der Hütten- und Walzwerkstechnik her. Schnelle Veränderung in den Märkten sowie geänderte Erwartungen der Mitarbeiter führten 1992 zu der Notwendigkeit, einen permanenten Wandel zu installieren. Dies war mit der bestehenden Unternehmungskultur und der hierarchisch-patriarchalischen Führung nicht zu erreichen. Auf Basis einer Unternehmungsbefragung wurden daher in Projektgruppen neue Führungsgrundsätze erarbeitet, um den Anforderungen der Zukunft begegnen zu können. Die Grundsätze, zu denen Bereitschaft zu Fortschritt und Veränderung, kooperative Führung, Teamgeist sowie Mitsprache bei Entscheidungen gehören, sind im Unternehmungsleitbild zusammengefaßt. An diesem Leitbild orientiert sich der gesamte Wandel einschließlich sämtlicher Personal- und Organisationsentwicklungsmaßnahmen. Heute wird die angestrebte Veränderung zur lernenden Organisation von vielen Unternehmungsbereichen gelebt (vgl. Kuhlemann/ Walbrühl 1999).

298

3. Anreizsysteme

3.1 Funktion und Inhalt von Anreizsystemen

Unter einem **Anreizsystem** versteht man alle bewußt gestalteten und aufeinander abgestimmten Belohnungen und Bestrafungen, die die Wahrscheinlichkeit des Auftretens bestimmter (un)erwünschter Verhaltensweisen verändern (vgl. Schröder/Schweizer 1999, S. 610).

Jedes Anreizsystem hat eine materielle und eine immaterielle Komponente. **Materielle Anreize** sind monetär meßbar. Sie umfassen neben der Direktvergütung (Gehalt, Prämien, Sozialversicherungsbeiträge etc.) Erfolgsbeteiligungen und Sozialleistungen (Lebensversicherung, Essenszuschüsse, Clubbeiträge, Firmenwagen zur Privatnutzung etc.). **Immaterielle Anreize** entsprechen u.a. dem Streben nach Sicherheit, Karriere und Prestige. Hierzu gehören Arbeitsplatzsicherheit, Einfluß, Partizipationsmöglichkeiten, Führungsstil, Information/Kommunikation, Betriebsklima, Büroausstattung sowie die Gewährung eines Dienstwagens etc. Auch **Personalentwicklung** und **Kar-**

riereplanung können als immaterielle Anreize interpretiert werden (vgl. Berthel 1997, S. 40; Becker 1995). Um wirksam zu sein, müssen die einzelnen Anreize auf **die Präferenzen in den mentalen Entscheidungsmodellen der Mitarbeiter abgestimmt** sein (vgl. Abb. 8/1, nach Picot et al. 1999, S. 54).

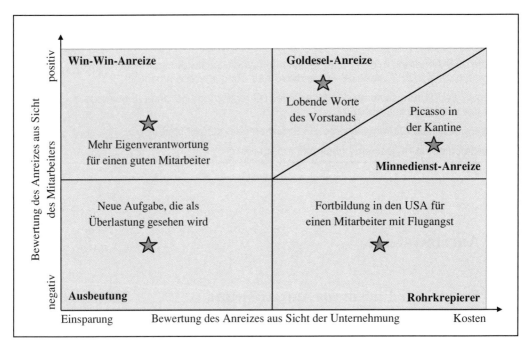

Abb. 8/1: Kosten und Nutzen von Anreizen

Anreizsysteme haben vor allem die Funktion der Beeinflussung von Leistungsverhalten und Leistungsbereitschaft der Mitarbeiter (vgl. Drumm 1995, S. 368). Im Mittelpunkt steht dabei die Schaffung eines positiven Anreiz-Beitrags-Verhältnisses und damit einer **positiven Verhaltensakzeptanz. Sie flankieren die Führungssysteme**, da auch sie die individuellen Ziele der Mitarbeiter mit den Unternehmungszielen in Einklang bringen (vgl. Abschn. 2, S. 294ff.): „Die Ziele und Meßgrößen eines Unternehmens sind unentwirrbar miteinander verknüpft, und die Anreize sind der Klebstoff, der sie zusammenhält" (Gouillart/Kelly 1995, S. 340). Damit dienen Anreize der Schaffung geeigneter Rahmenbedingungen, sind also ‚**Enabler**' des Wandels. Daneben unterstützen sie die **Verstetigung** des Wandels, indem sie bereits erreichte Verhaltensweisen durch fortwährende Belohnung stabilisieren und das Wiederaufkommen über-

300

wunden geglaubter Gewohnheiten durch dauerhafte Androhung von negativen Sanktionen verhindern. In der **Mobilisierungsphase** des Transformationsprozesses wie auch in der **Umsetzungsphase** sind Anreizsysteme ein **Instrument des Barrierenmanagements**. Vorteilhaft ist hier insbesondere die vergleichsweise **schnelle Wirkung** von Anreizen.

3.2 Erkennung von Wandlungsbedarf

Anreizsysteme, die unternehmerisches Denken und Handeln sowie Risikobereitschaft auf allen Ebenen belohnen, schaffen ein günstiges Klima für das Erkennen von Wandlungsbedarf und damit für proaktiven Wandel. Informationen werden um so eher berücksichtigt und in konkrete Aktionen (z.B. die Kommunikation erkannter Chancen und Risiken an das Topmanagement) umgesetzt, je stärker sie für den Entscheidungsträger mit Belohnungs- und Bestrafungsmöglichkeiten verbunden sind (vgl. Picot et al. 1996, S. 88). Daher veranstaltet bspw. TOYOTA jährlich sogenannte ‚**Idea Olympics**‘, anläßlich derer vom Management für die ausgefallensten Einfälle Medaillen verteilt werden. Ziel dieses Rituals ist die Schaffung einer innovativen und experimentellen Kultur (vgl. Posth 1992, S. 175). Die Ideengenerierung kann auch unterstützt werden, indem durch Aufgabenstrukturierung ein ausreichender Freiraum für Kreativität und Innovationen geschaffen wird, wie dies bei z.B. 3M geschieht.

Das Thema: **Förderung von Innovationen und Kreativität**

Das Beispiel: **3M**

Der Name MINNESOTA MINING & MANUFACTURING CO. (3M), Hersteller bekannter Produkte wie der Post-it Notes und Scotch Klebebänder, steht für Innovation. „Delegate responsibility and encourage men and women to exercise their initiative", forderte bereits 1955 der damalige Chairman of the board William L. *McKnight*. Um Innovation nicht dem Zufall zu überlassen, ist das Anreizsystem von 3M entsprechend gestaltet. So gibt es die sogenannte 15%-Regel, die besagt, daß alle Entwickler 15% ihrer Arbeitszeit für Vorhaben außerhalb ihres eigentlichen Projekts nutzen sollen. Dies läßt ihnen den Freiraum für Kreativität und Innovationen außerhalb der Hierarchie (vgl. Stewart 1996, S. 44 und http://www.3M.com).

3.3 Gewährleistung der Wandlungsbereitschaft

Anreizsysteme zielen vor allem darauf ab, durch positive oder negative Sanktionierung (Anreize) den Anreiz-Beitrags-Saldo und damit das Verhalten der Mitarbeiter antizipativ und nachhaltig zu beeinflussen (**Verhaltensakzeptanz**). So fordert *Witte* bereits 1973 bezüglich der sogenannten **Willensbarrieren**: „Zur Überwindung der beharrenden und der auf entgegengesetzte Veränderungen drängenden Kräfte bedarf es einer gezielten Korrektur des Anreizsystems: Es werden denjenigen Personen Vorteile eingeräumt, die ihren Widerstand gegen die Innovation aufgeben, und es werden Nachteile für diejenigen Personen angekündigt, die an ihrem Widerstand festhalten" (Witte 1973, S. 7). Haben bspw. Zusammenarbeit, Kooperation und Teamgeist einen hohen Stellenwert innerhalb des Wandels, sind auch gruppenbezogene Anreize zu setzen. Der Anreiz-Beitrags-Saldo für kooperatives Verhalten erhöht sich, dieses wird damit wahrscheinlicher.

Das Thema: **Verhaltenssteuerung durch Anreizsysteme**

Das Beispiel: WINTERTHUR VERSICHERUNGEN

Die WINTERTHUR hat im Rahmen ihrer strategischen Neuausrichtung 14 Regionaldirektionen managementmäßig zu sechs Einheiten zusammengelegt, um einen weiteren Schritt der Professionalisierung bei ihren Kernkompetenzen zu verwirklichen. Hierdurch wurde die geographische Versetzung von 500 Mitarbeitern notwendig, bei der Wünsche und Mobilität der Mitarbeiter berücksichtigt wurden. Für die Veränderung waren also geistig wie auch räumlich flexible Mitarbeiter gefragt. Auf Basis der Überlegung, den Verlust an Mitarbeitern und Know-how soweit wie möglich zu minimieren bzw. am neuen Standort keine zusätzlichen Ausbildungsinvestitionen in neue Mitarbeiter tätigen zu müssen, entschied man sich zur Einführung eines attraktiven Anreizsystems. Die räumliche Flexibilität der Mitarbeiter wurde durch ein **Mobilitätsprämiensystem** (MPS) gefördert. Der Wechsel an den neuen Standort wurde durch einen Treuebonus nach dem ersten und zweiten Jahr oder alternativ durch zusätzliche Ferientage belohnt. Bei einem Wohnortwechsel wurden die Umzugskosten sowie die zusätzlichen Kosten für Einschulungshilfen für Kinder erstattet. Das Pendeln zum neuen Arbeitsort wird durch eine teilweise Anrechnung an die Arbeitszeit und durch Reisekostenerstattung erleichtert.

Im Wandel, insbesondere im Falle eines Abbaus, **verschlechtert sich in der Regel das Anreizprofil insbesondere im Bereich der immateriellen Anreize** (Arbeitsplatzsicherheit, Betriebsklima etc.), falls das Topmanagement nicht bewußt gegensteuert. Wie Untersuchungen belegen, führen Downsizing-Maßnahmen bei den verbliebenen Mitarbeitern häufig zu einer **Verringerung von Arbeitsmoral, Commitment** und **Vertrauen** (vgl. Mishra et al. 1998). Ähnliches gilt allgemein für Restrukturierungen. Damit einher geht der Aufbau negativer mentaler Modelle gegenüber dem Wandel als solchem, der die Wandlungsbereitschaft beeinträchtigt. Um die negativen Effekte des Wandels auszugleichen und das Anreiz-Beitrags-Gleichgewicht wiederherzustellen, können **kompensatorische Anreize** eingesetzt werden. Hier ist bspw. an (befristete) Arbeitsplatzgarantien, das Angebot interessanterer Arbeitsinhalte sowie alternative Laufbahnformen, im Falle von Arbeitsplatzabbau auch an Outplacement-Maßnahmen zu denken.

Es gilt allerdings nicht nur, erwünschtes Verhalten zu belohnen, **sondern unerwünschtes Verhalten muß auch sanktioniert werden**, damit das Anreizsystem nicht als Barriere des Wandels wirkt, wie Jack *Welch*, CEO von GENERAL ELECTRIC, betont: „Viele Unternehmen leiden darunter, daß sie sich bestimmte Verhaltensweisen wünschen, ihre Mitarbeiter aber nach ganz anderen Kriterien bezahlen. Als erstes kommen dabei Kooperations- und Risikobereitschaft unter die Räder" (Kaden/Linden 1996, S. 42). Promotoren sind bei der nächsten Beförderung vorzuziehen, Opponenten zurückzustellen - und dies ist nicht nur umzusetzen, sondern auch entsprechend zu kommunizieren. Ähnlich sollte bei der Zuweisung attraktiver Sonderaufgaben und allgemein bei der Verteilung von Anerkennung, Macht und Status die individuelle Wandlungsbereitschaft berücksichtigt werden. Weitere Sanktionsmöglichkeiten bestehen in dem Entzug von Statussymbolen (Dienstwagen, Parkplatz, Titel etc.), dem Vorenthalten von Informationen oder dem Übergehen bei wichtigen Entscheidungen. Durch gezielte Entwicklungsmaßnahmen (vgl. Kap. 8.5, S. 313ff.) sowie geschickt eingesetzte Informationspolitik können Macht und Einfluß von Promotoren des Wandels gestärkt, von Opponenten dagegen ausgehöhlt werden. So wird frühzeitig der Weg für künftigen Wandel geebnet. Von hoher Bedeutung ist die **Kopplung des Anreizsystems mit dem Controlling**, denn letztendlich gilt immer: „You get what you measure". Dies bedarf insbesondere bei qualitativen Zielen neuer Controllinginstrumente.

Sind die Anreize ausreichend attraktiv und mit einem leistungsfähigen Controlling gekoppelt, kann man davon ausgehen, daß alle Mitarbeiter positive Verhaltensakzeptanz zeigen. Ist also bei positiver Verhaltensakzeptanz eine positive **Einstellungsakzeptanz** entbehrlich? Kurzfristig könnte diese Frage vielleicht bejaht werden. Langfristig jedoch können verdeckte Opponenten - also Personen mit positiver Verhaltens- und negativer Einstellungsakzeptanz - eine ‚Zeitbombe' darstellen. Beispielsweise werden sie in allen nicht durch das Anreizsystem erfaßten Bereichen ein gegen den Wandel gerichtetes Verhalten zeigen. Sie richten ihr Verhalten so an ihrem mentalen Modell aus und verbessern gleichzeitig durch Minimierung ihres Beitrags ihren Anreiz-Beitrags-Saldo. Im Extremfall könnten sie den Wandel sogar durch unbemerkte Sabotageakte torpedieren. Daneben besteht die latente Gefahr, daß aus den verdeckten offene Opponenten werden, die Einfluß auf andere Beteiligte am Wandel nehmen. Schließlich ist der ‚Kauf‘ erwünschten Verhaltens über Anreizsysteme auf Dauer finanziell nicht tragbar. Daher ist spätestens in der **Verstetigungsphase** sicherzustellen, daß verdeckte Opponenten entweder ihre Einstellungsakzeptanz ändern oder auf andere Weise ‚unschädlich‘ gemacht werden. Das Anreizsystem kann auf verschiedene Weise hierzu beitragen:

- Zeigt ein verdeckter Opponent über längere Zeit hinweg unter Druck oder aus Opportunismus ein positives Verhalten dem Wandel gegenüber, so führt die Divergenz zwischen Einstellung und Verhalten zu einer kognitiven Dissonanz. Dies kann zu einer Modifikation oder Neubildung der mentalen Modelle und so zu einer **Änderung der Einstellungsakzeptanz** zur Folge haben.

- Ein entsprechend gestaltetes Anreizsystem kann das Übergehen des verdeckten Opponenten in offenen Widerstand verhindern, indem beispielsweise Sonderzahlungen, Gehaltserhöhungen und Beförderungen ausbleiben. Die gezeigte positive **Verhaltensakzeptanz** wird langfristig **stabilisiert**.

- Schließlich kann der Opponent - als Folge des bei offenem Widerstand erfahrenen Drucks oder der kognitiven Dissonanz - die Unternehmung freiwillig verlassen. Sofern sich eine Veränderung der Einstellungsakzeptanz als nicht möglich erweist, kann der **Unternehmungswechsel des verdeckten Opponenten** durchaus im Sinne des Wandels sein, er sollte daher notfalls auch von seiten der Unternehmung initiiert werden. So trennt sich beispielsweise GENERAL ELECTRIC von verdeckten Opponenten ungeachtet ihrer Leistung im Tagesgeschäft.

Das Thema: **Behandlung von verdeckten Opponenten**

Das Beispiel: GENERAL ELECTRIC

Im Geschäftsbericht 1995 erläutert Jack *Welch*, CEO von GENERAL ELECTRIC, die Kriterien der Auswahl, Beförderung und Entlassung von Führungskräften. Hierzu nimmt er eine Einteilung der Manager in vier Gruppen vor:

Typ I fördert nicht nur den Einsatz und die Leistungsfähigkeit, sondern fördert und glaubt an GEs Werte (Promotor).

Typ II geht weder auf Vorschläge ein, noch teilt er die Werte (Opponent).

Typ III glaubt zwar an die Werte, geht jedoch manchmal nicht auf Vorschläge ein (Potentieller Promotor).

Typ IV liefert kurzfristige Ergebnisse, die jedoch ungeachtet der Werte entstehen (Verdeckter Opponent).

Zu Typ IV äußert sich der Geschäftsbericht wie folgt: „Einige der Angehörigen dieser Gruppe haben gelernt, sich zu ändern, die meisten konnten dies nicht. Die Entscheidung, Typ IV zu entfernen, war ein Wendepunkt - der letzte Test unserer Fähigkeit, den Worten Taten folgen zu lassen" (vgl. Linden 1996, S. 39).

Neben der oben beschriebenen Verhaltenssteuerung kann man Anreize auch als **Kommunikationsinstrument** verstehen. Eine entsprechend kommunizierte Schwerpunktverschiebung im Anreizsystem kann neben der faktischen eine große symbolische Wirkung entfalten, wenn sie die Strategieänderung widerspiegelt.

Anreiz	Beispiel	Aussage
Lohn/Gehalt	Provisionen Qualitätsprämien Nutzungsprämien	Leistungsorientierung Qualitätsorientierung Kostenorientierung
Belohnungen	Orden, Pokale Aufkleber, Plaketten, T-Shirts Incentive-Reisen, Firmenwagen	Soziale Anerkennung Wir-Gefühl stärken Statussymbole, Macht
Arbeitszeit	flexible Arbeitszeit	Eigenverantwortlichkeit
Aufgaben-gestaltung	Erweiterung des Handlungs-spielraums, Schaffung von Freiraum für Kreativität	Entwicklung von Eigeninitiative und Intrapreneurship

Abb. 8/2: Signalwirkung von Anreizen

Anreize können durch ihre Signalwirkung die Aktivierungssituation gestalten, die wiederum über die Aktivierung mentaler Modelle sowie die Neubewertung des Anreiz-Beitrags-Saldos die Verhaltensakzeptanz bestimmt (vgl. Abb. 8/2, weiterentw.

nach Scholz 2000, S. 824). So können fehlende oder falsche Schlüsselreize dazu führen, daß weiterhin auf das bisherige, bewährte, nun jedoch nicht mehr erwünschte mentale Modell zurückgegriffen wird (vgl. Kap. 6.2, S. 234 und Kap. 6.3, S. 237). Geeignete Anreize dagegen aktivieren das neue, erwünschte Modell.

3.4 Steigerung der Wandlungsfähigkeit

Die Steigerung der Wandlungsfähigkeit stellt keinen Schwerpunkt von Anreizsystemen dar. Dennoch ist das Anreizsystem dahingehend zu überprüfen und zu gestalten, daß eine bereits vorhandene Wandlungsfähigkeit nicht verloren geht. Darüber hinaus können Anreize eingesetzt werden, um die Wandlungsfähigkeit zu erhöhen. Anreize richten das Verhalten aller Mitarbeiter und Führungskräfte an einheitlichen Zielen aus und lassen die Unternehmung damit schlagkräftiger werden. Die Förderung von **Kreativität und Risikofreude auf individueller Ebene** erhöht die **Flexibilität und die Innovationsfähigkeit der Gesamtunternehmung**. Daneben können Anreizsysteme die Mitarbeiter und Führungskräfte zum Erlernen der für den Wandel erforderlichen Fähigkeiten motivieren und auf diese Weise die **Personalentwicklung flankieren**. Anreizsysteme helfen auch, veränderte Anforderungen an die Mitarbeiter zu verdeutlichen und leisten so einen Beitrag zur Umsetzung dieser Veränderungen. Als Instrumente zur Erhöhung der Wandlungsfähigkeit bieten sich die **qualifikationsorientierte Entlohnung** als monetärer Anreiz oder die **qualifikationsbasierte Beförderung** als nicht-monetärer Anreiz an (vgl. Picot et al. 1996, S. 508).

Checkliste zur Beurteilung des Anreizsystems

- Besitzen die materiellen und immateriellen Anreize für die Mitarbeiter einen subjektiven Wert, der mindestens den Kosten entspricht? Der Schwerpunkt sollte auf Win-Win-Anreizen liegen.

- Belohnt das Anreizsystem Innovativität, Flexibilität und internes Unternehmertum sowie die Aneignung solcher Fähigkeiten und Eigenschaften?

- Sind die relevanten Ziele der einzelnen Wandlungsprojekte und -programme (Ergebnis-, Zeit-, Kosten- und Akzeptanzziele) adäquat mit Anreizen gekoppelt? Dienen die Teilziele letztendlich der Erhöhung des Unternehmungswerts als oberstem Ziel (vgl. Kap. 9.2, S. 335ff.)?

- Fördert das Anreizsystem die Durchhaltemotivation durch Belohnung von Teilzielerreichungen (Meilensteine)?

- Werden durch kompensatorische Anreize negative Wandlungsfolgen abgefedert und so das Anreiz-Beitrags-Gleichgewicht und die Motivation aufrechterhalten?

▨ Ist sichergestellt, daß nicht mehr erwünschte Verhaltensweisen nicht weiter belohnt werden? Enthält das Anreizsystem für diesen Fall auch negative Sanktionen, die verdeckte Opponenten möglicherweise zum Verlassen der Unternehmung bewegen?

▨ Ist das Anreizsystem mit den übrigen Systemen (vor allem den Führungssystemen) verzahnt? Ist eine Kopplung mit dem Controlling gegeben, um eine Überprüfung der Zielerreichung sicherzustellen?

▨ Ist das Anreizsystem langfristig und strategisch ausgerichtet, um auch weitreichende Veränderungen zu unterstützen? „Wer operative Erfolge belohnt, darf keine strategischen Schachzüge erwarten" (Riekhof 1992, S. 155).

▨ Ist das Anreizsystem flexibel genug, um nicht zu einer Barriere des Wandels zu werden (Wandlungsfähigkeit des Anreizsystems)? Kann es an wechselnde Ziele und Prioritäten im Laufe des Wandlungsprozesses angepaßt werden?

▨ Verfügt das Anreizsystem trotz der erforderlichen Flexibilität auch über eine gewisse Stabilität, um in der Verstetigung Wandlungsergebnisse langfristig sichern zu können?

▨ Ist das Anreizsystem einschließlich seiner Bemessungsgrundlagen transparent und einfach genug, um eine maximale Wirkung zu entfalten? Ein intransparenter Anreiz wird möglicherweise gar nicht wahrgenommen oder führt statt zu Verhaltensakzeptanz nur zu Verunsicherung. Lediglich beim direktiven Wandel, der auf eine Überrumpelungstaktik setzt, ist Transparenz nicht zielführend (vgl. Kap. 6.4, S. 245ff.).

▨ Werden das Anreizsystem und diesbezügliche Änderungen getreu der Maxime „Gutes tun und darüber reden" ausreichend kommuniziert? Die in deutschen Unternehmungen weit verbreiteten Informationsdefizite über Kosten und Leistungsinhalte von Anreizen verhindern häufig die volle Entfaltung der Anreizwirkung (vgl. Evers 1992, S. 396).

4. Informations- und Kommunikationssysteme

4.1 Erkennung von Wandlungsbedarf

Kommunikation ist Voraussetzung und Schlüssel zur Veränderung (vgl. Kap. 7.1, S. 263), und Informations- und Kommunikationssysteme (IKS) unterstützen das Management in allen Phasen des Transformationsprozesses bei dieser Aufgabe. Der Schwerpunkt dieses Abschnitts liegt auf der Gestaltung der formalen Kommunikationskanäle. Hinsichtlich der Erkennung von **Wandlungsbedarf** (**Initialisierung** und **Konzipierung**) ist die interne wie externe Situation der Unternehmung zu beobachten, Signale für Änderungsbedarfe sind aufzufangen und zu bewerten, beispielsweise mit Hilfe von Managementunterstützungssystemen.

> **Managementunterstützungssysteme (MUS)** sind computergestützte Systeme zur Sammlung und Aufbereitung von Informationen für das Management.

MUS dienen der **Sammlung, Analyse** und **Überwachung von Informationen**. Zur Veranschaulichung ist die Analogie des Flugzeugcockpits hilfreich, in dem anstelle der zahlreichen Zeigerinstrumente früherer Zeiten heute nur noch wenige Kontrollbildschirme zu finden sind, die je nach Situation und Priorität wichtige Informationen darstellen. Ein ‚intelligentes‘ Elektroniksystem übernimmt das in der Vergangenheit notwendige Interpretieren der Instrumente und das Erfassen kritischer Situationen (vgl. Yamaguchi 1995; Hannig 1996). MUS **machen Ungereimtheiten und negative Trends sichtbar**, was die Erkennung von Wandlungsbedarf erleichtert (vgl. Schneiderbauer 1996, S. 108). Sie unterstützen das Management in schlecht- oder unstrukturierten Entscheidungssituationen und verbessern so das Urteilsvermögen des Managements und dadurch auch die Entscheidungsqualität. Ein spezieller Bestandteil der Managementunterstützungssysteme, der für die Erkennung von Wandlungsbedarf besonders bedeutsam ist, sind die sogenannten Früherkennungssysteme.

> **Früherkennungssysteme** sind Informationssysteme, die mit zeitlichem Vorlauf mögliche Chancen und Risiken identifizieren.

Hierzu werden laufend Indikatoren mit kritischer Bedeutung für die Unternehmungsentwicklung verfolgt (vgl. Hahn 1996, S. 244 ff.; Krystek/Müller-Stewens 1997). Die bei Unter- oder Überschreitung von Toleranzgrenzen vom System gelieferten Warnsignale deuten auf einen möglichen Wandlungsbedarf hin. Eine frühe Anpassung, in Grenzen sogar eine antizipierte Änderung wird unterstützt (vgl. Kap. 2.7, S. 78ff.). Voraussetzung ist jedoch, daß Indikatoren, die auf einen möglichen Wandlungsbedarf hinweisen, erkannt und in das Früherkennungssystem integriert werden. Solche **Indikatoren** sind beispielsweise die Kundenzufriedenheit, Marktanteile auf den wichtigsten Märkten, der Anteil innovativer Neuprodukte sowie insbesondere der Unternehmungswert. Bei diesen Variablen können bereits kleine Veränderungen auf einen negativen Trend hinweisen, den es durch einen frühzeitigen Wandel zu stoppen gilt.

> Ein **Data-Warehouse** ist eine mehrdimensionale Datenbank, aus der sich durch Durchsuchung, Analyse und Aggregation interessante und für den Geschäftserfolg relevante Informationen gewinnen lassen.

Entwicklungen und Zusammenhänge, die ansonsten in einem ‚Datenfriedhof' untergingen, werden mittels Data-Warehousing erkennbar. Dies dient dem Ausfindigmachen neuer Potentiale und der Generierung zusätzlicher Geschäfte (Umbau und Aufbau). Auch unprofitable Traditionsgeschäfte können erkannt werden (Abbau). Schlüsselkomponenten jedes Data-Warehouse sind die **Auswertung und Analyse der Informationen**. Dabei können unternehmungsinterne Daten mit externen Datenquellen verknüpft werden, um die Datenbasis zu erweitern (vgl. Bhend 1999; Gilmozzi 1996). Die Ergebnisse einer Data-Warehouse-Analyse können in die Entscheidungsfindung eingehen und so zur Feststellung von Wandlungsbedarf beitragen. Beispielsweise kann die Erkennung von Mustern im Kundenverhalten den Anstoß zum Aufbau neuer Kompetenzen und Geschäftsfelder geben. Fehler bei der Auswahl der Hard- und Software, bei der Bedarfsanalyse oder bei der Implementierungsplanung führen jedoch leicht dazu, daß sich ein Data-Warehouse als teure und nutzlose Fehlinvestition erweist.

4.2 Gewährleistung der Wandlungsbereitschaft

In Kapitel 7.1 (S. 265) wurde festgestellt, daß mangelnde Akzeptanz oft aus einem (subjektiv empfundenen) Informationsdefizit resultiert. IKS unterstützen das Topmanagement bei der Gestaltung der Informationssituation und damit bei der Förderung der Wandlungsbereitschaft. Dies bedeutet einerseits Barrierenmanagement, andererseits sind Maßnahmen zu ergreifen, damit der erreichte Schwung nicht erlahmt. Eingefahrene mentale Modelle sind durch Kommunikation zu verändern, neue mentale Modelle sind zu bilden (vgl. Kap. 6.2, S. 233f. und 7.1, S. 264f.). Bezogen auf den Transformationsprozeß bedeutet das Einsatzschwerpunkte in der **Initialisierung** (Wandlungsträger aktivieren) und der **Mobilisierung**.

Die Möglichkeiten der Gestaltung des IKS im Hinblick auf die Wandlungsbereitschaft sind vielgestaltig. **Ziel aller Instrumente ist es, Führungskräften und Mitarbeitern in gewünschtem Ausmaß und angemessener Aufbereitung Informationen zu liefern**. Diese Informationen führen idealerweise zur Modifikation oder Neubildung mentaler Modelle. Darüber hinaus wird durch IKS die Aktivierungssituation gestaltet, die die Aktivierung mentaler Modelle bestimmt. Schließlich bilden Informationen die Grundlage für die Bewertung sowohl der Anreize als auch des Beitrags und damit für die subjektive Bestimmung des Anreiz-Beitrags-Saldos. IKS haben damit einen nicht unerheblichen Anteil an der Beeinflussung von Einstellungs- und Verhaltensakzeptanz.

Wie Inhalt, Umfang und Zeitpunkt von Informations- und Kommunikationsaktivitäten zu gestalten sind, wurde bereits beschrieben (vgl. Kap. 7.3, S. 273ff.). Für die Umsetzung der Informationspolitik stehen dem Management verschiedene Systeme und Instrumente der IuK zur Verfügung, von denen die wichtigsten hier kurz beschrieben werden sollen. Dabei ist zwischen mündlicher, persönlich gegebener Information und medialer, schriftlich vermittelter Information zu unterscheiden (vgl. Kap. 7.3, S. 275). **Persönliche Kommunikation** hat besonders in der Mobilisierungsphase einen hohen Stellenwert. Der größte Vorteil besteht darin, daß der situative Kontext der Informationsaufnahme durch die Mitarbeiter beeinflußbar ist. Neben den in Kapitel 7 genannten Instrumenten stellt auch Job Rotation (vgl. Abschn. 5.2, S. 315f.) ein Instrument der persönlichen Kommunikation dar. **Mediale Kommunikation** erstreckt sich von traditionellen Instrumenten wie Rundschreiben, Firmenzeitungen und Schwarzen Brettern bis hin zu innovativeren, computergestützten Instrumenten wie **Intranet** und **E-Mail**. Vorzüge von Intranet und E-Mail liegen vor allem in der schnellen und kostengünstigen Übermittlung der Daten und in der Raumunabhängigkeit der Kommunikationspartner. Gleichzeitig klagen allerdings immer mehr Manager über steigende Datenflut, in der die wirklich wichtigen Informationen kaum noch auffindbar sind, sowie über die Gefahr mißbräuchlicher Verwendung.

Das Thema: Intranet und E-Mail

Die Beispiele: Siemens AG, Otelo Communikations GmbH & Co.

Am 17. März 1999 genügte ein Mausklick, und Heinrich *von Pierer*, der Vorstandsvorsitzende der Siemens AG, hatte 120.000 Mitarbeiter über die geplante Ausgliederung des defizitären Halbleiterbereichs informiert. Weitere Informationen standen im Intranet zur Verfügung, die entsprechenden Hyperlinks zu diesem waren bereits in der E-Mail enthalten. Einige Jahre vorher und ohne die Nutzung von E-Mail und Intranet hätten die Siemens-Beschäftigten eine solche Mitteilung aus der Zeitung erfahren (vgl. Ziesemer 1999, S. 108).

Als der Telekommunikationskonzern Otelo 1998 mit Schwierigkeiten im Telefongeschäft zu kämpfen hatte, führte die Verwendung von E-Mail zur gegenseitigen Demotivation der Beschäftigten. „Fast täglich kündigten Otelo-Mitarbeiter -

und verschickten kurzerhand bitterböse Abschiedsgrüße an sämtliche Kollegen." Um derart frustrierende Wirkungen zu vermeiden, dürfen heute bei OTELO nur ausgewählte Führungskräfte Rundsendungen an die gesamte Belegschaft verschikken (vgl. Ziesemer 1999, S. 100).

4.3 Steigerung der Wandlungsfähigkeit

Schließlich kann durch IKS gleichermaßen die personelle Wandlungsfähigkeit erhöht wie auch eine wandlungsfreundliche Organisationsumgebung geschaffen werden. Bei der Erarbeitung von Wandlungskonzepten (**Konzipierung**) ist insbesondere an Entscheidungsunterstützungssysteme zu denken, wie sie **MUS**, **Data-Warehousing** und die sogenannten **Wissensbasierten Systeme** darstellen.

Wissensbasierte Systeme sind Programmsysteme, die in einem abgegrenzten Bereich über Expertenwissen verfügen und fähig sind, dieses Wissen zur Problemlösung anzuwenden.

Die Anwendungsgebiete Wissensbasierter Systeme sind vielfältig. Sie können Situationsberichte formulieren und im Dialog mit dem Menschen Handlungsalternativen geben. Intelligente Checklisten wirken als Gedächtnisstütze bei Entscheidungen und dienen der Vollständigkeitssicherung. Entscheidungssysteme übernehmen in vorab definierten Grenzen automatisch Entscheidungen (vgl. Mertens 1990). Im Wandlungsmanagement liegt der Anwendungsschwerpunkt Wissensbasierter Systeme in der **Diagnose** und **Beratung** sowie bei **Konfigurations-** und **Planungsproblemen**.

Daneben haben IKS einen großen Stellenwert in der **Umsetzung**. Hier helfen sie beispielsweise bei der **Steuerung und Koordination von Wandlungsprozessen**. Angesichts der riesigen Informationsmengen, die im Laufe eines Wandlungsprozesses zusätzlich zu den Informationen aus dem Tagesgeschäft anfallen, wird klar, daß ohne den Einsatz leistungsfähiger IKS eine Koordination der zahlreichen Einzelmaßnahmen und -projekte kaum möglich ist. Sie sind insbesondere durch die Führungs- und Anreizsysteme sowie durch ein geeignetes Controlling zu flankieren. **Erfahrungsdatenbanken** und andere Instrumente des Wissensmanagements halten das in der Unternehmung vorhandene Wissen fest und verbreiten es, so daß es im Rahmen der Durchführung von Wandlungsprojekten auch zukünftig nutzbar wird. Sie verhindern, daß ‚das Rad ständig neu erfunden werden muß‘. Hierbei muß man jedoch aufpassen, daß nicht alte Lösungen auf neue Probleme angewandt werden. Schließlich bietet sich der Einsatz **PC-gestützter Projektmanagementinstrumente** und von **Groupware** an (vgl. Burghardt 1993, S. 453; Hasler 1999). Moderne Groupware-Systeme, wie z.B. Lotus Notes, dienen der Unterstützung von Projektmanagementaufgaben vor allem bei räumlich und zeitlich getrennt arbeitenden Projektmitarbeitern. Hierfür stellen sie Funktionen der Kommunikation und Koordination wie Aufgabenverwaltung und -delegation, Gruppen- und Terminplanung, E-Mail sowie gemeinsame Nutzung von Daten und Informationen (Diskussionsforen etc.) zur Verfügung (vgl. Lenz 1999; Hasenkamp/Syring 1994).

4.4   Gestaltungshinweise für Informations- und Kommunikationssysteme

Die Installierung von Hard- und Software alleine bringt keinerlei Veränderung mit sich, solange diese nicht genutzt wird. Schätzungen zufolge dauert es bspw. etwa 15 Monate, bis Mitarbeiter ein Data-Warehouse akzeptieren und verwenden (vgl. Laube 1998, S. 83). Es lassen sich drei wesentliche Ursachen für die Nicht-Nutzung von IKS unterscheiden (vgl. Krüger 1994a, S. 154f.): Ein mangelnder Fit zwischen den IKS und der Organisation ist als technisches Problem einzuordnen und führt zur **Gestaltungslücke**. Eine zweite Ursache ist in fehlender Akzeptanz zu sehen - es entsteht eine **Akzeptanzlücke**. Diese kann auf mangelnder Benutzerfreundlichkeit der IKS oder auf fehlendem Wissen bzw. Können der Benutzer beruhen. Beide erhöhen den vom Benutzer zu erbringenden Beitrag und verschlechtern den Anreiz-Beitrags-Saldo, sofern nicht kompensatorische Anreize eingesetzt werden. Als dritter Grund für die Nicht-Nutzung von IKS ist das Versagen der Führungskräfte, eine offene Kommunikationskultur aufzubauen und über ihre Vorbildfunktion die Einstellungsakzeptanz der Mitarbeiter gegenüber den IKS zu erhöhen, zu nennen. Die sich ergebende **Führungslücke** beruht - ähnlich wie die Akzeptanzlücke - unter anderem auf der oft geringen Bereitschaft, Wissen zu teilen. Denn ein falsches, in der Praxis aber leider häufig noch vorzufindendes mentales Modell lautet: ‚Wissen ist Macht' – woraus gefolgert wird, daß die Weitergabe von Wissen einen Machtverlust bedeutet und im Extremfall zur eigenen Entbehrlichkeit führt.

5. Personalentwicklungssysteme

5.1 Methoden und Instrumente der Personalentwicklung

Neben der Erhöhung von Flexibilität und Schnelligkeit dienen IKS der Stärkung von Promotoren des Wandels. Stellt man diesen genug Informationen zur Verfügung, können sie Wandlungsbedarf frühzeitig erkennen und den Wandlungsprozeß wirkungsvoll unterstützen. Voraussetzungen hierfür sind allerdings fachliche und kommunikative Kompetenzen, die zum Teil erst durch Personalentwicklungsmaßnahmen vermittelt werden müssen. Daher soll nun der Einsatz von Personalentwicklungssystemen im Transformationsprozeß erläutert werden.

Personalentwicklung beinhaltet alle Maßnahmen der Qualifizierung von Mitarbeitern und Führungskräften (vgl. Thom 1992, Sp. 1676f.). Ein Personalentwicklungssystem umfaßt darüber hinaus die systematische Entwicklungsbedarfsplanung, Maßnahmenplanung sowie die Evaluation des Personalentwicklungserfolgs (vgl. Berthel 1997, S. 243).

Mit Hilfe von Personalentwicklungsmaßnahmen können Fähigkeit und Bereitschaft von Topmanagern, sich der vorhandenen IKS zu bedienen und so einen Wandlungsbedarf zu erkennen, erhöht werden (**Initialisierungsphase**). Insbesondere wenn ein permanenter Wandel angestrebt wird, ist durch Personalentwicklung zu gewährleisten, daß Umwelt und Inwelt ständig hinsichtlich möglicher Transformationsbedarfe analysiert werden. Zielt man auf eine Bottom up-Implementierung ab, kann die Personalentwicklung Mitarbeitern oder nicht zum Topmanagement gehörigen Führungskräften Fähigkeiten und Kenntnisse vermitteln, die diesen die Erkennung von Wandlungsbedarf und insbesondere dessen Kommunikation an das Topmanagement erleichtern. Personalentwicklung ist ein wichtiges Instrument im Sinne des vor die Implementierung zu schaltenden ‚**Enabling**' (vgl. Kap. 6.4, S. 251). Zudem können - bei Führungskräften wie auch bei Mitarbeitern - generelle Vorbehalte gegenüber Wandel abgebaut werden. Schließlich können vermittels Personalentwicklungsmaßnahmen auch die **psychographischen Charakteristika des Topmanagements** - wenn auch nur langfristig und begrenzt - gestaltet werden (vgl. Kap. 4.4, S. 170ff.).

Die Methoden und Instrumente der Personalentwicklung sind zu unterscheiden in Personalentwicklung on the job, off the job und near the job. *Conradi* (vgl. 1983, S. 25) nennt darüber hinaus noch Personalentwicklung into the job, along the job und out of the job. Diese Differenzierung soll hier jedoch nicht weiter verfolgt werden, da ihre Bedeutung im Kontext des Unternehmungswandels vernachlässigbar ist. **Personalentwicklung on the job** umfaßt alle stellengebundenen Personalentwicklungsmaßnahmen. Diese werden direkt am Arbeitsplatz vollzogen und konzentrieren sich daher schwerpunktmäßig auf Qualifikationen, die unmittelbar mit der Ausführung der Arbeitsaufgabe zusammenhängen. Typische Maßnahmen sind Vertretungen, Sonderaufgaben, Job Enrichment (vertikale Erweiterung des Handlungsspielraums) und Job Enlargement (horizontale Erweiterung des Handlungsspielraums). Stellenübergreifende Personalentwicklungsmaßnahmen (**Personalentwicklung near the job**) stehen in enger räumlicher, zeitlicher und inhaltlicher Nähe zur Arbeit. Hierzu gehören Qualitätszirkel, Lernstatt und planmäßiger Arbeitsplatzwechsel (Job Rotation). Schließlich ist die stellenungebundene **Personalentwicklung off the job** zu nennen, zu der Vorträge, Seminare, Tagungen, Konferenzen als passive sowie Fallstudien, Planspiele, Rollenspiele, gruppendynamische Trainings, Outdoor-Trainings u.a. als aktive Lernmethoden zählen. Die aktiven Lernmethoden sind dabei den passiven überlegen, da aus ihnen eine größere Einsicht in die Notwendigkeit der Personalentwicklungsmaßnahme sowie eine bessere Umsetzung in die Praxis folgen (vgl. Scholz 2000, S. 518ff.; Bühner 1997, S. 133 ff.). Auch lassen sich Einstellungen und Verhalten mittels **aktiver Lernmethoden** am ehesten vermitteln. So kann beispielsweise durch Outdoor-Trainings die Risikobereitschaft der Topmanager erhöht werden, was sich positiv auf die Erkennung von Wandlungsbedarf auswirkt. Einen Sonderstatus haben die **Bausteine der Sekundärorganisation**, wie Workshops, Ausschüsse und Teams (vgl. Kap. 5.3, S. 182 und 5.4, S. 185). Auch diese können gezielt im Sinne der Personalentwicklung eingesetzt werden. Sie eignen sich vor allem für die Vermittlung sozialer sowie fach-übergreifender Kompetenzen. So wird bei der ROBERT BOSCH GMBH bereichsüber-greifende Projektarbeit gezielt eingesetzt, um die fachlichen, methodischen und so-zialen Kompetenzen der Mitarbeiter zu verbessern (vgl. Schlichting/Fröhlich 1995, S. 144).

5.2   Erkennung von Wandlungsbedarf

Die Erkennung von Wandlungsbedarf ist weniger durch arbeitsplatzspezifisches Spe-zialwissen als vielmehr durch Generalistenwissen möglich. Solches, bereichsüber-greifendes Wissen kann durch eine bereichs-, funktions-, hierarchie- und nationen-übergreifende Zusammensetzung der Teilnehmer bei Personalentwicklungsmaßnah-men vermittelt werden. Fallstudien und Unternehmungsplanspiele können die Fähig-keit zum analytischen Denken und zur Problemerkennung fördern. Große Bedeutung für die Vermittlung von Generalistentum besitzt die Personalentwicklung near the job, zu der vor allem das Instrument der **Job Rotation** gehört. Durch Job Rotation wird die geistige Beweglichkeit gefördert, und es werden neue Erfahrungs- und Lernhorizonte eröffnet. Dies führt zur Heranbildung von flexiblen Generalisten, die gleichermaßen über ein Verständnis der einzelnen Bereiche wie auch über eine Gesamtunterneh-mungsperspektive verfügen. Daneben dient Job Rotation der Diffusion der Unterneh-mungskultur und der Verbesserung der Kommunikation. Nachteilig sind jedoch die immer wieder anfallenden Einarbeitungskosten sowie die durch häufige Ortswechsel entstehenden Belastungen der betroffenen Führungskräfte. Trotz möglicher Dysfunk-tionalitäten kann und muß Job Rotation unter dem Strich wohl als **das** Entwicklungs-instrument zur gezielten Förderung fachlicher und persönlicher Flexibilität angesehen werden (vgl. Breisig/Krone 1999). Während Job Rotation mit einer vollgültigen Stel-lenausübung verbunden und somit eher mittel- bis langfristig ausgelegt ist, geht HONDA einen anderen Weg zur Vermittlung von Flexibilität und bereichsübergreifen-dem Denken. Dort muß jeder Manager einmal im Jahr zwei Wochen lang seinen Job mit einem Kollegen in einer anderen Funktion tauschen. Insbesondere zwischen den Bereichen F&E, Produktion und Vertrieb findet so ein reger Austausch statt. Daneben verbringt jeder Designer jährlich drei Monate auf Fachmessen und bei Händlern welt-weit (vgl. Pascale 1992, S. 215). Bedeutsam ist in diesem Zusammenhang auch die **Karriereplanung**. Anstelle der in Deutschland meist üblichen ‚Schornsteinkarrieren‘ ist ein ‚**Wendeltreppeneffekt**‘ zu fördern, wie er durch die sogenannte Parallelhierar-chie, die Parallelität von Linien- und Stabskarriere oder durch ein Nebeneinander von Projekt- und Fachlaufbahn erreicht wird (vgl. Krüger 1994a, S. 91f.).

Bei der ROBERT BOSCH GMBH wird ein Wechsel zwischen Fach-, Führungs- und insbesondere Projektaufgaben systematisch angestrebt. ‚Kaminaufstiege‘ und reine Stabs- oder Zentralkarrieren sollen so vermieden werden. Weiterhin wird die Flexibilität der Mitarbeiter und Führungskräfte gefördert, indem auch Fach- und Führungspositionen zunehmend auf Zeit besetzt werden - eine Praxis, die früher nur für Projektaufgaben und Auslandsentsendungen üblich war. Die **Mitarbeiterentwicklung durch systematischen Tätigkeitswechsel** dient insbesondere der Vermittlung unternehmerischen Denkens und Handelns sowie einer Verbesserung der bereichsübergreifenden Zusammenarbeit (vgl. Schlichting/Fröhlich 1995).

Bei der Karriereplanung und Beförderung sollte auch versucht werden, loyale Promotoren des Wandels langfristig in Schlüsselpositionen zu versetzen. Sie können dort als personalisiertes Frühwarnsystem, eventuell auch als ‚U-Boot‘ wirken. Ein proaktiver Wandel ist allerdings nur möglich, wenn die Unternehmung bereits **vor Beginn des Wandlungsprozesses** über geeignete Personalentwicklungssysteme verfügt. Diese können dann ‚**Enabler**‘ des Wandels sein (vgl. Kap. 2.7, S. 85). Entsprechend hoch ist auch ihre Bedeutung bei der Absicherung und Stabilisierung des Wandels (**Verstetigung**).

5.3   Gewährleistung der Wandlungsbereitschaft

Ziel der Personalentwicklung im Wandlungsmanagement ist die Vermittlung der für den Wandel erforderlichen **Einstellungen** und **Verhaltensweisen**. Sie verbessert damit die Wandlungsbereitschaft (**Initialisierung** und **Mobilisierung**). Bei der Analyse der Wirkung der Personalentwicklungssysteme auf die Wandlungsbereitschaft bietet sich erneut der Rückgriff auf das Konzept der Promotoren und Opponenten im Kontext der mentalen Modelle an (vgl. Kap. 6.3, S. 236ff.). Wandlungsbereitschaft kann dabei als Kombination aus positiver Einstellungs- und Verhaltensakzeptanz verstanden werden. Im folgenden soll gezeigt werden, wie diese Akzeptanzarten durch Personalentwicklung beeinflußt werden können.

Im Idealfall liegen bereits positive Erfahrungen mit Wandel vor (**Einstellungsakzeptanz**), und es bedarf nur noch eines entsprechenden Auslösers, den Personalentwicklungsmaßnahmen bieten können. Ist dies nicht der Fall, kann versucht werden, die mentalen Modelle zu modifizieren oder neue mentale Modelle zu bilden. Hier sind insbesondere die aktiven Lernmethoden wie Planspiele, Rollenspiele und Fallstudien gut geeignet, da sie ein Lernen durch Erfahrungen bewirken und die Notwendigkeit des Wandels verdeutlichen. Einen anderen Weg geht AMERICAN EXPRESS: Einstellungsakzeptanz soll hier frühzeitig über Seminare vermittelt werden.

Das Thema: **Einstellungsakzeptanz durch Personalentwicklung**

Das Beispiel: AMERICAN EXPRESS INTERNATIONAL INC.

AMERICAN EXPRESS geht von vier Stadien der Einstellung Betroffener gegenüber Veränderungen aus, wobei die ersten beiden Stadien von sinkender, die anderen beiden von steigender Moral und Produktivität gekennzeichnet sind:

Phase 1: **Widerstand**. Diese Phase ist gekennzeichnet durch fehlende Einsicht in die Notwendigkeit des Wandels und durch Kampf um den Erhalt des Status Quo.

Phase 2: **Verunsicherung**. Negative Emotionen wie Verunsicherung, Angst, Frustration, Hilflosigkeit, Verzweiflung etc. dominieren die Einstellung der Betroffenen zum Wandel.

Phase 3: **Beginnende Akzeptanz**. Das Gefühl, das Schlimmste überstanden zu haben, und zunehmende Klarheit über Rollen, Ziele und Prozesse führen zu einem Rückgang der negativen Emotionen, zu einer sachlicheren, lösungsorientierten Sichtweise sowie zu verhaltenem Optimismus.

Phase 4: **Commitment**. Verstärkt durch den erfolgreichen Abschluß von Pilotprojekten erreichen Teamgeist, Moral und Produktivität ihren Höhepunkt. Man ist stolz auf das Erreichte und identifiziert sich mit dem Wandel.

AMERICAN EXPRESS macht **jeden Mitarbeiter** in einem eintägigen Seminar zum Thema ‚Organizational Change‘ mit dem Wandlungskonzept der Unternehmung vertraut. In diesen Seminaren werden den Betroffenen der voraussichtliche Verlauf ihrer emotionellen Befindlichkeit verdeutlicht und Möglichkeiten des Umgangs mit den einzelnen Stadien aufgezeigt. Die offene und unbeschönigende Darstellung der ersten beiden Phasen verleiht die notwendige Glaubwürdigkeit. Dadurch, daß die Mitarbeiter wissen, was sie erwartet, werden Unsicherheiten und Ängste abgebaut. Der Wandel verliert einen Teil seines Schreckens. Im Idealfall werden die vorhandenen mentalen Modelle modifiziert bzw. neue mentale Modelle gebildet. Dadurch kann **proaktiv** die Wandlungsbereitschaft erhöht werden (Quelle: Interview mit Herrn D.V. Maracas, Head of Customer Service, im August 1998 bei AMERICAN EXPRESS in Frankfurt).

Negativ belegte mentale Modelle können auf mangelnde Fähigkeiten und Angst vor Überforderung zurückzuführen sein. Diese Problematik ist insbesondere im Umbau und Aufbau relevant, die eine Veränderung der Anforderungen an die Mitarbeiter mit sich bringen. Die entstehenden **Fähigkeitsbarrieren** (vgl. Witte 1973, S. 8f.) können durch Maßnahmen der Personalentwicklung off the job und near the job überwunden werden. Schließlich können durch Einbindung der Mitarbeiter in das Wandlungsvorhaben mittels Workshops und anderer Formen der Projektarbeit **Betroffene zu Beteiligten** werden (vgl. Kap. 6.2, S. 225). Insbesondere im Abbau bringt der Wandel allerdings für zahlreiche Mitarbeiter und Führungskräfte deutliche Nachteile beispielsweise in Form von drohendem Arbeitsplatzverlust oder Verschlechterung der Aufstiegschancen mit sich. Kompensatorische Anreize können zwar einen Teil der schmerzhaften Wandlungsfolgen abfedern, zu Promotoren des Wandels werden die Betroffenen dennoch nicht werden.

Auch die **Verhaltensakzeptanz** kann mittels Personalentwicklungsmaßnahmen beeinflußt werden, indem diese Reize liefern, die bei der gedanklichen Simulation im mentalen Modell zu einem positiven Anreiz-Beitrags-Saldo führen (vgl. Kap. 6.3, S. 236 ff.). Dabei sind zwei Wirkungspfade denkbar: So kann Personalentwicklung einerseits durch Vermittlung von Wissen und Können die subjektive Bewertung des verlangten Beitrags verringern, was bei konstantem Anreiz den Anreiz-Beitrags-Saldo verbessert. Andererseits kann Personalentwicklung selbst einen Anreiz darstellen und so den Anreiz-Beitrags-Saldo steigern.

5.4 Steigerung der Wandlungsfähigkeit

Die Wandlungsfähigkeit einer Unternehmung wird zu großen Teilen bestimmt von der Wandlungsfähigkeit einzelner Individuen. Sowohl die Bewältigung einer Wandlungssituation an sich als auch die angestrebte Veränderung verlangen Führungskräften und Mitarbeitern andere, neue Fähigkeiten ab als die Bewältigung des Tagesgeschäfts in der Vergangenheit. Personalentwicklung dient der Vermittlung dieser Fähigkeiten und Kenntnisse und ist damit hinsichtlich der Wandlungsfähigkeit schwerpunktmäßig der **Mobilisierung** zuzuordnen. Der Einsatz entsprechender Maßnahmen sollte möglichst frühzeitig, idealerweise sogar präventiv vor Beginn des Wandels erfolgen. Daneben sind Personalentwicklungsmaßnahmen im Anschluß an einen abgeschlossenen Wandel mit dem Ziel der Verstetigung denkbar.

Das Thema: **Wandlungsfähigkeit durch Personalentwicklung**

Das Beispiel: FLUGHAFEN FRANKFURT MAIN AG

Der Bereich Personal Service Leistungen (PSL) der FAG bietet ein sogenanntes Change Management-Programm zur Vermittlung von Wandlungsfähigkeit an. Teilnehmen dürfen nur Führungskräfte, in deren Bereich bedeutsame Veränderungsprozesse ablaufen, sowie die Leiter solcher Veränderungsprojekte. Daneben werden die Teilnehmer auf ihre Wandlungsbereitschaft überprüft. Ein solches Vorgehen ist aufgrund des interaktiven und praxisorientierten Ansatzes der PSL, der auf eine **Prozeßbegleitung** abzielt, notwendig und dank der hohen Nachfrage nach dem Programm auch möglich. Ausgangspunkt für das Programm bilden konkrete Praxisfragen der Teilnehmer aus ihren jeweiligen Veränderungsprojekten. Im nächsten Schritt werden in Werkstätten Themen wie Konfliktmanagement oder Visions- und Zukunftsentwicklung behandelt. Schließlich bieten Lerngruppen ein Forum für den Erfahrungsaustausch der Teilnehmer, denn nicht zuletzt dient das Programm auch der internen Netzwerkbildung. Damit verschwimmen die Grenzen zwischen Personalentwicklung, Kommunikation und Projektmanagement.

Die Wandlungssituation fordert von Führungskräften und Mitarbeitern insbesondere Flexibilität, Kreativität, Mut, Risikofreude und Unsicherheitstoleranz, auch Durchhaltevermögen und Belastbarkeit sind von Bedeutung. Hier sind insbesondere Maßnahmen der Personalentwicklung off the job vonnöten. Für die Vermittlung affektiver Aspekte sind klassische Maßnahmen wie Seminare und Vorträge ungeeignet, am ehesten können hier innovative Entwicklungsinstrumente wie Sensitivitätstrainings und Outdoor-Trainings Verwendung finden. Der aus einer strategischen Erneuerung resultierende Qualifizierungsbedarf läßt sich nur selten mit Hilfe der turnusmäßigen Personalentwicklungsmaßnahmen decken. Statt dessen sind besondere Qualifizierungsoffensiven notwendig (vgl. Reiß 1997a, S. 101).

Der Kunststoff-Zulieferbetrieb STRÜBER & CO. GMBH setzte eine offensive Wachstumsstrategie um, um dem steigenden Wettbewerbsdruck und der rapiden Erhöhung der Veränderungs- und Anpassungserfordernis zu begegnen. Im Kern dieser Reorientierung stand eine **Qualifizierungsoffensive für alle Mitarbeiter**. Sie hatte die Vorbereitung der Führungskräfte auf die Herausforderungen im Veränderungsmanagement zum Ziel, also die präventive Schaffung von Wandlungsfähigkeit. Die Trainingsmaßnahmen vermittelten sowohl wandlungsspezifisches Methodenwissen als auch soziale Kompetenz, damit die Führungskräfte ihrer Vorbildfunktion gerecht werden konnten (vgl. Deser 1998).

Fähigkeiten und Kenntnisse als Ergebnis der Personalentwicklung werden nicht nur in der Mobilisierung benötigt, sondern in allen Phasen des Transformationsprozesses. So muß der Umgang mit Früherkennungssystemen und anderen IKS erst erlernt werden (**Initialisierung**) - eine Aufgabe der Personalentwicklung. Durch Fallstudien und Planspiele können die in der **Konzipierung** erforderlichen konzeptionellen Fähigkeiten vermittelt werden. Die vor allem in der **Umsetzung** geforderten Soft Skills (**soziale Kompetenz**), beispielhaft seien hier Moderations-, Koordinations- und Teamfähigkeit genannt, lassen sich vor allem mittels Personalentwicklung on the job erlernen. Neben sozialer Kompetenz ist auch **Methoden-** und **Fachkompetenz** zu vermitteln. Die aktiv an der Umsetzungsphase Beteiligten sind in Projektmanagementtechniken zu schulen, wofür Seminare oder selbstgesteuertes Lernen geeignet sind. Zur breiten Vermittlung von Methodenwissen eignet sich insbesondere auch das **Multiplikatorenkonzept**. In diesem Konzept werden die Kenntnisse kaskadenförmig von den Vorgesetzten an die direkt unterstellten Mitarbeiter weitergegeben und so multipliziert (vgl. Bühner 1997, S. 134). Es kann auch zur Kommunikation des Wandlungskonzepts eingesetzt werden.

BMW hat das Multiplikatorenkonzept in einem sogenannten **Beratungsnetzwerk** institutionalisiert. Bereits vorhandene Spezialisten, die bisher ihr Fach- und Methodenwissen informal innerhalb ihrer eigenen Abteilung zur Verfügung stellten, wurden in einem Netzwerk organisiert. Ihre Kenntnisse werden so bereichsübergreifend nutzbar gemacht (vgl. Bühner 1997, S. 134).

Die entsprechenden Maßnahmen sollten möglichst bald nach Erkennung eines Wandlungsbedarfs angestoßen werden, damit sie zum Ende der jeweiligen Phase abgeschlossen sind. Daher ist davon auszugehen, daß die Erhöhung der Wandlungsfähigkeit mittels Personalentwicklung mehr Zeit in Anspruch nimmt, als für eine einzelne Phase zur Verfügung steht. Es ist daher eine **Überlappung der einzelnen Phasen im Sinne eines Simultaneous Engineering** zu prüfen. Und schließlich ist die Verankerung der Wandlungsergebnisse in der **Verstetigung** nur möglich, wenn alle vom Wandel betroffenen Mitarbeiter und Führungskräfte die erforderlichen Kenntnisse und Verhaltensweisen beherrschen. Ein gewisser ‚Slack‘, der z.B. durch die Einführung wandlungsfähiger Personalentwicklungssysteme in Zeiten relativer Organisationsruhe

320

entsteht, ist in Kauf zu nehmen, will man dauerhaft Wandlungsfähigkeit sicherstellen. Die für zukünftigen Wandel benötigten Fähigkeiten und Kenntnisse werden in der Regel heute noch nicht bekannt sein. Bei FUJI XEROX gehören daher sogar Seminare über Aristoteles, das Alte Testament und den Zen-Buddhismus zu den Inhalten von Personalentwicklungsmaßnahmen.

Checkliste zur Personalentwicklungsstrategie im Wandel

▨ Welche Anforderungen an die Qualifikation der Führungskräfte und Mitarbeiter resultieren aus dem geplanten Wandel?

▨ Welche dieser Anforderungen sind durch vorhandene Fähigkeiten, Wissen und Verhaltensweisen gedeckt? Wo besteht Entwicklungsbedarf?

▨ Mit welchen Personalentwicklungs-Maßnahmen können die identifizierten Entwicklungslücken gedeckt werden?

▨ Welche Personen, insbesondere welche Hierarchieebenen, sollen Teilnehmer an den Personalentwicklungs-Maßnahmen sein?

▨ Können und sollen die erforderlichen Maßnahmen intern durchgeführt werden, oder ist ein Rückgriff auf externe Anbieter erforderlich?

▨ Wann und in welcher Reihenfolge sind die Personalentwicklungs-Maßnahmen durchzuführen?

▨ Wie kann die Personalentwicklung sinnvoll mit Anreizsystem, IKS, Führungssystem etc. verzahnt werden?

---

6.   Einsatz von Systemen im Transformationsprozeß

Im Rahmen der Diskussion der verschiedenen Systeme wurde deutlich, daß der gesamte Transformationsprozeß von Systemen begleitet und unterstützt werden kann und muß, wenn auch mit von Phase zu Phase wechselnder Bedeutung der einzelnen Systeme. Dabei ist festzustellen, daß **alle** hier besprochenen Systeme in **allen** Phasen sinnvoll sind. Die folgende Tabelle faßt den Einsatz der verschiedenen Systeme im Verlauf des Transformationsprozesses checklistenartig zusammen und ist so als **Instrument zur Planung des Systemeinsatzes im Rahmen des Wandels** zu begreifen.

Für einen erfolgreichen Systemeinsatz genügt es allerdings nicht, zu Beginn einer jeden Phase des Transformationsprozesses die jeweils geeignete Systemgestaltung abzuleiten und umzusetzen. In einigen Fällen stellen die Systeme eine Voraussetzung für den Eintritt in die jeweilige Phase dar, wie beispielsweise Früherkennungssysteme für die Initialisierung. Weiterhin ist zu bedenken, daß Systeme - insbesondere im Falle der Personalentwicklung - ihre **Wirkung oft nur langfristig entfalten**. Dadurch fallen die Durchführung der jeweiligen Maßnahmen und deren Wirkungen im Wandel zeitlich auseinander. Zum Zwecke einer überschneidungsfreien Zuordnung von Systemen zu Phasen sind in der folgenden Übersicht die Wirkung der entsprechenden Maßnahmen zugrunde gelegt. Der Zeitraum der Umsetzung liegt in der Regel in einer früheren Phase. Er ist situationsspezifisch zu planen.

System / Phase	Führungssystem (FS)	Anreizsystem (AS)	Informations- und Kommunikationssystem (IKS)	Personalentwicklungssystem (PES)
1. Phase: Initialisierung - Wandlungsbedarf feststellen - Wandlungsträger aktivieren	- Zielabweichungen als Signal nutzen - Rahmenbedingungen für proaktiven Wandel gestalten - Freiräume für strategische Fragestellungen schaffen	- Rahmenbedingungen für proaktiven Wandel schaffen - Risikofreude und Unternehmertum belohnen	- MUS, insbes. Früherkennungssysteme, zur Info.sammlung und -aufbereitung nutzen - flankieren mit Data-Warehouse, Wissensbasierten Systemen	- Fähigkeit und Bereitschaft zur Nutzung von IKS u. zur Erkennung von Wandlungsbedarf erhöhen - Promotoren und Opponenten identifizieren
2. Phase: Konzipierung - Wandlungsziele festlegen - Maßnahmenprogramme entwickeln	- Innovationsziele im Führungssystem verankern	- Innovationsziele mit Anreizen koppeln	- MUS, Wissensbasierte Systeme zur Entscheidungsunterstützung nutzen	- konzeptionelle Fähigkeiten erhöhen - Planungsmethoden vermitteln
3. Phase: Mobilisierung - Wandlungskonzept kommunizieren - Wandlungsbedingungen schaffen	- Macht und Überzeugung einsetzen - Wandlungsziele in den MbO-Zyklus übernehmen - Verhaltensakzeptanz schaffen - Signalwirkung von Änderungen im FS nutzen	- durch Sanktionen Verhaltensakzeptanz schaffen - Promotoren aktivieren - Informationsfunktion des AS zur Aussendung von Signalen nutzen	- durch Kommunikation Barrieren überwinden und Promotoren gewinnen - Promotoren informationell ,empowern'	- benötigte Fähigkeiten vermitteln - Multiplikatoren schulen - Einstellungs- und Verhaltensakzeptanz schaffen - PES zur Kommunikation nutzen
4. Phase: Umsetzung - Prioritäre Vorhaben durchführen - Folgeprojekte durchführen	- Projektziele ins FS übernehmen - MbO-Zielhierarchie im Projektcontrolling verankern	- Barrieren überwinden - Promotoren motivieren und belohnen - Opponenten sanktionieren - Verhalten steuern	- MUS und Projektmanagementinstrumente im Projektmanagement einsetzen - mit Data-Warehouse, Erf.datenbanken, Groupware Infrastruktur bereitstellen	- Projektmanagementtechniken vermitteln - soziale Kompetenz fördern - Multiplikatorenkonzept für breite Schulung nutzen
5. Phase: Verstetigung - Wandlungsergebnisse verankern - Wandlungsbereitsch. u. -fäh. sichern	- künftige Verbesserungsmöglichkeiten verankern - Zielsystem umstellen - Selektionseffekte nutzen	- gewünschte Verhaltensweisen durch anhaltende Belohnung stabilisieren - Rückfall in alte Gewohnheiten sanktionieren	- MUS, insb. Früherkennungssysteme institutionalisieren - optimalen Informationsstand sicherstellen	- wandlungsrelevante Fähigkeiten und Verhaltensweisen erhalten - Promotoren in Schlüsselpositionen bringen

Abb. 8/3: Einsatz von Systemen im Transformationsprozeß

7. Zusammenfassung

■ Systeme wirken auf alle Koordinaten des Wandels und in allen Phasen des Transformationsprozesses. Hierzu sind einerseits die Systeme auf die Wandlungsziele abzustimmen, andererseits gilt es, zwischen den Systemen einen Fit herzustellen, um Glaubwürdigkeit zu signalisieren und Wirkungsverstärkungen zu nutzen (**Orchestrierung**, vgl. Kap. 2.7, S. 88ff.).

■ In **Führungssysteme** sind die Ziele des Wandels zu integrieren. Sie schaffen dann ein wandlungsförderndes Klima, das auf alle drei Koordinaten des Wandels eine positive Wirkung besitzt. Gleichzeitig entfalten sie eine Informationswirkung und verbessern Einstellungs- und Verhaltensakzeptanz. Daneben haben sie eine hohe Bedeutung in der Verstetigung, da durch entsprechende Verankerung von Zielen und Verhaltensweisen der erreichte Wandel stabilisiert und die zukünftige Wandlungsfähigkeit erhöht werden kann.

■ **Anreizsysteme** wirken indirekt über eine Ergänzung und Verstärkung der übrigen Systeme auf die ‚3Ws‘. Ihr zweiter Anwendungsschwerpunkt liegt in der Gestaltung des Anreiz-Beitrags-Saldos und damit der Verhaltensakzeptanz. In Grenzen läßt sich auch Einstellungsakzeptanz erzeugen.

■ **Informations-** und **Kommunikationssysteme** stellen eine Plattform für Informations- und Kommunikationsaktivitäten und damit für Führung und Machtausübung dar. Sie erleichtern die Erkennung des Wandlungsbedarfs. Gezielt eingesetzt, können sie in den Entstehungsprozeß von Promotoren und Opponenten eingreifen und so die Wandlungsbereitschaft erhöhen. Auch die Wandlungsfähigkeit der Unternehmung steht und fällt mit der IKS-Infrastruktur.

■ **Personalentwicklungssysteme** vermitteln die erforderlichen Fähigkeiten und Kenntnisse, was für die Erkennung des Wandlungsbedarfs gleichermaßen notwendig ist wie für den anschließenden Wandel (Wandlungsfähigkeit). Daneben verändern sie den Anreiz-Beitrags-Saldo der Betroffenen wie auch in Grenzen die Einstellung und beeinflussen so die Wandlungsbereitschaft. Durch Karriereplanung sind Promotoren des Wandels gezielt in Schlüsselpositionen zu bringen.

Neuntes Kapitel

NORBERT BACH / CARSTEN BREHM

Wandungscontrolling

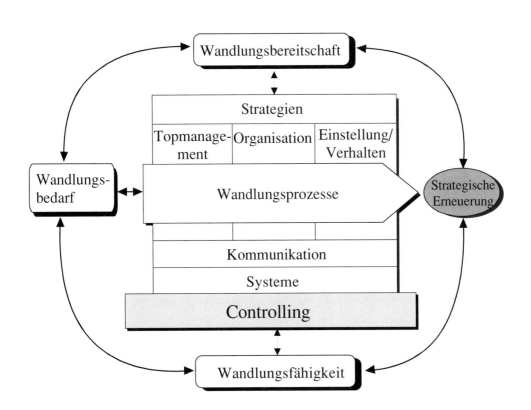

Daß man nicht managen kann, was man nicht messen kann, ist keineswegs eine unproblematische Forderung. Aber auch dem Wandlungsgeschehen hilft es zweifellos auf die Sprünge, wenn sich klare Aussagen für die Planung, Steuerung und Kontrolle des Geschehens treffen lassen. Daher behandelt dieses Kapitel die wichtigsten Fragen, die sich einem Controlling des Wandels stellen. Dabei wird Bezug genommen auf die drei in Kapitel 2 vorgestellten Prozeßdimensionen des Wandels: Prozeß der Unternehmungsentwicklung, Transformationsprozeß, Projektprozesse. Im wesentlichen geht es darum, vorhandenes Instrumentarium für Wandlungszwecke nutzbar und einsetzbar zu machen. Controlling ist eine Querschnittsaufgabe des Wandlungsgeschehens. Die verschiedenen Ziele und Maßnahmenprogramme, der Ablauf und der Stand der einzelnen Projekte sollten in klarer Form im Zahlenwerk des Controlling abgebildet sein.

1. Wandlungscontrolling: Die Unternehmung auf Kurs halten

1.1 Controllingverständnis und Zielgrößen des Wandels

Wandlungscontrolling in der hier verfolgten Konzeption bildet eine ,Querschnittsfunktion‘, die dem Wandlungsmanagement hinsichtlich aller drei gedanklichen Koordinaten des Wandels Informationen aufbereitet und auf diese Weise Entscheidungen vorbereitet und unterstützt. Bisher existieren in der Literatur einzelne Aspekte eines auf die Umsetzungsphase des Transformationsprozesses abzielenden ,**Implementierungscontrolling**‘, auf die an entsprechender Stelle verwiesen wird. Ein phasenübergreifendes Controllingkonzept existiert jedoch nicht. Des weiteren werden bisher überwiegend die mit Wandlungsprozessen verbundenen Kosten diskutiert, ohne diesen korrespondierende Leistungsgrößen gegenüberzustellen oder Effizienzkennzahlen zu entwickeln. Nachfolgend wird aufbauend auf den Ebenen des Unternehmungswandels und den fünf Phasen des Transformationsprozesses eine Controllingkonzeption entwickelt, die einige der vorhandenen Defizite beheben soll.

Seit den Anfangstagen des Controlling herrscht Meinungsvielfalt darüber, was unter Controlling zu verstehen ist und welche Ziele und Aufgaben dem Controlling zukommen. Für die hier zu diskutierenden Fragen wird nachfolgend auf das Controllingverständnis von *Hahn* zurückgegriffen (1996, S. 182ff.). Demgemäß kann **Wandlungs-**

controlling verstanden werden als die informationelle Sicherstellung ergebnisorientierter Planung, Steuerung und Überwachung des Unternehmungswandels bzw. der strategischen Erneuerung. Es geht also nicht nur darum, die Kosten des Wandlungsprogramms zu erfassen, zu überwachen und zu verwalten, sondern auch darum, Leistungen des Wandels zu bewerten und zuzurechnen.

Wandlungscontrolling hat die informationelle Sicherstellung eines ergebnisorientierten Wandlungsmanagements zum Ziel. Hierzu gehören sowohl die Erfassung und Verrechnung von Wandlungskosten als auch die Bewertung und Zuordnung von Wandlungsleistungen.

Eine ergebnisorientierte Sicherstellung des Wandlungsmanagements bedarf der Definition und Operationalisierung von Zielen. Die nun zu klärende Frage lautet, in welcher Beziehung die anhand des Wandlungsbedarfs zu definierenden Wandlungsziele zu den allgemeinen Zielen der Unternehmung stehen.

Unstrittig ist sicherlich, daß im Wandel wie auch unter stabilen Rahmenbedingungen die **Erhaltung und erfolgreiche Weiterentwicklung als oberste Ziele der Unternehmung** festgehalten werden können. Aus diesen Oberzielen lassen sich verschiedene inhaltliche Zielkategorien ableiten (vgl. Hahn 1996, S. 6ff.), die sich auch für die Unterscheidung und Operationalisierung von Wandlungszielen als nützlich erweisen:

- **Wertziele**: Unternehmerische Tätigkeit führt zu Wertschöpfung, die sich in Wertzielen festhalten läßt, ausgedrückt durch Ergebnis und Liquidität. Unternehmerischer Erfolg wird aber auch an einem hohen oder gestiegenen Unternehmungswert deutlich. Konsequenterweise muß sich auch jedes Wandlungsprogramm an seinem **Beitrag zum Unternehmungswert** messen lassen. Wenn durch den Wandel kein Unternehmungswert generiert wird, sollten auch keine Ressourcen dafür eingesetzt werden. Als Maßstab sollte die in der Unternehmung ohnehin ermittelte oberste Spitzenkennzahl, in der Regel der Unternehmungskapitalwert, dienen. Im Wandlungscontrolling sind Wertziele von herausragender Bedeutung für das **Controlling der Unternehmungsentwicklung**.

- **Leistungsziele**: Am Ende des Wertschöpfungsprozesses steht ein konkretes Ergebnis in Form von Produkten oder Dienstleistungen. Das allgemeine Controlling analysiert und überprüft daher die Erreichung von Leistungszielen im Produktionsprozeß. Im Wandlungsmanagement korrespondieren die Leistungsziele mit der

Deckung des Wandlungsbedarfs. Die im Transformationsprozeß angestrebte **Veränderungsleistung** muß phasenspezifisch näher spezifiziert und operationalisiert werden, damit das **Programmcontrolling** seinen Aufgaben gerecht werden kann. Hierbei können spezifische Kennzahlen für Abbau-, Umbau- oder Aufbauprogramme festgelegt werden.

■ **Sozialziele**: Hiermit sind Verhaltensweisen der Unternehmung insbesondere gegenüber ihren Mitarbeitern angesprochen. Diese Zielkategorie wird im Unternehmungswandel üblicherweise unter dem Schlagwort **Akzeptanz** diskutiert. Wie bereits in Kapitel 6 ausführlich erläutert (vgl. Kap. 6.3, S. 236ff.), kann ohne Akzeptanz der Mitarbeiter kein Wandel bewältigt werden. Wert- und Leistungsziele in den **Projektprozessen des Wandels** können nur unter Einhaltung der Sozial- bzw. Akzeptanzziele erreicht werden. Die in Kapitel 6 entwickelten Implementierungsstrategien zum Aufbau von Akzeptanz bilden daher die konzeptionelle Grundlage zur Erläuterung von Kostenverläufen im Verlauf des Transformationsprozesses (vgl. Abschn. 3.3, S. 348ff.).

Wandlungscontrolling als informationelle Unterstützung eines ergebnisorientierten Wandlungsmanagements muß alle drei Prozeßebenen des Wandels umfassen. Hinsichtlich der Aufgabenschwerpunkte des Wandlungscontrolling lassen sich die inhaltlichen Zielkategorien des **Wertbeitrags** und der **Veränderungsleistung** sowie die **Effizienz** des Transformationsprozesses schwerpunktmäßig den drei Ebenen des Wandlungsmanagements zuordnen (vgl. folgende Abb. 9/1). Davon unberührt bleibt die Tatsache, daß analytisch auf jeder Prozeßebene des Wandels jede Kategorie von Zielen definiert werden kann.

Auf der **Unternehmungs(entwicklungs)ebene** sollte das Hauptaugenmerk des Wandlungscontrolling auf dem **Unternehmungswert** liegen. Ergänzend werden aggregierte Ertrags- und Finanzkennzahlen betrachtet, die für konkrete Handlungsempfehlungen hinsichtlich der strategischen Optionen durch geschäftsspezifische inhaltliche Analysen ergänzt werden. Für das im nachfolgenden Abschnitt 2 (S. 334ff.) erläuterte Controlling der Unternehmungsentwicklung kann auf Erkenntnisse aus dem strategischen Controlling zurückgegriffen werden.

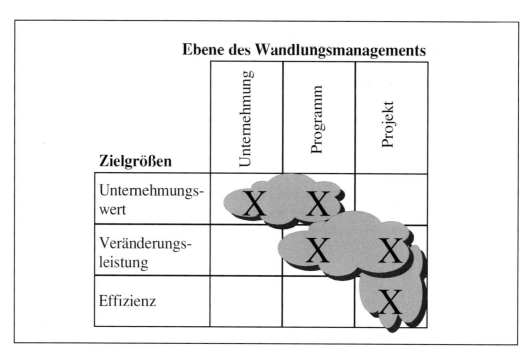

Zielgrößen	Ebene des Wandlungsmanagements		
	Unternehmung	Programm	Projekt
Unternehmungs- wert	X	X	
Veränderungs- leistung		X	X
Effizienz			X

Abb. 9/1: Schwerpunkte der Wandlungsziele und -ebenen

Im **Programmcontrolling** liegt der Schwerpunkt eindeutig auf dem **Controlling der Veränderungsleistung**. Der Bezug zum Unternehmungswert muß allerdings mit berücksichtigt werden. Er wird durch die spezielle Wandlungssituation und damit durch die Auswahl einer strategischen Option hergestellt. Zu klären ist vor allem die Operationalisierung der Veränderungsleistung, was in Abschnitt 3 (S. 341ff.) zum Programmcontrolling ausführlich behandelt wird.

Schließlich ist für das Controlling der **Projektprozesse des Wandels** festzuhalten, daß hier projektspezifische **Effizienzziele** und die für den Einzelschritt festgelegte Veränderungsleistung im Mittelpunkt des Wandlungscontrolling stehen. Unabhängig von den beschriebenen inhaltlichen Zielkategorien lassen sich spezifische **Effizienzziele** des Wandels als Steuerungsgrößen des Wandlungsprogramms definieren und überwachen. Sie stellen die angestrebte oder erzielte Veränderungsleistung ins Verhältnis zu den entstandenen Wandlungskosten. Hier kann auf ein vielfältiges und ausgefeiltes Instrumentarium aus dem **Projektcontrolling** zurückgegriffen werden. Dies wird im anschließenden Abschnitt 4 (S. 354ff.) ausgeführt.

1.2 Balanced Scorecard als zentrales Navigationsinstrument

„Ohne **Performance Measurement** fliegt man im Nebel" so Dr. Christoph Klingenberg, Leiter Strategische Entwicklung bei LUFTHANSA AG. Zum Steuern eines komplexen Systems - eines Flugzeugs ebenso wie einer Unternehmung - in turbulenten Situationen reicht eine einseitige Ausrichtung auf eine Zielgröße nicht aus. Mag in ruhigem Umfeld der Autopilot - in Unternehmungen zumeist das Erreichen von Wertzielen - genügen, so dürfen in Wandlungssituationen die wechselseitigen Abhängigkeiten zwischen den verschiedenen Zielkategorien nicht vernachlässigt werden. Unter dem Schlagwort **Performance Measurement** haben verschiedene Ansätze einer ganzheitlichen Bewertung der Unternehmungsleistung unter Einbezug aller Zielkategorien und auch qualitativer Kenngrößen Einzug in die Managementliteratur gefunden. Eine Studie des Mannheimer Unternehmerforums zum Einsatz von Performance Measurement-Konzepten in Deutschland belegt auch die Praxisrelevanz dieser Ideen: mit zunehmender Intensität des Wandels nimmt der Einsatz von Performance Measurement-Systemen zu (vgl. Fleischhauer 1998).

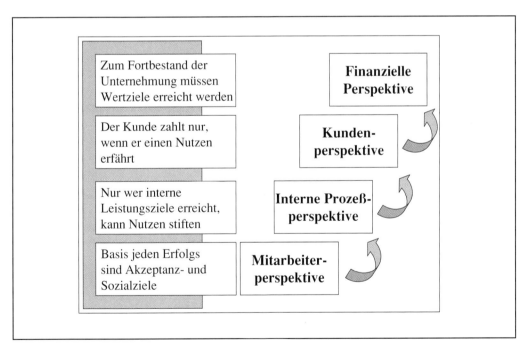

Abb. 9/2: Die Ursache-Wirkungs-Beziehungen in der Balanced Scorecard

Das neben unternehmungsspezifischen Eigenentwicklungen am häufigsten eingesetzte und sicherlich auch bekannteste Performance Measurement-Konzept ist die nachfolgend erläuterte **Balanced Scorecard** (vgl. Kaplan/Norton 1993). Sie erklärt die Ursache-Wirkungs-Beziehungen zwischen den Zielkategorien und visualisiert diese in vier aufeinander aufbauenden strategischen Perspektiven (vgl. Abb. 9/2 oben und auch Kap. 8.2, S. 295f.).

Zur besseren Information der Entscheidungsträger werden in den vier Perspektiven der Scorecard die interne Performance und die externe Kundensicht sowie der Aufbau von Humankapital und die durch die unternehmerische Tätigkeit erreichbaren Wertziele gegenübergestellt. Es wird eine ,**Balance**' von vor- und nachgelagerten Größen einerseits, internen und externen Sichtweisen andererseits angestrebt.

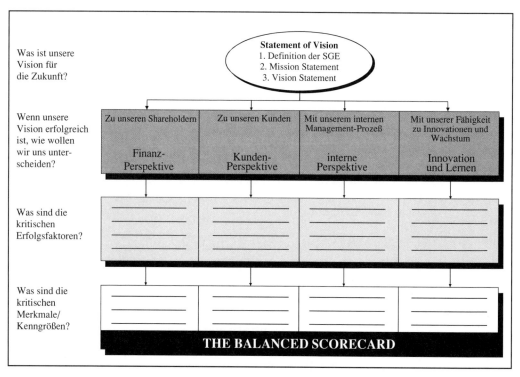

Abb. 9/3: Ableitung von Kenngrößen der Balanced Scorecard

Ausgehend von der unternehmerischen Vision und der Strategie, werden für jede der Perspektiven aggregierte Schlüsselgrößen abgeleitet, die dem Management als Entscheidungsgrundlage zur Verfügung stehen (vgl. Abb. 9/3).

Der Nutzen der Balanced Scorecard (BSC) für das Wandlungscontrolling kann allgemein anhand der fünf Phasen des Transformationsprozesses erläutert werden.

In der **Initialisierungsphase** sind zunächst Wandlungsbedarfe zu identifizieren. Wandlungsbedarf kann allgemein als das Nichterreichen von Zielen definiert werden. In dieser Hinsicht bildet eine funktionierende BSC mit den Kennzahlen der vier Perspektiven einen unternehmungsspezifischen Monitor, in dem **Wandlungsbedarfe** abgelesen werden können. Anhand der vorgelagerten Kenngrößen sind Zielabweichungen schon erkennbar, bevor sie in der finanziellen Perspektive als zeitlich nachlaufende Ergebnismessung sichtbar werden. Ist die BSC als Steuerungsinstrument anerkannt, so erleichtert sie bei Zielabweichungen auch die **Aktivierung potentieller Wandlungsträger**. Sind z.B. Abweichungen in der internen Prozeßperspektive erkennbar, so dürfte es weniger Überzeugungsarbeit bedürfen, ein Umbauprogramm zur Optimierung der Wertschöpfung aufzulegen.

In der **Konzipierungsphase** können die in der BSC verankerten unternehmungsspezifischen Interdependenzen zwischen den Perspektiven ausgenutzt werden. Zunächst erleichtern die Kennzahlen aus der Scorecard die Operationalisierung von **Wandlungszielen**. Anschließend können geplante Maßnahmen anhand der Scorecard dahingehend überprüft werden, ob das Programm nicht durch begleitende Aktivitäten in anderen Bereichen ergänzt werden muß. Um das obige Beispiel fortzuführen: Das interne Umbauprogramm (Prozeßperspektive) sollte von Schulungs- und Trainingsmaßnahmen (Mitarbeiterperspektive) begleitet und durch zusätzliche Marketingaktivitäten (Kundenperspektive) an die Kunden kommuniziert werden.

Eine Kernaktivität der **Mobilisierungsphase** ist die **Kommunikation** des Wandlungskonzepts. Aus kommunikationstheoretischer Sicht bilden die im Idealfall gemeinsam erarbeiteten Kennzahlen in der Scorecard einen unternehmungsweit anerkannten und verstandenen Sprachschatz, mit dessen Hilfe Kommunikationsstörungen minimiert und die Übermittlung der Botschaft beschleunigt werden können. Dies hilft insbesondere, auf Unsicherheit und mangelnde Transparenz des Wandlungskonzept zurückzuführende Akzeptanzkosten zu minimieren. Gleichzeitig kann bei einem in den Perspektiven der BSC abgebildeten Wandlungskonzept auch vergleichsweise einfach die **Schaffung der Wandlungsbedingungen** überprüft werden.

Ähnliches gilt für das Monitoring des Programmfortschritts im Verlauf der **Umsetzungsphase**. Die BSC als Kommunikationsinstrument erleichtert die Abstimmung der Einzelmaßnahmen und die Dokumentation von Erfolgen. Dies wiederum hilft, Akzeptanz aufzubauen und die Wandlungsergebnisse im Sinne der **Verstetigungsphase** dauerhaft zu verankern.

2. Controlling der Unternehmungsentwicklung

2.1 Bedeutung des Controlling der Unternehmungsentwicklung

Im Prozeß der Unternehmungsentwicklung werden Normalphasen ('Entwicklungsstadien') und Umbruchsphasen ('Übergangsstadien') unterschieden (vgl. Kap. 2.4, S. 50ff.). Das strategische Wandlungscontrolling muß diesen Entwicklungsprozeß beobachten und in Steuerungsgrößen abbilden, um möglichst klar und rechtzeitig einen Transformationsbedarf zu erkennen. Dies verdeutlicht auch das nachfolgende Zitat aus der Firmenbroschüre der AVERY DENNISON ZWECKFORM Office Products Europe GmbH in Oberlaindern/Bayern.

„Im Unternehmen Marke ZWECKFORM spielen Ziele eine große Rolle. Als oberstes Ziel gilt das Überleben und Weiterkommen der Firma. Was in der Natur über die Selektion geschieht, muß ein Unternehmen wie ZWECKFORM bewußt und gezielt vornehmen. Strukturen und Abläufe, die dem Unternehmenszweck des Überlebens und Weiterkommens hinderlich sind, müssen angepaßt werden. Alle Formen stehen dabei zur Disposition. Es gibt keine Formen für die Ewigkeit. Nicht in der Natur und nicht in einem Unternehmen Marke ZWECKFORM."

Aktuelle und potentielle Tätigkeitsfelder der Unternehmung müssen ständig dahingehend überprüft werden, ob sie der Erreichung der obersten Ziele der Unternehmung, dem Fortbestand und der erfolgreichen Weiterentwicklung, dienlich sind. Gleichzeitig sind vom Wandlungscontrolling Maßnahmenpakete vorzuschlagen, wie den Entwicklungen in den Umfeldern wann begegnet werden kann. Konkret geht es um die Entscheidungsunterstützung des Topmanagements bei der Definition eines Wandlungsbedarfs, bei dem Aufsetzen von Wandlungsprogrammen und bei der Auswahl **strategischer Optionen** (vgl. Kap. 3, S. 99ff.).

Das **Controlling der Unternehmungsentwicklung** unterstützt das Topmanagement hinsichtlich des Auslösens von Wandel. Neben der Informationsaufbereitung darüber, welche Optionen der strategischen Erneuerung nötig und/oder möglich sind, gehört hierzu auch die Entscheidungsunterstützung in Bezug auf das Timing von Transformationsprozessen.

2.2 Unternehmungswert und strategische Optionen

Die Indikatoren und Steuerungsgrößen des Controlling der Unternehmungsentwicklung sollten möglichst unabhängig von Geschäftsfeld- und Produktlebenszyklen sein. Auf diese Weise wird vermieden, daß mit einer erfolgreichen strategischen Erneuerung (vgl. das OLIVETTI Beispiel S. 337) auch das gesamte Controllinginstrumentarium neu definiert werden muß. In dieser Hinsicht empfiehlt es sich, als **Indikator** für die Entwicklungsfähigkeit und die Zukunftschancen der Unternehmung den **Unternehmungswert** zu betrachten, dessen Aussagekraft unabhängig von der jeweiligen Geschäftstätigkeit ist. Diese Überlegungen werden von der zunehmenden Ausrichtung der Managementaktivitäten auf den Kapitalwert in der Praxis bestätigt.

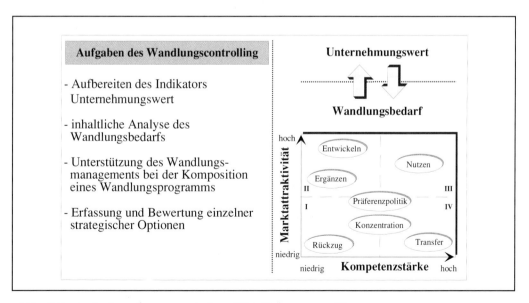

Abb. 9/4: Aufgaben des strategischen Wandlungscontrolling

Eine Aufgabe des Controlling der Unternehmungsentwicklung ist daher die Aufbereitung des Indikators Unternehmungswert. Welchem der vielen Konzepte von CFROI (vgl. Lewis 1995), Discounted Cash flow (vgl. Rappaport 1999; Copeland et al. 1998), EVA (vgl. Stern/Stewart 1998), oder residualem Unternehmungswert (vgl. Hahn 1996) dabei gefolgt wird, ist für die hier getroffene Aussage unerheblich. Für das Wandlungscontrolling ist allerdings grundlegend, daß sich die Unternehmungsführung für eine den Unternehmungswert abbildende **Spitzenkennzahl als Indikator für einen Wandlungsbedarf** entscheidet. Das Topmanagement braucht Indikatoren mit Signalcharakter, die zum Überdenken der bisherigen Handlungen auffordern und so mögliche Wandlungsbedarfe ins Blickfeld rücken. Ansonsten besteht die Gefahr, daß wichtige Bedarfe in der Dringlichkeit des Tagesgeschäfts untergehen und mißachtet werden. Der Unternehmungswert darf dabei aber auch nicht überinterpretiert werden. Er hat lediglich Indikatorfunktion und muß durch geschäftsspezifische Analysen in seiner Aussagekraft hinterfragt werden.

Unternehmungswert, Wandlungsbedarf und strategische Optionen stehen in wechselseitiger Abhängigkeit zueinander. Dies gilt zum einen im Negativfall eines sinkenden Unternehmungswerts als ‚blinkende Warnlampe‘ für ein spätes **reaktives Wandlungsverhalten**, wie z.B. die niedrige Bewertung von BMW vor Austausch der Doppelspitze *Pischetsrieder/Reitzle* durch die Analysten der Banken im Februar 1999 zeigte. Deuten auch inhaltliche Analysen der Geschäftstätigkeit auf einen Wandlungsbedarf hin, so sind anhand von Marktattraktivität und Kompetenzstärke mögliche strategische Optionen des Wandlungsmanagements zur Deckung des anstehenden Bedarfs in Betracht zu ziehen. Zum anderen sollte der Unternehmungswert auch als aggregierter Bewertungsmaßstab für Optionen **proaktiven Wandlungsverhaltens** herangezogen werden. Strategische Optionen müssen sich sowohl isoliert als auch in ihrer Kombination als Wandlungsprogramm immer daran messen lassen, welchen Beitrag sie zur Erhaltung oder Steigerung des Unternehmungswerts leisten.

Ein Indikator wie der Unternehmungswert soll lediglich zum Nachdenken anregen, kann aber keine inhaltlichen Hinweise auf einen Wandlungsbedarf geben. Hierin liegen die weiteren Teilaufgaben des Controlling der Unternehmungsentwicklung. Anhand der Attraktivität der bedienten Märkte und der eigenen Kompetenzstärke sind alle Geschäftsfelder auf mögliche strategische Optionen zu überprüfen. Die zu ermittelnden potentiellen Auswirkungen auf den Unternehmungswert setzen sich dabei aus dem ‚**stand-alone-value**‘ der einzelnen Geschäftsbereiche sowie dem aus der Unternehmungszugehörigkeit resultierenden ‚**parenting value**‘ zusammen (vgl. Goold et al. 1994; Simanek 1997, S. 81ff.). Es ist nicht Anliegen des vorliegenden Buchs, neue Verfahren der Erhebung und Bewertung strategischer Optionen aufzuzeigen. Hierzu kann auf vorhandene Controlling-Konzepte zurückgegriffen werden (vgl. Copeland et al. 1998). An dieser Stelle soll lediglich der Zusammenhang von Controllingaufgaben und Wandlungsmanagement herausgearbeitet werden, wie er in Abbildung 9/4 (S. 335) zum Ausdruck kommt. Das folgende Beispiel der Unternehmungsentwicklung der OLIVETTI SpA kann dies noch einmal verdeutlichen.

Das Thema: **Controlling der Unternehmungsentwicklung**

Das Beispiel: OLIVETTI SPA

Die OLIVETTI SpA in Ivrea/Italien hat ihre erste strategische Erneuerung schon Ende der 70er Jahre erfolgreich bewältigt. Aus dem Büromaschinenhersteller formte der langjährige Präsident Carlo *di Benedetti* ein Computerunternehmen. Im Jahr 1991 steckte OLIVETTI wieder in einer tiefen Krise, der Indikator Unternehmungswert zeigte ‚Alarmstufe Rot'. Bei der inhaltlichen Analyse des Wandlungsbedarfs sah Carlo *di Benedetti* große Chancen in einem Einstieg in die Telekommunikation, während dem bisherigen Hauptgeschäftsfeld Computer keine Zukunft zugetraut wurde. Der hohen Marktattraktivität der Telekommunikation stand jedoch eine geringe eigene Kompetenzstärke gegenüber. OLIVETTI entschloß sich daher zur Option der **Entwicklung** der notwendigen Kompetenzen zusammen mit Partnern. Die Kompetenzstärke der OLIVETTI SPA im bisherigen Hauptgeschäftsfeld der Informationstechnologie wurde als ‚gering bis mittel' eingestuft. Da jedoch in den neuen Geschäftsfeldern noch kein Cash-flow generiert wurde, mußte das Geschäftsfeld IT zunächst noch weiterbetrieben werden.

Aufgrund der nur schleppend vorangehenden Liberalisierung des Telekommunikationsmarktes in Italien konnte sich OLIVETTI nicht schnell genug aus dem Geschäftsfeld IT zurückziehen (Option: **Rückzug**). Im September 1996 mußte Präsident *di Benedetti* ‚seinen Hut nehmen', und Roberto **Colaninno** übernahm die Vollendung des in die Wege geleiteten Transformationsprozesses. Anfang 1997 wurde die PC-Produktion verkauft und aus dem OLIVETTI-Organigramm getilgt. Der gemeinsam mit dem Partner MANNESMANN AG aufgebaute Mobilfunkanbieter OMNITEL verzeichnet hingegen hohe Wachstumsraten. Im September 1998 ist OMNITEL der viertgrößte Anbieter in Europa, hält 25% des italienischen Marktes und zieht 45% aller Neukunden des nach Aussage des damaligen MANNESMANN Finanzchefs Klaus *Esser* „dynamischsten Markts Europas" an. Die Übernahme von TELECOM ITALIA im Frühjahr 1999 kann als strategische Option der **Ergänzung** interpretiert werden, mit der die strategische Erneuerung vom Computerunternehmen zum Telekommunikationsdienstleister abgerundet wird. Die Zustimmung der Aktionäre kann dabei als Indikator dafür angesehen werden, daß eine

Steigerung des Unternehmungswerts erwartet wird (FAZ vom 07.09.1998 und 25.05.1999).

Wie oft in der Praxis ist auch im OLIVETTI-Beispiel nicht klar zu erkennen, welche Aufgaben das Topmanagement und welche die Controller erfüllen. Aus der hier eingenommenen theoretischen Perspektive sollte der Controller den Topmanager bei der Entscheidungsfindung unterstützen, nicht jedoch die Entscheidung treffen. Bei den Erhebungen der Praxisbeispiele zu diesem Buch war jedoch vielfach zu beobachten, daß nicht das Topmanagement selbst, sondern Mitglieder aus Unterstützungseinheiten den Wandlungsbedarf und entsprechende strategische Optionen als erste erkannten. Auch in diesen Fällen blieb es jedoch Entscheidung des Topmanagements, ein konkretes Strategieprojekt aufzulegen und die im folgenden Abschnitt behandelte Timing-Entscheidung zu treffen.

2.3 Controlling des Timing von Transformationsprozessen

Das Controlling der Unternehmungsentwicklung beinhaltet vor allem das Auslösen der strategischen Erneuerung, d.h., der Initialisierungsphase des Transformationsprozesses. Zur **Timingproblematik** gehört neben dem Startzeitpunkt aber auch der angestrebte Endzeitpunkt und damit die geplante Zeitdauer von Transformationsprozessen. Im Kontext des Prozesses der Unternehmungsentwicklung geht es darum, rechtzeitig zu erkennen, wann das Ende einer Entwicklungsstufe erreicht ist. In der Praxis besteht dabei häufig das Problem, daß solche Fragen erst dann entschieden werden, wenn ein nicht gedeckter Wandlungsbedarf das Tagesgeschäft gefährdet. Ziel des strategischen Wandlungscontrolling muß es sein, auf einen Wandlungsbedarf und mögliche strategische Optionen hinzuweisen, bevor die Unternehmung so tief in die Krise gerät, daß ihr Fortbestand ernsthaft gefährdet ist.

Wandlungsbedarfe können sowohl aus dem Verhältnis der eigenen Position im Vergleich zu relevanten Umfeldentwicklungen als auch aus den visionären Gedanken eines Intrapreneurs resultieren (vgl. Kap. 2.7, S. 77ff.). In beiden Fällen sind günstige und weniger günstige Zeitpunkte zum **Start von Transformationsprozessen** möglich. Die Vorteilhaftigkeit ergibt sich dabei insbesondere aus den die Gesamtunternehmung betreffenden Umfeldentwicklungen, aber auch aus sachlichen oder personellen Konstellationen im Einzelfall. Günstige Konstellationen können in ihrer inhaltlichen Ausprägung zwar oftmals vorausgesehen, in ihrem zeitlichen Eintreffen jedoch nicht genau vorherbestimmt werden. In solchen Fällen empfiehlt es sich, einen Zeitraum als ‚**window of opportunity**‘ festzulegen, innerhalb dessen man jederzeit zum Handeln

338

bereit ist und ein ausgearbeitetes Wandlungskonzept umsetzen kann. Dieses Vorgehen läßt sich mit dem Plazieren einer Kauforder für einen bestimmten Aktienkurs vergleichen. Das Wandlungsverhalten enthält dann sowohl proaktive wie auch reaktive Elemente. Die Vorbereitung auf eine bestimmte Konstellation mit dem Durchlaufen der Initialisierungs-, der Konzipierungs- und der Mobilisierungsphase des Transformationsprozesses kann als proaktives Verhalten interpretiert werden. Tritt das erwartete Ereignis ein, so kann unmittelbar die Umsetzungsphase gestartet und das Konzept vergleichsweise schnell realisiert werden. Mit der Vorbereitung auf ein ‚window of opportunity‘ verschafft sich die Unternehmung folglich eine gewisse Flexibilität und Handlungsautonomie, da sie sich sowohl für unterschiedliche Umfeldentwicklungen als auch für variierende Zeitpunkte rüsten kann (vgl. Bleicher 1995, S. 478ff.).

Das Wandlungscontrolling sollte die Timingentscheidung zum Start von Transformationsprozessen auch instrumentell unterstützen. Hier kann auf vorhandene **Systeme strategischer Frühaufklärung** zurückgegriffen werden (vgl. Krystek/Müller-Stewens 1997). Die relevanten Umfelder sind auf schwache Signale sich abzeichnender Entwicklungen zu ‚**scannen**‘. Wird aufgrund eines solchen Signals ein Transformationsprozeß in Gang gesetzt, muß anschließend durch ‚**monitoring**‘ sichergestellt werden, daß die externen Entwicklungen den für das Wandlungskonzept getroffenen Annahmen entsprechen. Ziel ist, mit Abschluß des Transformationsprozesses alle Wandlungsbedarfe gedeckt zu haben (vgl. Abb. 6/1, S. 226). Sollte das ‚monitoring‘ zusätzliche Wandlungsbedarfe aufdecken, so muß auch das Wandlungskonzept angepaßt werden.

Als eigenständiges **Instrument des Wandlungscontrolling** zur Unterstützung von Timingentscheidungen kann die auf *Miller/Friesen* zurückgehende Gegenüberstellung von Wandlungskosten und Misfit-Kosten angesehen werden (vgl. Abb. 9/5) (vgl. Miller/Friesen 1984, S. 215; Jantzen 1994). Misfit-Kosten sind **Opportunitätskosten**, die entstehen, wenn trotz Veränderungen in den relevanten Umfeldern zunächst auf einen Wandel verzichtet wird. In einem erweiterten Verständnis des Kostenbegriffs umfassen diese Misfit-Kosten auch entgangene Erträge und nicht gestifteten Kundennutzen. Die andere Kurve im Diagramm zeigt den idealtypischen Kostenverlauf eines Wandlungsprogramms, das die Unternehmung in den angestrebten Soll-Zustand transformieren würde. Diese Kostenkurve kann in Abhängigkeit von den zu wandelnden Objekten sehr unterschiedlich verlaufen.

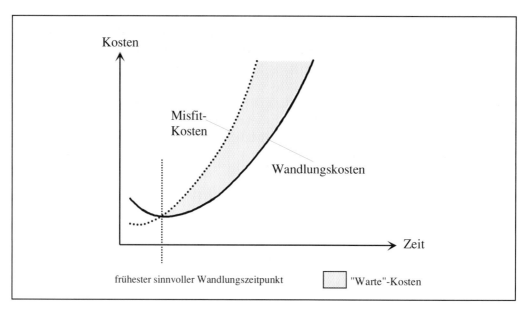

Abb. 9/5: Misfit- versus Transformationskosten

Unabhängig vom Einzelverlauf kann allgemein gesagt werden, daß bei rechtzeitigem Erkennen relevanter Entwicklungen die Wandlungskosten die Misfit-Kosten zunächst übersteigen. Eine Initiierung von Wandlungsprogrammen unmittelbar beim Erkennen des Wandlungsbedarfs ist deshalb zumeist nicht angeraten. **Hohen Wandlungskosten** stehen zu solch frühen Zeitpunkten vergleichsweise **geringe Misfit-Kosten** (entgangene Erträge) gegenüber. Der Erkenntnisfortschritt führt dazu, daß die Kosten zur Erschliessung eines visionären Nutzenpotentials und des damit verbundenen Wandlungsprogramms im Zeitablauf zunächst sinken, z.B. durch neue Fertigungsmethoden. Nach einem Minimum wachsen die Wandlungskosten dann aber wieder an, da sich vorhandene Ressourcen abnutzen und sich bestehende mentale Modelle der Mitarbeiter weiter verfestigen.

Die Entwicklungen in den Umfeldern beeinflussen jedoch auch den Verlauf der **Misfit-Kosten**, die stärker steigen als die Wandlungskosten. Je länger ein Wandlungsprogramm aufgeschoben wird, desto weiter sinkt die Akzeptanz des Ist-Zustands der Unternehmung sowohl bei den Mitarbeitern als auch bei externen Anspruchsgruppen. Zeiten der Unsicherheit und aufgeschobener Entscheidungen sind die unproduktivsten Zeiten im Verlaufe der Unternehmungsentwicklung, und die daraus resultierenden Opportunitätskosten können kaum unterschätzt werden. Gleichzeitig verschlechtert sich

340

die Position gegenüber externen Anspruchsgruppen, was am Beispiel der Verhandlungsposition gegenüber potentiellen Geldgebern oder beim Verlust von Stammkunden besonders deutlich wird. Der **früheste sinnvolle Wandlungszeitpunkt** liegt dann vor, wenn die Misfit-Kosten genau den Wandlungskosten entsprechen. In der Praxis werden sicherlich nie die notwendigen Informationen vorliegen, um diesen Schnittpunkt exakt zu bestimmen. Dennoch kann das Kostenkalkül wertvolle Anhaltspunkte für das Treffen der richtigen Timingentscheidung liefern. Mit dem Auslösen des Transformationsprozesses verschiebt sich der Schwerpunkt der Aktivitäten des Wandlungscontrolling auf die Ebene des Transformationsprozesses, und es beginnt das Controlling des Wandlungsprogramms.

Checkliste zum Controlling der Unternehmungsentwicklung

- Existiert eine Kennzahl für den Unternehmungswert, die geeignet ist, als Indikator für einen zu bewältigenden und auch bewältigten Wandlungsbedarf herangezogen und kommuniziert zu werden?
- Wird der Zusammenhang zwischen dem Unternehmungswert und dem vorgesehenen Wandlungsprogramm hinreichend berücksichtigt?
- Sind die wesentlichen Einflußgrößen auf die Wahl der Start- und Endzeitpunkte bekannt? Wie ist der sich daraus ergebende Zeitraum für das Wandlungsprogramm zu beurteilen?

---

3. Controlling des Wandlungsprogramms

3.1 Träger und Aufgaben des Programmcontrolling

Nicht nur die Einzelschritte des Wandels in den Projekten, sondern auch ihr Zusammenwirken in der Gesamtheit des Wandlungsprogramms muß informationell begleitet werden. Das Controlling des Wandlungsprogramms leistet daher einen wesentlichen Beitrag für eine exellente Bewältigung der Erneuerung. Zunächst werden die Aufgaben des Programmcontrolling und deren Träger angesprochen.

Die Schwerpunkte des **Programmcontrolling** liegen in der begleitenden informationellen Unterstützung des Programm-Managements bei der Abstimmung zwischen Phasen und Projekten im Transformationsprozeß sowie der Sicherung der Wandlungsergebnisse. Neben dem **Wertbeitrag** ist auch die **Veränderungsleistung** als Zielgröße anzusehen, auf die das Programmcontrolling überwiegend ausgerichtet ist.

Die Hauptaufgabe des Programmcontrolling liegt also darin, den Wandlungsprozeß informationell zu begleiten und so den Wandlungsfortschritt im Sinne der Veränderungsleistung und des Ressourceneinsatzes zu steuern (**Prozeßbegleitung**). Für die Erfassung und Berechnung der Kosten und (Veränderungs-)Leistungen in den einzelnen Wandlungsprojekten kann hier idealerweise auf ein vorhandenes Projektcontrolling zurückgegriffen werden. Kosten und Leistungen werden dann auf der Programmebene zu Kennzahlen zusammengefaßt. Wo und wann dabei höhere Kosten anfallen und welche Leistungen wem zugerechnet werden, hängt in hohem Maß von der Ausgestaltung des Wandlungskonzepts ab. Eine Prozeßbegleitung beginnt daher schon in den Phasen der Initialisierung und der Konzipierung, nicht erst mit Projekten der Mobilisierung oder Konzeptumsetzung. Ziel der Prozeßbegleitung ist es, **Prozeßtransparenz** zu schaffen, die dem Abbau von noch vorhandenen Wandlungsbarrieren und der Absicherung bereits vorhandener Akzeptanz zugute kommt. Das **regelmäßige Überprüfen der Wandlungsbereitschaft** und der **Akzeptanz** ist aufgrund der besonderen Umstände von Wandlungsprogrammen **unerläßlich**.

Die **Identifikation eines Wandlungsbedarfs**, das **Ableiten einer Programmspitzenkennzahl**, das **Festlegen von Programmbudgets** und die **Vorgabe** wichtiger Größen **für das Projektcontrolling** liegen in den Händen des Topmanagements oder einer sich bildenden Wandlungskoalition. Wie diese Größen aufgespalten und operationalisiert werden, ist jedoch Aufgabe des zuständigen Programm-Managements. Die kaskadenförmige Aufspaltung der Kennzahlen zieht sich durch alle Hierarchiestufen bis auf die Ebene der Projektprozesse des Wandels. Das Programmcontrolling ist ebenfalls für die Aggregation der Controllinggrößen aus den Projekten auf Programmebene verantwortlich. Das Programmcontrolling übernimmt also sowohl die Vorgabefunktion von Steuerungsgrößen ‚nach unten' als auch die anschließende Verdichtung ‚nach oben'. Diese Informationen unterstützen im wesentlichen die originären Aufgaben des Programm-Managements, nämlich Abstimmung der Phasen des Transformationsprozesses und der einzelnen Projekte. Diese Aufgaben erfüllt die Programmleitung mit Hilfe ihrer Unterstützungseinheiten oder der Controllingabteilung (vgl. Kap. 5.4,

S. 195). Auf Projektebene liegt das Wandlungscontrolling in den Händen der Projektteams auf Basis der Vorgaben der Programmleitung.

Wenn das Wandlungsmanagement und auch das Wandlungscontrolling bis auf die Projektebene erfolgreich sein sollen, dann müssen einige Voraussetzungen erfüllt sein. Im Wandel muß nicht nur die Führung, sondern jeder Betroffene gut informiert sein, um sich wandlungsfördernd verhalten zu können (vgl. Horváth 1998, S. 869). Damit wird jeder Betroffene ein Stück weit zum **Träger des Wandels** und auch zum **Träger des Controlling**. Die dieses Buch begleitenden Interviews haben gezeigt, daß es in der Initialisierung die Mitglieder der Wandlungskoalition selbst sind und nicht unbedingt Controllingexperten, die die ersten Modellrechnungen zu möglichen Einsparpotentialen und/oder Erträgen vornehmen. In der Konzeptionsphase erfolgt dann die Verifizierung durch Finanz- und Controllingfachleute. In Zusammenarbeit mit dem Programm-Management können daraufhin die Kennzahlen für das Programm erarbeitet werden. Aus den zu definierenden Programmkennzahlen erkennen Mitarbeiter in den Projekten auch die Notwendigkeit der Veränderung und können so Verbesserungen der Leistungsfähigkeit ihrer Einheit, ihres Prozesses oder ihrer Unternehmung erkennen (vgl. Reichwald et al. 1996, S. 125; Englert 1998, S. 52). Auf diese Weise klärt sich für den Mitarbeiter nicht nur die für ihn vielleicht entscheidende Frage: „**What's in it for me?**", sondern auch der eigene Beitrag zum Fortbestand der Unternehmung wird deutlich.

Neben der informationellen Begleitung des Prozesses muß am Schluß natürlich auch eine **Ergebniskontrolle** erfolgen. Sie dient mittels einer Soll-Ist-Analyse der **Sicherung der Ergebnistransparenz** durch den Abgleich zwischen Planungs- und Handlungsergebnis. Sicherung der Ergebnistransparenz heißt in einem zweiten Schritt, Handlungsresultate zu dokumentieren, zu kommunizieren und zu interpretieren. Dies führt entweder zu ‚freudigem gegenseitigen Schulterklopfen' oder zu einem ersten Indikator für einen neuen Wandlungsimpuls. Beides ist dann mittels einer geeigneten Kommunikationsstrategie in die Unternehmung zu tragen (vgl. Kap. 7.3, S. 273ff.).

3.2 Kennzahlen in Wandlungsprogrammen

Im Controlling des Wandlungsprogramms sind zur informationellen Sicherstellung der ergebnisoptimalen Bewältigung von Wandlungsprozessen wandlungsspezifische Kennzahlen ebenso wichtig wie das Zahlenwerk des traditionellen Controlling. Für die drei im Grundlagenkapitel des Buches (vgl. Kap. 1.3, S. 23ff.) verankerten **Prozeßebenen des Wandlungsmanagements** sind verschiedene Zielgrößen in das wandlungsspezifische Controlling mit einzubeziehen. Für alle Ebenen des Wandlungsmanagements gilt, daß Wert-, Leistungs- und Effizienzziele nur dann erreicht werden können, wenn ein Mindestmaß an **Akzeptanz** als Sozialziel des Wandels erreicht wurde.

Gemäß dem Fokus des Programmcontrolling auf die Veränderungsleistung muß für **jedes Wandlungsprogramm eine spezielle Spitzenkennzahl** definiert werden, die ein unmittelbares Abbild der Veränderungsleistung bietet. Ergänzt wird diese oberste Programmkennzahl durch ausgewählte Ertrags- und Finanzkennzahlen, wie z.B. Budget des Programms. Die **Art der Veränderungsleistung**, ob es sich also um ein Aufbau-, Umbau- oder Abbauprogramm handelt, determiniert daher auch die zu definierenden Kennzahlen. Dieser Zusammenhang soll nachfolgend anhand von Beispielen erläutert werden.

> **Programmkennzahlen** sind solche Kennzahlen, die zwar inhaltlich ebenso wie Unternehmungskennzahlen die gesamte Unternehmung abbilden, sich jedoch auf den Zeitraum und Inhalt des Transformationsprozesses, d.h. die Veränderungsleistung, beziehen.

Das Controlling eines **Abbauprogramms** gestaltet sich für den Controller im Vergleich zu Umbau und Aufbau noch vergleichsweise einfach. Abbau geht immer mit der Reduktion von Potentialen und der Aufgabe von Positionen einher, denen relativ leicht quantifizierbare Größen zur Zielabstimmung und zur Steuerung beigemessen werden können. Zumeist handelt es sich bei der Veränderungsleistung um ‚cost cutting‘ in verschiedenen Gewändern. Als typische **Abbaukennzahlen** gelten ‚Personalreduzierung pro Einheit in Mitarbeitern‘, ‚Budgeteinsparungen pro Einheit‘ und ‚Anzahl stillgelegter oder veräußerter Produktions- oder Vertriebsstandorte‘. Gleichzeitig führt ein Abbau, z.B. die Veräußerung unrentabler Geschäftsfelder, oftmals unmittelbar zu einer Verbesserung von auf die Gesamtunternehmung bezogenen Wertgrößen, z.B. des ROIs. Die Arbeit des Wandlungscontrollers erleichtert sich im Falle eines Abbauprogramms zusätzlich dadurch, daß dieses zumeist in Top down-Richtung durchgeführt wird und daß damit auch die Verantwortlichkeiten für die Veränderungsleistung vergleichsweise einfach und eindeutig zugeordnet werden können.

Im Jahre 1999 wurde bei der LEICA CAMERA AG ein klassisches Abbauprogramm in Gang gesetzt. In einem ersten Schritt sind insbesondere Abbaumaßnahmen zur

Verbesserung der Finanzsituation durchgeführt worden. Die Kosten des Sanierungsprogramms wurden mit fünf Mill. DM veranschlagt, denen aber Einsparungen als Leistungen in Höhe von 25 Mill. DM gegenübergestellt wurden. Als weitere **Leistungskenngröße** ist die Steigerung des Unternehmungswerts um ca. das vierfache für die nächsten sechs Jahre vorgesehen (Quelle: Handelsblatt v. 21.4.99).

Daß sich ein Controlling von Umbauprogrammen schwieriger gestaltet als das Begleiten von Abbaumaßnahmen, zeigen die spektakulären und spannenden Beispiele „vom Walzstahl zur Telekommunikation" (MANNESMANN) oder „vom Grundstoff zur Dienstleistung" (PREUSSAG). In einem **Umbau** wird die Potentialkombination der Unternehmung umgruppiert oder erneuert. Das Kernproblem besteht darin, geeignete Kennzahlen für eine solche Veränderungsleistung zu definieren. Hier muß zunächst zwischen einem Umbau durch Beteiligungsumschichtung auf **Konzernebene** und einem Umbau von Wertschöpfungsketten innerhalb von **Unternehmungsteilen** unterschieden werden.

Auf **Konzernebene** läßt sich ein Umbau z.B. durch den Saldo aus der Anzahl der abgestoßenen zu den erworbenen Unternehmungen oder Geschäftsfeldern erfassen. Zusätzliche Aussagekraft gewinnt diese Kennzahl, wenn sie durch eine Umsatzbetrachtung ergänzt wird, z.B. durch die Relativkennzahl ,erworbener zu abgestoßenem Umsatz'. Die Umsatzgrößen können außerdem anhand von Wachstumspotentialen gewichtet werden, um so Auswirkungen auf den Unternehmungswert abzubilden (z.B 2 Mill. sinkender Umsatz verkauft, 3 Mill. wachsender Umsatz erworben).

Im Rahmen der hier behandelten strategischen Erneuerung ist insbesondere der **Umbau** von Potentialen **innerhalb der Unternehmung** von Bedeutung. Umbau kann im weiteren Sinne auch schlicht den Austausch von Mitarbeitern bedeuten. Für diesen Fall kann der Umbau zahlenmäßig durch den Saldo aus Freisetzung und Neueinstellung dargestellt werden, z.B. fünf Schlosser entlassen, drei Programmierer eingestellt. Sollen hingegen vorhandene Mitarbeiter umqualifiziert werden, so ist ein **Personalentwicklungscontrolling** einzurichten (vgl. Freimuth/Meyer 1997). In Abhängigkeit von der angestrebten Veränderungsleistung können aber auch ganz ,handfeste' Kennzahlen definiert oder es kann auf Erkenntnisse aus Nachbardisziplinen zurückgegriffen werden, was die folgenden Beispiele eines Qualitätsprogramms und eines Kundenorientierungsprogramms verdeutlichen. Die Veränderungsleistung eines Null-Fehlerprogramms kann z.B. durch Kennzahlen wie ,Anzahl der Reklamationen', ,Ausschußquote' oder ,Aufwand für Nacharbeit' gemessen werden. Zur näheren Operationalisierung der Veränderungsleistung ,Kundenzufriedenheit' kann auf Kennzahlen aus der Marktforschung zurückgegriffen werden (vgl. Kotler/Bliemel 1999, S. 54ff.). Wichtig ist bei solchen ‚weichen‘ Zielgrößen, sich nicht nur auf die eigene Einschätzung zu verlassen, sondern das Selbstbild mit der Wahrnehmung der Betroffenen oder der von Außenstehenden abzugleichen.

In einem **Aufbauprogramm** geht es um die Schaffung neuer Potentiale oder Positionen. In den meisten Fällen handelt es sich dabei um eine Ergänzung bestehender Potentiale, die eine Erweiterung des Kerngeschäfts um ein Systemgeschäft ermöglichen. Dies läßt sich vielfach z.B. in der Entwicklung produktorientierter Hersteller zu integrierten Problemlösern beobachten (vgl. Kap. 3.3, S. 123f.). Zur Operationalisierung der Veränderungsleistung kann das Verhältnis ‚Umsatz Kernprodukte/Umsatz Systemgeschäft‘ dienen. Ähnlich kann der Aufbau neuer Marken durch den Umsatzanteil oder Wertbeitrag dieser Marken abgebildet werden. Der ‚Anteil neuer Geschäftsfelder am Ergebnis‘, der ‚Umsatzanteil mit Produkten, die jünger als drei Jahre sind‘, ‚Neukundenquote‘, etc. sind weitere Ansatzpunkte, einen Aufbau zahlenmäßig zu erfassen. In Modellrechnungen für Investitionsentscheidungen hinsichtlich eines Aufbauprogramms ist oftmals von ausschlaggebender Bedeutung, wann der erste aus den Aufbaumaßnahmen resultierende Cash-flow zurückfließt. Bei einer Langzeitbetrachtung ist sich die Fachwelt heute z.B. einig, daß ein Markenaufbau teurer ist als eine starke Marke durch Kauf zu erwerben. So hat sich der VOLKSWAGEN-Konzern zum Aufbau einer Luxusmarke für einen Kauf (Bentley) entschieden und nicht auf risikobehaftete Eigenentwicklung einer Marke gesetzt.

Unabhängig von der inhaltsabhängigen Veränderungsleistung müssen Transformationsprozesse immer auch mit einem **Akzeptanzmonitor** und der Überwachung der Ertrags- und Finanzkennzahlen begleitet werden. Ohne Akzeptanz kein Wandel, ohne Budgetkontrolle keine Ressourcen für weitere Wandlungsschritte. Die Überwachung der Akzeptanz des Wandlungsprogramms wird auf der Basis von Befragungen in der Regel von Organisationsspezialisten oder externen Beratern durchgeführt. Es muß sowohl die Akzeptanz bei den Mitarbeitern als auch bei den Führungskräften erfragt werden. Wie das folgende Beispiel zeigt, kann aus diesen Größen die Wandlungsbereitschaft abgeleitet werden.

Die VEBA Oel AG in Gelsenkirchen führte 1994 zu Beginn ihres Veränderungsprogramms ‚**Lernende Organisation (LeO)**‘ mit Hilfe einer Beratungsunternehmung eine Umfrage zu den Ursachen ihrer zum damaligen Zeitpunkt nicht zufriedenstellenden Lage durch, die explizit auf Sozialziele und damit auf die Akzeptanz der Mitarbeiter abzielte. Als Ergebnis zeigte sich in der Summe eine mangelnde Veränderungsbereitschaft seitens der Mitarbeiter. Daraufhin wurden gezielt Maßnahmen zum Aufbau von Akzeptanz eingeleitet. Im weiteren Verlauf des Veränderungsprogramms wurden dann 1996, 1997 und 1998 die Mitarbeiter wiederholt zu den gleichen, qualitativen Themen, wie z.B. Zufriedenheit oder Umsetzungsgrad des Programms in eigenen und fremden Bereichen, befragt. Die Ergebnisse wurden in Form des ‚**LeO-Meters**' zusammengefaßt und ermöglichten auf dieser Basis Angaben zur Entwicklung der Akzeptanz des Wandlungsprogramms und der Veränderungsbereitschaft der Mitarbeiter (Quelle Krüper/ Harbig 1997; Schwabe/Danner 2000).

Zu berücksichtigen sind im besonderen solche (Sozial-) Indikatoren, die die mangelnde Akzeptanz mittelbar zum Ausdruck bringen. An erster Stelle sind die Fluktuation und der Krankenstand in der Unternehmung sowie in den Projektteams zu nennen. Zurückgehendes Interesse an Schulungsangeboten, unvollständige Projektberichte und mangelnde Produktivität der Projektteams können ebenso als erste Hinweise gedeutet werden. Das Personalcontrolling stellt darüber hinaus weitere Personalkennzahlen zur Verfügung (vgl. Schulte 1989).

Hinsichtlich der Finanz- und Ertragskennzahlen empfiehlt es sich, das **Kennzahlensystem des Wandlungscontrolling** auf dem vorhandenen Planungs-, Kontroll- und Berichtssystem aufzubauen, wandlungsspezifische Aspekte hingegen bedürfen neuer Steuerungsgrößen. In der Summe umfaßt dieses dann Kennzahlen zum Unternehmungswert, Programmkennzahlen zur Veränderungsleistung, Finanz- und Ertragskennzahlen sowie die aggregierten Kennzahlen aus dem Controlling der Projektprozesse. Der Mehraufwand für zusätzliche Sonderrechnungen darf den daraus erzielten Nutzen nicht übersteigen. Wandlungscontrolling als **integriertes Controlling** sollte sich deshalb so weit wie möglich der bekannten Methodik des vorhandenen Controlling bedienen und an geeigneten Schnittstellen mit diesem verzahnt werden.

Für die Informationsaufbereitung gilt das im Kommunikationskapitel (vgl. Kap. 7.1, S. 264f.) Gesagte. Es ist mitunter sinnvoll, Informationen in einer Form zur Verfügung zu stellen, die nicht an gewohnten Denkmustern einrastet. Als oberste Prämisse der zielgerichteten Verdichtung, Visualisierung und Interpretation der relevanten betriebswirtschaftlichen Informationen (vgl. Grimmeisen 1998, S. 148) gilt zudem: ‚**keep it simple**'. Auch ist der im Controlling bekannte Zielkonflikt zwischen Genauigkeit und Aktualität zu beachten. Im Wandel ist eine zeitnahe Transparenz des Prozeßfortschritts einer hohen Genauigkeit vorzuziehen.

- Stehen die für das Programmcontrolling verantwortlichen Personen fest, und ist ihr Verhältnis zur Programmleitung geklärt (wenn nicht Personalunion)?
- In welcher Form ist der identifizierte Wandlungsbedarf für das Programmcontrolling operationalisiert?
- Welche oberste Spitzenkennzahl für das Wandlungsprogramm (z.B. Kundenzufriedenheit, Gewinnspanne, Wachstum, Anteil neuer Produkte etc.) wird verwendet? Wird diese dem Programminhalt gerecht?
- Verfügt das Programm über ein Budget, und ist die Ressourcenverteilung für die Einzelprojekte geklärt?
- Sind sowohl die Prozeßbegleitung als auch die Ergebniskontrolle als Controllingaufgaben verankert?
- Ist ein Akzeptanzmonitor zur Überwachung der ‚weichen Faktoren' installiert?

3.3 Kostenüberlegungen im Wandlungscontrolling

3.3.1 Kostenarten- und -stellenrechnung auf Programm- und Projektebene

An den beträchtlichen Budgets für Wandlungsvorhaben bzw. Rückstellungen wird deutlich, daß durch Veränderungsprogramme Kosten entstehen und daß dies den Verantwortlichen auch bewußt ist. Unterentwickelt ist hingegen das Verständnis der im Wandlungscontrolling zu berücksichtigenden **Kostenarten**. Der nachfolgende Abschnitt befaßt sich ausschließlich mit diesem Problemkreis mit dem Ziel, die Kostentransparenz, das Kostenbewußtsein und damit das Controlling zu verbessern.

Bei einfachen Kostenüberlegungen werden zumeist nur die **transparenten Kosten** in Anrechnung gebracht, z.B. in Form von Stundensätzen. In Wandlungsprozessen entstehen jedoch in nicht unerheblichem Ausmaß **verdeckte Kosten**, die nur schwer zu quantifizieren sind und die aus diesem Grund oft vernachlässigt werden. Beispielhaft seien hier die Opportunitätskosten durch Fluktuation, Mitarbeiterverunsicherung oder Arbeitsplatzverlegung angeführt. Nur wenn es gelingt, die Kosten des Wandels möglichst vollständig zu erfassen, kann letztlich der Erfolg des Wandlungsprogramms beurteilt werden. Die zum Teil schwierige Operationalisierung der zahlreichen (Opportunitäts-)Größen zum Aufzeigen der verdeckten Kosten, aber auch Leistungen, kann an dieser Stelle nur angesprochen, jedoch nicht gelöst werden.

Das Aufsetzen eines Wandlungsprogramms verursacht Kosten. Neben den **Einzelkosten der Projektprozesse** werden im Programmcontrolling nachfolgend **Entscheidungs-** und **Abstimmungskosten** einerseits und **Akzeptanz-** und **Mobilisierungsko-**

sten andererseits unterschieden. Unter Berücksichtigung der Einflüsse der Implementierungsvariante und des Programminhalts (Abbau, Umbau, Aufbau) soll durch die Unterscheidung dieser Kostenarten ein möglichst genauer Kostenüberschlag ermöglicht werden. Weitere Arten von Wandlungskosten, deren getrennte Erfassung je nach Inhalt des Wandlungsprogramms die Kostentransparenz verbessern kann, sind **Analyse-** und **Diagnosekosten**, **Informations-** und **Kommunikationskosten**, **Qualifikations-** und **Realisationskosten** sowie **Kontrollkosten**.

Im Rahmen des Programmcontrolling werden die im Verlauf des Transformationsprozesses anfallenden Kosten und Leistungen sogenannten ,**Hauptkostenstellen**' zugerechnet. Diese sollten sowohl für die **Programmebene** als auch für die **Projektebene** eingerichtet werden. Alle Kosten und Leistungen, die nicht bei der Abwicklung von (Teil-)Projekten entstehen, sondern z.B. dem Aufbau der Infrastruktur des Wandels oder übergeordneten Kommunikationsmaßnahmen dienen, sind dem Programm zuzurechnen, die zugehörigen Kosten werden als Programmkosten bezeichnet. Die Hauptkostenstelle der Projektebene umfaßt alle **Hilfskostenstellen** der einzelnen Projekte. Im Sinne einer Prozeßkostenrechnung sind der Programmebene zurechenbare Gemeinkosten getrennt von den Kosten der einzelnen Projekte zu erheben und zu verrechnen. Damit ist sichergestellt, daß insbesondere die unter Umständen erheblichen **Vorlauf-** und **Folgekosten**, welche tendenziell auf der Programmebene anfallen, hinreichend einbezogen werden (vgl. Grimmeisen 1998, S. 151). Aus der Summe der auf die beiden Hauptkostenstellen verrechneten Kosten ergeben sich die Gesamtkosten des Programms.

Für ihr seit 1992 laufendes Wandlungsprogramm ,Ausrichtung des Regionalgeschäfts auf den Wettbewerb' (**ARW**) hat die RWE ENERGIE eine eigene Hauptkostenstelle eingerichtet, auf die alle diesem Programm zurechenbaren Gemeinkosten gebucht werden. Nachdem die Verbuchung von nicht projektspezifischen, aber für das Wandlungsprogramm eingesetzten Mitarbeitern und Sachressourcen direkt auf die Hauptkostenstelle ARW zu einer deutlichen Erhöhung der Kostentransparenz führte, wurden auch für die darauffolgenden Programme entsprechende Kostenstellen eingerichtet.

Auch die FLUGHAFEN FRANKFURT MAIN AG ist seit Jahren mit Veränderungsprogrammen beschäftigt. Bei der **Umstrukturierung** von Funktionsbereichen zu Geschäftsbereichen 1997 wurde z.B. für das wichtige Projekt der „Team- und Bereichsentwicklung" eine einzelne Kostenstelle eingerichtet, die von dem Leiter der durchführenden Organisationsentwicklungsabteilung betreut wird.

3.3.2 Kostenentwicklungen im Transformationsprozeß

Das Programmcontrolling muß sowohl das Wandlungsprogramm als auch die Implementierungsstrategie mit berücksichtigen. Insbesondere die geplante oder verfolgte Implementierungsstrategie hat wesentlichen Einfluß darauf, wie der Verlauf der Programmkostenkurve ausfällt. Je nachdem, auf welche Weise Akzeptanz bei den Mitarbeitern erreicht werden soll, fallen in den einzelnen Phasen des Transformationsprozesses unterschiedlich hohe Kosten an. Um diesen Zusammenhang exemplarisch darzustellen, werden im folgenden die Kostenverläufe bei einer Bottom up- und einer Top down-Vorgehensweise gegenübergestellt (vgl. Abb. 9/6). Bei den Balken handelt es sich um die Summe aus den in der jeweiligen Phase anfallenden Programm- und Projektkosten (kumulierte Betrachtung aller in der Phase anfallenden Kosten).

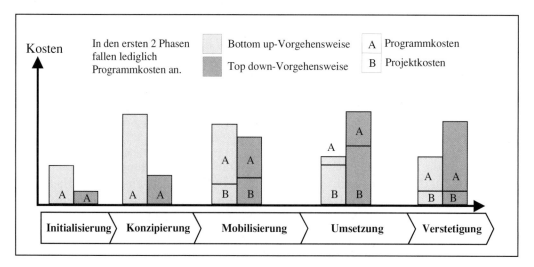

Abb. 9/6: Phasenspezifische Kostenentwicklung bei unterschiedlichen Implementierungsstrategien

Die Abbildung zeigt, daß bei einer **Bottom up-Implementierung** durch die vielfältigen Einbindungsmaßnahmen in den frühen Phasen des Transformationsprozesses hohe Kosten anfallen, während in der Mobilisierungs- und Umsetzungsphase und auch in der Verstetigung die Kosten eher gering ausfallen. Umgekehrt weist eine **Top down-**

350

Implementierung geringere Kosten in den frühen Phasen des Transformationsprozesses mit einem Kostenmaximum in der Umsetzungsphase auf. Die unterschiedlichen Verläufe erklären sich aus der Unterscheidung von Entscheidungs- und Akzeptanzkosten. Bei einer Bottom up-Implementierung sind die Mitarbeiter bereits in den frühen Phasen des Transformationsprozesses beteiligt, was zu hohen Entscheidungs- und Abstimmungskosten bei der Konzipierung und Mobilisierung führt. Eine solche Einbindung wirkt sich dann jedoch kostensenkend in der Umsetzung und in der Verstetigung aus. Bei einer Top down-Implementierung erklärt sich das Kostenmaximum aus der Notwendigkeit des nachträglichen Akzeptanzaufbaus im zweiten Teil des Transformationsprozesses. Den geringen Abstimmungs- und Entscheidungskosten zu Beginn des Prozesses stehen die hohen Akzeptanzkosten in der Umsetzung und Verstetigung gegenüber (zu den grundlegenden Vor- und Nachteilen der beiden Vorgehensweisen siehe Kap. 6.4, S. 244ff.).

In Abbildung 9/6 oben wird außerdem die Entwicklung der Programm- bzw. Projektkosten erkennbar. Wie bereits oben ausgeführt, wird für die Programm- und für die Projektebene eine Hauptkostenstelle geführt. Während in den ersten beiden Phasen nur Kosten anfallen, die dem Programm angerechnet werden, sind ab der dritten Phase die jeweiligen Kostenanteile zu erkennen. Bis zum Abschluß der Kommunikationsaktivitäten in der Mobilisierungsphase sind die für Strategie und Konzeption anfallenden Kosten ihrer Art nach den **Programmkosten** zuzurechnen. Die Maßnahmen in der Umsetzungsphase sind hingegen hauptsächlich in Projekten durchzuführen, die verursachungsgemäß als Einzelkosten auf die Hauptkostenstelle der **Projekte** gebucht werden. Ein Mitarbeiter, der von der Konzepterstellung in ein Projektteam wechselt, wird dann auch kostenmäßig dem Projekt angelastet. Darüber hinaus wird einzelnen Projekten auch jeder Zugriff auf die gemeinsame Infrastruktur in Rechnung gestellt, wie z.B. der Einsatz von Moderatoren, Trainern oder Experten aus dem idealerweise einzurichtenden ‚Ressourcenpool zur Herstellung der Wandlungsfähigkeit‘.

3.4 Controlling im Transformationsprozeß

3.4.1 Controlling in der Initialisierungs- und Konzipierungsphase

Im Verlauf des Transformationsprozesses hat das Wandlungscontrolling unterschiedliche Aufgaben zu bewältigen. Diese sollen nun phasenspezifisch durchleuchtet werden. Zu Beginn des Transformationsprozesses werden die Programmkosten vorwiegend von den Analysekosten, den Entscheidungskosten und den einsetzenden Konzeptionskosten determiniert. Für die Unternehmungsspitze und das Controlling stellt sich bezüglich der Analyse die klassische **Make-or-buy** Frage. Diese Entscheidung ist vom

Wandlungscontrolling durch Aufbereitung der relevanten Informationen zu unterstützen. Sicherlich ist es - je nach Problemlage - sinnvoll, externe Analysekompetenzen von Beratungsunternehmungen einzukaufen. Dies sichert in gewissem Rahmen eine hierfür erforderliche Objektivität und vermeidet Betriebsblindheit. Allerdings müssen die Mitarbeiter diesen Externen für ihre Analysen eine Problemakzeptanz, sprich Auskunftsbereitschaft, entgegenbringen. Die Aufgaben der Akzeptanz- und Motivationsförderung lassen sich nicht fremdvergeben. Barrieren, als Spiegelbild mangelnder Akzeptanz, zu erkennen und aus dem Weg zu räumen, ist und bleibt originäre **Führungsaufgabe** im Wandel. Wird diese vernachlässigt, macht sich dies auch in den Kosten bemerkbar, wenn auch zunächst nur verdeckt. Indikatoren wie z.B. hoher Krankenstand, hohe Fluktuation, Intrigen, herbeigeführte ‚Pannen‘ und Konflikte lassen auf mangelnde Akzeptanz schließen. Dies läßt sich relativ ‚billig‘ verbessern, denn es verlangt ‚nur‘ vorbildhaftes Verhalten und persönliches Commitment der Führungskräfte und Wandlungsträger. Zu berechnen sind bei solchen internen Lösungen im Vergleich zum Einsatz externer Berater die Kosten für das Vorhalten entsprechender Personalkapazitäten, insbesondere auf Führungsebene (‚Slack-Kosten‘).

Bereits in der **Konzipierungsphase** müssen die potentiellen Leistungen des Programms evaluiert werden, d.h. der Nutzen bzw. mögliche Zielerreichungsgrad, der in der **Veränderungsleistung** zum Ausdruck kommt. Konkret ist zu überlegen, welche Auswirkungen auf das Ergebnis, die Rendite und damit den Unternehmungswert das Vorhaben bei entsprechender Kommunikation haben wird. Wie hoch werden die Einsparungen sein? Welchen Umsatzanstieg kann man erwarten? Welches sind die spezifischen Risiken und Annahmen, die dieser Modellrechnung zugrunde liegen? Die Konzeptionskosten sind in ihrer Höhe ebenfalls vom Einsatz Externer abhängig. Zweifellos muß hier ein Konzept nicht neu erfunden werden, denn dafür gibt es Möglichkeiten wie das vorliegende Buch (die Anschaffungskosten wären demnach Konzeptionskosten) oder eben auch Beratungsunternehmungen, die die Konzeption eines komplexen Wandlungsvorhabens deutlich vereinfachen. Das ‚**Customizing**‘ jedoch muß **im Haus** erfolgen, da dabei die **internen Besonderheiten** berücksichtigt werden müssen. Für die Konzeptionskosten, inklusive Entscheidungs- und Abstimmungskosten gilt: Sie müssen als Investition in einen erfolgreichen Gesamtprozeß angesehen werden. Einbindung der Mitarbeiter bindet erst einmal Ressourcen, die zu einem späteren Zeitpunkt durch geringere Qualifizierungskosten wieder eingespart werden können und darüber hinaus einen Beschleunigungseffekt erzielen.

3.4.2 Controlling in der Mobilisierungs- und Umsetzungsphase

Mit der Schaffung der Wandlungsbedingungen erfolgt der Übergang in die Umsetzungsphase des Transformationsprozesses. Das Programmcontrolling hat in dieser

352

Hinsicht das Zusammenwirken der Einzelprojekte in ihrer Gesamtheit als Programm, also die Veränderungsleistung, zum Gegenstand. Die Erfassung der Veränderungsleistung im laufenden Prozeß ist relativ schwierig, darf deshalb jedoch nicht ausbleiben. Ständig muß geprüft werden, ob es überhaupt in die richtige Richtung geht, ob Fortschritte erkennbar sind und ob die Prämissen der Modellrechnung noch stimmen.

Den Überlegungen zur Veränderungsleistung sind wieder die Kostenüberlegungen entgegenzustellen. Allgemein kann davon ausgegangen werden, daß - je höher die kumulierten IuK-Kosten, Akzeptanz-, Analyse- und Konzeptionskosten in den ersten beiden Phasen sind - die nun bei der Umsetzung anfallenden Mobilisierungs- und Umsetzungskosten in den Projekten um so geringer sind. Auch durch die Schaffung der Wandlungsbedingungen fallen noch Kosten an, die auf die Programmebene zu buchen sind. Dies sind vor allem Qualifizierungskosten wie z.B. für einen allgemeinen, eintägigen ,Change Management'-Workshop (vgl. Kap. 8.5, S. 317f.) oder für spezielle Trainingsmaßnahmen potentieller Moderatoren oder Change Agents. Das Gros der Kosten ist indessen direkt den Projekten anzulasten.

3.4.3 Sicherstellung des Ergebnisses und der Verstetigung

Zum Ende des Wandlungsprogramms erhöht sich der Anteil der Programmkosten für die Absicherung des Wandels. Die **Ergebnissicherstellung** und die Kosten der angestrebten **Verstetigung** des Wandels sind der Programmebene zuzuordnen und lassen die Programmkosten wieder deutlich ansteigen. Solche Maßnahmen umfassen zum einen die Ergebniskontrolle der Veränderungsleistung in Plan-Ist-Vergleichen, deren Dokumentation und eventuell notwendige Abweichungsanalysen. Zum anderen sind zur Sicherung der Nachhaltigkeit der erzielten Ergebnisse erneut Kommunikationsmaßnahmen zu ergreifen, welche in der Summe als **Folgekosten** beschrieben werden können. Ziele sind immer der Erhalt der Wandlungsbereitschaft und die Vermeidung eines Versandens der Wandlungsbemühungen.

Die **Folgekosten** müssen unterschieden werden in einmalige Kosten und weiterlaufende Kosten. **Einmalkosten** fallen z.B. durch die Dokumentation in Wissensdatenbanken, Erfahrungsberichten, Ergebniskonsolidierung, -analyse, -interpretation und -kommunikation an. Die durch den Transformationsprozeß erzielten Ergebnisse müssen vom Werker bis zum Topmanagement konsequent visualisiert werden, um den Aufbau neuer mentaler Modelle möglich zu machen. Nur dadurch kann die Motivation und damit die Wandlungsbereitschaft für die Verstetigung erhalten werden. Unter den **weiterlaufenden Kosten** sind solche Kosten zu verstehen, die neben den Verstetigungskosten als Konsequenz des erfolgreichen Unternehmungswandels nun im Tagesgeschäft anfallen. Dies sind vor allem höhere Löhne als Folge besser qualifizierter Mitarbeiter oder die Betriebskosten für eine neue Fertigungs- oder EDV-Anlage.

Ebenso können weiterlaufende Kosten aus der Freistellung von Mitarbeitern für einge-richtete Verstetigungsinitiativen resultieren.

4. Controlling der Projektprozesse des Wandels

4.1 Transparenz des Projektstatus als Ziel des Projektcontrolling

Nachfolgend werden Besonderheiten des Controlling auf der Wandlungsebene der ein-zelnen Projektprozesse behandelt. Dies bezieht sich weniger auf die Strategie-Projekte in der Initialisierungs- und Konzipierungsphase, die nur schwer informationell zu be-gleiten sind. Die mit solchen Projekten verbundenen Kosten und Leistungen werden daher der Hauptkostenstelle der Programmkosten zugeschlagen und werden hier nicht betrachtet. Die eigentliche Projektarbeit beginnt vielmehr mit der Mobilisierung und hat ihren Schwerpunkt in der Umsetzungsphase des Transformationsprozesses. Die Aufgabe des Controlling der Projektprozesse des Wandels besteht darin, die Einzel-schritte des Wandels in der Umsetzung effizient auszugestalten. Hierzu kann auf Er-fahrungen aus dem Innovations- und F&E-Controlling zurückgegriffen werden. Die dort bekannten, auf ähnliche Rahmenbedingungen abgestimmten Instrumente müssen lediglich hinsichtlich der angestrebten Leistungsziele wandlungsspezifisch ausgestaltet werden. Dabei stehen Effizienzkriterien und die Einhaltung von Planvorgaben in be-zug auf die Veränderungsleistung im Vordergrund. Ziele sind die Steuerung und Überwachung der Einzelprojekte durch ständige **Transparenz des Projektstatus** und des **Projektfortschritts**.

> Das **Controlling der Projektprozesse des Wandels** dient der Sicherstellung zielorientierter Einzelmaßnahmen im Transformationsprozeß durch Transparenz des Projektstatus. Dies betrifft vor allem Effizienzkriterien sowie die Einhaltung von Planvorgaben hinsichtlich der Veränderungsleistung.

Allgemein standen früher die Projektplanung und ein Vorgehen anhand detaillierter Handbücher im Vordergrund. Heute wird hingegen üblicherweise die Regelungsdichte zurückgenommen, der **Planungsanteil** am Projektcontrolling **nimmt ab** und der **Steuerungsanteil nimmt zu**. In der Planung des Wandlungsprogramms wurde deutlich, daß zu Beginn eines Projekts lediglich weite Rahmenbedingungen und Leitlinien vorgegeben werden, die im weiteren Verlauf immer konkreteren Aufgabenstellungen weichen. Diese muß das Programm-Management gemeinsam mit den Projektmitarbeitern aus dem Projektfortschritt im Vergleich zu den Umfeldentwicklungen erarbeiten (vgl. Fehlau 1997, S. 97ff.; Bouttellier/Gassmann 1997, S. 69ff.).

Kennzeichnend für Wandlungsprojekte sind im allgemeinen eine hohe Planungsunsicherheit, eine interdisziplinäre Vorgehensweise sowie die Notwendigkeit zur Flexibilität, um für das Auftreten von außerordentlichen Ereignissen gewappnet zu sein. Diese Merkmale weisen in ähnlicher Form auch **Innovations-** und **F&E-Projekte** auf, so daß zur Projektbegleitung vielfach auf das in diesen Bereichen vergleichsweise weit entwickelte vorhandene Instrumentarium zurückgegriffen werden kann. Hinsichtlich der traditionellen Ziele der Kosten, Leistungen und Zeiten können hier insbesondere Instrumente, wie z.B. Netzplantechnik, Meilenstein- oder Gap-Analysen, Quality Function Deployment, Wertanalyse, Failure-Mode und Effect Analysis, Target Costing, eingesetzt werden (vgl. Specht/Beckmann 1996, S. 356ff.; Hahn 1996, S. 605ff.).

Bei jedem dieser Instrumente stellt sich in der Steuerung des Projekts die Frage, wie der Fortschritt des Projekts hinsichtlich Kosten, Leistung und Zeit unter Berücksichtigung der Interdependenzen zwischen diesen Größen ermittelt werden kann. Auch im Wandlungscontrolling hat sich hierfür die Hilfskonstruktion des **Arbeitswerts** (vgl. Krystek/Zur 1991; Withauer 1971) in der Praxis vielfach bewährt. Der Arbeitswert ist eine in Geldeinheiten ausgedrückte Größe zum Ausdruck der Soll-Kosten der Ist-Leistung.

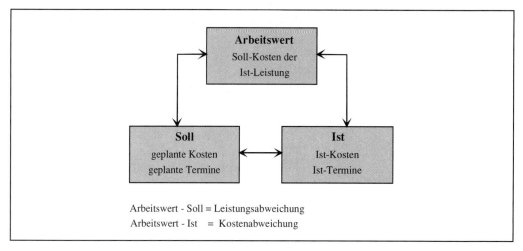

Abb. 9/7: Leistungs- und Kostenabweichungen

Aufbauend auf dem Arbeitswert kann die **Leistungsabweichung** als Differenz zwischen Arbeitswert und Soll-Kosten und die **Kostenabweichung** als Differenz zwischen Arbeitswert und Ist-Kosten der erbrachten Leistung berechnet werden (vgl. Abb. 9/7). Aus Leistungs- und Kostenabweichung zum gegebenen Zeitpunkt der Projektlaufzeit lassen sich wiederum die insgesamt zu erwartenden Budget- oder Terminüberschreitungen ableiten. Diese Rechnungen sind üblicherweise gemäß dem vom Lenkungsausschuß vorgegebenen Berichtszyklus vom Projektteam selbst durchzuführen.

In zwei Punkten greifen Wandlungsprojekte tiefer und sind daher schwieriger zu steuern und zu überwachen als Innovations- und F&E-Projekte. Dies sind die im Vergleich anders gearteten Sozial- bzw. Akzeptanzziele und die programmspezifische Veränderungsleistung (Abbau, Umbau, Aufbau). Auch in Innovationsprozessen ist die **Akzeptanzproblematik** von entscheidender Bedeutung, jedoch sind in diesen Fällen die Konsequenzen für die Betroffenen ungleich weniger tiefgreifend als bei einer strategischen Erneuerung, wie sie in diesem Buch thematisiert wird. Tiefgreifender Unternehmungswandel hat immer Gewinner und Verlierer, wobei insbesondere bei Abbauprogrammen die Zahl der Verlierer die größere ist. Herauszufinden, ob trotz der Konsequenzen für die Betroffenen ein Wandlungsfortschritt erzielt wurde, ob es gelungen ist, Akzeptanz aufzubauen und ob der Wandel verinnerlicht wurde, sind Kernaufgaben des Wandlungscontrolling, die zunächst auf der Ebene der Einzelprojekte zu bewälti-

356

gen sind. Erst in der Aggregation der Einzelschritte kann die Akzeptanz für das Programm ermittelt werden. Hierbei gilt jedoch: **Je tiefgreifender der Wandlungsprozeß, desto weniger operational meßbar sein Erfolg**. Zusätzlich erschweren nicht vorhergesehene Ereignisse und gruppendynamische Vorgänge im Verlauf des Projekts eine kausale Zuordnung einzelner Maßnahmen zur erzielten Akzeptanz. Daher kann es im Einzelfall angebracht sein, den Arbeitsfortschritt im Projekt mit Maßnahmen der **Evaluation** zu begleiten. Durch Beobachtung und Befragung gilt es, herauszufinden, ob die Betroffenen den Wandel akzeptieren und eine Verhaltensänderung stattgefunden hat. Diese Aufgabe kann von darauf spezialisierten Beratern oder Instituten übernommen werden, die über das notwendige Know-how verfügen (vgl. exemplarisch Wottawa/Thierau 1990).

4.2 Steuerung der Veränderungsleistung mit Projektberichtsformularen

Projektleiter werden häufig überwiegend an der Einhaltung ihrer Projektbudgets gemessen. „Es ist nie genug Geld und Zeit vorhanden, ein Projekt richtig zu machen, aber es gibt immer Ressourcen, bei Nichterreichen der Projektziele ein neues Projekt aufzulegen!", lautet die oft frustrierende Erfahrung aus der Praxis. So verständlich die Fokussierung auf Budgeteinhaltung und Effizienzziele ist, so darf vor allem im Gesamtzusammenhang eines Wandlungsprogramms nicht die dem Einzelprojekt zugeordnete Veränderungsleistung aus den Augen verloren werden. Das Nichterreichen eines Projektziels kann das Scheitern des gesamten Programms nach sich ziehen, obwohl in vielen Fällen mit vergleichsweise geringem zusätzlichen Ressourceneinsatz das Programmziel hätte erreicht werden können. Zur Steuerung und Überwachung im ‚Wandlungsalltag' haben sich in der Praxis standardisierte **Projektberichtsformulare** bewährt, die neben den Budget-, Zeit- und Effizienzzielen vor allem die Veränderungsleistung protokollieren und auf mögliche Verzögerungen für das Wandlungsprogramm aufmerksam machen (vgl. Abb. 9/8, S. 358).

Projekttitel:

Programm:

Zeitraum:
Restlaufzeit:
Endtermin:

Veränderungsleistung:

Trend

Status

Projektziele:

Beitrag zum Unternehmungswert	Veränderungsleistung	Vorleistungen für andere Projekte	sonstige Projektkennzahlen

Projektbudgets:

zahlungswirksame Kosten		sonstiger Sachressourceneinsatz		Personaleinsatz	
Plan	Ist	Plan	Ist	Plan	Ist

Meilensteinplanung:

Phase 1:
- Ecktermin
- Leistung (Arbeitswerte)
- Leistungsabweichung
- Kostenabweichung
- zu liefernder Bericht

Phase 2:
- Ecktermin
- Leistung (Arbeitswerte)
- Leistungsabweichung
- Kostenabweichung
- zu liefernder Bericht

Phase 3:
- Ecktermin
- Leistung (Arbeitswerte)
- Leistungsabweichung
- Kostenabweichung
- zu liefernder Bericht

Phase n:

Projektrisiken:

A-Risiken:	B-Risiken:	C-Risiken:

organisatorische Verankerung:

zuständiges Mitglied des Topmanagements	zuständiger Lenkungsausschuß	Projektleiter	Projektmitarbeiter

Abb. 9/8: Projektberichtsformular

358

In der hier vorgestellten, auf das Gesamtkonzept des Buchs abgestimmten Form eines Berichtsformulars enthält die erste Zeile neben Projekttitel, Programmzugehörigkeit, Zeithorizont und der Restlaufzeit des Projekts auch die durch den Einzelschritt angestrebte **Veränderungsleistung**, den Status und den Trend des Projektfortschritts. Die Visualisierung des aktuellen Projektstatus als **Ampel** in der rechten oberen Ecke des Formulars macht allen Beteiligten auf den ersten Blick deutlich, ob das Projekt einer Abweichungsanalyse unterzogen werden muß oder ob ‚**alles im grünen Bereich**‘ ist. Zeigt die Statusampel gelbes Licht oder gar die rote Alarmstufe, so ist anhand der in den Zeilen aufgeführten Projektziele, -meilensteine und -risiken die Ursache für die Abweichung zu untersuchen. Der **Trendindikator** als Richtungspfeil deutet an, ob sich der Status gegenüber dem letzten Bericht verbessert oder verschlechtert hat und wie die weiteren Arbeitsschritte zu beurteilen sind. Die Angaben der obersten Formularzeile können zusätzlich für die Kennzeichnung der Projekträume genutzt werden. Auf diese Weise werden zum einen Vorzeigeprojekte nach außen erkennbar, zum anderen wird angezeigt, wo ‚es gerade brennt‘ oder ein wo Eingreifen im Sinne eines Management by Exception erforderlich ist.

In der zweiten Hauptzeile des Formulars sind die Projektziele aufgeführt. Neben den Kennzahlen für die Veränderungsleistung und den Wertbeitrag sind hier insbesondere die aus der Programmplanung bekannten **Vorleistungen für andere Projekte** aufzuführen sowie mit dem Projektteam vereinbarte projektspezifische Kennzahlen, an denen der Projektfortschritt gemessen werden soll. In der Mitte des Formulars werden spaltenweise die **Projektbudgets** eingetragen, die als Einzelkosten dem Projekt zugerechnet werden können. In der Abbildung wird beispielhaft zwischen zahlungswirksamen Kosten, dem sonstigen Sachressourceneinsatz und dem Budget für Personaleinsatz unterschieden. Jedes Budget enthält sowohl die Planzahlen, aufgespalten in die verschiedenen Einzelposten, als auch die Ist-Daten. Führen Budgetüberschreitungen zu einem gelben oder roten Projektstatus, so kann vom Projektleiter im Formular farblich kenntlich gemacht werden, welcher Posten zur Planabweichung geführt hat.

Ein negativer Projektstatus kann nicht nur aus dem Verfehlen der Veränderungsleistung, sondern auch aus mangelhafter Budgettreue resultieren. Welche Art der Zielabweichung zum Projektstatus geführt hat, ist im Formular in der Zeile der **Meilensteinplanung** abzulesen. Hier sind für die einzelnen Projektphasen zu den genannten Eckterminen jeweils die erreichten Arbeitswerte, die Leistungsabweichung und die Kostenabweichung (vgl. Abb. 9/7, S. 356) einzutragen. Außerdem weist das Formular auf anzufertigende Berichte hin, bei Wandlungsprozessen üblicherweise in kurzen Rhythmen, z.B. wöchentlich oder monatlich. Analog zur Zeile der Projektbudgets ist ein aus der Meilensteinplanung resultierender schlechter Projektstatus im Formular farblich zu markieren.

Ebenfalls auf dem Formular zu vermerken sind die das Projektergebnis gefährdenden **Risiken**. Diese sind aus dem Gesamtzusammenhang des Wandlungsprogramms im Kernteam festzulegen. Hierbei werden Risiken mit hoher (A-Risiken), mittlerer (B-Risiken) und eher geringer Auswirkung (C-Risiken) auf die Projekt- und Programmziele unterschieden. Zum einen weiß so jeder Projektmitarbeiter, auf welche Risiken er zu achten hat, zum anderen kann auch hier für den Formularleser leicht kenntlich gemacht werden, welche Projektrisiken eingetreten sind oder der Trendmeldung zugrunde liegen. Schließlich ist auf dem Berichtsformular die organisatorische Verankerung des Projekts zu dokumentieren.

Im praktischen Einsatz sollte zu jedem Berichtszeitpunkt das Formularblatt fortgeschrieben werden. Erreichte Meilensteine sind mit einem Haken zu markieren, einzelne Budgetüberschreitungen oder eingetretene Risiken farbig zu kennzeichnen. Nach Abschluß des Projekts ist so der Projektverlauf durch die zu den Eckterminen angefertigten Berichte sauber dokumentiert und kann daher auch als Grundlage für eine standardisierte **Erfahrungsdatenbank** dienen (vgl. Kap. 8.4, S. 311).

Neben der einfachen Papierform kann das Berichtsformular auch als Eingabemaske in entsprechenden **EDV-Programmen** hinterlegt werden, wie es in ähnlichen Formen auch von Beratungsfirmen wie ROLAND BERGER oder AT KEARNEY angeboten wird. Ob im Einzelfall eher einer Tafel mit den verschiedenen Statusberichten oder einer Projektdatenbank der Vorzug zu geben ist, hängt unmittelbar von den verfügbaren Ressourcen und den Fähigkeiten und Vorlieben der betroffenen Mitarbeiter ab.

Für einen Bericht im FAZ-Magazin (22. Januar 1999) ließ sich der Vorstandsvorsitzende der DR. ING. H.C. PORSCHE AG, Dr. Wendelin *Wiedeking*, vor einer großen Wand mit Projektberichten und farbigen Smilies zur **Kennzeichnung des Projektstatus** ablichten. Er selbst hält auf dem Foto einen grünen Smily mit lachendem Gesicht in der Hand, wohl auch, um die ihm im Bericht zugeschriebenen Fähigkeiten des erfolgreichen Managements von Wandlungsprojekten zu verdeutlichen.

5. Zusammenfassung

■ Wandlungscontrolling dient der informationellen Sicherstellung eines ergebnisorientierten Wandlungsmanagements. Neben dem Beitrag zum Unternehmungswert steht dabei insbesondere die angestrebte Veränderungsleistung (Abbau, Umbau, Aufbau) im Mittelpunkt.

■ Die informationelle Sicherstellung durchzieht alle drei Ebenen des Wandlungsmanagements. Entsprechend müssen das Controlling der Unternehmungsentwicklung, das Programmcontrolling und das Controlling der Projektprozesse des Wandels unterschieden werden. Diesen drei Ebenen lassen sich tendenziell die spezifischen Zielgrößen Unternehmungswert, Veränderungsleistung und Effizienz zuordnen.

■ Die Aufgabe des Controlling der Unternehmungsentwicklung ist die informationelle Sicherstellung des Erkennens von Wandlungsbedarf und der Aufbereitung und Bewertung von strategischen Optionen. Auf diese Weise wird die Unternehmungsleitung beim Aufsetzen und Konzipieren von Wandlungsprogrammen unterstützt.

■ Das Programmcontrolling dient der informationellen Begleitung eines Wandlungsprogramms in allen Phasen des Transformationsprozesses. Dazu müssen Kosten möglichst vollständig und transparent erfaßt und der Programm- wie auch der Projektebene verursachungsgerecht zugeordnet werden. Zur Beurteilung eines Programms muß das Programmcontrolling auch versuchen, die Veränderungsleistung, z.B. mittels eines speziellen Kennzahlensystems, zu operationalisieren. Wichtige Einflußgröße für die Kostenverläufe ist hier die gewählte Implementierungsstrategie. Des weiteren dürfen auch in der Verstetigungsphase entstehende Kosten nicht vernachlässigt werden.

■ Hinsichtlich des operativen Controlling der Projektprozesse des Wandels kann auf vorhandene Instrumente aus dem Innovations- und F&E-Controlling zurückgegriffen werden. Diese sind entsprechend der angestrebten Veränderungsleistung bedarfsspezifisch auszugestalten. Empfohlen wird die Einführung eines standardisierten Projektberichts, anhand dessen die Programmleitung die einzelnen Projekte steuern und überwachen kann.

Zehntes Kapitel

WILFRIED KRÜGER

Agenda für das Wandlungsmanagement

1. Wandel ist eine Daueraufgabe für jedes Unternehmungsmitglied!

„Das einzig Beständige ist der Wandel". Diese uralte Erkenntnis ernst zu nehmen und in die Praxis umzusetzen, ist die erste Forderung, die an das Wandlungsmanagement zu stellen ist. Jedes Mitglied der Unternehmung muß sich angewöhnen, **Wandel als eine Daueraufgabe** zu sehen und zu akzeptieren. ‚Erneuerung' ist kein einmaliger Vorgang, sondern eine anhaltende Herausforderung, der nur durch hartnäckige, nachhaltige Wandlungsbemühungen entsprochen werden kann. Will eine Unternehmung im Wettbewerb mithalten oder gar Wettbewerbsvorteile erringen, so darf sie nicht stehenbleiben. Dies gilt für alle Spielarten der Erneuerung, wie sie sich in den ‚Economies' (scale, scope, speed und innovation) ausdrücken. Gleichgültig, ob man besser, billiger, schneller oder anders werden will, ohne Wandel wird man keines dieser Ziele erreichen.

Insbesondere das Erzielen dauerhafter Wettbewerbsvorteile ist ohne eine ausgeprägte Wandlungsfähigkeit undenkbar. Nur so kann es gelingen, der Konkurrenz immer einen Schritt voraus zu sein. **Wettbewerbsvorteile beruhen also auf Wandlungsvorteilen.** Wandlungsfähigkeit gehört zu den erstrebenswerten Kernkompetenzen einer Unternehmung. Und vollends gilt: Wer Marktführer sein will, muß Wandlungsführer sein.

2. Wandel ist mit dem Tagesgeschäft zu verzahnen!

Die Zeiten sind vorbei, in denen Wandel durch eine in längeren Abständen durchgeführte ‚Reorganisation' zu bewältigen war, durchgeführt von Spezialistenteams. Wandlungsvorhaben brauchen zu ihrem Erfolg ‚Management Attention', und sie müssen mit den laufenden Unternehmungsprozessen eng gekoppelt werden.

Diese **Verzahnung mit dem Tagesgeschäft** stellt ein zweifaches Problem dar. Zum einen müssen die Vorhaben der strategischen Erneuerung so organisiert werden, daß die zu leistende Projektarbeit und die zu erreichenden Projektergebnisse möglichst ohne Reibungsverluste konzipiert und implementiert werden. Zum anderen ist sicherzustellen, daß alle Beteiligten nach der Durchführung einer tiefgreifenden Veränderung nicht in einen ‚wandlungsfreien Ruhezustand' zurückkehren. Wandel durch gezielte kleinere und größere Verbesserungen muß Teil des jährlichen Managementzyklus der Planung, Steuerung und Kontrolle werden. Wandlungsziele gehören demgemäß in jede Zielvereinbarung. **Es gilt, den Wandel zu verstetigen.**

3. Strategische Erneuerung verlangt die Veränderung von Einstellungen und Verhaltensweisen!

Tiefgreifender und weitreichender Wandel umfaßt mehr als die Änderung von Strategien, Strukturen und Systemen. Er muß, um nachhaltig erfolgreich zu sein, die **Einstellungen und Verhaltensweisen der Unternehmungsmitglieder umformen**. Es geht darum, den ‚genetischen Code' der Unternehmung zu verändern. Die Wurzel des Problems bilden die mentalen Modelle der Beteiligten. Diese steuern das Verhalten jedes einzelnen und machen in ihrer Gesamtheit die Inhalte der Unternehmungskultur aus. Mentale Modelle bestimmen über die Erkennung des Wandlungsbedarfs und prägen die Wandlungsbereitschaft. Nur wenn es gelingt, wandlungsfördernde Einstellungen zu wecken und aufrechtzuerhalten, kann eine Unternehmung wandlungs- und entwicklungsfähig gemacht werden. Dazu gehört auch, daß Wandel nicht nur als lästige Pflicht und riskantes Unternehmen, sondern als **persönliche Bereicherung und Entwicklungschance gesehen und erlebt wird**.

Das mentale Problem beginnt nicht erst bei den unteren Ebenen, sondern bereits an der Unternehmungsspitze. Nur wer die Bereitschaft und die Fähigkeit besitzt, an sich selbst zu arbeiten, und wer offen ist für interne und externe Anregungen und Impulse, der entspricht den Anforderungen, die eine lernende Organisation stellt und kann darin eine Führungsrolle beanspruchen bzw. auf Dauer erfolgreich ausfüllen.

4. Wandel bewirken heißt Kraftfelder verändern!

Ob ein Wandel überhaupt zustande kommt, welchen Weg er nimmt und welche Schwungkraft er erreicht, ist nicht in erster Linie ein rein sachlogisches Problem. Es ist vielmehr eine Frage, die sich in der Auseinandersetzung zwischen den fördernden und den hemmenden Kräften, zwischen Kraft und Gegenkraft, entscheidet. Promotoren und Opponenten sind als aktive, die Indifferenten als passive Kräfte Teil des Geschehens. **Wandlungsprozesse benötigen daher zu ihrem Erfolg ein erhebliches Maß an treibender Prozeßenergie**. Sie muß von den Promotoren zusätzlich zu ihrem Einsatz im Tagesgeschäft aufgebracht werden.

Ohne die erfolgreiche Bündelung von fördernden und die nachhaltige Überwindung der passiven und widerstrebenden Kräfte ist ein Erneuerungsprozeß schlicht unmöglich. Kräftekonstellationen und Interessenlagen erkunden, Einflüsse der verschiedensten Art nutzen und ausüben, Konflikte erkennen und austragen, Interessen artikulieren und durchsetzen, bestimmt die Arbeit eines Wandlungsmanagers zu einem erheblichen Teil. Dabei ist Führungsstärke in jeder denkbaren Form verlangt.

5. Topmanager treiben den Wandel voran!

Das Topmanagement steht in der Verantwortung für die Erneuerung und muß sich selbst in die Pflicht nehmen. Die Prozeßenergie, um die stetige Erneuerung in Schwung zu halten, kann auf Dauer nur von der Spitze kommen. Topmanager müssen sich als Promotoren der Evolution sehen und verhalten. So sehr das Empowerment unterer Ebenen, das Aktivieren und Mitmachen der Unternehmungsbasis, für den Wandlungserfolg benötigt werden, letztlich verebbt jede Initiative ,von unten', wenn sie ,von oben' nicht aufgegriffen und gefördert wird.

Kühne und visionäre Führung wird dabei ebenso benötigt wie nüchternes, beharrliches und effizientes Management. Symbolisches Management und glaubwürdige Vorbildfunktion sind genauso gefragt wie das Setzen klarer Ziele und die Gewährung leistungs- und wandlungsbezogener Anreize. Unterstützt wird eine solche Führung durch Authentizität und persönliches Engagement der verantwortlichen Manager.

6. Wissen bündeln, Wandlungsprogramme formulieren!

Wandlungsprozesse sollen Wandlungsbedarfe decken. Hierzu sind die verschiedenen Optionen der Erneuerung zu durchdenken, und es sind geeignete Programme des Abbaus, Umbaus und Aufbaus zu konzipieren und zu implementieren. Dabei kommt es wesentlich darauf an, **verschiedenartige Wissenskomponenten** und **Wissensträger zu aktivieren und zu integrieren**: Strategie- und Führungswissen ebenso wie das konkrete Detailwissen über das operative Geschehen, Wissen über Märkte und ihre Entwicklungen genauso wie Wissen über die außermarktlichen Trends. Nicht zuletzt ist Methoden- und Prozeßwissen über den Ablauf und die Organisation von Veränderungsprozessen gefordert. Der Wandlungserfolg erweist sich in der Aufnahme, Verarbeitung und Integration derartigen Wissens. Dazu gehört auch die gezielte Nutzung und Einbindung externer Wissensquellen und Wissensträger.

7. Veränderung organisieren, Organisation verändern!

Der Erfolg einer strategischen Erneuerung hängt auch von der **geeigneten Organisation** ab - dies in doppelter Hinsicht. Zum einen geht es um eine **effiziente Organisation des Vorhabens selbst**. Die Binnenorganisation der Programme und Projekte sowie ihre organisatorische Kopplung mit der Primärorganisation sind zu gestalten und zu steuern. Zum anderen steht die **Umgestaltung der vorhandenen Unternehmungsorganisation zu einer flexiblen, entwicklungsfähigen, lernenden Organisation** auf der Tagesordnung. Es gilt, Strukturen und Prozesse so auszugestalten, daß sie kontinuierliche Verbesserungen begünstigen und hervorbringen.

8. Führungsinstrumente einsetzen, Systemunterstützung sicherstellen!

Die besten Absichten und die beste Organisation bleiben letztlich kraftlos, wenn geeignete Systeme, Techniken, Methoden und Werkzeuge als Instrumente des Wandels fehlen oder wenn diese nicht bzw. nicht richtig eingesetzt werden. Wandel ist insofern auch ein Instrumentierungsproblem. Von diesem Befund sind sämtliche phasenbezogenen Aufgabengebiete des Wandels betroffen, in besonderem Maße aber auch die Querschnittsaufgaben der Kommunikation und des Controlling. Die ‚Toolbox‘, über die ein Wandlungsmanager grundsätzlich verfügen kann, ist gut gefüllt. Besonders hervorzuheben sind Kommunikationsinstrumente, Personalentwicklungs- und Anreizsysteme sowie das Wandlungscontrolling. **Die Qualität des Wandlungsmanagements zeigt sich in der gezielten Auswahl und Kombination sowie der gekonnten Anwendung der Instrumente**. Das gleiche gilt im übrigen für die Verstetigung des Wandels. Manager, die zu Recht für sich in Anspruch nehmen wollen, erfolgreich zu sein und professionell zu arbeiten, müssen sich eine ‚instrumentierte Evolution‘ in ihr Pflichtenheft schreiben.

9. Erneuerungsprozesse orchestrieren!

Der Erfolg einer strategischen Erneuerung beruht nicht darauf, daß man einzelne Hebel als Erfolgsfaktoren bewegt oder verschiedene Zutaten nach einem fertigen Rezept zusammenmischt. Das 3W-Modell als Bezugsrahmen dieses Buches und die darauf aufbauenden Kapitel zeigen, welche Faktoren und welche Wechselwirkungen das Wandlungsgeschehen ausmachen. Keine noch so ausgefeilte theoretische Aussage und kein Fallbeispiel kann allerdings das eigene Nachdenken der Wandlungspromotoren ersetzen. Die Anwendung allgemeiner Erkenntnisse auf den jeweiligen Einzelfall und das ‚Customizing‘ der Instrumente und Systeme ist ihre originäre Aufgabe. Und wie sich ein guter Koch von einem durchschnittlichen durch eigenständige Kreationen unterscheidet, so wird sich auch ‚**Excellence in Change**‘ an der positiven Abweichung vom Durchschnitt erkennen lassen.

Wenn es dabei überhaupt so etwas wie ein Erfolgsgeheimnis gibt, dann liegt es wohl noch am ehesten darin begründet, daß es gelingt, die verschiedenen Elemente des Geschehens miteinander in Verbindung zu bringen und aufeinander abzustimmen. Die Gesamtwirkung und damit der Erfolg resultiert aus dem Zusammenklang der Einzelelemente, aus ihrer **Orchestrierung** also.

10. Go for it: die Zukunft gestalten!

Das alles ist nicht einfach. Sich ändern ist mühsam und unbequem. Die Probleme sind komplex, die Entwicklung ist dynamisch, in der Vergangenheit ging es geruhsamer zu. Das alles ist bekannt und oft genug beklagt worden. Es gilt nun, die Zeiten des Jammerns und Klagens hinter sich zu lassen. Die Frage ist nicht, ob wir die Veränderungen mögen, sondern ob wir ohne sie leben und überleben können. Nicht zuletzt muß sich jeder fragen, ob er sich auf der Seite der Treibenden oder der Getriebenen wiederfinden will. Die Entwicklung schreitet fort, auch ohne uns. Der Globus dreht sich weiter, auch wenn wir gerne mehr Zeit hätten oder eine Pause einlegen möchten. Wenn es das Management nicht anpackt, dann müssen es die Shareholder tun. Wenn auch sie zaudern, dann wird über kurz oder lang der Wettbewerb das Problem auf seine Weise lösen, denn unverändert gilt: Wer sich nicht nach dem Markt richtet, den richtet der Markt!

Es wird Zeit, mit der Erneuerung ernst zu machen. Das Schöne dabei ist, daß wir der Entwicklung nicht hilflos ausgeliefert sind, sondern daß sie auch in unsere Hände gelegt ist, daß es an uns liegt, sie zu gestalten. Es wäre mehr als töricht, von dieser Möglichkeit keinen Gebrauch zu machen. Gute Ideen und Ansätze gibt es zahlreich - nicht nur in diesem Buch. Worauf also warten?

Go for it: **Make your future**!

Autorenverzeichnis

KRÜGER, PROF. DR. WILFRIED 1964 - 1968 Studium der Betriebswirtschaftslehre an der Universität München und der FU Berlin, 1971 Promotion zum Dr. rer. pol. an der Universität Freiburg i.Br., 1975 Habilitation, 1978 - 1985 Lehrstuhl für Betriebsführung an der Universität Dortmund, seit 1985 Inhaber des Lehrstuhls für Organisation, Unternehmungsführung, Personalwirtschaft (OFP) an der Universität Gießen, seit 1996 Direktor des Instituts für Unternehmungsplanung (IUP), Gießen/ Berlin

BACH, DR. NORBERT Dipl.-Wirtsch.-Ing. M. Sc., war von 1994 - 1999 Wiss. Mitarbeiter am Lehrstuhl OFP und hat mit einer Arbeit zum Thema „Mentale Modelle als Basis von Implementierungsstrategien" promoviert. Seit 1999 ist er als Managementberater bei CSC PLOENZKE tätig.

HOMP, DR. CHRISTIAN Dipl.-Kfm., ist seit 1995 Wiss. Mitarbeiter am Lehrstuhl OFP und hat zum Thema „Aufbau und Entwicklung von Kernkompetenzen" promoviert. Er war bis 1997 Forschungsassistent der SGO und ist Mitautor des Buchs „Kernkompetenz-Management" (Wiesbaden 1997).

JANTZEN-HOMP, DR. DIETGARD Dipl.-Kffr., ist seit 1995 Wiss. Mitarbeiterin am Lehrstuhl OFP und hat mit einer Arbeit zum Thema „Projektportfolio-Management - Multiprojektarbeit im Unternehmungswandel" promoviert.

JANZ, DR. ANDREAS Dipl.-Kfm., war von 1994 - 1999 Wiss. Mitarbeiter am Lehrstuhl OFP und hat mit einer Arbeit zum Thema „Erfolgsfaktor Topmanagement - Anforderungen und Aufgaben im Change Management" promoviert. Er ist seit 1999 bei der MERCK KGaA in der internationalen Führungskräfteentwicklung tätig.

BECKER, LARISSA Dipl.-Kffr., Wiss. Mitarbeiterin und Doktorandin am Lehrstuhl OFP seit 1997, Forschungsschwerpunkte: Human Resource Management, Unternehmungswandel, Interkulturelles Management.

BREHM, CARSTEN Dipl.-Kfm., Forschungsassistent der Schweizerischen Gesellschaft für Organisation (SGO) und Betreuung des Projekts „Change Management", Doktorand am Lehrstuhl OFP seit 1998, Forschungsschwerpunkte: Unternehmungswandel, Strategisches Management, Organisation.

Literaturverzeichnis

AHRENS, K./PITTNER, H. (1998): Im Alltagseinerlei mehr Freude und Farbe, in: Manager Magazin, Nr. 6/1998, S. 294-303.

ALLAIRE, P.A. (1998): Lessons in Teamwork, in: Hambrick, D.C. et al. [Hrsg.]: Navigating Change: How CEO's, Top Teams, and Boards Steer Transformation, Boston, S. 113-122.

ANDERSON, J.R. (1988): Kognitive Psychologie: Eine Einführung, Heidelberg.

APPEL, H./HEIN, C. (1999): Der DaimlerChrysler Deal, Stuttgart.

BACH, N. (2000): Mentale Modelle als Basis von Implementierungsstrategien. Konzepte eines Change Management, Wiesbaden.

BACH, N. et al. (2000): Personalmanagement – Arbeitsbuch in Übersichtsdarstellungen, mit Diskussionsfragen und Fallstudien, Gießen.

BALDWIN, C.Y./CLARK, K.B. (1998): Modularisierung: ein Konzept wird universell, in: Harvard Business Manager, Nr. 2/1998, S. 39-50.

BARATTE, H. (1999): Innovationen können in den Unternehmen nicht verordnet werden, in: FAZ vom 18.01.1999, S. 29.

BARNARD, C.I. (1938): The Functions of the Executive, Cambridge.

BEA, F.X./GÖBEL, E. (1999): Organisation, Stuttgart.

BECK, U. (1997): Was ist Globalisierung?, Frankfurt/M.

BECKER, F.G. (1991): Innovationsfördernde Anreizsysteme, in: Schanz, G. [Hrsg.]: Handbuch Anreizsysteme in Wirtschaft und Verwaltung, Stuttgart, S. 567-593.

BECKER, F.G. (1995): Anreizsysteme als Führungsinstrumente, in: Kieser, A. et al. [Hrsg.]: Handwörterbuch der Führung, 2. Aufl., Stuttgart, Sp. 34-45.

BECKER, M. et al. [Hrsg.] (1998): Unternehmen im Wandel und Umbruch, Stuttgart.

BENTS, R./BLANK, R. (1997): Der MBTI: die 16 Grundmuster unseres Verhaltens nach C.G. Jung; eine dynamische Persönlichkeitstypologie, 2. Aufl., München.

BERGER, R. (1997): Unsere Manager näher am Markt, in: Die Welt vom 12.07.1997, S. BW 1.

BERTH, R. (1991): Sind Topmanager noch lernfähig?, in: Harvard Business Manager, Nr. 4/1991, S. 9-13.

BERTH, R. (1993): Erfolg, Düsseldorf.

BERTH, R. (1994): Aufbruch zur Überlegenheit, Düsseldorf.

BERTHEL, J. (1997): Personalmanagement, 5. Auflage, Stuttgart.

BHEND, M. (1999): Planung eines Data-Warehouse-Projekts, in: Projektmanagement, Nr. 3/1999, S. 4-13.

BLEICHER, K. (1995): Das Konzept integriertes Management, 3. Aufl., Frankfurt/M.

BLEICHER, K. et al. (1989): Unternehmungsverfassung und Spitzenorganisation: Führung und Überwachung von Aktiengesellschaften im internationalen Vergleich, Wiesbaden.

BONSEN, M. z. (1998): Mit der Konferenzmethode Open Space zu neuen Ideen, in: Harvard Business Manager, Nr. 3/1998, S. 19-26.

BOUTELLIER, R./GASSMANN, O. (1997): Wie F&E-Projekte flexibel gemanagt werden, in: Harvard Business Manager, Nr. 4/1997, S. 69-76.

BREHM, C./DANNER, M. (1999): Organizational Structures for Co-Evolution, Paper presented at the Strategic Management Society 19th Annual International Conference, Berlin 1999.

BREISIG, T./KRONE, F. (1999): Job Rotation bei der Führungskräfteentwicklung, in: Personal, Nr. 8/1999, S. 410-414.

BRIDGES, W. (1998): Der Charakter von Organisationen, Göttingen.

BRORS, P. (1994): Haudegen gefragt, in: Wirtschaftswoche, Nr. 40/1994, S. 94-100.

BUCHHOLZ, W. (1996): Time-to-market-Management: zeitorientierte Gestaltung von Produktinnovationsprozessen, Stuttgart.

BÜHNER, R. (1993): Strategie und Organisation. Analyse und Planung der Unternehmungsdiversifikation mit Fallbeispielen, 2. Aufl., Wiesbaden.

BÜHNER, R. (1997): Personalmanagement, 2. überarb. Aufl., Landsberg/Lech.

BURGHARDT, M. (1993): Projektmanagement, 2., überarb. Auflage.

CARR, C. (1996): Choice, Chance & Organizational Change: Practical Insights from Evolution for Business Leaders, New York.

COMELLI, G./ROSENSTIEL, L. V. (1995): Führung durch Motivation - Mitarbeiter für Organisationsziele gewinnen, München.

CONGER, J.A. (1999): Die hohe Kunst des Überzeugens, in: Harvard Business Manager, Nr. 1/1999, S. 31-41.

CONRADI, W. (1983): Personalentwicklung, Stuttgart.

COPELAND, T. et al. (1998): Unternehmenswert: Methoden und Strategien für eine wertorientierte Unternehmensführung, 2., akt. und erw. Aufl., Frankfurt/M.

CORSTEN, H. (1998): Grundlagen der Wettbewerbsstrategie, Stuttgart.

DESER, F. (1998): Wachstum durch High Tech und Human Capital, in: Personalwirtschaft, Nr. 11/1998, S. 32-35.

DIN 69901, Deutsches Institut für Normung (DIN) e.V. (1989): Begriffe der Projektwirtschaft, Köln.

DOPPLER, K./LAUTERBURG, C. (1994): Change-Management: den Unternehmenswandel gestalten, Frankfurt/M.

DRUMM, H.J. (1995): Personalwirtschaftslehre, 3., neu bearb. und erw. Auflage, Berlin.

DRUMM, H.J. (1996): Das Paradigma der Neuen Zentralisation, in: Die Betriebswirtschaft, Nr. 1/1996, S. 7-20.

EISENHARDT, K.M. et al. (1997): How Management Teams Can Have a Good Fight, in: Harvard Business Review, Nr. 7-8/1997, S. 77-85.

EISENHARDT, K.M./BROWN S.L. (1998): Time Pacing: Competing in Markets that won't Stand Still, in: Harvard Business Review, Nr. 3-4/1998, S. 59-69.

ENGLERT, N.(1998): Der Steuermann muß das Ruder rechtzeitig herumreißen, in: Handelsblatt vom 11.11.1998, S. 52.

ESCH, F.-R. (1998): Wirkung integrierter Kommunikation. Ein verhaltenswissenschaftlicher Ansatz für die Werbung, Wiesbaden.

ESCH, F.-R. (1999): Aufbau starker Marken durch integrierte Kommunikation, in: Esch, F.-R. [Hrsg.]: Moderne Markenführung, Wiesbaden, S. 535-574.

ESCH, F.-R./LANGNER, T. (1999): Branding als Grundlage zum Markenaufbau, in: Esch, F.-R. [Hrsg.]: Moderne Markenführung, Wiesbaden, S. 407-420.

ESCH, F.-R./WICKE, A. (1999): Herausforderungen und Aufgaben des Markenmanagements, in: Esch, F.-R. [Hrsg.]: Moderne Markenführung, Wiesbaden, S. 3-60.

EVERS, H. (1992): Zukunftsweisende Anreizsysteme für Führungskräfte, in: Kienbaum, J. [Hrsg.]: Visionäres Personalmanagement, Stuttgart, S. 385-401.

FIEDLER, F. (1987): Führungstheorien - Kontingenztheorien, in: Kieser A. et al. [Hrsg.]: Handwörterbuch der Führung, Stuttgart, Sp. 748-756.

FLEISCHHAUER, D. (1998): Königsdisziplin der Unternehmungssteuerung, in: management berater, Nr. 11/98, S. 10-12.

FORSTER, J. (1978): Teams und Teamarbeit in der Unternehmung, Bern.

FREIMUTH, J./MEYER, A. (1997): Evaluation und Personalentwicklungscontrolling - ein Eiertanz zwischen Legitimation, Wirtschaftlichkeit und Pragmatismus, in: Freimuth, J. et al. [Hrsg.]: Auf dem Weg zum Wissensmanagement. Personalentwicklung in lernenden Organisationen, Göttingen, S. 179-189.

FRESE, E. (1998): Grundlagen der Organisation: Konzept - Prinzipien - Strukturen, 7. Aufl., Wiesbaden.

FRESE, E. [Hrsg.] (1999) Organisationsmanagement: Neuorientierung der Organisationsarbeit, im Auftrag des Arbeitskreises „Organisation" der Schmalenbach-Gesellschaft für Betriebswirtschaft, Stuttgart.

GAMSON, W.A./SCOTCH, N.A. (1964): Scapegoating in Baseball, in: American Journal of Sociology, Nr. 1/1964, S. 69-72.

GEBERT, D. (1995): Führung im MbO-Prozeß, in: Kieser, A. et al. [Hrsg.]: Handwörterbuch der Führung, Stuttgart, Sp. 426-436.

GEMÜNDEN, H.-G./WALTER, A. (1995): Der Beziehungspromotor, Schlüsselperson für inter-organisationale Innovationsprozesse, in: Zeitschrift für Betriebswirtschaft, Nr. 9/1995, S. 971-986.

GERSTEIN, M.S./SHAW, R.B. (1994): Organisations-Architekturen für das einundzwanzigste Jahrhundert, in: Nadler, D. et. al. [Hrsg.]: Organisations-Architektur, Optimale Strukturen für Unternehmen im Wandel, S. 262-272.

GILBERT, X./STREBEL, P.J. (1985): Outpacing Strategies, in: IMEDE, Perspectives of Managers, Nr. 2/1985.

GILMOZZI, S. (1996): Data Mining - Auf der Suche nach dem Verborgenen, in: Hannig, U. [Hrsg.]: Data Warehouse und Managementinformationssysteme, Stuttgart, S. 159-171.

GÖBEL, E. (1998): Theorie und Gestaltung der Selbstorganisation, Berlin.

GOMEZ, P./MÜLLER-STEWENS, G. (1994): Corporate Transformation. Zum Management fundamentalen Wandels großer Unternehmen, in: Gomez, P. et al. [Hrsg.]: Unternehmerischer Wandel: Konzepte zur organisatorischen Erneuerung, Wiesbaden.

GOOLD, M. et al. (1994): Corporate-Level Strategy: Creating Value in the Multibusiness Company, New York.

GOUILLART, F.J./KELLY, J.N. (1995): Business Transformation, Wien.

GRAUMANN, C.F. (1972): Interaktion und Kommunikation, in: Graumann, C.F. [Hrsg.]: Handbuch der Psychologie, Bd. 7, Sozialpsychologie, 2. Halbband, Göttingen, Sp. 1109-1262.

GREINER, L.E. (1998): Evolution and Revolution as Organizations Grow, in: Harvard Business Review, Nr. 5-6/1998, S. 55-67.

GREINER, L.E./BHAMBRI, A. (1989): The New CEO Intervention and Dynamics of Deliberate Strategic Change, in: Strategic Management Journal, Nr. 10/1989, S. 67-86.

GRIMMEISEN, M. (1998): Implementierungscontrolling: wirtschaftliche Umsetzung von Change-Programmen, Wiesbaden.

GRUNWALD, W./REDEL, W. (1986): Teamarbeit und Konflikthandhabung; Formen - Wirkungen - Gestaltungsmaßnahmen, in: Zeitschrift Führung + Organisation, Nr. 5/1986, S. 305-312.

HABERFELLNER, R. (1992): Projektmanagement, in: Frese, E. [Hrsg.]: Handwörterbuch der Organisation, 3. Aufl., Stuttgart, Sp. 2090-2102.

HACKER, W. (1997): Lernen, in: Luczak, H./Volpert, W. [Hrsg.]: Handbuch Arbeitswissenschaft, Stuttgart, S. 439-443.

HACKER, W. (1998): Allgemeine Arbeitspsychologie: psychische Regulation von Arbeitstätigkeiten, Bern.

HAGE, J./POWERS, C.H. (1992): Post-Industrial Lives. Roles and Relationships in the 21st Century, Newbury Park.

HAHN, D. (1996): Planungs- und Kontrollrechnung - PuK, 5. Auflage, Wiesbaden.

HAMMER, M./CHAMPY, J. (1994): Business Reengineering: die Radikalkur für das Unternehmen, Frankfurt/M.

HANNIG, U. (1996): Data Warehouse und Managementinformationssysteme, in: Hannig, U. [Hrsg.]: Data Warehouse und Managementinformationssysteme, Stuttgart, S. 1-10.

HASENKAMP, U./SYRING, M. (1994): CSCW (Computer Supported Cooperative Work) in Organisationen - Grundlagen und Probleme, in: Hasenkamp, U. et al. [Hrsg.]: CSCW-Computer Supported Cooperative Work, Informationssysteme für dezentralisierte Unternehmensstrukturen, Bonn, S. 8-21.

HASLER, R. (1999): Die Suche nach dem vollkommenen Projektmanagement-Tool, in: Industrie Management, Nr. 4/1999, S. 60-63.

HAUSCHILDT, J. (1997): Innovationsmanagement, 2. Aufl., München.

HEILMANN, T./TURNER, S. (1999): Management ist Kommunikation, in: Verlagsbeilage „Kommunikation und Medien" der FAZ vom 24.08.1999, S. 1.

HELMICH, D.L./BROWN, W.B. (1972): Successor Type and Organizational Change in the Corporate Enterprise, in: Administrative Science Quarterly, Nr. 3/1972, S. 371-381.

HENDERSON, B. (1993): Vom Portfolio zum Wertmanagement, Anatomie der Cash-Kuh, in: v. Oetinger, B. [Hrsg.]: Das Boston Consulting Group Strategiebuch, Düsseldorf, S. 292-295.

HERKNER, W. (1992): Einstellungen, in: Gaugler, E./Weber, W. [Hrsg.]: Handwörterbuch des Personalwesens, 2. Aufl., Stuttgart, Sp. 792-807.

HEUSKEL, D. (1999): Wettbewerb jenseits von Industriegrenzen - Aufbruch zu neuen Wachstumsstrategien, Frankfurt.

HINTERHUBER, H. et al. (1997): Kundenzufriedenheit durch Kernkompetenzen, Wien.

HIRN, W. (1998): Es geht an die Wäsche, in: Manager Magazin, Nr. 2/1998, S. 90-95.

HOMP, C. (2000): Entwicklung und Aufbau von Kernkompetenzen, Wiesbaden, i.V.

HORVÁTH, P. (1998): Controlling, 7., vollst. überarb. Aufl., München.

HORVÁTH, P./KAUFMANN, L. (1998): Balanced Scorecard - ein Werkzeug zur Umsetzung von Strategien, in: Harvard Business Manager, Nr. 5/1998, S. 39-48.

HURST, D. (1995): Crisis & Renewal: Meeting the Challenge of Organizational Change, Boston.

IMAI, M. (1998): Kaizen - Der Schlüssel zum Erfolg der Japaner im Wettbewerb, 8. Aufl., Berlin.

IPPEN, H./REHMANN, K. (1999): Spiel mit Bausteinen, in: Auto Zeitung, Nr. 1/1999, S. 44-51.

JANIS, I.L. (1977): Groupthink, in: Hackmann, R.J. et al. [Hrsg.]: Perspectives on Behavior in Organizations, New York, S. 335-343.

JANTZEN, D. (1994): Unternehmungswandel - eine explorative Untersuchung von Wandlungsformen in Unternehmungen, Arbeitspapier der Professur für Betriebswirtschaftslehre II, Justus-Liebig-Universität Gießen, Nr. 2/1994.

JANTZEN-HOMP, D. (2000): Projektportfolio-Management - Multiprojektarbeit im Unternehmungswandel, Wiesbaden.

JANZ, A. (1999): Erfolgsfaktor Topmanagement – Anforderungen und Aufgaben im Change Management, Wiesbaden.

JARILLO, J.C. (1988): On Strategic Networks, in: Strategic Management Journal, Nr. 1/1988, S. 31-41.

JUNG, C.G. (1921): Gesammelte Werke, Band 6: Psychologische Typen, Olten.

KADEN, W./LINDEN, F.A. (1996): „Viel Spaß". Jack Welch über seine Führungsmethoden, Europa-Pläne und die deutschen Chefs, in: Manager Magazin, Nr. 8/1996, S. 37-46.

KAPLAN, R./NORTON, D. (1993): Putting the Balanced Scorecard to Work, in: Harvard Business Review, Nr. 9-10/1993, S. 134-147.

KAPLAN, R./NORTON, D. (1997): Balanced Scorecard: Strategien erfolgreich umsetzen, Stuttgart.

KIESER, A. (1998): Unternehmensberater - Händler in Problemen, Praktiken und Sinn, in: Gläser, H. et al. [Hrsg.]: Organisation im Wandel der Märkte, Wiesbaden, S. 191-225.

KIESER, A. et al. (1998): Kommunikation im organisatorischen Wandel, Stuttgart.

KILMANN, R.H. (1990): A Completely Integrated Program for Organizational Change, in: Mohrmann, A. et al. [Hrsg.]: Large-Scale Organizational Change, San Francisco, S. 1-17.

KIRSCH, W. et al. (1979): Management des geplanten Wandels, München.

KLIX, F. (1998): Begriffliches Wissen - episodisches Wissen, in: Klix, F./Spada, H. [Hrsg.]: Wissen, Band 7, Enzyklopädie der Psychologie, Göttingen, S. 167-212.

KNAUER, T./LUGGER, B. (1998): Speichern statt kleben, in: Focus, Nr. 20/1998, S. 162.

KNOP, C. (1999): Auf das Telefonat aus der Steckdose muß noch gewartet werden, in: FAZ vom 13.3.1999, S. 24.

KOTLER, P./BLIEMEL, F. (1999): Marketing-Management: Analyse, Planung, Umsetzung und Steuerung, 9., überarb. und akt. Aufl., Stuttgart.

KOTTER, J.P. (1995): Acht Kardinalfehler bei der Transformation, in: Harvard Business Manager, Nr. 3/1995, S. 21-28.

KOTTER, J.P. (1996): Leading Change, Boston.

KRAEMER, W./MÜLLER, M. (1999): Virtuelle Corporate University - Executive Architecture und Knowledge Management, in: Scheer, A.-W. [Hrsg.]: Electronic Business und Knowledge Management - Neue Dimensionen für den Unternehmenserfolg, Tagungsband zur 20. Saarbrücker Arbeitstagung für Industrie, Dienstleistung und Verwaltung, Heidelberg, S. 491-525.

KRAUS, G./WESTERMANN, R. (1995): Projektmanagement mit System: Organisation, Methoden, Wiesbaden.

KREIKEBAUM, H. (1998): Organisationsmanagement internationaler Unternehmen: Grundlagen und neue Strukturen, Wiesbaden.

KROEBER-RIEL, W./WEINBERG, P. (1996): Konsumentenverhalten, 6., völlig überarb. Aufl., München.

KRÜGER, W. (1976): Macht in der Unternehmung - Elemente und Strukturen, Stuttgart.

KRÜGER, W. (1983): Konfliktsteuerung in der Unternehmung, in: Management Enzyklopädie, Band 5, 2. Aufl., Landsberg/Lech, S. 441-453.

KRÜGER, W. (1989): Machtdefizit und Führungsstärke an der Unternehmungsspitze, in: Eichhorn, P. [Hrsg.]: Unternehmensverfassung in der privaten und öffentlichen Wirtschaft, Baden-Baden, S. 119-131.

KRÜGER, W. (1992): Macht, in: Gaugler, E./Weber, W. [Hrsg.]: Handwörterbuch des Personalwesens, 2. Aufl., Stuttgart, Sp. 1313-1324.

KRÜGER, W. (1993a): Projektmanagement, in: Wittmann, W. et al. [Hrsg.], Handwörterbuch der Betriebswirtschaft, 5. Aufl., Stuttgart, Sp. 3559-3570.

KRÜGER, W. (1993b): Organisation als Kunstwerk, in: Scharfenberg, H. [Hrsg.]: Strukturwandel in Management und Organisation, Baden-Baden, S. 489-502.

KRÜGER, W. (1994a): Organisation der Unternehmung, 3. Aufl., Stuttgart.

KRÜGER, W. (1994b): Was können Berater leisten?, in: Fulda, E. [Hrsg.]: Energieunternehmen in einem kritischen Umfeld, Köln, S. 165-172.

KRÜGER, W. (1995a): Management-by-Konzepte, in: Corsten, H./Reiß, M. [Hrsg.]: Handbuch Unternehmungsführung, Wiesbaden, S. 173-186.

KRÜGER, W. (1995b): Plurale und polyzentrische Führung als Herausforderung des Top Managements, in: Krystek, U./Link, J. [Hrsg.]: Führungskräfte und Führungserfolg, Wiesbaden, S. 149-171.

KRÜGER, W. (1997): Organisation, in Bea, F.X. et al. [Hrsg.]: Allgemeine Betriebswirtschaftslehre, Bd. 2, Stuttgart, 7. Aufl., S. 133-231.

KRÜGER, W. (1998): Management permanenten Wandels, in: Gläser, H. et al. [Hrsg.]: Organisation im Wandel der Märkte, Wiesbaden, S. 227-249.

KRÜGER, W. (1999a): Konsequenzen der Globalisierung für Strategien, Fähigkeiten und Strukturen der Unternehmung, in: Giesel, F./Glaum, M. [Hrsg.]: Globalisierung - Herausforderung an die Unternehmungsführung zu Beginn des 21. Jahrhunderts, München, S. 17-48.

KRÜGER, W. (1999b): Implementierung als Kernaufgabe des Wandlungsmanagements, in: Hahn, D./Taylor, B. [Hrsg.]: Strategische Unternehmungsplanung - Strategische Unternehmungsführung, 8. Aufl., Heidelberg, S. 863-891.

KRÜGER, W. (2000a): Auf der Wissensleiter zur Kernkompetenz, in: Steinle, C. et al. [Hrsg.]: Vitalisierung. Das Management der neuen Lebendigkeit, Frankfurt/M., S. 235-260.

KRÜGER, W. (2000b): Organisationsmanagement: Vom Wandel der Organisation zur Organisation des Wandels, in: Frese, E. [Hrsg.] im Auftrag des Arbeitskreises „Organisation" der Schmalenbach-Gesellschaft für Betriebswirtschaft: Organisationsmanagement: Neuorientierung der Organisationsarbeit, Stuttgart, S. 271-304.

KRÜGER, W./BACH, N. (1997): Lernen als Instrument des Unternehmungswandels, in: Dr. Wieselhuber & Partner [Hrsg.]: Handbuch Lernende Organisation, Wiesbaden, S. 23-31.

KRÜGER, W./BACH, N. (1999): Vorsprünge im Wettbewerb durch integriertes Management von Wissen und Wandel, in: Industrie Management, Nr. 6/1999, S. 47-51.

KRÜGER, W. /EBELING, F. (1991): Psychologik: Topmanager müssen lernen, politisch zu handeln, in: Harvard Business Manager, Nr. 2/1991, S.47-56.

KRÜGER, W./HOMP, C. (1997): Kernkompetenz-Management: Steigerung von Flexibilität und Schlagkraft im Wettbewerb, Wiesbaden.

KRÜGER, W./JANTZEN-HOMP, D. (1997): Vom Cost-Center zum Center of Competence, in: Wirtschaftswissenschaftliches Studium, Nr. 12/1999, S. 642-647.

KRÜGER, W. et al. (1999): Personalarbeit im Holdingmodell, in: Scholz, C. [Hrsg.]: Innovative Personal-Organisation, Neuwied, S. 199-209.

KRÜPER, M./HARBIG, A. (1997): Der Transformationsprozeß bei der Veba Oel AG. Ziele, Erfahrungen, Konsequenzen und verbleibende Herausforderungen, in: Kienbaum, J. [Hrsg.]: Benchmarking Personal, Stuttgart, S. 105-125.

KRYSTEK, U./MÜLLER-STEWENS, G. (1997): Strategische Frühaufklärung, in: Hahn, D./Taylor, B. [Hrsg.]: Strategische Unternehmungsplanung - Strategische Unternehmungsführung, 8. Aufl., Heidelberg, S. 497-517.

KRYSTEK, U./ZUR, J. (1991): Projektcontrolling, in: Controlling, Nr. 6/1991, S. 304-311.

KUBR, M. (1988): Management Consulting, 2. Aufl., Genf.

KUHLEMANN, A./WALBRÜHL, U. (1999): Personalabteilung als Kultur-Center am Beispiel der Personalentwicklung bei der SMS Schloemann Siemag AG, in: Scholz, C. [Hrsg.]: Innovative Personalorganisation, Neuwied, S. 120-130.

KÜPPER, H.-U. (1995): Steuerungsinstrumente von Führung und Kooperation, in: Kieser, A. et al. [Hrsg.]: Handwörterbuch der Führung, Stuttgart, Sp. 1995-2005.

LANGLEY, A. et al. (1995): Opening up Decision Making: The View from the Black Stool, in: Organization Science, Nr. 5-6/1995, S. 260-279.

LAUBE, H. (1998): Daten an die Macht, in: Manager Magazin, Nr. 8/1998, S. 83.

LEMAR, B. (1997): Kommunikative Kompetenz: Der Weg zum innovativen Unternehmen, Berlin.

LENZ, B. (1999): Unterstützung von Systemanalyseprojekten durch Groupware, in: Industrie Management, Nr. 4/1999, S. 64-66.

LEWIN, K. (1947): Frontiers in Group Dynamics: Social Equilibria and Social Change, in: Human Relations, Nr. 1/1947, S. 5-41.

LEWIS, T.G. (1995): Steigerung des Unternehmenswertes: Total-Value-Management, 2. Aufl., Landsberg/Lech.

LIKERT, R. (1967): The Human Organization, New York.

LINDEN, F.A. (1996): Wer bei GE rausfliegt, in: Manager Magazin, Nr. 8/1996, S. 39.

LOHSE, J.-M. (1997): Neue Beratungsanforderungen bei der Implementierung von Reengineeringkonzepten, in: Nippa, M./Scharfenberg, H. [Hrsg.]: Implementierungsmanagement, Wiesbaden, S. 189-200.

LUHMANN, N. (1985): Soziale Systeme: Grundriß einer allgemeinen Theorie, 2. Aufl., Frankfurt/M.

LUHMANN, N. (1997): Die Gesellschaft der Gesellschaft, 2 Teilbände, Frankfurt/M.

MACINTOSH, R./MACLEAN, D. (1999): Conditioned Emergence: A Dissipative Structures Approach to Transformation, in: Strategic Management Journal, Nr. 4/1999, S. 297-316.

MADAUSS, B.J. (1994): Handbuch Projektmanagement. Mit Handlungsanleitungen für Industriebetriebe, Unternehmensberater und Behörden, 5. Aufl., Stuttgart.

MANDL, H. et al. (1988): Theoretische Ansätze zum Wissenserwerb, in: Mandl, H./Spada, H. [Hrsg.]: Wissenspsychologie, München, S. 123-160.

MATTHIES, H. (1998): Neuronale Grundlagen der Gedächtnisbildung, in: Klix, F./Spada, H. [Hrsg.]: Wissen, Band 6, Enzyklopädie der Psychologie, Hogrefe, S. 15-42.

MATURANA, H.R. (1982): Die Organisation des Lebendigen. Eine Theorie der lebendigen Organisation, in: Maturana, H.R. [Hrsg.]: Erkennen. Die Organisation und Verkörperung von Wirklichkeit, 2. Aufl., Braunschweig, S. 138-156.

MAUCHER, H. (1996): „Man braucht Mut", in: Manager Magazin, Nr. 12/1996, S. 72-77.

MEFFERT, H. (1994): Marketing-Management, Analysen - Strategien - Implementierung, Wiesbaden.

MEFFERT, H. (1998): Marketing, Grundlagen marktorientierter Unternehmungsführung: Konzepte - Instrumente - Praxisbeispiele, 8. Auflage, Wiesbaden.

MEIFERT, M. (1999): Systematische Information von Führungskräften, in: Personal, Nr. 10/1999, S. 516-519.

MERTENS, P. (1990): Einsatzpotentiale und Anwendungsklassen für Expertensysteme, in: Kurbel, K./Strunz, H. [Hrsg.]: Handbuch Wirtschaftsinformatik, Stuttgart, S. 523-540.

MERZ, E. (1996): Einbeziehung externer Berater, in: Bullinger, H.-J./Warnecke, H.J. [Hrsg.]: Neue Organisationsformen im Unternehmen, Berlin. 1996, S. 1078-1084.

MILLER, D./FRIESEN, P.H. (1984): Organizations - A Quantum View, Englewood Cliffs.

MINTZBERG, H. (1983): Power in and around Organizations, Englewood Cliffs.

MISHRA, K.E. et al. (1998): Preserving Employee Morale During Downsizing, in: Sloan Management Review, Nr. 2/1998, S. 83-95.

MOHR, N. (1997): Kommunikation und organisatorischer Wandel, Wiesbaden.

MOHR, N./WOEHE, J.M. (1998): Widerstand erfolgreich managen: professionelle Kommunikation in Veränderungsprojekten, Frankfurt/M.

MÜLLER, K.-P./BREHM, C. (2000): Vom Stromversorger zum Energiemanager - Organisationsmanagement am Beispiel einer strategiegeleiteten Restrukturierung, in: Frese, E. [Hrsg.] im Auftrag des Arbeitskreises „Organisation" der Schmalenbach-Gesellschaft für Betriebswirtschaft, Organisationsmanagement: Neuorientierung der Organisationsarbeit, Stuttgart, S. 317-329.

MYERS, I. (1962): The Myers-Briggs Type Indicator (Manual), Palo Alto.

NADLER, D.A./NADLER, M.B. (1998): Champions of Change: How CEOs and their Companies are Mastering the Skills of Radical Change, San Francisco.

NADLER, D.A./TUSHMAN, M.L. (1990): Beyond the Charismatic Leader: Leadership and Organizational Change, in: California Management Review, Nr. 2/1990, S. 77-97.

NAMUTH, M. (1996): Dunkle Creme, in: Wirtschaftswoche, Nr. 1/1996, S. 36-37.

NEUBERGER, O. (1994): Personalentwicklung: 16 Tabellen, 2., durchges. Aufl., Stuttgart.

NEUBERGER, O. (1997): Zur Verkommenheit der Manager - Pathologien der Individualisierung, in: Scholz, C. [Hrsg.]: Individualisierung als Paradigma, Stuttgart, S. 135-158.

NEUKIRCHEN, H./WILHELM, W. (1999): Aventis Aventis, in: Manager Magazin, 3/1999, S. 64-73.

NOER, D.M. (1996): Leadership in an Age of Layoffs, in: Sattelberger, T. [Hrsg.]: Human Resource Management im Umbruch: Positionierung, Potentiale, Perspektiven, Wiesbaden, S. 127-137.

NORTH, K. (1998): Wissensorientierte Unternehmensführung: Wertschöpfung durch Wissen, Wiesbaden.

OSTERLOH, M./FROST, J. (1998): Prozeßmanagement als Kernkompetenz, Wiesbaden.

OSTERLOH, M./WÜBKER, S. (1999): Wettbewerbsfähig durch Prozeß- und Wissensmanagement, Wiesbaden.

OSTROFF, F. (1998): The Horizontal Organization, Boston.

OSWALD, H. (1970): Wachablösung an der Führungsspitze, Düsseldorf.

PASCALE, R.T. (1992): Die beiden Gesichter des Lernens: General Motors und Honda, in: Kienbaum, J. [Hrsg.]: Visionäres Personalmanagement, Stuttgart, S. 187-221.

PATZAK, G./RATTAY, G. (1997): Projektmanagement: Leitfaden zum Management von Projekten, Projektportfolios und projektorientierten Unternehmen, 2. Aufl., Wien.

PETERS, T.J./WATERMAN, R.H. (1997): Auf der Suche nach Spitzenleistungen, 6. Aufl., München.

PFEFFER, J. (1998): Seven Practices of Successful Organizations, in: California Management Review, Nr. 2/1998, S. 96-124.

PFEIFFER, W. (1993): Rationalisierung, in: Wittmann, W. et al. [Hrsg.]: Handbuch der Betriebswirtschaft, 5. Aufl., Stuttgart, Sp. 3640-3648.

PICOT, A. (1991): Subsidiaritätsprinzip und ökonomische Theorie der Organisation, in: Faller, P./Witt, D. [Hrsg.]: Erwerbsprinzip und Dienstprinzip in öffentlicher Wirtschaft und Verkehrswirtschaft, Baden-Baden, S. 102-116.

PICOT, A. et al. (1998): Die grenzenlose Unternehmung: Information, Organisation und Management, 3., überarb. Aufl., Wiesbaden.

PICOT, A. et al. (1999): Die neue Organisation - ganz nach Maß geschneidert, in: Harvard Business Manager, Nr. 5/1999, S. 46-58.

PORTER , M.E. (1996): Wettbewerbsvorteile, 4. Aufl. Frankfurt/M.

PORTER, M.E. (1984): Wettbewerbsstrategie, 3. Aufl., Frankfurt/M.

POSTH, M. (1992): Gestaltung des Unternehmens zu einer Learning Company, in: Kienbaum, J. [Hrsg.]: Visionäres Personalmanagement, Stuttgart, S. 169-185.

PROBST, G. (1992): Selbstorganisation, in: Frese, E. [Hrsg.]: Handwörterbuch der Organisation, 3. Aufl., Stuttgart, Sp. 2255-2269.

PROBST, G./BÜCHEL, B. (1994): Organisationales Lernen: Wettbewerbsvorteil der Zukunft, Wiesbaden.

PROBST, G./KNAESE, B. (1999): Risikofaktor Wissen: wie Banken sich vor Wissensverlust schützen, Wiesbaden.

RAPPAPORT, A. (1999): Shareholder Value: ein Handbuch für Manager und Investoren, 2., vollst. überarb. und akt. Aufl., Stuttgart.

REICHWALD, R. et al. (1996): Erfolg von Reorganisationsprozessen: Leitfaden zur strategieorientierten Bewertung, Stuttgart.

REISS, M. (1995): Projektmanagement, in: Corsten, H./Reiß, M. [Hrsg.]: Handbuch Unternehmungsführung, Wiesbaden, S. 448-458.

REISS, M. (1997a): Instrumente der Implementierung, in: Reiss, M. et al. [Hrsg.]: Change Management, Programme, Projekte und Prozesse, Stuttgart, S. 91-108.

REISS, M. (1997b): Optimierung des Wandels, in: Reiss, M. et al. [Hrsg.]: Change Management, Programme, Projekte und Prozesse, Stuttgart, S. 123-144.

RIEKHOF, H.-C. (1992): Kernkompetenzen von Führungskräften: Herausforderungen für die Managemententwicklung der 90er Jahre, in: Kienbaum, J. [Hrsg.]: Visionäres Personalmanagement, Stuttgart, S. 143-165.

ROHM, C. (1998): Prozeßmanagement als Fokus im Unternehmungswandel, Gießen.

RÖHRLICH, D. (1998): Wärmende Kugeln in der Jacke, in: Wirtschaftswoche, Nr. 14/1998, S. 88-91.

ROSEN, R.H./BROWN, P.B. (1996): Leading People, New York.

ROSENSTIEL, L. v. (1987): Grundlagen der Organisationspychologie - Basiswissen und Anwendungshinweise, 3. Aufl., Stuttgart.

ROSENSTIEL, L. v. (1993): Lernen an der Spitze, in: Würtele, G. [Hrsg.]: Lernende Elite: was gute Manager noch besser macht, Wiesbaden. 1993, S. 272-289.

RUESS, A./SALZ, J. (1998): Zweiter Sieger, in: Wirtschaftswoche, Nr. 19/1998, S. 56-58.

RÜHLI, E. (1995): Führungsmodelle, in: Kieser, A. et al. [Hrsg.]: Handwörterbuch der Führung, Stuttgart, Sp. 760-772.

SALZ, J. (1997): Abschied von der Chemie, in: Wirtschaftswoche, Nr. 38/1997, S. 50-52.

SATTELBERGER, T. (1996): Strategische Lernprozesse, in: Sattelberger, T. [Hrsg.]: Human Resource Management im Umbruch: Positionierung, Potentiale, Perspektiven, Wiesbaden, S. 288-313.

SCHILDKNECHT, C. (1998): Management ganzheitlicher organisatorischer Veränderungen, Wiesbaden.

SCHLICHTING, C./FRÖHLICH, W. (1995): Unternehmerische Mitarbeiterentwicklung durch systematische Einbindung in bereichs- und unternehmungübergreifende Projektarbeit, in: Wunderer, R./Kuhn, T. [Hrsg.]: Innovatives Personalmanagement. Theorie und Praxis unternehmerischer Personalarbeit, Neuwied, S. 132-154.

SCHNEIDERBAUER, K. (1996): MIS-Einsatz bei der Siemens AG Österreich, in: Hannig, U. [Hrsg.]: Data Warehouse und Managementinformationssysteme, Stuttgart, S. 103-108.

SCHOLZ, C. (2000): Personalmanagement. Informationsorientierte und verhaltenstheoretische Grundlagen, 5., neuberab. und erw. Aufl., München.

SCHRADER, S. (1995): Spitzenführungskräfte, Unternehmungsstrategie und Unternehmungserfolg, Tübingen.

SCHREYÖGG, G. (1998): Organisation: Grundlagen moderner Organisationsgestaltung; mit Fallstudien, 2. Aufl., Wiesbaden.

SCHRÖDER, G.A./SCHWEIZER, T. (1999): Anreizsysteme als Steuerungsinstrument in Sparkassen, in: Zeitschrift für betriebswirtschaftliche Forschung, Nr. 6/1999, S. 608-622.

SCHRÖDER, J.H. (1973): Projekt-Management. Eine Führungskonzeption für außergewöhnliche Vorhaben, Wiesbaden.

SCHULTE, C. (1989): Personal-Controlling mit Kennzahlen, München.

SCHULZ VON THUN, F. (1998): Miteinander reden 1; Störungen und Klärungen, Reinbek bei Hamburg.

SCHÜPPEL, J. (1996): Wissensmanagement: organisatorisches Lernen im Spannungsfeld von Wissens- und Lernbarrieren, Wiesbaden.

SCHWABE, H./DANNER, M. (2000): Der Veränderungsprozeß bei VEBA Oel, in: Frese, E. [Hrsg.] im Auftrag des Arbeitskreises „Organisation" der Schmalenbach-Gesellschaft für Betriebswirtschaft: Organisationsmanagement: Neuorientierung der Organisationsarbeit, Stuttgart, S. 331-337.

SCHWARZ, G. (1989): Unternehmungskultur als Element des Strategischen Managements, Berlin.

SELLERS, P. (1997): First: Why Pepsi Needs to Become More Like Coke, in: Fortune vom 03.03.1997, S. 18-19.

SENGE, P.M. (1990): The Fifth Discipline, New York.

SHANNON, C.E./WEAVER, W. (1976): Mathematische Grundlagen der Informationstheorie, München/Wien.

SHERMAN, S. (1995): How Tomorrow's Leaders are Learning their Stuff, in: Fortune vom 27.11.1995.

SHRIVASTAVA, P. (1983): A Typology of Organizational Learning Systems, in: Sloan Management Review, Nr. 3/1983, S. 7-28.

SIMANEK, A. (1998): Markt- und kompetenzorientierte Geschäftsfeldplanung: Wettbewerbs- und Integrationsstrategien in divisional organisierten Unternehmen, Wiesbaden.

SIMON, H. (1988): Management strategischer Wettbewerbsvorteile, in: Zeitschrift für Betriebswirtschaft, Nr. 4/1988, S. 461-480.

SIMON, H. (1996): Die heimlichen Gewinner - Hidden Champions: die Erfolgsstrategien unbekannter Weltmarktführer, 3. Aufl., Frankfurt/M.

SPECHT, G./BECKMANN, C. (1996): F&E-Management, Stuttgart.

SPRENGER, A.B. (1995): Die Wandelfähigkeit von Projektgruppen - Entwicklung eines Ansatzes für die systematische Beurteilung der Erfolgskriterien organisatorischer Wandelprozesse im Projektmanagement, Bamberg.

STAEHLE, W.H. (1999): Management. Eine verhaltenswissenschaftliche Perspektive, 8. Aufl., München.

STEEGER, O. (1997): Wissen darf nicht verlorengehen, in: Handelsblatt vom 22./23.8. 1997, S. K2.

STEINLE, C. (1985): Organisation und Wandel: Konzepte – Mehr-Ebenen-Analyse – Anwendungen, Berlin/New York.

STEINLE, C. et al. (1999): Wandel planen und umsetzen mit PUZZLE: Herausforderungen erfolgreich mit einer ganzheitlichen Methodik lösen, Frankfurt/M.

STEINLE, C. et al. [Hrsg.] (2000): Vitalisierung. Das Management der neuen Lebendigkeit, Frankfurt/M.

STERN / STEWART (1996) EVA - The real Key to creating Wealth. New York.

STEWART, T.A. (1996): 3M Fights Back, in: Fortune vom 05.02.1996, S. 42-47.

SYDOW, J. (1992): Strategische Netzwerke, Wiesbaden.

SYDOW, J. et al. (1995): Organisation von Netzwerken, Opladen.

THOM, N. (1992): Personalentwicklung, in: Gaugler, E./Weber, W. [Hrsg.]: Handwörterbuch des Personalwesens, 2. Aufl., Sp. 1676-1690.

THOM, N. (1995): Change Management, in: Corsten, H./Reiß, M. [Hrsg.]: Handbuch Unternehmungsführung, Wiesbaden, S. 869-879.

THOM, N., RITZ, A. (2000): New Public Management - Erfolgreicher Wandel durch Personal, Organisation und Innovation, Wiesbaden.

THUROW, L.E. (1996): The Future of Capitalism: How Today's Economic Forces Shape Tomorrow's World, New York.

TICHY, N.M. (1974): Agents of Planned Social Change: Congruence of Values, Cognitions and Actions, in: Administrative Science Quarterly, Nr. 2/1974, S. 164-182.

TÖPFER, A. (1999): Corporate Universities als Intellectual Capital, in: Personalwirtschaft, Nr. 7/1999, S. 32-37.

TUCKMANN, B.W. (1965): Developmental Sequence in Small Groups, in: Psychological Bulletin, Nr. 6/1965, S. 384-399.

TUSHMAN, M.L. et al. (1986): Convergence and Upheaval: Managing the Unsteady Pace of Organizational Evolution, in: California Management Review, Nr. 4/1986, S. 29-44.

VAHS, D. (1997): Organisationskultur und Unternehmungswandel. Wirkungen einer >starken< Organisationskultur in betrieblichen Veränderungsprozessen, in: Personal, Nr. 9/1997, S. 466-469.

VOLLRATH, K. (1999): Abschied vom „Change Management", in FAZ vom 21.06.1999, S. 30.

WAHREN, H.-K. (1987): Zwischenmenschliche Kommunikation und Interaktion in Unternehmen, Berlin.

WEBER, B. (1996): Die Fluide Organisation: konzeptionelle Überlegungen für die Gestaltung und das Management von Unternehmen in hochdynamischen Umfeldern, Bern.

WEHMEYER, D./MÜNCH, C. (1993): Konflikt-Management für das Projektteam, in: Zeitschrift Führung + Organisation, Nr. 6/1993, S. 425-428.

WEICK, K.E. (1977): Organization Design: Organizations as Self-designing Systems, in: Organizational Dynamics, Nr. 2/1977, S. 31-46.

WELGE, M.K./AL-LAHAM, A. (1999): Strategisches Management, Wiesbaden.

WITHAUER, K.F. (1971): Planung und Kontrolle von Kosten und Leistungen bei Projekten, in: Betriebswirtschaftliche Forschung und Praxis, Nr. 11/1971; S. 609-623.

WIENDIECK, G. (1992a): Akzeptanz, in: Frese, E. [Hrsg.]: Handwörterbuch der Organisation, 3. Aufl., Stuttgart, Sp. 89-98.

WIENDIECK, G. (1992b): Teamarbeit, in: Frese, E. [Hrsg.]: Handwörterbuch der Organisation, 3. Aufl., Stuttgart, Sp. 2375-2384.

WITTE, E. (1973): Organisation für Innovationsentscheidungen, Göttingen.

WOTTAWA, H./THIERAU, H. (1990): Lehrbuch Evaluation, Bern.

WUNDERER, R. (1995): Führungsgrundsätze, in: Kieser, A. et al. [Hrsg.]: Handwörterbuch der Führung, Stuttgart, Sp. 720-736.

WUNDERER, R./VON ARX, S. (1998): Personalmanagement als Wertschöpfungscenter, Wiesbaden.

WÜTHRICH, H./PHILIP, A./FRENTZ, M. (1997): Vorsprung durch Virtualisierung, Wiesbaden.

YAMAGUCHI, A. (1995): Management-Informationssysteme - Versuch einer Positionierung und Perspektiven für zukünftige Entwicklungen, in: Hichert, R./Moritz, M. [Hrsg.]: Management-Informationssysteme, 2. Aufl., Berlin, S. 59-70.

ZAHN, E. (1996): Strategische Erneuerung für den globalen Wettbewerb, in: Zahn, E. [Hrsg.]: Strategische Erneuerung für den globalen Wettbewerb, Stuttgart 1996, S. 1-29.

ZIESEMER, B. (1999): Digitale Deppen, in: Wirtschaftswoche, Nr. 18/1999, S. 100-108.

Stichwortverzeichnis
(Firmen- und Markennamen in *kursiv* gedruckt)

387